游仙年鉴

YOUXIAN YEAROOK

-2020-

绵阳市游仙区人民政府　主 办

中共绵阳市游仙区委党史研究室
（绵阳市游仙区地方志办公室）　编

方志出版社
Publishing House of Local Records

图书在版编目（CIP）数据

游仙年鉴. 2020 / 中共绵阳市游仙区委党史研究室,
绵阳市游仙区地方志办公室编. ——北京：方志出版社
2020.12
ISBN 978-7-5144-4462-9

Ⅰ.①游… Ⅱ. ①中… ②绵… Ⅲ. ①区（城市）-绵
阳-2020-年鉴 Ⅳ.①Z527.13
中国版本图书馆CIP数据核字(2020)第238462号

游仙年鉴（2020）

编　　者：中共绵阳市游仙区委党史研究室（绵阳市游仙区地方志办公室）
责任编辑：罗　滔

出 版 者：方志出版社
地　　址：北京市朝阳区潘家园东里 9 号（国家方志馆4层）
邮　　编：100021
网　　址：http://www.zgfzcb.cn
发　　行：方志出版社图书经销中心
电　　话：（010）67110500
经　　销：各地新华书店
设　　计：四川合美映画文化传媒有限公司
印　　刷：绵阳瑞祥印务有限公司

开　　本：889×1194　1/16
印　　张：21.5
字　　数：554千字
版　　次：2020年12月第1版　　2020年12月第1次印刷
印　　数：001～500册

ISBN 978-7-5144-4462-9　　　　定　价：268.00元

如有印装问题，请与印刷厂联系调换。

版权所有　侵权必究

编辑说明

一、《游仙年鉴（2020）》（以下简称为本年鉴）以马克思列宁主义、毛泽东思想、邓小平理论、“三个代表”重要思想、科学发展观、习近平新时代中国特色社会主义思想为指导，坚持辩证唯物主义和历史唯物主义的立场、观点和方法。全面记述中共绵阳市游仙区委、绵阳市游仙区人民政府带领全区人民加快建设更高质量“五个游仙”的新部署、新举措、新成果，充分展现2019年全区经济社会事业发展新貌，为科学发展、加快发展提供决策依据和借鉴，为广大读者了解和研究游仙提供资料和信息。

二、本年鉴记载时限为2019年1月1日到2019年12月31日。为保持事件的连续性，部分内容有所上溯和下延。

三、本年鉴采用分类编辑，主体由类目、分目、条目组成，部分内容增设子分目。设特载、大事记、综述、园区建设、中共绵阳市游仙区委员会、游仙区人民代表大会、游仙区人民政府、政协绵阳市游仙区委员会、纪律检查与行政监察、民主党派·社会团体、法治·军事、农业与农村、自然资源管理、工业产业、商贸、旅游、财政税务、金融、经济综合管理、城乡建设与管理、交通运输、科学技术、文化·广播影视、教育·体育、卫生与健康、社会民生、街道·镇乡、人物和先进共28个类目。

四、本年鉴中单位名称、法律法规名称第一次出现时用全称，再次出现用简称，部分单位机构名称采用简称。

五、本年鉴在编纂时涉及全区党政机构改革、乡镇行政区划调整，其中区级部门资料由机改后新单位提供，各镇街资料均由行政区划调整后的单位统一提供，编纂体例按照行政区划调整前的顺序编排。

六、本年鉴所载游仙区2019年四大班子领导名录，游仙区级部门、乡镇领导干部名录，由中共绵阳市游仙区委组织部提供。本年鉴收录的2019年度获绵阳市级及其以上表彰的先进集体和个人，主要由游仙区委目标绩效督查办公室提供。彩页照片主要由区融媒体中心提供。

七、本年鉴文字资料、正文图片及数据均由各党政机关、企事业单位、园区、街道、乡镇提供，所用统计资料主要由区统计局提供，由于统计口径等原因，有关部门单位所用个别数据与统计资料中的数据不尽一致，引用时请以《游仙区2019年国民经济和社会发展统计公报》为准。

八、本年鉴数字用法、标点符号、计量单位分别执行国家标准《出版物上数字用法》（GB/T 15835—2011）、《标点符号用法》（GB/T 15834—2011）、《国际单位制及其应用》（GB 3100—1993）和《有关量、单位、符号的一般原则》（GB 3101—1993）。考虑到社会使用习惯，全书中亩不统一换算。

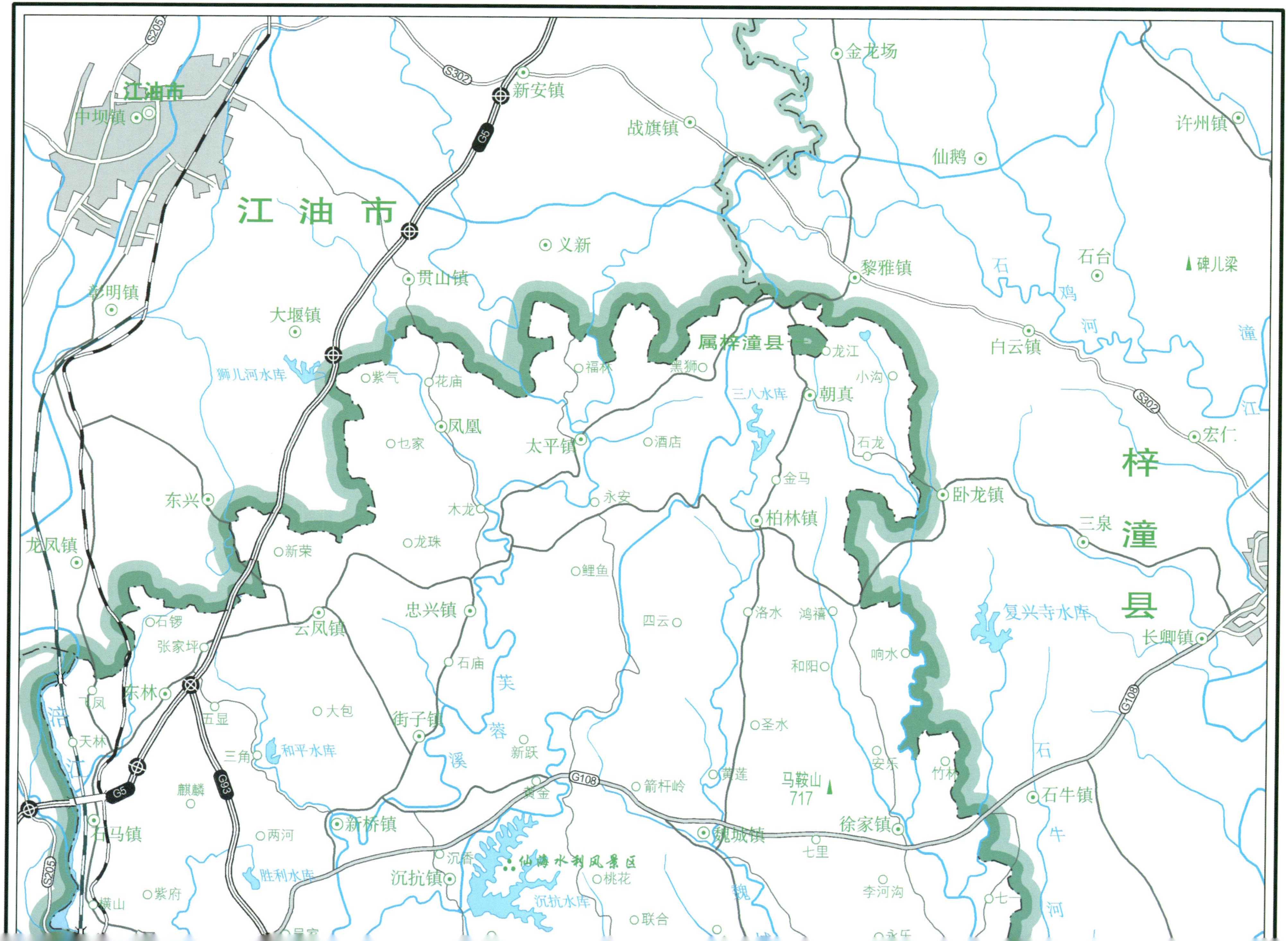
江油市
中坝镇
彰明镇
大堰镇
新安镇
战旗镇
金龙场
仙鹅
许州镇
义新
贯山镇
黎雅镇
石台
碑儿梁
白云镇
宏仁
梓
潼
县
狮儿河水库
紫气
花庙
凤凰
七家
福林
黑狮
属梓潼县
龙江
小沟
朝真
三八水库
太平镇
酒店
石龙
金马
永安
卧龙镇
三泉
木龙
龙珠
新荣
东兴
龙凤镇
柏林镇
鲤鱼
忠兴镇
云凤镇
四云
洛水
鸿禧
复兴寺水库
长卿镇
石锣
张家坪
东林
飞凤
天林
五显
大包
石庙
芙
蓉
溪
街子镇
新跃
和阳
响水
圣水
三角
和平水库
黄莲
安乐
竹林
石
石牛镇
牛
河
麒麟
黄金
箭杆岭
马鞍山
717
徐家镇
七里
魏城镇
石马镇
两河
新桥镇
沉香
仙海水利风景区
桃花
沉抗水库
胜利水库
沉抗镇
紫府
横山
李河沟
联合
涪
江
鸡
G5
G93
G108
S302
S205

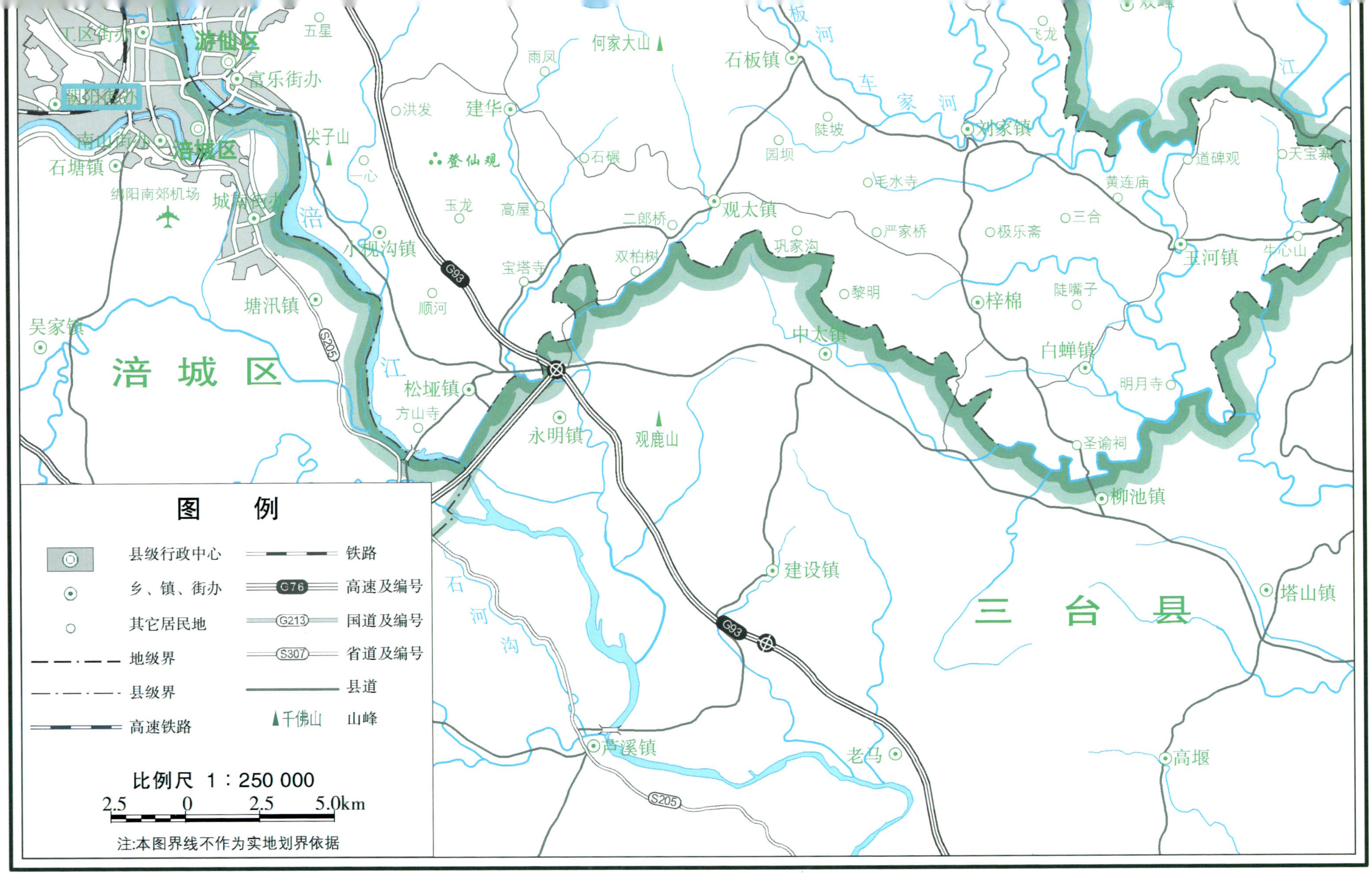

游仙区地图

四川省标准地图•基础要素版

审图号：图川审（2016）027号　2016年5月　四川省测绘地理信息局制

游仙

YOUXIAN

行政区划面积：1018平方公里（含农科区、仙海区）

年末常住人口：52.5万人

常住城镇人口：30.1万人

常住人口城镇化率：57.3%

年平均降水量：990毫米

空气优良天数：317天

年平均气温：16.5℃

地区生产总值（GDP）：357.40亿元

人均地区生产总值：72938元

农林牧渔业增加值：33.41亿元

规模以上工业企业主营业务收入：316.41亿元

全社会固定资产投资：177亿元

社会消费品零售总额：107.44亿元

国内省外招商引资履协项目：38个

协议引资：426.42亿元

到位资金：83.26亿元

全区公路总里程：2288.9公里

数字游仙(2019)

全年完成外贸进出口总额：3.02亿元

年末金融机构各项存款余额：303.94亿元

年末金融机构人民币各项贷款余额：241.07亿元

旅游总收入：85.93亿元

市级以上企业技术中心：61家

高新技术企业：37家

地方一般公共预算收入：10.49亿元

城镇居民人均可支配收入：43947元

农村居民人均可支配收入：18933元

谭红 摄

远眺游仙城区（顾恒 摄）

山水游仙（魏清龙 摄）

富乐山下新游仙（魏清龙 摄）

游仙高新区产业园区（魏清龙 摄）

游仙经济试验区（蒋钊　摄）

游仙开元场（刘向东　摄）

科学家公园（区融媒体中心供图）

2019年7月21日，司法部副部长刘振宇（左三）到游仙区调研公共法律服务工作

2019年5月16日，中央统战部新的社会阶层人士工作局局长张明（右三）到游仙区调研“新英汇 · 创新工场”

2019年5月30日，省委常委、省纪委书记、省监委主任王雁飞（左三）到游仙区调研阳光监督平台建设工作

2019年4月2日，省委常委、组织部部长王正谱（前排中）到游仙区调研党建工作

2019年8月22日，省民政厅厅长益西达瓦（左五）到游仙调研民政工作

2019年12月16日，省水利厅副厅长王华（左五）到游仙区调研河湖长制工作

2019年12月11日，市委书记刘超（右三）到富乐实验中学调研文明城市建设

2019年10月22日，市委副书记、市长元方（前排左二）调研督导省道205线游仙段建设工作

2019年7月7日，区委书记江彬（左三）调研“川菜硅谷”·蔬菜产业园项目选址和建设工作

2019年4月25日，区委副书记、区长陈华斌（右三）调研“山湾农庄”建设工作

2019年10月10日，区人大常委会主任袁玉国（左二）视察人大代表意见办理情况

2019年7月19日，区政协主席姜曦（左二）调研服务业企业

2019年1月25日，游仙区召开民营经济健康发展大会

2019年12月15日，中国（绵阳）科技城激光产业园项目举行签约仪式

2019年8月21日，游仙区举行2019中国科技城（游仙）人才嘉年华启动仪式

2019年5月15日，游仙区召开农业产业项目招商推介会

2019年10月30日，游仙区第四季度重点项目集中开工暨仙特米业粮食加工项目开工仪式

2019年1月30日，诺思（绵阳）微系统项目举行开工仪式

2019年1月25日，游仙区一站式大型商业综合体海悦·银河城开业仪式

2019年6月25日，绵阳市富乐第二实验中学工程项目举行开工仪式

中国工程物理研究院原型物理实验设施

中国兵器装备集团自动化研究所

开元磁材生产车间

中国航发四川燃气涡轮研究院高空模拟试验舱

四川兴事发门业集团生产车间

绵阳国际兰花主题公园（魏清龙　摄）

循环农业（魏清龙　摄）

现代化收割（魏清龙 摄）

太乙仙山植物园（孙秀勇 摄）

游仙田园（刘兴昭　摄）

富乐秋色（刘兴昭　摄）

玉河镇上方寺村拦河坝（魏清龙　摄）

红嘴鸥江畔嬉戏（魏清龙 摄）

2019年4月24日，游仙区首届公益创投大赛活动现场

2019年8月31日，游仙区举办全市首场退役军人专场招聘会

2019年5月10日，“礼赞祖国七十华诞 · 共筑健康游仙护理梦”护士节庆祝晚会暨颁奖典礼

2019年5月22日，游仙区“随军行”拥军优抚卡首发仪式

2019年9月9日，游仙区召开庆祝第35个教师节大会

2019年9月1日，游仙区启动首届“开学第一课”少年当自强系列活动

富乐山菊展

2019年9月22日，游仙区庆祝2019年中国农民丰收节现场

2019年8月25日，中国 · 绵阳第三届“川仙杯”全国钓鱼邀请赛在云凤镇举行

2019年10月10日，“阳光问廉走进游仙”在徐家镇白鹤村举行

2019年12月9日，首届中国科技城法治创新大赛颁奖典礼在游仙举行

2019年11月20日，第六届四川省道德模范事迹巡讲报告会走进游仙

2019年5月5日，游仙区人民法院巡回法庭送法走进绵阳师范学院

游仙区富乐实验中学师生献礼新中国成立70周年

2019年8月30日，游仙区石马镇举行“三讲三赞”坝坝会

游仙区庆祝中华人民共和国成立70周年氛围

游仙区组织收看庆祝新中国成立70周年大会

2019年8月30日，游仙区直机关庆祝新中国成立70 周年群众歌咏比赛

群众在春雷广场庆祝中华人民共和国成立70周年

《游仙年鉴》编纂委员会

顾　　问：江　彬　　陈华斌　　何守君　　姜　曦

主　　任：杨守贵　　唐兴万

副 主 任：杨　鹏　　易成利

委员单位：

区委办	区人大办	区政府办	区政协办	区纪委监委机关
区委组织部	区委宣传部	区委统战部	区委政法委	区委编办
区委目标绩效办	区委巡察办	区发改局	区工信局	区教体局
区科技局	区公安分局	区民政局	区司法局	区财政局
区人社局	区自然资源局	区住建局	区交通运输局	区农业农村局
区商务局	区文广旅局	区卫生健康局	区退役军人事务局	区应急管理局
区审计局	区统计局	区市场监管局	区信访局	区经济合作局
区医保局	区行政审批局	区综合行政执法局	区融媒体中心	区委党校
区委党研室	游仙高新区	经济试验区	涪江街道	富乐街道
游仙街道	石马镇政府	新桥镇政府	魏城镇政府	忠兴镇政府
小枧镇政府	信义镇政府	仙鹤镇政府	盐泉镇政府	

《游仙年鉴》编辑部

主　　编：易成利

编　　辑：周廷贵　　孟世琴

图片协作单位：区融媒体中心

总目录
CONTENTS

目 录
CONTENTS

特 载

大事记

综 述

园区建设

中共绵阳市游仙区委员会

游仙区人民代表大会

游仙区人民政府

政协绵阳市游仙区委员会

纪律检查与行政监察

民主党派·社会团体

法治·军事

农业与农村

自然资源管理

工业产业

商　贸

旅 游

财政税务

金 融

经济综合管理

城乡建设与管理

交通运输

科学技术

文化·广播影视

教育·体育

卫生与健康

社会民生

街道·镇乡

人物和先进

改革创新求突破 关键时刻勇担当
奋力谱写更高质量的“五个游仙”新篇章

——在中国共产党绵阳市游仙区第六届代表大会第五次会议上的报告

区委书记 江彬

（2020年2月27日）

2019年工作回顾

过去的一年，我们精诚团结、昂扬奋进，交出了一份合格答卷

综合实力达到新高度。实现区属地区生产总值357.4亿元、增速8.8%，从2017年突破两百亿元到2019年突破三百亿元，三年连跨两个百亿级台阶，在全省排名从2016年的68位升至2018年的57位，2019年可望迈入全省前50强。社会消费品零售总额首次迈上百亿台阶，达到107.4亿元，连续三年增速超过11%。地方一般公共预算收入首次突破十亿元，达到10.5亿元，税收收入占一般公共预算收入达83%。对上争取项目资金28.3亿元，创历年新高。规上工业增加值增速11.3%，连续17年保持两位数增长，稳居全市前三位。全区全行业用电量同比增长8.8%，近三年平均增长8.5个百分点。全社会

固定资产投资177亿元，增速19.1%，继续保持逐年增长的良好态势。

三次产业实现新突破。智能制造、节能环保、电子信息和新型功能材料重点产业集聚发展，集成电路产业园初具规模，激光应用产业园启动建设，新增规模工业企业13家、达到131家，“两新”产业产值占规上工业比重达到58%，近三年产值年均增长22%，被认定为四川省新型工业化产业示范基地、四川省绿色园区。乡村振兴全面推进，首批分类建设山湾农庄40个，乡村旅游环线加快建设，全区70%的行政村建成“美丽四川·宜居乡村”达标村，获评四川特色农产品优势区。现代服务业加速发展，成功申报“省级电子商务产业示范县”，6个文旅项目成功入选省重点文旅项目库。区域协同进一步深化，先后与成都市锦江区、双流区、温江区、青白江区、崇州市以及5个周边县市区签订战略协议。新签约招商项目40个，协议引资360.7亿元，其中5亿元以上项目10个。政务服务监督全面加强，创新聘任“政务服务差评师”10名，“游先办”营商环境品牌更加响亮。

社会事业开创新局面。民生支出占一般公共预算支出比重一直稳定在70%以上。坚持教育优先发展，富乐实验小学作为全省唯一代表获评“第十五届宋庆龄少年儿童发明奖先进学校”称号，在全省率先实现农村公办学校学生在校期间免费热水供应，教育综合目标考核连续五年居全市第一。深化医疗体制改革，“八区三中心”医共体改革稳步推进，卫生健康信息化建设迈上新台阶，医疗保险实现城乡居民全覆盖。社会救助、住房保障、食品药品安全等民生事业全面提升，全年城镇新增就业8405人，实现返乡农民工就近就业780人，城镇居民和农村居民人均可支配收入分别达到43947元、18933元，绝对值分别居县市区第1位、第2位，残疾人康复健身体育器械进社区工作经验在全国推广。安全生产形势稳中向好，刘家社区获评“全国综合减灾示范社区”。

党的建设取得新进步。全面加强政治建设，牢牢把握意识形态领导权和话语权，建立常委会会前常委领学交流制度，创新组织“三讲三赞”坝坝会106场次，“不忘初心、牢记使命”主题教育特色做法被中央、省委主题教育办简报刊载。高质量高分数通过全国文明城市建设复核，新时代文明实践中心纳入全国试点。探索实施地域相邻村级党组织合建联建，集中整顿软弱涣散村党组织31个。坚持基层治理“大党建引领，大群团、大统战协同”模式，创造性开展区级部门向街道、社区、小区述职评议，作为唯一县市区代表在全省城市党建推进会上交流发言，小区党建经验编入省委十一届六次全会典型案例资料。开发建成“游仙区领导干部人事相宜智能评价系统”，大胆选用“五类”干部68人，评选干事创业先进30名，为39名党员干部澄清正名，党员干部干事创业热情得到进一步激发，园区全员聘任制改革受到省委组织部部长王正谱肯定。全年检控类信访件下降45.3%，党风廉政建设社会满意度居全市前列，“阳光监督平台”全新升级，得到省纪委书记王雁飞肯定。开展“作风问诊”“院坝问廉”37次，解决问题288个，巡察工作案例入选《第三期全国县级巡察办主任培训班案例选编》。

其他各项工作再获新荣誉。全年共获得省级以上荣誉77个，人民日报、央视等主要媒体发出游仙好声音19次，新华社专门为游仙做一次发展县域经济专访，全区有2人荣获“全国自强模范”称号并得到习近平总书记、李克强总理接见，1人被评选为第十一届“全国农村青年致富带头人”，公务员职级晋升积分制经验、融媒体建设经验在全省推广。“交通攻坚”卓有成效，游仙辖区内一环得到重构、二环实现贯通，九绵高速顺利推进，改建农村公路148公里。文旅活动蓬勃开展，成功举办各类节庆文旅活动56场次，4个村被纳入2019年中国传统村落中央财政支持。片区综合行政执法全面推行，获评全国“七五”普法中期先进区、四川省第二批法治示范区。“扫黑除恶”专项斗争向纵深推进，破获涉恶类案件23件。基层民主政治建设深入推进，“人大代表建议”办理情况评议工作在全市推广，基层协商民主受到全国政协副主席张庆黎肯定。爱国统一战线不断壮大，新的社会阶层人士、民主党派、民族宗教等工作取得新进步。群团组织作用充分发挥，党管武装、国防后备力量建设和“双拥”工作成效显著，党委系统各项工作取得新成绩。

一年来，我们取得的这些成绩，离不开省委、市委的坚强领导，得益于区四套班子的团结奋斗，更来自于全区广大党员干部和人民群众的共同努力。在此，我谨代表游仙区委，向全区广大党员干部，向各民主党派、工商联、无党派人士、各人民团体和社会各界人士，向全区老领导、老同志和所有为游仙改革发展稳定做出贡献的同志们、朋友们，表示衷心的感谢！

过去的一年，我们攻坚克难、负重前行，全区各级干部都干得特别辛苦

为确保中物院某重大装置、高新产业园区、205省道、乡村旅游环线等重大项目建设有序推进，奋战在拆迁一线的党员干部发扬特别能吃苦、特别能战斗、特别能奉献的精神，创新“阳光拆迁”模式，不分昼夜、不辞辛苦，在拆迁任务十分繁重、拆迁资金十分紧张的特殊形势下，先后拆迁2000余户、出让净地3000余亩，为全区经济建设做出突出贡献。

为顺利推进全区党政机构改革和乡镇行政区划调整，各级领导干部讲政治、顾大局，发扬高风亮节，不计个人得失，自觉服从组织安排，全区减少党政机构44个、科级领导职数135个，按全市最高减幅撤并乡镇，全程无一信访事件发生，赢得全市好评。

为做好脱贫攻坚与非洲猪瘟疫情防控工作，相关部门和单位的党员干部和村社干部与广大群众一道，同甘共苦、众志成城、攻坚克难，全面完成脱贫攻坚任务，及时启动“生猪保卫战”，全区未发生重大动物疫情。

为保质保量按时完成环保督查整改工作，各级各部门坚持“绿水青山就是金山银山”的理念，反复钻研吃透上级精神，深入基层、深入企业，在时间紧、任务重的压力下，与企业一道整改上级环保督察反馈问题20件，整改销号“散乱污”企业156户，赢得辖区企业的理解和支持。

为按时完成“大棚房”整治工作，各责任单位发扬实事求是、勇于担当的精神，面对种类多、拆除难等棘手问题，耐心宣传引导、多方沟通协调，完成整治“大棚房”11处，顺利通过省、市“大棚房”专项整治工作领导小组验收。

为做好第四次全国经济普查工作，全区近400名统计人员挨家逐户走访，清查个体户18682户、单位5271家，圆满完成普查工作，顺利通过市经普办数据质量抽查及“回头看”检查，为宏观调控提供科学精准的统计支持。

为做好全国两会、新中国成立70周年、五四运动100周年等重要时间节点的社会稳定工作，全区各属地单位、政法机关各司其职、密切协作，综合运用矛盾纠纷多元化解机制和“五步工作法”，新化解历史遗留问题22件，有力维护全区社会大局和谐稳定。

总的来看，过去这一年，大事要事多、重要时间节点多，困难重重、难题不少，但最终都被我们一个一个地战胜！借此机会，我代表区委常委会，向这一年来奋战在一线，努力工作、艰辛付出的同志们表示衷心感谢！并向同志们的家人致以崇高敬意！

过去的一年，我们也还有不及预期、不尽人意的地方，留下了一些遗憾和工作不足

回顾2019年的工作，在总体进步较快的态势下，仍然有很多不平衡的地方，与发达先进地方比、与工作做得好的地方比，我们仍然存在很多短板和差距：

一是现代服务业发展滞后，生活性服务业缺乏特色，生产性服务业尚处于培育起步阶段。二是幸福游仙建设与人民群众对美好生活的期待还有较大差距，旧城改造推进缓慢，城乡基础设施配套建设还存在薄弱环节，公共服务设施布局还不完善，基层治理能力和水平还有待提高。三是工作一抓到底的韧劲不足，重大项目建设、发展夜间经济、开放共享基层阵地等工作强调得多、推进得慢、见效迟缓。四是党员干部作风建设仍需加强，193人被党纪政务立案处分，17人违反中央八项规定精神，还有34个单位（集体）受到三大负面奖项警示鞭策，全面从严治党永远在路上。

总结过去是为更好地走向未来。在当前全国上下共同抗击新冠肺炎疫情的特殊时期，我们更要认真分析当前面临的复杂严峻形势，进一步增强忧患意识和担当精神，迎难而上，化危为机，再创佳绩。

要深刻认识宏观战略的有利形势。2020年，国家将大力建设成渝地区双城经济圈，推动成渝两地及周边县市区协同发展。中央正在谋划实施第三轮全面创新改革试验，国家也将提前下达地方政府专项债券额度，降低部分基础设施项目最低资本金比例。四川正加快建设国家创新驱动发展先行省。省、市支持科技城加快发展的一系列政策正在逐步落地。绵阳市推行市级权责下放，也为游仙发展扩展更多自主空间。抢抓这些重大机遇，将更加有力地激发出发展的生机与活力。

要深刻认识自身短板的不利

态势。随着全区经济指标基数不断增大，继续保持高速发展的难度变得更大。特别是服务业比重更大，但这次疫情影响最大的还是服务业和大量中小企业。同时，因为科技城集中发展区的重心西移，全市的政策、资金、要素保障等资源总量有限，游仙若不加大对上争取力度，持续乘势而上，将可能面临被边缘化的危险。同时，一些干部思想不够解放、学习意识不强，“人在基层不了解基层，人在机关却落后于基层”，还存在群众工作没有下深水和能力水平跟不上发展需要的现象。多年积累下来的历史遗留问题还有一些没有彻底解决，还要花去我们大量的人力和物力。

要深刻认识不可预期的发展趋势。新冠肺炎疫情何时解除尚不可知，疫情带来的生产生活方式变化扑朔迷离，非洲猪瘟疫情与“猪周期”叠加仍在影响着CPI，房地产市场及上下游产业链的走势难以判断，数字经济与实体经济的融合还在路上，颠覆性科技创新对经济、社会、文化的冲击仍在持续，还有中美贸易战、两岸关系、地方金融债务等各类“黑天鹅”“灰犀牛”事件极有可能发生，都会给游仙的企业带来影响。我们要进一步增强忧患意识，早分析早研判，早做多手准备，防止出现工作被动。

同志们，“长风破浪会有时，直挂云帆济沧海”。2020年是全面建成小康社会和“十三五”规划收官之年，是市委七届五次全会确定的第一个时间节点目标实现之年，同时也是党中央、国务院批准中国科技城建设20周年、绵阳建市35周年。面对纷繁复杂的形势，我们要有苦干的心理准备、实干的能力储备、巧干的技能装备，团结一心、艰苦奋斗，全力推动游仙经济社会发展再上新台阶。

2020年工作部署

新的一年，我们的指导思想是：以习近平新时代中国特色社会主义思想为指导，坚决贯彻党的基本理论、基本路线、基本方略，增强“四个意识”、坚定“四个自信”、做到“两个维护”，紧扣全面建成小康社会目标任务，主动融入成渝地区双城经济圈，深入实施“四大兴区战略”，发扬实事求是、担当奉献的优良作风，努力在改革创新上求突破、项目建设上求突破、开放合作上求突破，着力建设先进制造业千亿园区、现代服务业集聚区、城乡融合发展试验区，奋力谱写更高质量的“五个游仙”新篇章。

新的一年，我们的目标任务是：确保实现区属地区生产总值增长8.5%，服务业增加值增长9.8%，规模以上工业增加值增长10%，全社会固定资产投资增长10%，社会消费品零售总额增长10%，地方一般公共预算收入增速与经济发展同步，城镇居民人均可支配收入增长8%，农村居民人均可支配收入增长9%，经济发展质量持续提升，民生事业均衡改善，社会建设和谐稳定，人民群众的幸福感日益增强，县域经济综合实力继续晋位升级。

一、扎实抓好七项重点工作

坚定不移贯彻新发展理念，认真落实“六稳”工作要求，坚决打赢三大攻坚战，以迎难而上的勇气、抓铁有痕的韧劲，聚力推动经济社会高质量发展。

一是努力建设先进制造业千亿园区。按照全市产业布局，聚焦发展智能制造、节能环保、电子信息和新型功能材料“3+1”重点产业。坚持以项目为中心组织经济工作，积极支持58所混改和中金资源扩产扩能，推动诺思微系统、新能源电池等在建项目尽快建成达产，加快推动上海移柯、光联科技园区建设，推动拓谱集成电路高科技园、久远高功率激光器等签约项目尽快落地开工。深入实施“领航计划”“小升规计划”，着力培育制造业单项冠军企业和人工智能龙头企业，力争新增规上工业企业12户，“两新”产业产值占规上工业总产值比重达到60%以上。根据科技城集中发展区整体布局和规划设计导则，加快集中发展区北翼基础设施建设，大力推进高新区南区二期基础设施和东区中小微企业产业园、魏城工业园、核技术应用产业园建设。开展园区及工业企业“亩均论英雄”评价，深入实施土地“清闲促建”，加快推动产城、园城一体化发展，不断增强重大项目承载力和生活服务配套能力。

二是谋划建设现代服务业集聚区。对接省市现代服务业体系，推动生产性服务业向专业化和价值链高端延伸，推动生活性服务业向精细化和高品质转变，努力争创省级现代服务业集聚区。坚持规划引领，加快“退二进三”步伐，推进企业服务中心、招商服务中心建设，大力支持研发设计、科技成果转化、检验检测、信息技术服务等高技术服务业，加快引育现代物流、金融保险、产品认证、专利代理等基础配套服务业。积极推动市区协同打造繁荣越王楼、紫金城、芙蓉汉城片区城市商圈，改造提升沈家坝北街，着力培育夜间经济，激活涪江以东消费增长新引擎。全面推出“汉唐三国游、科技智慧游、田园风情游”精品旅游线路，不断挖掘游仙文化内涵，大力发展文创经济，努力争创天府旅游名县、省级全域旅游示范区。

三是探索建设城乡融合发展试验区。深入推进农业供给侧结构性改革，积极探索城乡融合发展体制机制，努力争创省级乡村振兴战略工作先进区。建立涉农项目资产、资源、资金统筹整合机制，实施城乡规划、土地利用规划、产业发展规划、生态环境保护规划等多规融合。加快发展“花果桑田种药菜”七大特色产业，重点打造以仙鹤镇为核心的“果园子”，以小枧镇、信义镇为核心的“菜篮子”，以新桥镇为核心的“花海子”，以盐泉镇为核心的“桑林子”。沿乡村旅游环线和绵梓路一带招引一批观光体验、精品民宿、运动休闲等项目落地，着力培育新经济、新业态融合发展。全年力争培育市级以上现代农业园区2个，争创省级农产品质量安全追溯示范区，“三品一标”总数达125个。持续深化“两大一好”爱国卫生运动，扎实抓好城乡环境整治。

四是借势提升基础设施建设水平。紧紧抓住这一轮国家鼓励投资、推动消费的契机，优化城乡空间功能布局，推进城乡基础设施一体化，打造高品质生活宜居地。加快建设城市运动公园、美丽街角，着力实施“新三年棚改攻坚”、老旧小区治理、城镇污水管网提标改造，加快建设文化馆、图书馆、博物馆，合理布局“两小一微一厕所”，努力打造城市生活便民服务圈。切实抓好高标准农田、冷链烘干、农机农具等农业生产加工配套能力建设，扎实推进污水处理、垃圾转运等城乡基础设施建设，有序开展农村住房建设试点、户用卫生厕所等基础建设，打造美丽宜居乡村。加快推进G5成绵高速扩容、绵苍高速、108国道改线游仙段、二环路四期等骨干道路建设，逐步完善农村道路交通网络，推动形成“三横三纵三环”内联外通的综合交通运输格局。

五是精准发力拓展对外开放格局。围绕“一干多支、五区协同”“一核两翼、三区协同”区域发展战略，全面融入成渝地区双城经济圈，加快形成优势互补、互惠共享的区域经济布局。深化与京津冀、长三角、珠三角、粤港澳大湾区交流合作，加强与周边县市区合作共建，促进区域协同发展。充分发挥招商引智大联盟和驻外人才联谊会作用，灵活运用点对点招商、产业链招商、专业团队招商、平台招商等多种模式，瞄准特色优势产业链，精准招引一批科技含量高、发展后劲足、示范带动强的项目。力争2020年实现国内省外到位资金80亿元。

六是坚决打赢脱贫攻坚战。聚焦“两不愁三保障”，建立解决相对贫困长效机制，推动脱贫攻坚与乡村振兴有机衔接，助力困难群众发展产业脱贫。抓实“插花式”贫困户帮扶，持续开展扶贫领域腐败和作风问题专项治理，开展感恩奋进教育，全面落实教育、医疗、住房等兜底保障政策。抓好脱贫后期巩固提升，健全监测预警机制，动态管理贫困对象，综合施策防止因病、因疫情返贫。广泛动员社会力量参与扶贫，扎实开展对口帮扶壤塘工作，确保全面小康路上“一户不落、一个不少”。

七是牢牢守住生态环保红线。坚决守住资源消耗、环境质量、耕地保护等底线，加大环境执法和生态修复力度，努力让游仙的水更清、天更蓝、土更净、城乡环境更美丽。打好碧水保卫战，实施重点流域系统治理和小流域水土保持综合治理，对仙鹤湖城市集中式饮用水水源地开展水质预警监测，对16处乡镇集中式饮用水水源地进行规范化系统整治，全面解决农村饮用水质量问题。打好蓝天保卫战，逗硬抓好春秋秸秆禁烧、夏季臭氧污染防治、秋冬PM2.5污染防治、重点时段禁燃禁放文明祭祀等工作，力争全年优良天数率达到88%以上。打好净土保卫战，综合防控农业面源污染，强化工业固废处理处置，推进耕地分类管理和治理修复，严格保护未污染土壤。

二、务实推进四大类十二项改革任务

继续高举改革大旗，坚持以改革开路、以改革破题，在非常之时，用非常之勇，立非常之功，建机制、破难点、补短板，将全面深化改革进行到底。

（一）探索推进基层政权建设和组织架构类改革，为抓实基层治理提供坚强保证

一是加强乡镇（街道）运行能力建设。厘清区、乡镇（街道）事权边界，持续推进简政放权，深化“放管服”改革，依法合理赋予乡镇（街道）相应审批、服务、执法等权限，增强乡镇（街道）行政服务能力。加快做好乡镇行政区划调整改革“后半篇”文章，强化镇（场）公共管理、公共服务、公共安全、民生保障等职能，推动镇（场）由“管理型”向“公共服务型”转变。加快街道转变职能和服务体制改革，完善促进城市基层治理的政策措施，巩固完善街道评议区级职能部门的工作机制，建立权责相适的街道考评体系，推进街道管理和服务力量扁平化。

二是加强村（社区）治理能力建设。着眼优化整合资源要素，稳步推进村级建制调整改革。全面推行村（社区）书记、主任“一肩挑”，落实村（社区）党组织书记区级备案管理制度和村（社区）“两委”人选区级联审机制，开展村（社区）干部任期和离任经济责任审计。建立社区工作事项准入备案制度，持续深化村（社区）阵地“三个三分之一”建设。挖掘利用社区闲置资源，探索开放社区阵地服务夜间经济。深入拓展区域化党建，创新党组织设置，探索开放式小区物业管理新机制，组建物业服务行业党委。加快推进党群服务中心体系建设，有序推动机关、企事业单位公共服务资源向社区公众开放。高质量推进全国新时代文明实践中心试点工作，推动志愿服务全覆盖，确保顺利通过全国文明城市建设总测评复查验收。

三是加强特色小镇（街区）、山湾农庄承载能力建设。按照“一主一副、一带一路、南北协同”的空间发展布局，做大做强中心镇，支持魏城镇打造游仙经济副中心，支持游仙街道建设“科技教育型小镇”、小枧镇建设“体育健康小镇”和“蔬菜园艺小镇”、忠兴镇建设“颐养小镇”、信义镇建设“特色信义文化小镇”、盐泉镇建设“状元文化小镇”，着力培育一批产业突出、定位清晰的特色小镇。立足地域特点和资源禀赋，努力打造一批“小而美”“特而优”“新而活”的特色商业街区。坚持“1235”总体思路，持续打造特色示范山湾农庄，注重国家级传统村落保护，扎实推进农村集体产权制度改革，加快集体资源资产“三权分置”改革，依法规范推进农村集体资产资源、农村集体经营性建设用地入市，构建多种形式的利益联结机制。

（二）探索推进社会运行保障类改革，着力提升公共服务效能和水平

一是健全完善突发事件应急管理机制。探索建立常态化与非常态化相结合的应急管理体系，专业为主与专常结合的应急指挥机制，推动应急管理从注重灾后救助向注重灾前预防转变。加强应急管理信息化建设，建立集公共卫生事件、动物疫病、洪灾、地震、火灾、战争等重特大突发事件处置为一体的现代化应急指挥调度平台，提升信息采集共享、分析研判能力。加强应急救援力量建设，强化应急管理装备技术支撑，建立统一的应急物资采购供应体系，加快应急避难场所建设，不断提高监测预警、响应处置和救援实战能力。探索建立统一的基层应急动员教育体系，整合国防动员、消防演练、爱国卫生运动等工作，构建集应急管理宣传动员、联防演练和应急知识普及于一体的工作模式，推动形成“政府主导、社会参与、优势互补、协同配合”的大应急格局。

二是健全完善综合行政执法一体化机制。建立健全行使市级下放权责的工作推进机制，全面承接、履行市级下放权责，积极推进片区综合行政执法。强化执法领域统筹协调和信息共享，探索完善执法、监管协作机制。整合现有基层站所执法力量和资源，实行乡镇（街道）统一指挥和统筹协调，加强区级部门和乡镇（街道）协调配合，形成“镇、街道吹哨，监管执法报到”的新格局。巩固综合行政执法巡查机制，推动综合执法巡查与部门直接执法有效衔接。

三是健全完善大数据共享应用机制。按照“统筹规划、分步推进、共建共享”原则，科学制定全区大数据发展规划。深化与华为战略合作，加快建设中国科技城大数据中心，以建设绵阳政务计算第二平面为契机，加快公共视频资源整合，构建全区视频大联网。探索建立数据开放共享机制，积极推进云桌面办公系统建设，推进部门间标准对接和系统互联，促进跨层级跨部门业务协同、流程再造。有序推动政务云、产业云、平安云等应用开发，提升社会治理和服务能力，打造更加智慧的营商环境。

（三）探索推进经济发展类改革，不断增添发展新动能

一是开展国有（集体）资产赋能计划。加强国有资产清产核资，对零散、闲置资产资源，采取划转、转让、租赁等方式盘活存量，推动国有资产由闲散向集聚、由静态管理向动态管理转变。深化国有企业改革，支持国有平台公司运用股权转让、合资新设、市场化重组以及基金投资等多种方式开展混合所有制改革，支持惠东公司、城东公司联合升级2A信用资质。通过确权颁证、登记赋码，确立村集体经济组织特别法人地位，依法赋予市场主体地位，探索村集体经济所有权与经营权分离的运营机制，保障集体资产安全、增值。鼓励农村集体经济组织在符合规划前提下，利用闲置房产设施、集体建设用地、“四荒地”、可用林场和水面等资产资源，以自主开发、合资合作等方式发展特色产业。

二是开展自然资源赋能计划。持续推进大规模绿化游仙行动，进一步增加林业资源总量。依托林业重点工程项目，加快构建集生态种养、森林康养、生态旅游等一体的生态循环林业发展模式。用好政策性金融贷款，支持涉林企业、专合组织等新型经营主体发展，积极争创省级现代林业产业示范区。加快编制“水美游仙”总体规划，启动“河湖塘库渠水系联通、骨干水源、城乡供水一体化、现代化灌区、中小流域综合治理、智慧水利”六大工程建设，推进“引清济芙”“引沉济芙”，优化拓展“芙蓉花溪”湖泊湿地景观布局。建立健全城乡饮用水双水源保障机制，启动清洁沟水库、森柏水库城乡饮用水源地扩建工程，加快构建以城镇为中心、覆盖全域的城乡一体化供水体系。科学调剂三次产业用水配置，全面实施农业水价综合改革，深入推进“河湖长制”，大力推广健康养殖技术，打造绿色水产品牌。

（四）探索推进社会建设类改革，持续增进民生福祉

一是构建新型医疗卫生服务体系。探索建设镇域多点型医合体、区域紧密型医共体、市域共享型医联体。推进基层医疗卫生机构运行机制改革，逐步实行财政全额保障政策，落实“两个允许”，加强机构编制岗位管理。深化分级诊疗制度，完善医保引导分级诊疗政策，建立联动诊疗机制，健全基层执业人员培养、准入、使用、待遇保障、考核评价和激励机制，实行医师多点执业和“点餐式”医疗服务。加强基层防控能力建设，完善重大疾病医疗保险和救助制度，积极筹建游仙区传染病医院，健全疾病预防控制体系和传染病防控救治体系。

二是构建全生命周期教育体系。树立全生命周期大教育观，围绕满足儿童、青少年、成人等全年龄段教育需求，全面发展学前教育、义务教育、高中教育、职业教育。坚持“公办民办并举、城市农村并重”的原则，丰富城镇和城乡接合部学前教育资源，完善以公办幼儿园和普惠性民办幼儿园为主体的学前教育服务网络。积极拓展校企合作，引企入校、联校进企，探索运用集团办学、联合办学等模式，加快推进富乐二小、二中等重点项目建设，优化全区义务教育资源均衡配置。支持校企共建公共实训基地、技术工艺和产品开发中心、实验实训平台、技能大师工作室，加快构建适应市场需求、产教深度融合，中职到高职人才培养有效衔接的发展格局。

三是构建社会心理健康服务体系。积极推动社会心理服务体系建设国家级试点，将社会心理健康服务纳入社会治理体系。大力推进文化振兴，建设“书香绵州”，积极打造一批具有新时代鲜明特征的文化项目和文艺作品，积极开展丰富多彩、喜闻乐见的群众精神文化活动。完善舆论互动、民情引导、心理疏导、危机干预机制，支持、引导社会心理服务机构向各类机关、企事业单位、基层组织及特定群体提供心理健康服务。积极培育社会心理服务人才队伍，加快建设区、乡镇（街道）和村（社区）三级社会心理服务网络，逐步构建起以心理知识宣传普及为前端、心理问题监测预警为中端、高危人群精准干预为末端的“社会心理健康全程服务链”。

三、统筹做好七项保障工作

始终坚持正确政治方向，紧紧围绕中心工作，以最高的标准、用最严的要求、下最大的决心，为建设更高质量的“五个游仙”提供坚强保障。

（一）旗帜鲜明加强党的政治建设。持续强化理论武装，深化“不忘初心、牢记使命”制度建设，用好富乐大讲堂、周三夜学、周五集中学等载体，持续深入宣传学习习近平新时代中国特色社会主义思想，教育引导党员干部增强“四个意识”、坚定“四个自信”、做到“两个维护”。健全完善各领域党组（党委）运行规则，不断提高民主生活会、组织生活会质量，切实增

强党内政治生活的政治性、时代性、原则性、斗争性。压紧压实意识形态工作责任，加强各类意识形态阵地管理，鲜明社会舆论主流引导工作机制，抓好“决胜全面建成小康、决战决胜脱贫攻坚”重大主题宣传。

（二）全力打赢疫情防控的人民战争、总体战、阻击战。坚定不移落实上级各项决策部署，加强党对统筹推进疫情防控和经济社会发展工作的领导，切实组织动员各级党组织和广大党员、干部在疫情防控斗争中挺身而出、英勇奋斗、扎实工作。高度警惕麻痹思想、厌战情绪、侥幸心理、松劲心态，继续毫不放松抓紧抓实抓细各项防控工作，夯实联防联控、群防群控机制，充分调动社会力量共同参与疫情防控。全面强化稳就业举措，科学调配重要物资，有序组织辖区企业复工复产，提升服务企业工作专班运行效率，帮助企业抢占市场、抢夺人才、扩大产能，增强企业获得感。实行差异化、错时错峰开学，创新工作机制，确保返校工作安全、稳定、有序进行。

（三）聚焦做好各级各类优惠政策落实。对标中央、省、市预算内资金申报要求，聚焦产业转型、科技创新、生态环保等领域，主动谋划一批打基础、利长远、增后劲、强支撑的重大项目。积极做好项目前期申报准备，大力开展对上争取，让更多的项目资金、优惠政策落在游仙。持续深化信义游仙建设，不断增强契约精神，积极兑现高新技术企业扶持奖励、人才项目资金、高层次人才待遇等各类政策，加快建立高效的奖补资金拨付机制，激励人才建功立业，支持中小企业良性发展，进一步提振投资者信心。建立健全优惠政策兑现保障机制，压实兑现政策主体责任，将政务履约和守诺情况纳入绩效评价体系，不断加强政策兑现的督查力度。

（四）积极建设和谐稳定社会环境。深化法治游仙建设，坚持和发展新时代“枫桥经验”，不断完善矛盾纠纷多元化解机制，继续深入推进“诉源治理”，创新实施信访联合接访机制，扎实开展涉稳事项化解攻坚行动，持续化解历史遗留问题。大力贯彻落实总体国家安全观，加强对邪教活动动态监控和人员教育转化。严格落实国防科研院所“护城河”工程，持续开展国防军工保密资格单位、重要军事设施周边治安环境整治，扎实做好反奸防谍、防泄密工作。持续推进扫黑除恶专项斗争，开展社会治安、交通运输、工程建设等十大行业领域存在的突出问题专项整治。着力夯实综治工作基础，加大天网工程、雪亮工程、慧眼工程建设力度，健全社会治安防控和公共安全体系，持续深化“平安细胞”创建活动。加强生产领域、寄递物流领域和食品药品安全领域监管，扎实开展安全隐患排查整治，坚决守住人民群众生命财产安全底线。

（五）着力锻造一流干部人才队伍。鲜明“重实干勇担当”的选人用人导向，强化干部政治素质考察，不断深化知事识人、人事相宜体系建设，扎实开展班子运行综合研判，持续优化全区科级领导班子，注重在疫情防控、基层治理、城乡融合发展、项目建设等一线考察识别干部。注重干部政治素质建设、专业能力提升，加大优秀年轻干部培养使用力度，持续做大专业干部队伍基数，深化干部人才“双向挂职”、援藏援彝，提升干部跨界融合发展能力。健全干部监督管理体系，探索建立干部“八小时外”生活圈、社交圈的延伸考察，加快制定公务员平时考核办法，逗硬推进干部能上能下。认真落实关心关爱激励干部政策，进一步激励干部奋勇争先的工作热情。

（六）坚定不移开展正风肃纪。坚持“严”的主基调不动摇，持之以恒正风肃纪，严格落实中央八项规定精神，集中整饬形式主义、官僚主义等突出问题，巩固拓展作风建设成果。坚持以人民为中心的工作导向，持续保持惩贪治腐高压态势，重拳惩治群众身边的不正之风和腐败问题。以改革和创新的思路健全完善监督体系，推进纪律监督、监察监督、派驻监督、巡察监督统筹衔接，实现政治监督全覆盖、具体化、常态化。高质量开展常态巡察，认真做好迎接省委巡视和巡视配合工作，扎实抓好巡视巡察整改。

（七）持续加强民主政治建设。坚决贯彻民主集中制，不断提高区委常委会科学决策、民主决策、依法决策水平。坚持党的领导、人民当家作主、依法治国有机统一，切实发挥区委总揽全局、协调各方的领导核心作用，支持人大及其常委会依法行使权力，深化拓展代表工作。支持政协组织依照章程履行职能，发挥政协专门协商机构作用。支持民主党派加强自身建设，做好新的社会阶层人士、民主党派、民族宗教等各领域统战工作，加强侨务、港澳和对台工作。健全党委统一领导下的“大群团”工作制度，深化群团组织改革，支持工会、共青团、妇联等开展各具特色的群团活动。坚持党管武装，健全退役军人工作体系和保障制度，加强国防动员、教育和后备力量建设，完善双拥工作和军民共建机制。

名词解释

八区三中心：“八区”是指通过组建8个镇域多点型医合体，形成以建制乡镇为核心的镇域医疗中心；“三中心”是指通过组建以区人民医院、区中医医院、区妇幼保健院为龙头单位的区域紧密型医共体，形成以区级公立医院为核心的片区（或专科）医疗中心，分别为区临床医疗中心、区中医药医疗中心、区妇幼保健医疗中心。

三讲三赞：讲过去、讲现在、讲未来；赞祖国、赞党恩、赞家乡。

“五类”干部：指“最讲政治、心系群众、勇挑重担、狠抓落实、群众拥护”的干部。

“大棚房”：指工商企业、个人及组织借建农业设施或农业园区之名，违法违规占用耕地甚至永久基本农田，用于非农业建设的行为。

五步工作法：多元调解、律师诉讼、民政救济、邻居评议、司法打击。

猪周期：猪肉价格高刺激生产供给，供给增加造成肉价下跌，肉价下跌打击生产积极性导致供应短缺，供给短缺又使得肉价上涨，从而形成周期性猪肉价格变化的现象。

CPI：消费者物价指数（Consumer Price Index），又名居民消费价格指数，简称CPI，是一个反映居民家庭一般所购买的消费品和服务项目价格水平变动情况的宏观经济指标。

黑天鹅：指非常难以预测，且不寻常的事件，通常会引起市场连锁负面反应甚至颠覆。

灰犀牛：指太过于常见以至于人们习以为常的风险，通常代指大概率发生且影响巨大的潜在危机。

领航计划：坚持“一切以企业为中心”产业发展理念，坚持政府引导、企业主体、市场配置资源相结合，大力促进优质资源向重点企业和优势企业聚集，尽快形成以千亿级企业领航，百亿级企业带动，十亿级企业支撑的一批规模优势明显、质量效益显著、创新能力强、带动作用大、市场竞争力强的工业大企业大集团群体。

两小一微一厕所：小游园、小广场、微景观和公共厕所。

三横三纵三环：“三横”第一横石马镇—东林场—忠兴镇—太平场—仙鹤镇—梓潼界，主要由中环线、安梓路组成；第二横游仙街道—新桥镇—魏城镇—徐家场—梓潼界，主要由绵梓路组成；第三横松垭镇—观太场—梓棉场—盐泉镇—三台界，主要由中环线、建梓路、白玉路组成。“三纵”第一纵东林场—游仙街道—小枧镇—松垭镇，主要由G205改线（游仙段）组成；第二纵江油界—凤凰场—忠兴镇—魏城镇—建华场—观太场—三台界，主要由规划G416、建梓路、G108改线组成；第三纵朝真场—仙鹤镇—魏城镇—信义镇—刘家场—梓棉场—白蝉场—三台界，主要由小永路组成。“三环”第一环小枧—建华场—沉抗—游仙街道，主要由规划G416、新建路、现有G108组成；第二环松垭镇—观太场—信义镇—魏城镇—街子场—云凤场—东林场—石马镇，主要由中环线、魏街路、规划G210、现有G108组成；第三环白蝉场—盐泉镇—刘家场—东宣场—徐家场—仙鹤镇—忠兴镇—凤凰场，主要由白玉路、刘黑路、刘柏路、安梓路、太凤路、规划G416组成。

“三个三分之一”：基层党组织的活动阵地要体现“三个三分之一”，即：三分之一是作为办公服务必须的空间，三分之一要为产业、就业，发展经济组织、社会组织提供服务，还有三分之一要作为群众的功能活动场所。

一主一副、一带一路、南北协同：“一主”指游仙主城区，“一副”指将魏城镇打造为游仙经济副中心；“一带”指沿涪江经济发展带，“一路”指绵梓路；“南北协同”指绵梓路南北两侧各镇根据资源禀赋和城乡融合发展试验区产业总体规划布局协同发展。

两大一好：公共卫生大整治、家庭卫生大扫除和个人卫生好习惯。

四荒地：荒山、荒沟、荒丘、荒滩等未利用的土地。

两个允许：允许医疗卫生机构突破现行事业单位工资调控水平，允许医疗服务收入扣除成本并按规定提取各项基金后主要用于人员奖励。

绵阳市游仙区人民代表大会常务委员会工作报告

——在绵阳市游仙区第六届人民代表大会第六次会议上

区人大常委会主任 袁玉国

（2020年5月13日）

2019年工作回顾

2019年，在区委的坚强领导和市人大常委会的指导下，区人大常委会坚持以习近平新时代中国特色社会主义思想为指导，深入学习贯彻党的十九大精神和习近平总书记关于人民代表大会制度的重要思想，树牢“四个意识”，坚定“四个自信”，坚决做到“两个维护”，认真履行宪法和法律赋予的各项职责，坚持党对人大工作的全面领导，以推进区委决策部署的贯彻落实作为人大履职导向，始终做到区委部署指向哪里，人大工作就跟进到哪里。扎实推进“工作落实年、项目开工年、环境提升年”，全年召开常委会议7次、主任会议16次，视察、执法检查28次，调研49次，听取和审议“一府两院”专项工作报告18项，依法作出决议、决定18项，提出审议意见66条，依法选举及任免国家机关工作人员91人，制定和完善各类规章制度6项，为建设更高质量的“五个游仙”做出了积极贡献。

一、强化大局意识，推动区委决策落实

区人大常委会始终坚持党的领导，坚决贯彻区委对全区工作的总体安排，积极推动区委决策部署落地落实。

（一）推动质量品牌兴区战略实施。区人大常委会听取区人民政府《关于质量品牌兴区战略推进情况的报告》，专题调研全区质量品牌兴区战略推进情况并形成调研报告。针对存在的质量品牌意识需进一步深化、体制机制需进一步完善、产业规模效益需进一步提升等问题，提出进一步统一思想、提升认识，强化政策引领、完善激励机制，突出宣传推介、营造良好氛围等意见建议。

（二）推动营商环境治理。区人大常委会组成调研组，对全区营商环境治理情况进行专题调研并形成了调研报告。针对存在的政务服务效能有待提升、要素保障和下放权力不够到位等问题，提出了提升政务服务效能、切实解决要素保障、权力下放到位等意见建议。

（三）推动重点工作落实。区人大常委会紧紧围绕区委中心工作和统一部署，积极参与推动乡镇行政区划调整改革、旅游环线建设工作；依法履行人大工作职责，积极投身全区重点项目建设、招商引资、扶贫帮困、社会稳定、城乡环境综合治理、文明城市建设、社会管理创新等中心工作；经常深入基层调查研究，帮助解决具体问题，认真做好联系重点项目、重点工业企业以及联系乡镇、村、社区等工作。

二、依法履行职责，精准有效监督

区人大常委会始终把监督重点聚焦在推动经济社会高质量发展和回应人民群众重大关切上，

精准有效依法实施监督。

（一）加强经济发展监督。区人大常委会组织财经咨询专家在人代会前对全区国民经济计划和财政预算依法进行初步审查。对部分区级部门的预算管理、计划执行等情况进行审查，进一步强化预算管理、计划执行的规范化和严肃性。扎实开展同级财政预算执行审计监督工作，使审计查出的各类问题得到整改和落实，增强人大的监督实效。听取区人民政府关于国有企业资产情况的报告，听取和审议《区人民政府2019年上半年国民经济和社会发展计划执行情况》等6个报告，提出审议意见。按照重大事项报告制度，区人大常委会与区人民政府领导班子成员召开联席会议，对全区经济发展、社会事业管理等9项工作提出意见建议，并进行督办，有力推动全区经济社会发展。

（二）加强环境保护监督。区人大常委会听取《区人民政府关于2018年度环境状况和环境保护目标完成情况的报告》，专项视察2018年度环境状况和环境保护目标完成情况。针对存在的臭氧污染治理效果不明显、水环境质量不稳定、全区环境监测站规范化建设滞后等问题，提出加强领导，始终保持抓好环境保护定力；突出重点，始终保持建设环保项目动力；强化监管，始终保持环保执法震慑力等审议意见。

（三）加强教育质量监督。区人大常委会听取《区人民政府关于全区幼儿园建设工作情况的报告》，对全区幼儿园建设情况进行专项视察，针对存在的问题提出意见建议。对游仙区慈济实验学校、富乐中学进行专题调研，形成《关于推进游仙区慈济实验学校进一步发展的调研报告》《关于提升富乐教育质量品牌的调研报告》，促进解决了校容扩张、教师队伍建设等问题，有力地推进游仙区教育质量品牌建设工作。

（四）加强对任命干部监督。2019年，区人大常委会继续对任命的区发改局等6名局长和法检两院2名副职领导开展述职满意度测评工作。深入区级部门和乡镇（街道），开展座谈和满意度测评，在区六届人大常委会第二十三次会议上，对8名测评对象进行述职发言及满意度测评，进一步促进“一府两院”职能部门依法履职。

三、注重民生实事，建设和谐社会

区人大常委会始终把民生社会事业作为工作重点，深入贯彻落实区委有关民生工作决策部署，有力提升社会公共服务水平。

（一）推进脱贫攻坚工作。区人大常委会积极开展“脱贫攻坚——人大代表再行动”、人大代表联系群众“五个一”等活动，区人大常委会领导带头深入各乡镇、街道，跟踪督促指导各地脱贫攻坚工作的落实，积极督促所联系乡镇及定点帮扶村做好精准脱贫规划、特色产业发展等工作，积极协调争取政策、资金、项目，有力推动脱贫攻坚工作。同时，认真做好人大机关联系帮扶新桥镇玉泉村、双桥村的脱贫攻坚和开元路社区的扶贫解困工作。

（二）推进“乡村振兴”战略实施。区人大常委会成立调研组，对全区山湾农庄建设推进情况进行专题调研，形成调研报告。针对认识存在偏差、规划引领滞后、要素保障不足等问题，提出进一步统一思想，夯实产业基础，着力促进农民增收、进一步强化组织保障，着力抓好统筹推进等意见建议。

（三）推进民生实事项目代表票决制。全区22个乡镇在全市率先开展“民生实事项目人大代表票决制”工作，实施甄选150个候选民生实事项目，票决出116个民生实事项目，进一步调动了人大代表履职积极性、主动性，切实解决一批代表关注、人民群众关心的具体问题。

（四）做好群众来信来访工作。区人大常委会对群众的来信来访，依据法律政策深入细致的解释疏导回复工作，对上级交办和群众急需解决的重大疑难信访件，常委会责成有关单位及时办理。2019年，区人大常委会共受理人民群众来信来访48件、156人次，做到事事有结果、件件有回复，切实维护社会稳定。

四、聚焦重点领域，优化法治环境

区人大常委会把扎实推进依法治区放在重要位置，为实现“五个游仙”创造良好的法治环境、提供坚实的法治保障。

（一）促进行政机关依法行政。区人大常委会按照制定的《绵阳市游仙区人民代表大会常务委员会执法检查办法》，对区人民政府贯彻执行《中华人民共和国公路法》《中华人民共和国人民调解法》《四川省农村扶贫开发条例》3部法律法规开展执法检查。严格执行《绵阳市游仙区人大常委会规范性文件备案审查办法》，对区人民政府报备的12件规范性文件，各乡镇报备的45件规范性文件依法进行备案登记。

（二）促进司法机关公正司法。区人大常委会听取区人民法院《关于解决“执行难”工作情况的报告》，专项视察区人民法院关于解决“执行难”工作情况。针对存在的人案矛盾较为突出、执行联动机制需进一步强化、人民群众对执行工作的满意度还有待提高等问题，提出加强保障、建立联动机制等意见建议。区人大常委会成立调研组，对区人民检察院开展公益诉讼工作情况进行调研，形成《关于对区人民检察院开展公益诉讼工作情况的调研报告》，针对存在的认识不足、配合不够、力量薄弱等问题，提出加大公益诉讼力度、维护集体和个人利益等意见建议。

（三）促进宪法学习宣传教育。加强对干部群众的宪法宣传教育，推动各地各部门开展领导干部述法、宪法报告会、宪法学习培训、宪法法律考试等活动，助力开展了“12·4”国家宪法日和“宪法宣传周”活动，大力弘扬宪法精神。修订和落实任命人员宪法宣誓制度，结合履职报告工作，加强宣誓人员任后监督，使宣誓人员树立宪法至上的法律意识和自觉履行誓言的法治思维。

（四）协助市人大开展立法调研。区人大常委会积极协助市人大开展《四川省古树名木保护条例》《历史建筑历史文化街区和传统村落保护》《四川乡村振兴促进条例》《中华人民共和国公职人员政务处分法》等立法调研，为我市相关法律法规的顺利颁布实施提出合理化意见建议。

五、强化履职保障，发挥代表作用

区人大常委会始终坚持尊重代表权利和主体地位，切实加强履职平台建设，加强服务保障，促进代表依法履职。

（一）进一步加强代表履职能力建设。积极组织人大代表、常委会组成人员、乡镇人大主席参加履职培训。不断提升“市代表之家”、“游仙人大”微信公众服务平台及网上任前法律知识考试平台的运用率和运用范围，市、区、镇（乡）三级代表联动更加紧密。在充分运用各乡镇“人大代表之家”开展丰富多彩、富有创新的活动基础上，延伸到村（社区）规范建立起代表联络站、代表活动室等工作平台259个，实现“人大代表联系人民群众工作平台”建设全覆盖。

（二）进一步加强代表建议意见办理。及时把区六届人大五次会议期间收到的108件建议分解到相关部门研究办理，将“关于建立营商环境建设的长效机制”等8件建议作为重点督办件由常委会领导牵头督办。108件代表建议在规定时间内全部办结，办结率100%，满意率为97.2%。听取和审议《区人民政府关于区六届人大五次会议期间代表建议、批评和意见办理情况的报告》。在全市率先制定《关于对游仙区人民代表大会代表建议、批评和意见办理情况开展工作评议的实施意见》，并在全市交流推广。

六、坚持改革创新，加强自身建设

区人大常委会牢固树立政治意识、大局意识、核心意识、看齐意识，依法履职能力和水平不断提高。

（一）扎实开展“不忘初心、牢记使命”主题教育。精心组织、分层分类抓实学习教育、调查研究、检视问题、整改落实各项工作。常委会领导以身作则，率先垂范，带动和促进机关干部增强“四个意识”、坚定“四个自信”、做到“两个维护”，在学思践悟中坚守初心使命，达到理论学习有收获、思想政治受洗礼、干事创业敢担当、为民服务解难题、清正廉洁作表率的目标要求。

（二）加强工作能力建设。区人大常委会深入学习贯彻习近平总书记关于坚持和完善人民代表大会制度的重要思想。按照推动人民代表大会制度和人大工作与时俱进的要求，建立健全人大有关专门委员会，健全和规范人大常委会办事工作机构。加强对乡镇人大工作的指导，促进乡镇人大主席团工作进一步规范、作用进一步发挥，推动基层民主法治建设不断深入。

（三）加强纪律作风建设。认真贯彻落实中央、省委、市委和区委纪律作风、意识形态工作各项规定，从严从实抓好机关党员干部学习教育管理。通过建立健全预防和惩治腐败体系，构建廉政风险防控机制，不断加强班子成员和干部职工的理想信念教育，筑牢反腐倡廉的思想道德防线，增强干部职工拒腐防变能力，树立常委会及机关良好形象。

各位代表，过去一年人大各项工作取得的成绩，得益于区委的坚强领导、得益于区人大常委会组成人员的共同努力、得益于“一府一委两院”和各级人大代表的大力支持、得益于部门和乡镇（街道）的通力协作。在此，我代表区人大常委会，向关心、支持人大工作的所有同志和各界人士表示衷心的感谢！

在肯定成绩、总结经验的同时，我们也清醒地认识到，常委会工作与形势发展的要求和人民群众的期盼还存在一定差距，主要表现在：监督工作的针对性和实效性有待进一步增强，存在未能及时跟踪问效的情况；人大代表的履职意识和能力有待进一步提高，人大代表建议意见办理的质量不够高，效果不明显，办理结果与代表的要求还有一定差距等。对此，我们将坚持问题导向，在今后工作中认真研究并加以改进。

2020年工作安排

2020年是全面建成小康社会和“十三五”规划收官之年，区人大常委会将坚持以习近平新时代中国特色社会主义思想为指导，全面贯彻党的十九大和十九届二中、三中、四中全会精神，在中共绵阳市游仙区委的坚强领导和市人大常委会的指导下，认真履行宪法和法律赋予的各项职责，创新实干、主动作为，为奋力谱写更高质量的“五个游仙”新篇章做出新的更大的贡献。

一、讲政治勇担当，强化党委决策落实

坚定用习近平新时代中国特色社会主义思想指导人大工作，自觉在政治立场、政治方向、政治原则、政治道路上同以习近平同志为核心的党中央保持高度一致。按照区委六届五次党代会对全区工作的总体安排部署，牢固树立和贯彻落实新发展理念，重点围绕建设更高质量“五个游仙”加大调研、视察、执法检查力度，依法作出决议决定，把党的意图通过法定程序变为国家意志和全区人民的自觉行动。

二、抓创新善作为，强化监督实效

紧紧围绕党的中心工作，抓住事关高质量发展的关键问题、影响法律法规实施的突出问题、人民群众普遍关心的热点难点问题，强化对“一府一委两院”的工作监督和法律监督，通过开展调研视察、执法检查和专题询问等形式，提高监督实效。在经济领域，听取审议经济社会高质量发展指标完成情况、国有资产运营管理情况等报告。在社会领域，听取审议乡村振兴、民生实事实施情况等报告，积极回应人民群众的关注关切。在法治领域，听取审议依法行政工作进程、推进社会信用体系建设、开展审判检察工作情况等报告，推进依法行政、公正司法。继续加强和改进备案审查工作，推动备案审查信息平台建设，做到“有件必备、有备必审、有错必纠”，切实维护国家法治统一。在干部监督方面，继续开展述职测评工作，坚持党管干部原则和德才兼备标准，进一步规范任免工作程序，做好人事任免工作。

三、重基础优服务，强化代表工作

正确把握“代表机关”的职责定位，加强常委会组成人员与人大代表、人大代表与人民群众的联系，做好代表履职引导、服务和管理工作，推进代表工作的体制机制创新和平台载体规范化、最优化建设。依法做好乡镇行政区划调整人大选举工作，指导好各镇选举人大代表、召开人民代表大会。切实抓好民生实事项目人大代表票决制工作，推动人大代表履职创新。有针对性地组织开展代表培训工作，着力强化代表依法履职意识，拓宽代表知情知政渠道。组织市、区、镇人大代表列席常委会议，让更多熟悉相关行业专业的代表参与执法检查、专题调研和重点督办等活动。抓好镇（场）“人大代表之家”的完善规范、管理使用工作，实现镇人大代表学习交流多样化、履职服务常态化。有计划、有主题、有重点、见实效地组织代表开展闭会期间活动，支持和推动各级人大代表创新联系方式，丰富联系内容，广泛听取和充分反映人民群众的意见和诉求。持续强化代表建议督办工作机制，注重对代表议案建议的大数据分析，把代表和群众特别关注的重点问题作为常委会督办的主要指向。强化代表履职的管理监督，继续落实各级代表在选举单位或选区述职工作。

四、提素质严作风，强化自身建设

把学习贯彻习近平总书记关于坚持和完善人民代表大会制度的重要思想摆在突出位置，深入推进“四讲四有”人大建设，加强政治理论学习，深化重大课题研究，提高政治站位，增强履职能力。全面加强常委会党的建设，按照党章党纪党规要求，建立并不断完善党组、议事、决策等制度规则，充分发挥党组在人大工作中把方向、管大局、保落实的领导核心作用。切实改进会风文风，把更多的精力放到重点工作的高效推进上。严格落实党风廉政建设各项规定，建设风清气正的政治生态环境。自觉接受人大代表和人民群众监督，在不断改进优化中提高常委会工作的法治化、规范化、科学化水平。加强意识形态工作，切实发挥意识形态工作思想引领、舆论推动、精神激励作用，建立意识形态工作机制。进一步重视人大对外交流和信息宣传工作，组织开展有内涵有影响丰富多彩的系列活动，强化人大制度理论阐释与工作实践典型宣传，讲好人大故事，树创人大形象。更加密切与镇人大的全方位联系，加强纵向工作指导与交流，深化上下协同联动，提升全区人大工作“一盘棋”的整体效应。

绵阳市游仙区人民政府工作报告

——在绵阳市游仙区第六届人民代表大会第六次会议上

区人民政府区长 陈华斌

（2020年5月13日）

2019年工作回顾

过去的一年，在市委、市政府和区委的坚强领导下，在区人大、区政协的监督支持下，我们坚定以习近平新时代中国特色社会主义思想为指导，坚决落实中央、省、市重大决策部署，认真践行新发展理念和高质量发展要求，积极应对复杂多变的宏观经济形势和艰巨繁重的改革发展任务，加快实施“四大兴区”战略，围绕建设更高质量的“五个游仙”，全力推进改革发展稳定各项工作，经济社会高质量发展取得明显成效。

一年来，我们保持定力稳中求进，综合实力持续增强。

实现区属地区生产总值357.4亿元、增长8.8%，从2017年突破两百亿元到2019年突破三百亿元，三年连跨两个百亿量级；地方一般公共预算收入10.5亿元、增长9.2%，税收占一般公共预算收入比重达83%；规上工业增加值增长11.3%，服务业增加值增长9.6%，一产增加值增长2.9%；对上争取项目资金28.3亿元，全社会固定资产投资增长19.1%，新增“四上”企业52户；城镇居民人均可支配收入达43947元、增长8.8%，农村居民人均可支配收入达18933元、增长10.3%。

一年来，我们乘势而为转型升级，产业基础更加坚实。

工业经济持续领跑。规上工业增加值增速长期保持全市第一梯队，智能制造、节能环保、新型功能材料、电子信息产业产值占规上工业总产值比重达58%；企业研发经费投入2.59亿元、增长23.3%，新增专利授权1202件；新增规上工业企业13家、达131家，新认定高新技术企业7家、达37家；仙特米业、金信诺分别被评为全省“高成长型”和“专精特新”中小企业；游仙高新区被认定为省级绿色示范园区、省级新型工业化产业示范基地。**现代服务业稳步发展。**海悦银河城等大型商业综合体投入运营，新增规上和限上企业29家，实现社会消费品零售总额107.4亿元、增长11.5%，外贸进出口完成3.02亿元，成功创建省级电子商务产业示范县。实现旅游业收入85.93亿元、增长13.1%。**现代农业蓄势勃发。**积极应对非洲猪瘟等农业生产风险，新增华欧特级初榨橄榄油等“三品一标”农产品5个、达119个，培育壮大浩东粮油、金太阳饲料等市级以上农业产业化龙头企业5家，实现农林牧渔业总产值53.62亿元，成功创建全国平安农机示范区、四川特色农产品优势区。

一年来，我们深化改革扩大开放，增长活力加速释放。

院地协同深入推进。与中物院“两所一公司”签订协议，共同建设集“激光材料、激光器件、激光装备”全产业链的激光产业园项目。**深化改革蹄疾步稳。**供给侧结构性改革深入实施，乡镇行政区划调整改革顺利完成，全国农村集体产权制度改革整县推进试点等99项改革任务全面完成，投资审计“三个转变”、河湖管理保护新举措、互联网+人民调解、政务服务“差评师”等改革经验在全省全市推广。对外开放成果丰硕。加强区域协同合作，与成都市锦江区、双流区、温江区、青白江区、崇州市和5个周边县市区签订合作协议，落实合作事项10项，完成协同发展工作任务23项；坚持精准务实招商，招引拓谱集成电路产业园等优质项目40个，国内省外到位资金83.2亿元，获得省级招商引资重大项目奖补资金937.6万元、占全市总额的47.3%、位居全市第一。营商环境持续优化。深化“放管服”改革，创优“一窗制”服务，1793个政务服务事项实现“最多跑一次”比例达99.7%，企业开办、一般工程建设项目审批时间分别压减至1个工作日和60个工作日以内；率先建成24小时办税超市,减税降费2.95亿元，清理拖欠民营企业中小企业账款1258万元，新增市场主体5242户，东材科技等2家企业入选全省民企100强，民营经济蓬勃发展。

一年来，我们统筹城乡融合发展，城乡面貌焕然一新。

城乡品质显著提升。大力实施“城建攻坚”和“交通攻坚”，投入26.5亿元实施基础设施建设项目108个，城区污水支管网完善项目、G205改线二期、中绵路等工程全面完成，城市运动公园、中玉路等项目推进顺利，G5成绵高速扩容、绵苍高速等项目启动拆迁，一环顺利重构、二环基本贯通，新增棚户区改造项目2个，治理老旧小区46个，新建垃圾压缩中转站10个，石马等重点镇建设取得新进展，魏城镇铁炉村、信义镇曾家垭村省级农村住房建设试点高质量推进。乡村振兴成效初显。编制完成《“7+1”现代农业园区建设规划》，出台实施乡村振兴战略考评激励办法，设立乡村振兴发展基金3500万元，创新打造山湾农庄40个，“芙蓉花溪”乡村振兴综合项目顺利实施，新（改）建县乡村道路157.6公里，新增省级“四好村”25个、“美丽四川·宜居乡村”达标村113个，魏城镇白鹤村成功创建全国乡村治理示范村，仙鹤镇洛水村等5个村获评省级实施乡村振兴战略示范村。生态环境持续改善。扎实推进“大气、水、土壤”三大战役，中央、省生态环保督察及“回头看”反馈问题整改率分别达95%、98%、100%，城区空气质量优良天数达317天、增加20天，PM2.5、PM10浓度分别下降12.9%、13.1%，城市和乡镇集中式饮用水水源地水质达标率分别达100%、90%，土壤环境质量总体保持稳定。森林覆盖率达30.89%，新桥镇新跃村等4个村被评为国家森林乡村。

一年来，我们着力增强民生福祉，社会事业全面发展。

民生保障坚强有力。47项为民办实事项目全部完成，民生支出占财政支出比重达70.63%。城镇新增就业8405人，城镇登记失业率控制在1.88%。城乡低保、特困人员供养、残疾人两项补贴等政策全面落实，困难群众重特大疾病医疗救助实现全覆盖。新（改）建城镇公厕16座、农村户用厕所5400户，改造农村土坯房4080户，剩余的881名贫困户全部脱贫、16个贫困村全部摘帽。社会事业繁荣发展。教育综合目标考核连续6年居全市第一，新（改扩）建学校13所，幼儿园、中小学学位分别新增1080个、3500个，如期完成消除“大班额”年度目标任务，投入1780万元率先实现农村学校免费热水供应和城区学校课后延时服务，职业教育成功迈入省级示范行列。积极推进健康游仙建设，“八区一中心”医共体改革稳步推进，全面取消医用耗材加成，累计减轻群众医疗负担1500万元，顺利通过全国中医药先进单位复评和全省健康促进示范区验收。公共文化设施全面免费开放。全国文明城市年度测评顺利完成。精心组织庆祝新中国成立70周年系列活动，圆满完成安保维稳工作。社会治理全面加强。深入推进法治游仙建设，被评为全国“七五”普法中期先进区和四川省第二批法治示范区，小枧司法所获评全国模范司法所；扎实开展扫黑除恶专项斗争，建成智慧平安小区12个，刑事发案同比下降4.6%。信访稳定形势持续向好，区信访接待窗口被评为省级“人民满意窗口”。狠抓安全和应急管理，全年未发生较大以上安全生产事故，刘家社区成功申报为全国综合减灾示范社区。食品药品安全形势稳中趋好。扎实开展第四次全国经济普查和第三次全国国土调查。实施9个重大风险防范化解工作方案，守住不发生系统性风险的底线。

一年来，我们强化政府自身建设，行政效能不断提高。

始终坚持把政治建设放在首位，扎实开展“不忘初心、牢记使命”主题教育，紧扣学习贯彻习近平新时代中国特色社会主义思想根本任务，学出绝对忠诚、突出绝对忠诚。坚决维护区委领导，自觉接受区人大及其常委会的法律监督和工作监督，主动接受区政协的民主监督，高质量办理人大代表建议108件、政协委员提案101件，办结率100%。顺利完成机构改革，政府职能加快转变。积极回应群众关切，公开政务信息1.1万条，有效化解历史遗留问题22件。强化审计监督和财政评审，节约财政资金2.21亿元。驰而不息纠正“四风”，狠抓廉洁从政，政风建设取得新成效。

与此同时，民族宗教、慈善、红十字、残疾人、妇女儿童、地方志、邮政、电力、物价、粮食、烟草、老龄、供销、国防动员、民兵预备役等各项工作都取得新进步。

回首2019年，游仙经济社会发展取得来之不易的成绩，这是区委正确领导的结果，得益于区人大、区政协的监督和支持，凝聚着全区人民的智慧和汗水。在此，我代表区人民政府，向全区广大干部群众和关心支持游仙发展的社会各界人士表示最诚挚的感谢！

需要说明的是：受经济大环境影响和新型消费模式冲击，社会消费品零售总额增长11.5%、排名县市区第1位；受非洲猪瘟等动植物疫情影响，一产增加值增长2.9%、排名县市区第3位；受内部结构不优、市场活力不足等因素影响，服务业增加值增长9.6%、排名县市区第3位；受宏观经济下行和其他指标综合影响，地区生产总值增长8.8%、排名县市区第2位，以上4项指标绝对值未实现年初确定的预期目标。

各位代表，过去的一年，无论再难的形势、再多的困难、再大的挑战，全区上下目标同向、工作同心，经受住挑战和考验。在充分肯定成绩的同时，我们清醒地认识到游仙的发展依然面临经济总量偏小、高质量发展程度不高、财政收支矛盾突出、维稳压力较大等困难和问题。直面问题是勇气，解决问题是水平。我们将坚持问题导向、目标导向、结果导向，以“等不起”的紧迫感、“慢不得”的危机感、“坐不住”的责任感，全力以赴加以解决，决不辜负人民的期盼和组织的重托！

2020年工作安排

2020年政府工作的总体思路是：坚持以习近平新时代中国特色社会主义思想为指导，坚决贯彻党的基本理论、基本路线、基本方略，在市委、市政府和区委的坚强领导下，坚持稳中求进工作总基调，坚持新发展理念，坚持以供给侧结构性改革为主线，坚持以改革开放为动力，推动高质量发展，坚决打赢三大攻坚战，全面做好“六稳”和“六保”工作，不断推进社会治理体系和治理能力现代化，统筹推进稳增长、促改革、调结构、惠民生、防风险、保稳定各项工作，主动融入成渝地区双城经济圈，深入实施“四大兴区”战略，全力打造先进制造业千亿园区、现代服务业聚集区、城乡融合发展试验区，确保全面建成小康社会和“十三五”规划圆满收官，确保得到人民认可、经得起历史检验。

2020年经济社会发展的主要预期目标是：力争实现区属地区生产总值增长8.5%，全社会固定资产投资增长10%，第一产业增加值增长3.1%，规上工业增加值增长10%，服务业增加值增长9.8%，社会消费品零售总额增长10%，城镇居民人均可支配收入增长8%，农村居民人均可支配收入增长9%，环境保护和节能减排完成市政府下达的目标任务，经济发展质量提升，民生事业均衡改善，社会环境和谐稳定，县域经济综合实力全省排位进一步上升。

为实现上述目标，我们将重点抓好以下工作。

一、着力提升产业发展水平。高质量发展先进制造业，围绕“打造新型功能材料产业功能区”定位，加大设备更新和技改投入，支持“3+1”重点产业提升能级，实施制造业单项冠军企业培育“登峰计划”，力争新增规上工业企业12家。加快推进中国科技城大数据中心建设，大力打造“智慧游仙”。高水平发展现代服务业，主动融入全市服务产业新体系，科学出台推动服务业高水平发展政策措施，争创省级现代服务业集聚区；实施生活性服务业提档升级工程，提升以仙山植物园为代表的休闲产业档次，打造3个生活性服务业核心区。高标准发展现代农业，全面落实粮食安全省长责任制，大力发展“花果桑田种药菜”七大特色产业，建好省级现代种业产业园等2个现代农业园区，探索建设城乡融合发展试验区；实施高标准农田、道地中药材等农业设施和产业项目18个，力争新建无公害农产品和绿色食品标准化基地2个，新增“三品一标”农产品6个，争创省级农产品质量安全追溯示范区。毫不松懈地抓好非洲猪瘟、禽流感等动植物疫情防控，加快恢复生猪生产，确保年底前基本恢复到常年水平。

二、着力深化院地协同创新。坚持“项目引领、创新驱动、服务国防、支撑发展”总体思路，常态化开展国防科研院所服务保障对接，探索院地人力资源协同发展模式。加快推进中国科技城激光产业园、中国兵器装备集团绵阳智能制造基地等项目建设，聚焦激光应用等新兴产业。大力优化创新生态，实施“双创八大升级行动”，实施高新技术企业数量质量双提升行动、科技型中小企业提质增效工程，进一步提高企业研发投入，新增高新技术企业8家，高新技术和战略性新兴产业产值占规上工业总产值比重达到60%以上。

三、着力加大改革攻坚力度。深化重点领域改革，大力实施“科研资源”“国有（集体）资产”和“自然资源”三大赋能计划。深化区属国有企业混合所有制改革，支持惠东公司、城东公司联合升级2A信用资质。深化质量提升行动，开展第三届政府质量奖评审。持续打造低成本化、便利化营商环境，深入开展“四减”专项行动，全面落实减税降费措施和应对新冠肺炎疫情支持中小企业共渡难关等扶持政策，支持企业享受电力市场化交易等政策，力争降本减负1.98亿元以上。深化“放管服”改革，推进一窗受理、集成服务，力争不动产登记、异地医保申领、公积金提取、企业零成本开办等6个高频事项实现当日办结。着力构建亲清新型政商关系，继续加大涉地涉房等历史遗留问题化解力度，积极清理拖欠民营企业中小企业账款，放宽公共服务、基础设施等领域准入门槛，进一步提振民营经济信心。

四、着力提升对外开放质效。全面融入成渝地区双城经济圈，围绕“一干多支、五区协同”“一核两翼、三区协同”区域发展战略，深化与三台、梓潼等兄弟县区协同发展，积极推动10项合作事项落地落实。提升开放平台，实施园区提质行动，充分发挥省级高新技术产业园优势，差异化、特色化推进园区高质量发展，积极推进核技术应用产业园、先进材料中小微产业园、魏城工业园等专业园区建设，全力推进科技城大道等43个基础设施项目建设,大力建设先进制造业千亿园区。提升招商质效，按照精准务实“选商”、高效服务“亲商”、做优园区“纳商”工作思路，立足特色园区和主导产业精准发力，瞄准重点企业、重点产业、重点区域，突出产业“建链、补链、强链”，积极跟踪在谈的一飞智控、川菜硅谷等23个项目，力争引进5亿元以上项目10个、国内省外到位资金80亿元。

五、着力稳定投资促进消费。积极有效稳定投资，毫不放松抓项目抓投资，推动大中小项目多点开花，全力抓好33个省市重点项目和39个区重点项目建设，加快推动诺思微系统、新能源等在建项目建成投产，拓谱集成电路产业园、久远高功率激光器等签约项目尽快落地开工，确保工业投资、技改投资持续增长。持续推进基础设施重点领域补短板三年行动，全力做好二环路四期、国道108改线等重点项目服务保障，推动“引沉济芙”工程尽早开工，加快建小路、石马特色小镇等26个基础项目建设。认真落实国家提振消费20条措施，多渠道扩大消费供给，积极拓展信息消费新产品、新业态、新模式，大力发展健康、文化、体育等服务消费，打造繁荣越王楼、芙蓉汉城片区等城市商圈，改造提升沈家坝北街，健全农村现代流通网络体系，激活涪江以东消费增长新引擎。

六、着力统筹城乡融合发展。深入实施城建攻坚，加快海绵城市、智慧城市建设，合理布局“两小一微一厕所”，积极推进城区次支路网和污水管网改造升级，加大违法建设整治和“清闲促建”力度，全力攻坚东兴路8号等6个棚户区改造，新开工改造老旧小区18个，鼓励通过市场化途径加装电梯，全面提升城市综合品质。抢抓《绵阳市国土空间规划》修编机遇，努力拓展城市发展空间。全力做好乡镇行政区划改革“后半篇”文章，按照“一主一副、一带一路、南北协同”发展布局，深化“百镇建设”行动，支持魏城镇打造游仙经济副中心，加快石马、小枧、忠兴、信义、盐泉等特色小镇建设，力争城镇化率达到58.82%。扎实推进乡村振兴战略，做好农村承包地“三权分置”改革，盘活农村闲置宅基地支持乡村新产业新业态，加快“芙蓉花溪”乡村振兴综合项目建设，全力推进农村人居环境综合整治，提档升级山湾农庄10个，农村卫生厕所普及率达97%以上，60%以上行政村生活污水得到有效治理，积极争创省级实施乡村振兴战略工作先进县。严格落实“三线一单”，扎实推进环保督察反馈问题整改，加快环境质量网格化监管网络建设，全面加强河湖管理保护，加快实施“水美游仙”建设，大力推进芙蓉溪、魏城河等流域水质提升工程，加快推动城乡一体化供水，强化农业面源污染防控、工业固废处置，力争空气优良天数达到88%以上、乡镇集中式饮用水水源地水质达标率95%以上，争创国家生态文明示范区。

七、着力保障改善民生福祉。坚持把增进人民福祉作为不懈追求，全力促进“有感发展”，民生支出占比保持在70%以上。大力开展就业帮扶促进工作，确保城镇登记失业率控制在4%以内。健全基本养老保险制度和基本医疗保险制度，全面落实各项惠民政策，加大农村留守儿童和妇女、老年人、残疾人等关爱服务力度。聚焦巩固提升，运用政策保障、产业就业扶持等方式，完善致贫返贫预警处置机制，统筹做好壤塘对口协作帮扶工作。坚持教育优先发展，支持和规范发展民办教育，着力改善农村学校办学条件，化解城区学校“大班额”现象，加快发展公办和普惠性民办幼儿园，加快富乐二中、富乐二小、游仙高新幼儿园等6所学校建设，逐步解决义务教育“城市挤、农村弱”和学前教育“入园难、入园贵”的问题，持续巩固富乐教育品牌。深化“三医联动”，推进医保支付方式改革。大力发展健康产业和中医药事业，推进镇域多点型医合体建设，加强传染病、职业病防治，加快推进传染病防治医院和妇幼保健院分院建设，提升基层医疗机构综合服务能力。深度推进全民健身，大力实施文化惠民工程，加强文物保护和利用。

八、着力提高社会治理效能。把城乡基层治理制度创新和能力建设作为重点，坚持发展新时代“枫桥经验”，深入开展信访积案难案化解专项行动，创新推动社会心理服务体系和新时代文明实践中心建设试点，打造共建共享的社会治理新格局。深化平安游仙建设，纵深推进扫黑除恶专项斗争，大力整治电信诈骗、侵犯公民个人信息等突出问题，严厉打击和惩治侵财等各类违法犯罪活动，持续推进智慧平安小区、山湾平安联盟建设，推广实施“慧眼工程”，完善社会治安防控体系。健全公共安全隐患排查和安全预防控制体系，坚决防范遏制各类生产安全事故。全面加强应急管理体系和能力建设，提高防灾减灾救灾能力。统筹推进疫情防控和经济社会发展，以更高标准做好精准防控工作，坚决打赢新冠肺炎疫情阻击战。完善食品药品安全监管制度，守护人民群众“舌尖上的安全”。加强国家安全教育，做好双拥共建，提升国防动员能力。全面完成“七五”普法，做好第七次全国人口普查工作。全面贯彻党的民族宗教工作基本方针，促进民族团结、宗教和顺。

九、着力加强政府自身建设。巩固和用好“不忘初心、牢记使命”主题教育成果，树牢“四个意识”，坚定“四个自信”，坚决做到“两个维护”，严格落实党风廉政建设和意识形态工作责任制，坚持把党的领导贯穿政府工作各个方面。依法接受区人大法律监督和工作监督，主动接受区政协民主监督和社会舆论监督，把议案、建议和提案办好办实，深化政务公开，加强诚信政府建设。继续压减一般性支出，推进审计监督全覆盖，加大对行政审批、工程建设、资源开发、公共资源交易等重点领域监管力度，大力整治群众身边腐败和作风问题，坚决守住廉洁从政底线。坚持求实务实落实，持续开展“抓落实作表率”行动，突出“跟我上”而不是“给我上”，求真务实、真抓实干；强化团结坦诚，坚持民主集中制原则，相互帮助、相互支持；强化简单务实，坚持开短会、说实话、讲效率，不提空口号、多干实在事，把心思用在干事业上，把精力用在抓工作上，推动各项工作落到实处，以锐意进取、永不懈怠的精神状态和改革创新、勇往直前的奋斗姿态，努力建设人民满意的服务型政府。

名词解释

“四上”企业：规上工业企业、资质以上房地产开发和建筑业企业、限额以上批发零售住宿餐饮业企业、规模以上服务业企业。

“高成长型”和“专精特新”中小企业：“高成长型”中小企业：指管理规范、信誉良好、社会责任感强，具备良好发展前景企业，实现利润连续两年保持正增长，近年来企业营业收入增速连续两年以上均超过10%，上一年营业收入达到2000万元至4亿元的中小企业。“专精特新”中小企业：指走专业化、精细化、特色化和新颖化发展道路的中小企业。

“三品一标”农产品：无公害农产品、绿色食品、有机农产品和农产品地理标志。

投资审计“三个转变”：从数量规模向质量效益转变、从单一工程造价审计向全面投资审计转变、从传统投资审计向现代投资审计转变。

“八区三中心”医共体：“八区”指通过组建8个镇域多点型医合体，形成以建制乡镇为核心的镇域医疗中心。“三中心”指通过组建以区人民医院、区中医医院、区妇幼保健院为龙头单位组建区域紧密型医共体，形成以区级公立医院为核心的片区（或专科）医疗中心，分别为临床医疗中心、区中医药医疗中心、区妇幼保健医疗中心。

“六稳”和“六保”工作：“六稳”指稳就业、稳金融、稳外贸、稳外资、稳投资、稳预期。“六保”指保居民就业、保基本民生、保市场主体、保粮食能源安全、保产业链供应链稳定、保基层运转。

“3+1”重点产业：智能制造、节能环保、电子信息和新型功能材料。

双创八大升级行动：四川省提出的“人才活力升级、孵化平台升级、成果转化升级、实体经济转型升级、科技金融融合升级、政府服务升级、创新创业服务升级、双创品牌升级行动”。

“四减”专项行动：政务服务过程中减事项、减环节、减材料、减时限。

引沉济芙：从武引沉抗水库引流到芙蓉溪，进行河流生态补水调节。

两小一微一厕所：小游园、小广场、微景观和公共厕所。

一主一副、一带一路、南北协同：“一主”指游仙主城区，“一副”指将魏城镇打造为游仙经济副中心。“一带”指沿涪江经济发展带，“一路”指绵梓路。“南北协同”指绵梓路南北两侧各镇根据资源禀赋和城乡融合发展试验区产业总体规划布局协同发展。

农村承包地“三权分置”改革：探索农村承包地所有权、承包权、经营权“三权分置”。

三线一单：生态保护红线、环境质量底线、资源利用上线和生态环境准入清单。

三医联动：医保体制改革、卫生体制改革与药品流通体制改革联动。

枫桥经验：20世纪60年代初，浙江省诸暨市枫桥镇干部群众创造了“发动和依靠群众，坚持矛盾不上交，就地解决；实现捕人少，治安好”的“枫桥经验”。1963年毛泽东同志批示学习推广“枫桥经验”，2003年习近平同志指示坚持发展好“枫桥经验”。

慧眼工程：是依托视频云平台，以农户房前屋后摄像头为感知源、以家庭网络为通道、以云存储、村监控室为底层中心，多级联网汇聚、分级分类管理的平安乡村视频监控网。

中国人民政治协商会议
绵阳市游仙区委员会常务委员会工作报告

——在政协第六届绵阳市游仙区委员会第五次会议上

区政协主席 姜曦

（2020年5月11日）

2019年工作回顾

2019年，在中共游仙区委的正确领导下，区政协及其常委会坚持以习近平新时代中国特色社会主义思想为指引，坚持团结民主主题，紧紧围绕区委、区政府中心工作，开拓创新、锐意进取，认真履行政治协商、民主监督、参政议政职能，在把握大局中明晰思路，在服务发展中准确定位，在履职实践中主动作为，在创新方式中双向发力，为建设更高质量的“五个游仙”做出积极贡献。

一年来，中共游仙区委深入贯彻落实中央、省委、市委关于人民政协事业发展的战略部署，切实加强对政协工作的领导，将政协工作纳入党委工作总体布局，一体谋划、一体部署、一体推进，专题听取政协党组工作汇报，及时研究和解决工作中存在的重大问题，将区政协重大事项列为区委常委会议题认真研究。区政府落实与区政协的联席会议制度，出席区政协重要会议、通报工作情况、批阅调研视察报告、督办政协提案，有力推进政协履职成果转化落实，为区政协工作开展创造了良好条件，注入强大动力。

一年来，常委会认真贯彻中央、省、市、区委对新时代加强和改进人民政协工作的新要求，加强统筹谋划，从四个方面作打基础、利长远的工作。

一是广泛凝聚共识，不断夯实思想政治基础。深入学习习近平新时代中国特色社会主义思想，认真学习习近平总书记在庆祝人民政协成立70周年大会上的讲话精神，深刻领会党中央关于加强和改进人民政协工作的新要求，按照全国政协和省、市、区委部署要求，拓展学习渠道，丰富学习载体，坚持读原著、学原文、悟原理，切实做到学深悟透、入心入脑，推动广大政协委员及机关干部学思用贯通、知信行统一，为履职尽责打下坚实的思想理论基础。切实把加强思想政治引领摆在更加突出的位置，引导广大委员和各界人士提高政治站位，增强“四个意识”，坚定“四个自信”，做到“两个维护”，始终在思想上、政治上、行动上同以习近平同志为核心的党中央保持高度一致，进一步夯实团结奋斗的思想政治基础。

二是不断提高党建质量，全面加强党对政协工作的领导。始终坚持与区委同心同向，充分发挥政协党组在政协组织中的领导作用，确保区委各项决策部署在政协工作中不折不扣落实到位。完善组织机构设置，建立健全委员综合党委和政协机关党组机构设置和工作机制，把支部建在每个委员小组，实现了党组织对党员委员全覆盖和党的工作对政协工作全覆盖。认真开展“不忘初心、牢记使命”主题教育，坚持周三夜学制度，持续开展委员和干部学习培训，精心组织召开专题民主生活会、组织生活会，从严从实检视问题，动真碰硬整改落实，深入开展调查研究，形成5个重点调研报告，其中《农业龙头企业发展情况调研报告》《生产性服务业、生活性服务业发展专题协商报告》被区委常委会专题研究，并安排区级领导牵头落实报告中提出的意见建议。

三是发挥专门协商机构作用，积极主动参与基层治理。积极搭建协商平台，探索双向发力新机制，形成以政协全体会议集中协商为龙头，以政协常委会议议政协商、专题协商为重点，以对口协商、界别协商、提案办理协商等为常态的政协协商议政新格局。总结魏城镇“村民议事委员会”、小枧镇“五议工作法”等经验做法建立8个基层协商“示范点”，鼓励政协委员积极参与基层协商，通过对土地承包、产业发展、征地拆迁的有效协商，做好理顺情绪、化解矛盾、形成共识的工作，成为了区政协参与基层治理的有效手段。区政协在基层协商中探索形成的经验材料《政协协商民主助力基层善治的实践与思考》被市政协和中国社科院政治研究所联合举办的人民政协与地方治理理论与实践研讨会评为优秀理论文章并在会议上作交流发言，同时被省政协收录进人民政协与地方治理经验书籍。

四是完善工作制度，推动政协工作高质量发展。坚持把制度化、规范化、程序化建设作为推动政协履行职能和发挥优势的重要抓手，通过学习先进地区做法和总结自身经验相结合，制定《绵阳市游仙区政协工作规范》，对全体会议、常委会议、主席会议、专题协商会议召开和视察、调研、协商活动开展流程、措施制定了详细的工作制度，让区政协工作开展有章可循。坚持把年度重点工作任务细分到牵头的班子成员和各专委会负责人，实行时间节点明确的“挂图作战”，确保近年来在全市政协系统综合考评中始终名列前茅，为区政协工作的高质量发展打下坚实基础。

一年来，常委会准确把握新时代人民政协性质和总体要求，认真履行政治协商、民主监督、参政议政职能，团结各界凝心聚力，为推动经济社会发展做出积极贡献。

（一）政治协商卓有成效。充分利用全体会议集中协商、专题会议协商、主席会议重点协商的多层次协商议政机制，积极开展协商议政。六届四次会议期间，全体与会委员围绕全区经济发展、民生改善、社会治理等方面的重大问题，积极建言献策，共提出意见和建议93条，经过归纳整理，向区委、区政府提交意见建议34条，经区委常委会研究后交由相关单位办理，有效推动经济社会发展。六届四次会议以来共征集提案106件，审查立案的101件已全部办结，满意率为98%。在全面深入调研游仙区基本情况和考察学习先进地区经验基础上，召开以“促进民营经济健康发展”为主题的议政性常委会，形成政务环境、政策环境、法治环境三个方面的调研报告，梳理出11个主要问题，提出了18条具体建议，为我区的民营经济健康发展提出全面系统的参考意见。

（二）民主监督扎实有力。积极探索人民政协民主监督的有效途径，就我区国民经济和社会发展的重大方针政策贯彻执行、群众关心的热点和难点问题提出意见和建议。先后邀请区委、区政府领导和乡镇、部门负责人列席常委会通报党风廉政建设情况、经济社会发展情况，与委员面对面交流协商。及时跟进区委、区政府改革工作，组织委员开展镇改办事处视察，提出针对性建议意见。全年开展与党政部门对口联系活动12次，委员们发挥专委会的界别和专业优势，为我区服务业规上限上企业净入库、涉及政府部门案件审理备案管理、提振民营企业家信心等方面工作提出针对性意见建议。组织委员对全面创新改革等方面的协商意见采纳情况进行“回头看”监督协商，对提案办理较多的单位进行跟踪回访，认真听取承办单位对提案工作的意见建议，促进成果转化和能力提升“双提高”。全年收到反映完善农村房屋租赁市场、规范农村居民人身损害赔偿金等方面的社情民意信息70余条，上报市政协38条，被市政协采用6条、省政协采用2条，采用数量位居全市政协系统前列。通过社情民意信息反映渠道的畅通，促进群众身边问题的解决和上级政策的完善。

（三）参政议政务实有为。发挥委员主体作用，充分调动委员积极性，组织政协委员开展内容丰富的专题调研、专题协商、专题研讨、专题议政活动。围绕区委、区政府中心工作，对乡风文明建设、健康促进工作、残疾人事业发展、农村交通基础设施建设等方面工作进行调研。向区委、区政府提交调研、协商报告21篇，为全区相关政策和工作措施制定提供重要参考。首次召开界别协商会议，组织教育界别委员、教育主管部门负责人、教师、学生家长代表、课后服务机构负责人、相关部门负责人对群众普遍关心的中小学课后服务工作进行协商议政，对课后服务的困难群体减免、城乡差距缩减等方面工作提出针对性建议意见，为全区课后服务工作更好开展提供有效参考。

（四）凝心聚力成果显著。一是在政协系统成功举办庆祝人民政协成立70周年系列活动，通过召开庆祝大会、举行征文比赛、组织文艺会演、举办知识竞赛和书画展等形式充分展示游仙政协成立以来取得的辉煌成就和委员的履职风采，增强广大委员和各参加单位的使命感、荣誉感以及爱国主义情怀，为更好履行政协职能，推动更高质量的“五个游仙”建设营造了良好氛围。二是2019年2月成功召开了游仙区在外人才联谊会第一届第一次会员大会，3月成立游仙区在外人才粤港澳大湾区联谊会，5月成立游仙区在外人才京津冀联谊会，为游仙区在外人才特别是京津冀和大湾区人才回乡投资发展、服务社会提供平台。三是各民主党派发挥自身优势参与调研视察，提交的《关于加快实施“引清济芙”工程，切实改善芙蓉溪水环境的建议》《关于加强传统村落保护的建议》《党外代表人士队伍建设调研报告》等调研成果相继被市委、市政府领导批示和牵头办理。各民主党派的积极作为，多次受到国家、省、市的表彰。四是继续推进政协系统“我为扶贫攻坚做件事”工作，广大委员、各民主党派、工商联协调、捐赠资金及医疗设备、助学用品等价值575.94万元。委员贾中科、杨国春结合自身优势，指导云南怒江、贵州怀仁种植羊肚菌、芦笋、秋葵等，大幅增加省内外贫困群众收入。五是完成《美丽游仙全域旅游丛书》(4) 编纂发行，推出精装本的文化礼品，让游仙的文化旅游资源得到更广泛的传播。聘请首届特约文史研究员34名，组织著名文史专家、文化学者对信义镇曾家垭村的文史资源进行梳理和探索，出版《鎏金叠翠曾家垭》等文史作品。

（五）队伍建设不断强化。认真贯彻落实《中共中央关于新时期加强和改进人民政协工作的意见》，积极开展社情民意撰写等业务培训，组织委员和机关干部赴西柏坡开展思想政治提升学习，切实提高委员履职能力和政治素质。严格执行《游仙区政协委员管理办法》和委员履职“五个一”要求，压实委员责任，对不按规定履行职责的委员进行了书面通报和调整，促进委员履职水平的整体提升。

各位委员、同志们，2020年新型冠状病毒疫情发生以来，广大委员和各参加单位按照区委统一安排积极开展疫情防控工作，区政协机关党员干部积极参与信义镇、涪江街道办的疫情防控和复工复产志愿服务活动，广大委员和各民主党派、工商联等人民团体截至3月25日为武汉、绵阳、游仙等地抗击疫情捐款捐物价值379.55万元，其中：捐赠现金208.64万元，捐赠物资价值170.91万元。广大委员聚焦疫情防控、民生保障、产业发展等问题撰写社情民意信息20余条，《关于加强人工繁育饲养野生动物检疫工作的建议》被省政协采用，《关于新冠肺炎疫情防控背景下确保民营经济健康发展的几点建议》《新冠肺炎疫情防控有关政策（企业版）实用汇编》得到区委主要领导肯定性批示。区政协常委文健军主动为医务人员、环卫工人、执勤交警等赠餐1400份，捐款捐物10.65万元。区政协常委王钦甲助购滞销蔬菜达68吨，合计捐赠价值46万余元的医用、生活物资。政协委员和各参加单位在紧要关头的担当作为，为游仙区夺取疫情防控和实现经济社会发展目标双胜利增添了坚实力量。

2018年以来，区政协先后被省政协评为全省政协新闻宣传先进单位、被市政协评为助推全面创新改革先进单位、联合视察先进单位、反映社情民意信息先进集体、信息宣传先进单位、庆祝人民政协成立70周年系列活动先进单位，《鎏金叠翠曾家垭》被市政协评为优秀文史资料，被市社科联评为优秀社科成果。《新时代推动新乡贤参与乡村治理的实践与探索》被市政协评为优秀视察调研报告，《提高行政审批效率　优化营商环境》《加快推进农村“宅基地”三权分置改革的建议》被市政协评为优秀提案。这些成绩的取得，得益于区委的坚强领导，得益于区人大、区政府和社会各界的大力支持，得益于政协各参加单位、广大委员和政协机关干部的共同奋斗。在此，我谨代表区政协常委会向大家表示衷心的感谢！

在肯定成绩的同时，我们也清醒地认识到，与中央、省委、市委、区委对政协事业发展的新要求相比，与更好地服务游仙经济社会发展的要求相比，我们的工作还存在差距和不足。比如，委员主体作用发挥还有待提升、协商议政的实践方式还不够丰富、成果转化的实效还需提高。对于这些不足，我们将在今后工作中高度重视，认真研究，切实加以改进。

2020年工作安排

2020年是全面建成小康社会和“十三五”规划收官之年，区政协常委会工作的总体要求是：以习近平新时代中国特色社会主义思想为指导，坚决贯彻党的基本理论、基本路线、基本方略，增强“四个意识”、坚定“四个自信”、做到“两个维护”。在区委坚强领导下，广泛汇聚各方力量推动区委六届五次党代会精神贯彻落实，为主动融入成渝地区双城经济圈，实施“四大兴区战略”贡献政协力量，奋力谱写更高质量的“五个游仙”新篇章。

（一）强化理论武装，在凝聚共识上有新提高。区政协要把凝聚共识作为首要政治任务，作为履职工作的强大动力抓实抓好。一是在坚定正确政治方向中增进共识。把学习习近平新时代中国特色社会主义思想作为推动新时代政协事业发展的重要引擎，作为增进社会各界思想政治共识的重要基础，团结广大政协委员和各界人士，始终在政治立场、政治方向、政治道路上，同以习近平同志为核心的党中央保持高度一致。二是在加强党的建设中增进共识。按照新时代党的建设总要求和党的十九届四中全会精神，把“不忘初心、牢记使命”作为加强党的建设的永恒课题和全体党员、干部的终身课题，切实提高党建工作质量和水平，进一步发挥政协党组的领导核心作用，把社会各界的智慧和力量凝聚起来。三是在落实区委部署要求中增进共识。要坚持围绕中心、服务大局原则，立足政协的优势积极参与六届五次党代会确定的重点工作、改革任务和保障工作，始终做到与党政工作同轴运转，同频共振、同向推进。

（二）围绕工作大局，在助推发展上有新作为。区政协将围绕区委中心工作，聚焦推动高质量发展，拓宽协商平台，丰富协商形式，提高协商民主规范化建设水平。一是大力度开展调研视察。围绕完善公共卫生防疫体系、农业品牌建设、“新三年”棚改攻坚行动、宗教界践行社会主义核心价值观、普惠性幼儿园建设开展调研，下真功夫形成高质量调研报告。二是多形式开展民主监督。充分利用政协视察、协商、提案、派驻民主监督员、社情民意信息等有效形式，广泛开展民主监督，促使人民群众关心的营商环境优化、公益诉讼开展等方面问题逐步得到解决。三是全方位开展参政议政。紧紧围绕现代农业产业园区建设、游仙东区“二三产业”高质量发展、科技型中小微企业发展、文化品牌建设等事关全区经济社会发展全局性、根本性的问题进行协商议政，切实提升建言献策的质量。

（三）发挥政协优势，在凝心聚力上有新贡献。区政协要始终坚持团结和民主两大主题，发挥联系群众的桥梁纽带作用，努力在凝聚共识上再发力，携手共画团结奋斗的最大同心圆。一是进一步加强同政协各参加单位的沟通联系。和民主党派、工商联、人民团体、无党派人士等开展联合调研视察和重大协商议政活动，为其在政协发表主张创造更好条件。二是进一步做好在外人才联谊工作。切实发挥京津冀、粤港澳大湾区在外人才联谊会的桥梁作用，在回乡创业、招商引资中贡献智慧力量。三是进一步参与“我为扶贫攻坚做件事”活动，充分发挥广大委员和各参加单位的优势和专长，加强对上争取和对外协调力度，推动脱贫攻坚工作更好开展。四是进一步做好文史工作。继续推动《国家级传统村落文化丛书》编纂工作，发挥文史资源助推县域经济的积极作用。

（四）加强自身建设，在履职水平上有新提升。落实新时期对人民政协的新要求，全面加强政协自身建设。一是加强委员管理，提高思想素质。发挥政协领导班子和常委会表率作用，加强学习培训，着力提高政协委员“四种能力”，注重培养专业协商能力和协商精神，建设新时代高素质委员队伍。二是加强机关建设，提高服务水平。强化政协机关党组的重要作用，强化各项工作制度落实，抓好政协智慧履职平台建设，推动机关工作协调统一、规范有序、灵活高效运行，为委员职能履行和成果转化做好服务。三是加强廉政教育，提高纪律要求。严格执行中央八项规定精神，持续抓好党风廉政建设，打造风清气正的政协机关。

名词解释

双向发力：在建言资政和凝聚共识两方面履行政协职责，既要通过组织的各种协商活动引导委员、各界精英人士建言资政，广泛吸纳政协委员的智慧，又要在政协协商中凝聚共识，增强对党的理论、方针政策和决策的政治认同。

五议工作法：广征建议，破解“协商什么”的难题；组织提议，破解“协商谁提出”的难题；民主参议，破解“谁来协商”的难题；协商定议，破解“怎么协商”的难题。监督评议，破解“协商结果运用”的难题。

8个基层协商示范点。区政协中共界、经济界、无党派界、科技界、特邀界、社会福利界、农业界、文广新旅界分别联系涪江街道办、魏城镇、忠兴镇、石马镇、游仙街道办、小枧镇、仙鹤镇、盐泉镇建立的基层示范点。

《美丽游仙丛书》：由五册构成，分别是《游仙民俗》《游仙传说》《游仙歌谣》《游仙文物》《游仙映像》五册。

“四种能力”：政治把握能力、调查研究能力、联系群众能力、合作共事能力。

大事记

1月

2日 区委书记江彬主持召开区委六届第六轮巡察工作情况汇报会，对巡察发现的问题、意见建议等进行专题研究。区领导何守君、王兵、唐兴万以及区委4个巡察组成员等参加会议。

3日 江彬主持召开中共游仙区委六届第65次常委会会议。审议并原则通过《绵阳市游仙区融媒体中心建设方案》《四川省基层人民武装部建设细则（试行）》等方案。

4日 游仙区召开第三次全国“大棚房”清理整改工作会议，安排部署相关工作。区领导江彬、陈华斌、林檬、李万庆出席会议。

同日 区委中心组学习会暨2019年第一期富乐大讲坛举行，会议邀请浙江省工业和信息化研究院院长兰建平作《数字经济与工业转型升级》专题报告。

7日 区委副书记、区长陈华斌主持召开区人民政府六届第30次常务会会议，会议通报2018年工业技改投资工作情况，审议并原则通过《增加乡镇污水处理厂运营服务事项》。

8日 区非洲猪瘟防控应急指挥部指挥长陈华斌带队先后到芙蓉汉城、魏城镇等地督导检查非洲猪瘟防控情况，区领导肖龙明，区级相关部门负责人参加。

同日 区公安分局派出所举行新业务办公用房（游仙西路16号）揭牌仪式，区领导陈华斌、肖龙明、李彦君出席。

同日 四川省首台基层健康自助查询终端在游仙区忠兴卫生院投入使用。

9日 江彬主持召开区委专题会议，会议书面听取部分重点项

1月2日，区委六届第六轮巡察工作情况汇报会

目推进情况、第四次全国经济普查相关情况，研究区民营经济健康发展大会筹备工作。

10日 陈华斌带队到石马镇、经济试验区、小枧沟镇等地督查大气污染防治工作，副区长张明东参加。

11日 区政协党建工作座谈会召开，中共绵阳市游仙区政协机关党组织和政协委员综合委员会成立，区领导江彬、姜曦、何守君、唐兴万、赵长兴出席。

17日 四川省经济合作局副局长易旸带领省市相关部门负责人一行到游仙，查验2018年招商引资重大项目激励奖补申报情况。区领导陈华斌、蒋浩宏参加。

同日 陈华斌带领区农业局、市国土资源局游仙分局等相关单位负责人调研游仙区“大棚房”清理整治情况。

22日 游仙区第二届教职工艺术节“教育华章，诗意芬芳”文艺演出在机关会议厅举行。

23日 陈华斌带领区农委、国土、城东投资公司等部门负责人一行，到新桥、柏林等镇乡调研乡村振兴工作。肖龙明一同参加。

25日 游仙首家大型商业综合体——海悦·银河城正式开业。

29日 陈华斌到白蝉镇慰问困难群众。

30日 江彬、袁玉国、姜曦等区四套班子领导前往游仙消防大队驻地和区人民法院慰问辖区驻军部队和全区政法干警。区领导肖龙明、李彦君等参加慰问。

2月

1日 江彬带领区安监局等部门负责人一行，到魏城镇开展春节前安全生产检查。

同日 陈华斌带领区安监、交通、交警等部门负责人一行，到国道108线绵梓路沿线开展道路交通安全检查。林檬一同参加检查。

11日 江彬带队到各机关单位，看望广大干部职工。区领导何守君、陈晓霖、王兵、肖龙明、陈政一同参加。

同日 陈华斌带队到区住建局、城东公司、财政局、税务局等部门，看望机关干部职工。杨守贵、张明东一同参加。

15日 江彬主持召开区委六届第69次常委会会议，审议《关于进一步严格精简文件会议切实改进文风转变会风的通知》和全区第二轮“蜗牛奖”“刺猬奖”“鸵鸟奖”认定相关事项。

21日 游仙区机构改革动员部署大会召开。江彬、陈华斌、袁玉国、姜曦等区四套班子领导出席大会。会议宣读市委办、市政府办《关于印发〈绵阳市游仙区机构改革方案〉的通知》及方案全文，宣布区委《关于区委有关部委、区直有关部门单位负责人的任职决定》。

同日 游仙区召开机构改革新任职领导干部任前集体谈话会。54名交流任职的领导干部接受谈话。江彬、唐兴万出席。

25日 陈华斌带队到新桥镇、魏城镇等地督导大棚房整改工作。区领导林檬参加。

26—27日 区信访局、区科学技术局、区综合行政执法局、区文化广播电视和旅游局正式挂牌成立。区领导肖龙明、蒋浩宏、张明东、林檬出席仪式。

27日 江彬主持召开区委六届第73次常委会会议。会议审议并原则通过《区六届四次党代会、纪委六届四次全会筹备工作方案》。

28日 中国共产党绵阳市游仙区第六届代表大会第四次会议召开。区委书记江彬代表第六届游仙区委，向大会作题为《凝心聚力抓落实 攻坚克难求突破 为建设更高质量的“五个游仙”而努力奋斗》的报告。报告全面回顾换届以来游仙经济社会发展成绩、经验与不足，安排部署2019年主要工作。

3月

13日 陈华斌带领区农业农村局、区文广旅局等部门负责人，到小枧沟镇调研太乙·仙山植物园建设运行情况。

14日 陈华斌深入区内部分学校检查学校食品安全监管工作，并召开专题工作会议，对全区学校食品安全工作作出安排部署。陈晓霖、李彦君等参加会议。

同日 陈华斌主持召开区政府六届四次全体会议，审议并通过《政府工作报告》《2018年国民经济和社会发展计划执行情况及2019年计划（草案）的报告》《2018年财政预算执行情况和2019年财政预算（草案）的报告》，总结2018年工作，并安排部署2019年相关工作。会议还对学校食品安全工作作出安排部署。

20日　江彬带领区农业农村局、卫生健康局等部门负责人一行，到凤凰乡、太平镇调研农业产业发展工作。林檬一同参加调研。

21—22日　中国人民政治协商会议第六届绵阳市游仙区委员会第四次会议召开。大会听取并审议区政协主席姜曦作《政协绵阳市游仙区委员会常务委员会工作报告》、陈华斌作《区人民政府工作报告》、区法院院长杨小平作《绵阳市游仙区人民法院工作报告》、区检察院检察长张涛作《绵阳市游仙区人民检察院工作报告》；书面听取游仙区2018年国民经济和社会发展计划执行情况及2019年计划草案的报告、2018年财政预算执行情况和2019财政预算草案的报告（书面）。会议通过区政协六届四次会议提案审查委员会关于会议期间提案审查的报告。会议通过区政协六届四次会议决议。

25日　游仙高新技术产业园区举行揭牌仪式。区领导江彬、陈华斌、何守君、蔡顺利、罗鉴明等出席仪式。

25—26日　绵阳市游仙区第六届人民代表大会第五次会议召开。大会表决通过关于区人民政府工作报告的决议。大会表决通过关于区人大常委会工作报告的决议。表决通过关于区人民法院工作报告、区人民检察院工作报告、区2018年国民经济和社会发展计划执行情况及2019年计划报告、区2018年财政预算执行情况和2019年财政预算报告的决议。

27日　四川省2019年第一季度重大项目集中开工绵阳分会场暨绵阳市2019年第一季度重大项目集中开工仪式在游仙高新技术产业园区举行，总投资466.75亿元的全市77个重大项目顺利开工。市领导刘超、颜超、代顺兴、赵迎春、兰劲，游仙区四套班子领导江彬、陈华斌、袁玉国等出席开工仪式。

同日　江彬带领区工信、统计、商务等部门负责人一行，到部分工业和服务业企业调研全区第四次经济普查工作开展情况。杨守贵一同参加调研。

同日　陈华斌带领各区级相关部门负责人调研区级公共文化服务设施建设情况。区委常委、宣传部部长陈晓霖，游仙高新区管委会主任罗鉴明，副区长李万庆参加调研。

29日　绵阳市第五届牡丹文化旅游节，在游仙区小枧沟镇五星村国康牡丹园开幕。四川省委省政府决策咨询委员会相关委员、市领导李京平、游仙区领导江彬、陈晓霖、冯忠卫、李万庆、代锦芳以及游仙高新区领导罗鉴明等出席开幕仪式。

4月

1日　陈华斌带领区财政、住建、交通等部门负责人一行，调研一环路北段东延线和省道205线绕城（游仙段）项目拆迁建设工作。游仙高新区党工委书记蔡顺利，张明东一同参加调研。

同日　陈华斌主持召开游仙区人民政府六届第33次常务会议。学习《省委省政府关于推进中国（绵阳）科技城加快发展的意见》《省委办公厅省政府办公厅关于落实食品安全党政同责的意见》《绵阳市党政领导干部安全生产责任制实施细则》等，并对刘超书记、元方市长关于做好安全生产工作批示精神及全市统计调查工作会议精神等进行传达贯彻。会议原则通过《绵阳市游仙区农村住房建设试点工作方案（审议稿）》、关于游仙区“四好农村路”建设相关事项、石马特色小镇建设工程项目相关事项

2019年3月25日，游仙区高新技术产业园区揭牌仪式

等。会议审议其他事项并通过相关人事任免事项。

2日 四川省、绵阳市关于加强森林草原和城乡防火工作电视电话会议召开，江彬、杨守贵及各乡镇（街道）党（工）委、人民政府（办事处）、区直相关部门、市区共管部门负责人等在区分会场收听收看会议。

3日 市人大常委会主任马华率队到游仙调研教育发展工作，市人大常委会副主任黄正良、副市长蒋丽英，游仙区领导江彬、袁玉国、陈晓霖、徐丽娟参加调研。

8日 游仙区召开经济形势分析会议，安排部署当前经济工作。陈华斌、杨守贵出席会议。

10日 游仙区委举行2019年读书班暨警示教育专题班，江彬在开班仪式上作主题报告。陈华斌、袁玉国、姜曦等区四套班子在家领导出席，何守君主持开班仪式。陈华斌在结业式上作总结讲话。何守君、杨守贵、陈晓霖分别作专题辅导。唐兴万主持结业仪式。会议期间还召开2019年区作风建设推进会和区委政法工作会，并就优化营商环境、第四次全国经济普查、项目包装和对上争取、森林防火等当前重点工作进行安排部署。区委、区人大常委会、区政府、区政协领导，区法检两院、游仙高新区领导，区直各部门、各乡镇、街道（园区）主要负责人，以及区属学校、医院、国有企业负责人等参加读书班暨警示教育专题班学习。

11日 游仙区召开安全生产工作会议暨区政府安委会2019年第一次全体会议，陈华斌、杨守贵以及区级相关单位负责人参加。

12日 江彬主持召开区委六届第77次常委会会议，学习省委常委、组织部部长王正谱到游仙调研的讲话精神和中央、省委、市委农村工作会议精神；审议并原则通过《游仙区“清”“亲”政商关系正负清单（审议稿）》、2018年度游仙区“干事创业十佳标兵”建议人选名单。会议审议并原则通过中国绵阳科技体育健康小镇项目等事项。江彬还专题听取区委领导班子成员及区人大常委会、政府、政协、法院、检察院党组书记第一季度履行党风廉政建设主体责任情况汇报。

25日 陈华斌带领区自然资源局、区住建局、区农业农村局等部门负责人一行前往游仙部分乡镇实地调研山湾农庄建设推进情况。林檬参加调研。

28日 江彬主持召开区委全面依法治区委员会第一次会议。区委全面依法治区委员会副主任袁玉国、何守君、肖龙明、区委全面依法治区委员会委员陈晓霖、王兵、唐兴万、李彦君、赵长兴等参加会议。

29日 陈华斌主持召开区政府六届第34次常务会会议。会议审议并原则通过《游仙区2019年上半年主要经济指标任务建议方案》。会议传达贯彻2019年全市非洲猪瘟疫情分析会议精神。审议《绵阳市游仙区区属企业负责人履职待遇、业务支出管理办法（审议稿）》等事项。

5月

5日 江彬主持召开区委财经委员会第一次会议，听取与华为公司战略合作建设大数据中心等重点项目推进情况的报告。区委财经委员会副主任陈华斌，区委财经委员会委员何守君、杨守贵、蔡顺利、罗鉴明、姚军、陈政、陈勇、张欣、高红梅参加会议。

6日 游仙区人民政府和仙海水利风景区管理委员会共同协商，签订两区优势互补、深度融合、一体化发展战略合作协议。游仙区领导江彬、陈华斌、袁玉国、姜曦及仙海区领导魏魁、刘玉华、刘华、何家松出席签约仪式。

7日 游仙区召开挂职干部见面会，会议宣读市委关于中国社科院干部到游仙区挂职的文件，并介绍挂职干部基本情况。

9日 游仙区召开规模以上工业企业座谈会。陈华斌、余菁、张欣参加会议。

15日 游仙区召开2019年组织工作暨乡村振兴工作推进会。江彬、袁玉国、姜曦等区四套班子领导出席会议。

同日 袁玉国带队到游仙镇、东林镇调研区人民检察院公益诉讼工作开展情况。

16日 江彬主持召开中共绵阳市游仙区委六届第79次常委会议。会议学习贯彻彭清华书记、甘霖副省长在全省文化和旅游发展大会上的讲话精神。学习贯彻市委刘超书记到游仙督导重大产业项目工作时的讲话精神。学习贯彻全市干部人事档案工作会议精神，听取游仙区当前意识形态工作责任制落实情况汇报，审议并原则通过《游仙区庆祝中华人民共和国成立70周年活动方案》等相关事项。会议还审议其他事项。

同日 游仙区召开2019年普通高考、中考安全工作会议。区领导曾和荣出席会议。

21日 副市长罗蒙带队到游仙调研建设领域三大攻坚重点项目建设工作。区领导陈华斌、张明东参加。

同日 姜曦带队到刘家镇调研产业发展工作。

22日 陈华斌主持召开区政府六届第35次常务会会议。会议审议并原则通过解决新购置10辆公务用车所需经费相关事项，区项目建设推进办公室工作经费相关事项、融媒体中心技术平台建设相关事项等。会议听取并审议惠东投资控股有限责任公司年报编制等其他事项。

同日 游仙区2019年“科技活动周”在五里路小学启动，区领导蒋浩宏参加活动。

23日 游仙区召开规上服务业指标企业座谈会，分析全区服务业发展形势，听取企业发展意见、建议，安排部署下阶段相关工作。区领导陈华斌、陈政出席会议。

24日 江彬带领有关部门负责人，调研游仙教育事业发展情况。李万庆、啇金铃一同调研。

同日 市委常委、组织部部长、魏城河市级河长岳勇到游仙区调研魏城河游仙段“河长制”工作，区总河长陈华斌，副区长、魏城河区级河长林檬等参加调研。

同日 游仙区召开2019年第二季度经济运行调度会议，分析研判经济形势，安排部署全区主要经济指标“双过半”工作。区领导陈华斌、杨守贵、余菁、李彦君、林檬、李万庆、曾和荣出席会议。

同日 游仙区召开审计工作会议，传达全国、省、市审计工作会议精神，总结2018年工作，安排部署下阶段相关工作。区领导陈华斌、杨守贵、陈勇、高红梅、游仙高新区领导罗鉴明出席会议。

28日 江彬带领区住建、移民与扶贫开发服务中心、退役军人事务局等部门负责人一行，到徐家镇调研脱贫攻坚和军烈属光荣牌发放工作。区领导唐兴万、肖龙明一同参加调研。

6月

5日 游仙区与绵阳经开区签订区域协同战略合作协议。经开区、游仙区及游仙高新区有关领导出席签约仪式。会上，双方签署《区域协同战略合作协议》。

6日 省委十一届五次全体会议暨全省“不忘初心、牢记使命”主题教育工作电视电话会议召开，动员部署全省“不忘初心、牢记使命”主题教育工作。江彬、陈华斌、姜曦等区四套班子在家领导在游仙分会场参加会议。

10日 陈华斌主持召开游仙区召开乡镇集中式饮用水源地保护区“划、立、治”暨城乡供水一体化工作会。副区长张明东参加会议。

11日 江彬主持召开游仙区委六届第84次常委会会议，学习贯彻七届绵阳市委国家安全委员会第一次会议精神，通报绵阳市2019年县市区、园区一季度主要经济指标考核情况，审议游仙区2019年第一轮“三大奖”认定名单和《区委全面依法治区委员会工作规则》。

13日 江彬带领区财政、卫健、医保等部门负责人一行，调研全区卫生健康工作。区领导陈晓霖、李万庆、高红梅一同参加调研。

14日 游仙区召开对口帮扶壤塘县工作推进会。区领导何守君、唐兴万、陈政，壤塘县委常委、副县长、绵阳帮扶壤塘前线指挥部指挥长邹大世参加会议。

同日 游仙区召开农村人居环境整治工作领导小组（扩大）会议，会议审议游仙区农村人居环境整治工作分工方案以及2019年度农村“厕所革命”及粪污治理、垃圾治理、污水治理、村容村貌提升4个专项行动方案，研究部署下阶段工作。区领导何守君、唐兴万、张明东、林檬等参加。

15日 副市长丁国旗到游仙调研文化旅游发展工作，区领导陈晓霖、余菁、李万庆参加调研。

17日 游仙区2019年上半年全社会固定资产投资工作推进会召开。区领导杨守贵参加会议。会议通报1—5月，全区完成社会固定资产投资89.9亿元，同比增长23.2%。

同日 中青城投控股集团企业代表对游仙文旅项目投资相关情况进行考察。区领导余菁参加。

20日 游仙辖区四川怀仁医药有限公司、绵阳市久红农业科技有限公司等12家中医药行业企业组团参加2019中国（四川）中医药大健康产业博览会。

21日 三台县政法代表团到游仙区考察学习综治中心和“雪亮工程”“两项建设”工作开展情况。区领导赵长兴参加调研。

25日 市人大常委会主任马华一行到游仙高新区，实地调研园区重点项目建设及产业发展情况。区领导江彬、袁玉国以及游仙高新区领导罗鉴明一同参加调研。

同日 陈华斌带队到游仙镇，调研非洲猪瘟防控工作。林檬参加调研。

同日 国务院召开全国深化"放管服"改革优化营商环境电视电话会议。陈华斌、杨守贵、林檬、李万庆、曾和荣，区级有关部门、各乡镇人民政府主要负责人在游仙分会场收听收看会议。

27日 陈华斌深入建华乡、白蝉镇检查指导非洲猪瘟防控暨脱贫攻坚工作。区委常委姚军一同参加。

28日 陈华斌主持召开全区重点项目推进会，听取省重点项目集中开工仪式游仙分会场准备及招商引资项目推进情况，并研究部署全区重点项目推进工作。

同日 陈华斌主持召开会议，专题研究全区"四上"企业入库工作。区领导杨守贵、张明东、张欣出席会议。

7月

1日 游仙区举行飞龙山红军纪念馆开馆仪式。市委组织部、市委党研室相关负责人，区领导江彬、何守君、唐兴万出席仪式。

同日 江彬带队调研非洲猪瘟防控工作，林檬参加调研。

同日 江彬一行到徐家镇柳塔村、建效村看望慰问困难党员、老党员。区领导唐兴万参加。

同日 江彬到游仙区群众工作中心开展书记大接访活动，现场倾听群众诉求，解决群众反映的问题。区领导张欣参加活动。

2019年7月1日，绵阳市游仙区飞龙山红军纪念馆举行开馆仪式

2日 江彬主持召开会议，专题研究全区2019年经济指标"双过半"工作。何守君、杨守贵出席会议。

同日 江彬主持召开游仙区委外事工作委员会2019年第一次会议。陈华斌、何守君、杨守贵、陈晓霖、陈政、李彦君等出席会议。会议传达中央、省、市委外事委员会有关会议精神，审议《中共绵阳市游仙区委外事工作委员会工作细则》《中共绵阳市游仙区委外事工作委员会办公室工作细则》《中共绵阳市游仙区委外事工作委员会2019年度工作要点》。

同日 江彬主持召开游仙区委网络安全和信息化委员会2019年第一次会议。区领导陈华斌、何守君、杨守贵、陈晓霖、肖龙明、邓海涛、李彦君等出席会议。

4日 陈华斌主持召开区政府六届第37次常务会会议。学习贯彻《中共中央、国务院关于深化改革加强食品安全工作的意见》，审议牡丹健康产业园项目相关事项。

5日 江彬带队调研"水美游仙"规划进展情况，姜曦、姚军一同参加调研。

8日 江彬带队赴三台县开展区域合作考察交流活动，并签订《区县协同融合发展战略合作协议》。三台县及游仙区四套班子领导出席签约仪式。

9日 江彬主持召开中共游仙区委六届第86次常委会会议，听取2019年上半年全区扫黑除恶专项斗争工作情况汇报。会议专题听取区委领导班子成员及区人大常委会、区政府、区政协、区人民法院、区人民检察院党组书记第二季度履行党风廉政建设主体责任情况汇报，审议其他事项。

10日 江彬主持召开会议，专题研究全区项目推进工作，何守君、杨守贵、肖龙明、李万庆、赵长兴、罗鉴明出席会议。

12日 全省县域经济发展大会以电视电话会议形式召开，陈华斌、袁玉国以及各部门、园区、街道、乡镇负责人、企业代表等在游仙分会场参加会议。

同日 游仙区召开重大动物疫情防控工作会议，传达市政府有关会议精神，安排部署全区防控工作。陈华斌、林檬参加会议。

17日 江彬主持召开六届区委第88次常委（扩大）会会议，学习贯彻市委“抓落实作表率”行动动员大会精神。陈华斌、姜曦等区四套班子领导出席会议。

26日 绵阳市宗教领域2019年消防演练观摩会暨安全工作现场会在游仙区召开。

同日 中央统战部二局巡视员路晓峰率中央统战部调研组到游仙区富乐街道沈家坝东街社区调研城市民族工作。

同日 游仙区第六届乡村旅游节暨2019年葡萄音乐节开幕式在柏林镇菩提庄园举行。

29日 陈华斌一行到四川陆军预备役某师团营区参加2019年国防教育日活动。

30日 江彬主持召开区委六届第89次常委会会议。学习贯彻绵阳市精神文明建设暨文明城市建设工作会议精神。会议学习贯彻《四川市县级党校（行政学院）办学质量评估办法（试行）》精神。会议通报全区2019年上半年生态环境约束性指标完成情况。会议审议并原则通过《绵阳市游仙区招商引资实施办法（试行）》（审议稿）、中国·绵阳牡丹健康产业园项目相关事项、绿色装配式建筑工厂生产基地项目相关事项。会议还审议其他事项。

同日 游仙区召开总河长2019年第一次会议，安排部署相关工作。江彬、陈华斌、何守君、杨守贵、王兵、唐兴万、肖龙明、陈政、余菁、徐丽娟、李彦君、张明东、林檬、李万庆出席会议。

同日 江彬带队调研全区生猪生产和非洲猪瘟防控工作，唐兴万、林檬参加调研。

31日 江彬、袁玉国等区四套班子领导带队集中慰问辖区驻军官兵、人武干部、预备役部队官兵。区领导肖龙明、邓海涛、李万庆、赵长兴一同参加慰问。

同日 江彬带队前往中铁四局收益平衡债项目和诺思（绵阳）项目施工现场，开展“送清凉”活动。

8月

5日 江彬主持召开游仙区防风险保安全迎大庆工作动员大会，分析全区安全生产、消防安全、道路交通安全、信访工作面临的形势，就下一阶段全区防风险保安全工作作出部署。区领导陈华斌，何守君、杨守贵、王兵、唐兴万、肖龙明、余菁，游仙高新区领导罗鉴明等参加会议。

同日 绵阳市召开“防风险保安全迎大庆”电视电话会议，通报全市安全生产工作情况，安排部署下一阶段安全生产重点工作。陈华斌、林檬等在游仙分会场参加会议。

2019年7月29日，陈华斌参加四川预高师三团2019年国防教育日活动

6日 陈华斌主持召开区政府六届第38次常务会会议。学习贯彻《省委办公厅省政府办公厅关于新形势下进一步严肃财经纪律的通知》精神，通报2019年上半年生态环境约束性指标完成情况，并研究部署相关工作。会议传达学习《国家防汛抗旱总指挥部关于印发〈地方各级人民政府行政首长防汛抗旱工作职责〉的通知》精神、近期各级“防风险保安全迎大庆”安全生产电视电话会议精神等，审议并原则通过《绵阳市游仙区创建全国首批法治政府建设示范区实施方案》。审议《绵阳市游仙区建设项目全流程审批实施办法》《绵阳市游仙区工程建设项目审批“一表制”实施办法》等事项，通过相关人事任免。

同日 水利部长江委建设与运行管理局局长徐勤勤带领检查组到游仙检查指导防汛减灾工作。区领导江彬、林檬一同参加检查。

同日 江彬到芙蓉溪右岸检查督导防汛减灾工作。林檬一同参加。

7日 2019年游仙区庆祝新中国成立70周年暨“全民健身日”系列活动启动仪式，游仙区第八届农民趣味体育运动会在徐家小学举行。

9日 游仙区召开“大棚房”另案处理、违建别墅清理整治和卫片执法专项工作推进会议，传达省市“大棚房”另案处理问题整改工作相关精神，安排部署相关工作。林檬、张欣参加会议。

14日 江彬主持召开“芙蓉花溪”乡村振兴综合项目运行机制协调会。姚军、张明东出席会议。

19日 游仙区召开违建别墅、大棚房清查整治工作研判会议，江彬、林檬、张欣参加会议。

20日 江彬深入城市社区、小区、商业中心等地，调研城市党建工作开展情况，唐兴万一同参加调研。

21日 2019年中国科技城（游仙）人才嘉年华活动启动。市委常委、组织部部长岳勇出席，市委办、市政府办等20余个市级部门分管领导参加活动，江彬、陈华斌、袁玉国、姜曦等领导出席会议，各县市区委组织部负责人一同参加。

同日 江彬主持召开区委六届第91次常委会会议。传达中共中央办公厅、国务院办公厅《关于加强和改进乡村治理的指导意见》，审议游仙区2019年防范化解食品药品安全风险、房地产领域风险、安全生产重大风险、重大自然灾害等工作计划。

22日 省民政厅厅长益西达瓦到游仙区调研民政工作开展情况。副市长经大忠，区领导江彬、袁玉国、唐兴万一同参加。

23日 富乐街道辖区居民郭德明、杨林被区人民政府授予“见义勇为公民”荣誉称号。

27日 陈华斌主持召开区政府六届五次全体会议和区政府廉政工作会议。区政府班子成员，区人武部部长，高新区管委会相关副主任，区政府工作部门主要负责人等参加会议。

27日 江彬主持召开区委六届第92次常委会会议，学习传达绵阳市生态环境委员会第六次全体会议、全市县域经济发展大会精神等。

9月

2日 陈华斌主持召开游仙区迎接省级生态环境保护专项督察工作会议。会上，张明东通报省级生态环境保护专项督察相关情况并安排部署全区迎检工作。

9日 江彬带队调研省级环保督察反馈意见整改及群众信访举报问题整改工作，张明东及区环保、自然资源、工信、农业农村等部门负责人参加调研。

同日 游仙区举行庆祝第35个教师节暨全区教育大会，市委教育工委专职副书记、局党组成员周时光，区四套班子领导江彬、陈华斌、袁玉国、姜曦等出席会议。

同日 游仙召开全区教育大会，发布《区委区政府进一步支持教育事业健康发展十六条措施》。

10日 江彬到区群众工作中心开展“书记大接访”活动，面对面倾听群众诉求，为群众解决实际问题。

同日 袁玉国带队对绵阳市一环、二环路（游仙段）等市政重点工程建设情况进行视察。区人大常委会副主任王宗华、陈勇、冯忠卫、徐丽娟，区人民政府副区长张明东，区人大常委会各委室、区住建局、区交通运输局主要负责人参加视察。

11日 江彬主持召开中共游仙区委六届第93次常委会会议，传达学习中央和省委、市委“不忘初心、牢记使命”主题教育相关会议精神，研究全区相关工作。何守君、杨守贵、陈晓霖、王兵、唐兴万、肖龙明出席会议。袁玉国、姜曦、蔡顺利、罗鉴明列席会议。

同日 区委"不忘初心、牢记使命"主题教育领导小组组长江彬主持召开区委"不忘初心、牢记使命"主题教育领导小组第一次会议。审议通过《游仙区区级领导班子开展"不忘初心、牢记使命"主题教育工作方案》《游仙区基层党支部开展"不忘初心、牢记使命"主题教育工作方案》《关于设立区委"不忘初心、牢记使命"主题教育领导小组办公室及工作机构的建议方案》等有关方案。区委"不忘初心、牢记使命"主题教育领导小组副组长及成员出席会议，区级相关部门、单位负责人列席会议。

12日 绵阳市2019年质量月活动在游仙启动。副市长赵迎春，游仙区领导陈华斌、袁玉国、何守君、李彦君、岿金玲参加启动仪式。

19日 游仙区在机关会议厅举行2019全区公安工作会议暨新中国成立70周年安保誓师大会。江彬、陈华斌、袁玉国等区四套班子领导出席。

20日 游仙区举行人民政协成立70周年庆祝活动。区领导江彬、袁玉国、姜曦、何守君、杨守贵等出席。

同日 游仙区召开精神文明建设暨文明城市建设工作会。会议由何守君主持，区领导江彬、袁玉国、何守君、陈晓霖、王宗华、张明东、李万庆出席会议。

同日 游仙区召开2019年第三季度项目投资工作现场会暨经济运行调度会。江彬、陈华斌、袁玉国、姜曦等区四套班子领导出席会议。

23日 市委常委、政法委书记、芙蓉溪市级河长荣全带队到绿洲公司运营的新桥污水处理厂调研指导工作。

24日 江彬到游仙城东公司、惠东公司调研国有平台公司运行情况，看望广大干部职工，座谈听取相关工作汇报，了解各平台公司运行情况。区领导何守君、杨守贵一同参加调研。

同日 区人民政府班子召开"不忘初心、牢记使命"主题教育工作会，陈华斌主持会议。会议传达贯彻中央、省委、市委、区委"不忘初心、牢记使命"主题教育工作会议精神，审议通过《区政府党组关于开展"不忘初心、牢记使命"主题教育实施方案》。

同日 陈华斌主持召开游仙区人民政府六届第39次常务会会议，会议传达关于中央扫黑除恶第20督查组对四川省"回头看"反馈的问题、全市扫黑除恶专项斗争领导小组扩大会议精神及全区扫黑除恶督导情况，审议《游仙区乡村振兴战略规划(2018—2022)》，研究部署相关工作。杨守贵、李彦君、林檬、李万庆等出席会议。

25日 陈华斌带队督导全区安全稳定工作，杨守贵、肖龙明参加。

同日 袁玉国带队对全区实施乡村振兴战略工作进行调研。区领导陈勇、徐丽娟、林檬参加。

30日 游仙区在飞龙山举行"9·30"烈士公祭仪式。区领导陈华斌、袁玉国、姜曦参加，陈晓霖主持仪式。

10月

9日 德阳市委组织部副部长王志华带领市委组织部、市人社局、市民政局等相关部门领导一行14人到游仙考察调研社区专职工作者职业化建设工作。

14日 绵阳市游仙区委党校新校区启用仪式暨2019年科级干部秋季主体班开班典礼举行。四川省委党校副校长裴泽庆出席仪式，并为2019年科级干部秋季主体班授课。

15日 游仙区"营造法治化营商环境保护民营企业发展"专项督察工作部署会召开。

同日 游仙区大气污染防治专题工作会召开，研究部署"观音会"寺庙烧香烧纸及文明祭祀管控工作。

16日 陈华斌率队调研游仙区重点项目推进工作。杨守贵、罗鉴明、张欣参加调研。

同日 团市委副书记马敬（主持工作）、团市委组宣部负责人苗芮溪一行到游仙调研共青团工作，团区委书记向玉、游仙高新区团工委领导陪同调研。

16—17日 苏州市21家科技企业组团到游仙进行考察交流，区委常委蒋浩宏会见考察团一行。

17日 陈华斌主持召开游仙区第三季度安全生产形势分析暨应急委员会第一次全体会议。会议传达市政府安全生产和应急管理工作会议精神，审议通过《绵阳市游仙区应急委工作规程》《绵阳市游仙区应急委员会办公室工作细则》，并收看《安全生产警示教育片》。会上，区安委办通报了全区当前安全生产形势，并对下一阶段的安全生产工作提出了建议，区自然资源局、区住建局、交警三大队就做好安全生产工作作发言。

21日 江彬率队调研新时代城市基层党建资源与力量整合工作，陈晓霖、陈政一同调研。

28日 游仙区人大常委会与游仙区人民政府举行联席会议。区人大常委会、区人民政府相关领导出席会议。

同日 江彬主持召开中共游仙区委六届第96次常委会会议，传达学习绵阳市文化和旅游发展大会精神，审议游仙区集中整顿软弱涣散村（社区）党组织相关事项。会议还学习传达全省城市基层党建和园区楼宇党建工作推进会、第二批“不忘初心、牢记使命”主题教育推进会精神，审议通过《关于成立中共游仙区水利建设发展中心委员会工作方案》《游仙区党政领导干部安全生产责任清单》《游仙区“不忘初心、牢记使命”主题教育区级层面问题清单》，研究其他事项。

22日 游仙区召开2019年区政府与区政协联席会议。区领导陈华斌、姜曦、杨守贵、张明东、张欣、李万庆、代锦芳、高红梅、昝金玲及区政府有关部门负责人、区政协委室负责人以及部分在企业工作的政协委员、常委参加。

23日 安州区政协主席赵奎、副主席陈小平带队到游仙政协考察交流政协工作，区政协主席姜曦，副主席赵长兴陪同考察。

同日 市自然资源和规划局党委书记、局长淳道怀率队到游仙区凤凰乡、太平镇、刘家镇调研土地整理项目。

同日 游仙区举办商标专题培训会。相关单位分管负责人、企业负责人100余人参加。

24日 2019年游仙区“信息技术支持下区域教研模式研究及试点”研讨会在绵阳市富乐实验小学主会场和游仙区观太致公小学分会场同步举行。由区教体局参研的国家级课题《信息技术支持下区域教研模式研究及试点》，获得通过立项，是绵阳市唯一申报成功的区县。

28日 四川省火锅协会监事长滕祥一行到游仙区考察，对刘家、新桥、街子三镇的火锅原材料配料种植，芙蓉溪旅游环线环境，火锅产业配套加工进行实地调研。副区长张欣陪同考察。

29日 江彬带领区自然资源局、农业农村局等部门负责人一行，到小枧沟镇、建华乡调研“川菜硅谷”·蔬菜产业园项目选址和建设工作。陈华斌、唐兴万、林檬一同参加调研。

同日 陈华斌深入联系乡镇建华乡，作“牢记初心不忘本、肩负使命敢担当”主题教育党课报告。林檬、区级相关部门负责人、建华乡全体机关干部、村（社区）四职干部、部分党员代表等聆听报告。

同日 由绵阳市三国演义学会、绵阳富乐山风景区管理中心、绵阳市博物馆、游仙区文广旅局主办的2019富乐山三国文化节在富乐山风景区举办。

30日 游仙区召开石马特色小镇项目工作推进会。江彬、陈华斌等区领导出席会议。

同日 江彬主持召开区委常委班子主题教育调研成果交流会，总结调研情况，交流调研成果，研究进一步推进主题教育和工作落实。

同日 全省“提高机关党员干部政治能力研究”专题研讨班90余名学员到游仙调研党建工作，省直机关工委副书记张玉强，市直机关工委常务副书记冯雪莲参加调研，江彬、杨小平陪同调研。

31日 江彬带队调研区新时代文明实践中心、融媒体中心建设工作。陈晓霖一同参加。

同日 陈华斌主持召开游仙区推进“厕所革命”工作会。通报全区“厕所革命”工作推进情况，安排部署下步工作。区级相关部门负责人参会并发言。

同日 游仙区与科发集团工作对接会议召开，陈华斌、杨守贵、姚军、张明东出席会议。

同日 游仙区青年工作联席会议第一次全体会议召开，团区委书记向玉主持会议，区领导李万庆出席。

11月

1日 陈华斌主持召开游仙区“散乱污”企业整治工作推进会，通报当前全区“散乱污”企业整治情况，安排部署整治推进工作。张欣参加。

3日 区委组织部召开“不忘初心、牢记使命”主题教育暨党建重点工作推进会，专题听取各乡镇调优调强村支部书记和扶持壮大村级集体经济试点项目推进情况汇报，并对下阶段工作作出安排部署。

5日 区政协主席姜曦、副区

长李万庆、区政协秘书长胡宗文一行到游仙职业技术学校实训基地开展调研。

6日 游仙区被评为全国“七五”普法中期先进区，是绵阳市唯一获此殊荣的县（市、区）。

同日 绵阳市游仙职业教育集团成立大会在游仙职业技术学校举行。京东集团、北方国际教育集团、绵阳京东方科技有限公司等企业单位等分别与绵阳市游仙职业技术学校签约。

7日 江彬主持召开中共游仙区委“不忘初心、牢记使命”主题教育集中学习研讨暨区委中心组（扩大）专题学习会。会议学习习近平总书记重要论述、重要思想、重要指示精神和省委省政府关于推进中国（绵阳）科技城加快发展的意见、中国（绵阳）科技城加快发展三年行动方案等。与会领导紧密结合绵阳科技城建设和分管联系领域工作实际，以及推动科技城加快发展落地落实情况，从思想认识、工作差距、下一步打算三个方面交流发言。

同日 由市食品安全办、市市场监管局及市教体局主办，游仙区食安办、区市场监管局、区教体局承办的绵阳市2019年学校食品安全风险研判暨现场会在游仙区召开。

8日 绵阳市宣传战线庆祝全国第二十个记者节座谈会在游仙举行。市委常委，宣传部部长张学民、游仙区领导江彬、陈晓霖及来自全市新闻战线的各媒体代表参加。

9—10日 2019“中国体育彩票杯”绵阳市轮滑公开赛，由七一剑南路小学主办，在开元中学举行。来自市内外的27支代表队参赛。大赛设2个大项，18个小项；每个项目的赛事分为青年组（甲乙丙组男女赛）和幼儿组（甲乙丙组男女赛）。

11日 江彬主持召开会议，专题研究游仙区优化营商环境工作。会议听取全区优化“营商环境年”和服务型政府建设工作，区委、区政府兑现承诺政策以及涉企问题处理等工作情况。陈华斌、杨守贵、王兵、姚军、李彦君、张欣、蔡顺利、罗鉴明出席会议。

同日 区政协召开工作会议，姜曦、代锦芳、高红梅、尚金玲，秘书长胡宗文，区内各民主党派负责人，区政协各委员小组组长、副组长，区政协机关干部职工，乡镇工委负责人等参加会议。

12日 省经信厅副厅长刘少敏带队到游仙调研。区领导袁玉国、罗鉴明、张欣参加调研。

同日 游仙区举办区委中心组集中学习会暨2019年第九期富乐大讲堂，会议邀请中央统战部宗教研究中心综合研究部副主任张弩作“新时代宗教工作的形式与任务”专题讲座。区领导袁玉国、姜曦等参加。

同日 游仙区云凤小学勇夺2019年游仙区中小学生篮球比赛小学组冠军。

13日 江彬主持召开乡村振兴工作推进会，研究部署乡村振兴战略推进、现代农业园区规划建设、增加农村居民可支配收入等工作。陈华斌、何守君、杨守贵、唐兴万、陈勇、代锦芳出席会议。

同日 江彬带队到新桥、徐家等地调研住户调查记账工作。杨守贵参加调研。

同日 区委财经委员会主任江彬主持召开区委财经委员会第四次会议。区领导陈华斌、何守君、杨守贵、陈晓霖、姚军、陈政、陈勇、高红梅，游仙高新区领导蔡顺利、罗鉴明出席会议。

同日 东宣镇飞龙山红军纪念馆被授予“绵阳市党史教育基地”。

14日 江彬主持召开会议，专题研讨游仙党群服务中心规划建设方案。会议听取区级党群服务中心建设前期推进工作及规划

11月13日，江彬主持召开乡村振兴工作推进会

建设方案等情况汇报。何守君出席会议。

同日 陈华斌主持召开区政府六届第41次常务会议，传达全省根治拖欠农民工工资工作电视电话会议精神，研究游仙区贯彻意见。会议传达了区人大常委会区政府联席会议精神。会议审议通过游仙区半导体芯片产业园、先进材料中小微产业园项目立项、支持英才学校发展等事项，并决定授予赖宁、杜斌2人“见义勇为公民”称号。会议还研究其他事项。会前讲纪说法就新修订的《四川省〈中华人民共和国大气污染防治法〉实施办法》进行解读。

同日 陈华斌主持召开区政府党组班子“不忘初心、牢记使命”主题教育第二次集中学习研讨会。

同日 央企走进中国科技城（绵阳）暨助推区域经济高质量发展峰会在游仙召开。中国产权协会党委书记、秘书长夏忠仁，国务院国资委研究中心党委副书记杜国功，市委常委、副市长丁国旗，市政府副秘书长赵琳，区领导江彬、陈华斌、袁玉国、姜曦等出席活动。会议签署《战略合作协议》。

同日 游仙区“整治干事创业精气神不够，患得患失，不担当不作为问题”专项工作推进会召开。

同日 游仙区2019年第二期文旅融合发展专题培训班开班。区内文化旅游企业相关负责人、经营管理骨干、各乡镇（街道）园区分管领导参加。

15日 中共绵阳市游仙区委六届第七次全体会议召开。江彬主持会议，唐兴万就游仙区乡镇行政区划调整改革工作作情况说明。会议审议通过《游仙区乡镇行政区划调整改革方案》，表决通过《中国共产党绵阳市游仙区第六届委员会第七次全体会议决议》。

同日 江彬主持召开游仙区委六届第98次常委会会议。会议学习习近平总书记对统战工作的重要指示精神，审议《绵阳市游仙区乡镇行政区划调整改革方案（审议稿）》《绵阳市游仙区城区工业企业搬迁改造补助暂行办法（审议稿）》、游仙区实施乡村振兴战略区级先进乡镇、示范村名单及争创实施乡村振兴战略省级、市级先进（乡）镇、示范村名单。

同日 袁玉国主持召开区六届人大常委会第22次会议。区人大常委会副主任王宗华、陈勇、冯忠卫、徐丽娟出席会议。区人民政府副区长李万庆，区人民法院副院长汤科林，区人民检察院副检察长沈阳等列席会议。会议听取和审议区人民政府《关于绵阳市游仙区乡镇行政区划调整改革方案（审议稿）的议案》。会议表决通过《绵阳市游仙区人民代表大会常务委员会关于绵阳市游仙区乡镇行政区划调整的决定（草案）》。

同日 姜曦主持召开游仙区政协乡镇行政区划调整改革专题协商会议。会议通报《游仙区乡镇行政区划调整改革方案》情况。区政协委员、各民主党派、社会各界代表、区级有关部门参加。

同日 游仙区开展集中销毁假冒伪劣商品活动。对查缴的商标侵权、不合格商品和过期食品等270多个品种3吨多罚没物资进行集中销毁。

同日 游仙区2019年秋季学校食品安全工作培训会召开。

18日 陈华斌主持召开游仙区安全生产委员会专题会议。杨守贵、林檬出席。会议研究安全生产、应急管理和防灾减灾机构、安全生产企业主体责任落实、安全生产和应急管理教育培训、应急物资储备、重点企业应急救援队伍建设及监管工作等事项。

同日 江彬主持召开游仙区委机构编制委员会2019年第4次会议。会议审议《游仙区区级议事协调机构管理办法（送审稿）》《游仙区机构编制事项评估办法（试行）（送审稿）》《乡镇（街道）区划调整后机构编制方案（送审稿）》《职能配置、内设机构和人员编制规定（送审稿）》《机构编制方案（送审稿）》，并听取机构改革有关情况汇报。区领导何守君、杨守贵参加。

同日 攀枝花市西区政协杨华友副主席带领西区政协考察组一行，到游仙区考察乡镇政协工作机制等相关情况。区政协副主席高红梅陪同考察。

20日 第六届四川省道德模范事迹巡讲报告会走进绵阳活动在游仙区举行，市委常委、宣传部部长张学民，区领导何守君参加。

同日 中国科技城（绵阳）退役军人人才俱乐部在游仙揭牌。市退役军人事务局党组书记、局长苏杰，区领导肖龙明、李万庆参加。

22日 游仙区徐家镇白鹤村、云凤镇柏荣村、街子镇回龙村、新桥镇新跃村，入围拟推荐为“国家森林乡村”名单。

23日 四川大学华西二院与区妇幼保健院开展联合义诊活

动，20余名专家教授与区妇幼保健院医师，为200余名居民开展“名医面对面”义诊服务。

26日 驻游仙区市政协委员联络小组组长、游仙区政协党组书记、主席姜曦召集驻区市政协委员对游仙高新区科技产业发展情况进行专项视察，并召开驻游仙区市政协委员联络小组视察游仙高新区科技产业座谈会。赵长兴、李晓升、胡宗文陪同视察。

同日 江彬带领相关部门负责人调研游仙区服务业企业发展情况。

同日 游仙区召开2020年秋冬播面积遥感调查业务培训会，对秋冬播面积调查进行专题培训。

同日 全市“溯源治理实质化”咋推进工作现场会在游仙召开，市中院党组书记、院长马泽波，区领导肖龙明，市级、各区县相关部门负责人参加。

同日 学习贯彻党的十九届四中全会精神省委宣讲团走进游仙，省委宣讲团第五分团成员、省社科院经济研究所所长蓝定香作宣讲报告，区领导陈晓霖出席。

27日 陈华斌主持召开区政府六届第42次常务会议。杨守贵、李彦君、林檬参加会议。会议学习《中华人民共和国行政许可法》，传达全国扫黑除恶专项斗争工作会议精神、市委书记刘超在市委常委会上的重要指示精神，并安排部署相关工作。会议审议游仙区2020年省、市重点项目申报、《绵阳市游仙区现代农业园区建设实施方案（审议稿）》等事项。会议还审议其他事项。

同日 江彬主持召开第四季度经济运行调度会暨当前重点工作会议。陈华斌、王兵、唐兴万、姚军、陈政、林檬、蔡顺利参加。会议总结了前三季度经济运行和重点项目推进情况，安排部署第四季度相关工作。

30日 游仙区妇幼重大公共卫生服务项目管理暨妇幼健康信息管理培训班开班。各乡镇卫生院、社区卫生服务中心、辖区个医疗卫生机构妇保、儿保工作人员参加。

12月

2日 学习贯彻中共十九届四中全会精神市委宣讲团报告会走进游仙区，绵阳市委宣讲团成员、市委常委、政法委书记荣全为来自游仙区政法系统、公安、法院、检察院等各部门的300余名党员干部作宣讲报告。江彬主持报告会，肖龙明出席。

同日 游仙区迎接2019年省、市营商环境评价工作动员会议召开。区委常委、副区长杨守贵出席会议，区级相关部门、乡镇（街道）人民政府（办事处）等单位参加会议。

3日 江彬主持召开区委第六届第99次常委会会议。袁玉国、姜曦、何守君等区领导参加。会议学习习近平总书记关于用制度制约和监督权力的重要指示精神。会议学习贯彻了李克强总理在部分省份稳就业工作座谈会上的讲话精神。会议学习贯彻市委书记刘超在市直机关党的建设工作会议暨“抓落实作表率”工作交流会上的讲话精神等，听取2019年贯彻落实意识形态工作责任制情况报告、区政协党组关于农业龙头企业发展调研情况和生产性服务业、生活性服务业发展调研情况的报告。会议审议并原则通过《绵阳市游仙区现代农业园区建设实施方案（审议稿）》《“绵阳桃李春风小镇”项目投资框架协议书（审议稿）》、游仙区政府与四川能投建工集团有限公司合作相关事项等其他事项。会议还听取区委常委班子“不忘初心、牢记使命”专题民主生活会筹备情况的汇报。

同日 陈华斌带队调研“芙蓉花溪”乡村振兴综合项目。杨守贵、姚军、冯忠卫、张明东参加调研。

4日 江彬主持召开区委六届第八轮巡视工作情况汇报会。专题听取区委六届第八轮巡察工作情况汇报，安排部署相关工作。区领导陈华斌、何守君、杨守贵、王兵、唐兴万及区级相关部门负责人出席会议。

同日 游仙区秋冬季大气污染防控攻坚战工作推进会召开。

同日 绵阳市纪念“12•5”国际志愿者日暨“花开游仙.爱满家园”游仙区新时代文明实践致远服务主题活动启动仪式在科技馆文化广场举行。市委宣传部常务副部长、文明办主任钟思亮，区领导陈晓霖、王宗华、李万庆、赵长兴出席活动。

6日 袁玉国带队调研兴事发现代科技产业园建设推进情况，杨守贵、陈勇、刘辉，区人大办、区工信局、区财政局、区人大财经委主要负责人等参加。

9日 “首届中国科技城法治创新大赛”颁奖典礼在区机关会议厅举行。四川省司法厅二级巡视员陈久明，绵阳市委常委、市政法委书记荣全，绵阳市政协副主席李京平出席颁奖典礼。市级相关部门分管领导，市各县市区（园区）党（工）委分管领导、依法治县（市、区）办主任、司法局（所）长，区全面依法治区委员会领导等200余人参加颁奖典礼。

10日 省司法厅二级巡视员陈久明、省委依法治省办秘书处副处长段立新、省委依法治省办秘书处二级主任科员米华一行到游仙区调研司法行政工作。市委依法治市办副主任、市司法局副局长廖超伦，区委常委、政法委书记肖龙明，区司法局局长李昶等陪同调研。

12日 陈华斌主持召开区政府六届第43次常务会会议，审议区人民政府与华为软件技术有限公司合作相关事项。

同日 2019年游仙区基层妇幼健康服务技能比赛在区妇幼保健计划生育服务中心举行。全区11家基层助产机构的参赛队共99名参赛队员参加比赛。

12—15日 2019年四川省青少年跆拳道冠军赛在眉山市举行，游仙区慈济实验学校田远东同学代表绵阳市参赛，获得男子丙组68公斤级冠军。

15日 中国科技城激光产业园项目签约仪式在游仙举行。市委副书记、市长元方，中国工程物理研究院副院长王洋出席仪式并讲话。会上，陈华斌代表游仙区政府与“两所一公司”（中国工程物理研究院化工材料研究所、中国工程物理研究院应用电子学研究所、中国久远高新技术装备公司）达成共同建设集“激光材料、激光器件、激光装备”全产业链激光产业园项目的合作协议。绵阳市领导罗宗志、廖雪梅，市政府秘书长吴明禹；区领导江彬、袁玉国、何守君、罗鉴明、张欣等参加签约仪式。

同日 作为绵阳市唯一一支参赛的队伍，绵阳市游仙区七一剑南路小学管乐团参加第六届“敦善杯”管乐团展演比赛，演奏的《星球大战》和《神圣城堡》荣获比赛最高荣誉“最佳演奏奖”。

16日 省水利厅副厅长、省河长办副主任王华一行到魏城镇，对污水处理开展现场调研并指导工作。市、区领导银登春、何守君、林檬陪同，惠东公司党委副书记、副董事长李浩南参加并汇报工作。

同日 江彬深入城区背街小巷、城郊接合部、富乐汽车站等地，检查指导文明城市建设工作。陈晓霖参加检查。

17日 游仙区与四川省农村信用社联合社对接座谈会暨银政合作协议签约仪式举行。四川省农村信用社联合社党委副书记张希出席仪式。江彬主持仪式。会议签署《绵阳市游仙区人民政府四川省农村信用社联合社绵阳办事处银政合作协议》。

18日 江彬带队到辖区部分商业企业及重点项目地，调研服务业发展等相关工作。陈晓霖、陈政、张明东参加调研。

同日 李万庆率队一行赴江油市对接游仙——江油文化旅游资源整合及宣传营销协同发展相关事宜，并与江油市文广旅局签订《关于打造李白故里诗歌行旅游精品线路合作协议》。

20日 袁玉国主持召开区六届人大常委会第五十二次主任会议。区人大常委会副主任王宗华、陈勇、冯忠卫、徐丽娟出席会议，区人大机关各委室主任、副主任列席会议。会议通报区人大机关经费使用有关事宜。原则同意在六届区人大常委会第23次会议上对任命的部分区人民政府组成部门主要负责人和法检两院部分人员开展述职测评工作；会议原则同意区人民政府《关于国有企业资产情况的报告》提交区六届人大常委会第23次会议听取；原则同意区人民政府《关于2019年地方政府债务限额的议

12月15日，中国（绵阳）科技城激光产业园项目签约仪式

案》提交区六届人大常委会第二十三次会议听取和审议；原则同意区人民政府《关于2019年财政预算调整情况的报告》提交区六届人大常委会第二十三次会议听取和批准，会议还通过其他事项。

同日 绵阳市副市长蒋丽英、绵阳市卫健委机关党委委员周林赋一行到游仙区妇幼保健院，对文明城市建设工作开展情况进行现场督查。李万庆、区委宣传部常务副部长廖中建等陪同检查。

21日 省文旅厅一级巡视员宋铭一行到游仙，对新桥镇“芙蓉花溪”文旅融合项目施工现场开展调研。市文广旅局副局长傅邦杰、副区长李万庆参与调研。

同日 全区危险化学品行业专项整治紧急工作会议召开。28家加油站和1家危化品储存经营企业负责人参加会议。

24日 江彬主持召开农业企业家座谈会，全面了解农业企业经营状况、存在的困难及对区委、区政府的意见建议。姜曦、唐兴万、林檬参加。

同日 游仙区在富乐山九洲国际酒店举行院地协同创新发展座谈会。来自辖区科研院所、高校、企业、金融机构负责人等140余人齐聚一堂，共商院地协同创新发展大计，为推动区域经济高质量发展献计出力。副市长廖雪梅，科学城办事处、中物院、中国兵器装备集团自动化研究所、中航发燃气涡轮研究院等科研院所相关负责人，游仙区四套班子领导，辖区部分企业负责人等出席交流座谈会。何守君主持座谈会。

同日 “相约幸福游仙”——2019年游仙区“院地协同创新发展”青年交友联谊盛装舞会在富乐山九洲国际酒店举行。

同日 游仙区2019年第四季度预防艾滋病、梅毒和乙肝母婴传播项目管理暨信息管理培训班在区委党校召开。

25日 游仙区向全区受灾困难群众发送御寒物资启运仪式在区救灾物资储备库举行。30余万元御寒物资通过各种渠道发放到受灾困难群众手中。

26日 袁玉国主持召开党组中心组学习（扩大）会议，陈勇、冯忠卫，区人大机关各委室负责人及全体机关党员干部参加。

同日 游仙区组织全区砖瓦企业到忠兴镇兴源页岩机砖厂召开“冬安”行动现场会。

29日 游仙区召开乡镇行政区划调整改革实施工作会议。区乡镇行政区划调整改革领导小组副组长陈华斌主持会议。区四套班子领导，科学城、绵阳市经开区、仙海风景区、区法检两院、区人武部、游仙高新区相关领导等出席会议。

同日 江彬主持召开中共游仙区委六届第101次常委会会议，传达学习绵阳市乡镇行政区划调整改革领导小组第七次会议精神，审议《绵阳市游仙区新组建镇人民代表大会选举工作实施方案》等。会议学习传达绵阳市乡镇行政区划调整改革领导小组第七次会议精神，通报《绵阳市人民政府关于同意游仙区调整部分乡镇行政区划的批复》。会议审议并通过《绵阳市游仙区新组建镇人民代表大会选举工作实施方案》。会议还审议《关于成立新组建8个镇党委、纪委和游仙街道党工委、纪工委并撤销原22个乡镇党委、纪委的请示》、2019年第二轮“三大奖”销号及第三轮“三大奖”认定名单，研究干部事项。

30日 袁玉国主持召开区六届人大常委会第五十三次主任会议。王宗华、陈勇、冯忠卫、徐丽娟出席会议，区人大机关各委室主任、副主任列席会议。

同日 游仙区召开烟花爆竹经营安全冬春整治工作会议。

31日 游仙区人大常委会召开全区乡镇行政区划调整改革镇人大选举工作培训动员会。袁玉国主持会议并讲话。王宗华、陈勇、冯忠卫、徐丽娟出席会议。区乡镇行政区划调整人大选举工作领导小组、选举工作指导组全体成员，全区8个新组建镇党委书记，拟任镇人大主席、副主席提名人选，组织宣传统战委员参加会议。

同日 2019年游仙区政府和民主党派联席工作会召开。区委陈华斌出席会议并讲话，区委常委、统战部部长、总工会主席陈政主持会议。

同日 游仙区召开加强涉外教育培训管理工作专题工作会，区级相关部门、联系紧密的相关乡镇（街道）分管负责人及区教体局相关股室、辖区内部分培训学校负责人等20余人参加会议。

综述

基本区情

【行政区划】游仙区为绵阳市辖区，在市境西南部。行政区域面积1018平方公里，2019年年末常住人口52.5万人。2019年12月，乡镇行政区划调整前，游仙区辖石马、小枧沟、新桥、忠兴、柏林、魏城、石板、徐家、刘家、玉河、太平、观太、街子、云凤、东宣、东林、梓棉、白蝉18个镇，建华、凤凰、朝真3个乡；1个省级高新产业园区、1个游仙经济试验区；涪江、富乐、游仙3个街道。2019年12月，乡镇行政区划调整后，辖1个经济开发区，1个经济试验区，3个街道，8个镇，222个行政村、1930个村民小组，57个社区居委会、424个居民小组。区人民政府办公地位于绵阳市一环路东段139号。

【建置沿革】汉高祖六年(前201)置涪县，属广汉郡。东汉建安十九年(214)析置梓潼郡，为郡治。西魏析置魏城县；改涪县为巴西县，属巴西郡。隋开皇五年(585)置绵州，为州治。炀帝大业三年（607）绵州改为金山郡，巴西县隶属金山郡；唐武德元年（618）复改金山郡为绵州，巴西县仍隶属绵州；武德三年（620）分魏城县地置盐泉县隶属绵州。宋代巴西县仍置亦隶绵州。元初省魏城、盐泉2县入绵州。明太祖洪武十年（1377）降绵州为绵县，洪武十三年（1380）复州为绵州。清雍正五年(1727)升绵州为直隶州。1913年改为绵阳县，以治地在绵山之南，故名。1914年属西川道。1935年属第十三行政督察区。1950年置绵阳专区。1968年改称绵阳地区。1976年析县城及近郊置绵阳市(县级)。1978年撤销绵阳县并入绵阳市。1985年撤销绵阳地区，分置绵阳、广元、遂宁3个省辖市(地级)，原县级绵阳市改为市中区。1992年10月经国务院批准撤销绵阳市中区，置涪城区游仙区。

【区划调整】1992年11月4日，四川省人民政府对调整绵阳市市辖区作出批复（川府函〔1992〕1218号）：“经报请国务院批准，同意撤销绵阳市市中区，设立绵阳市涪城区、游仙区。游仙区辖涪江街道办事处和游仙、石马、忠兴、新桥、石板、魏城、徐家、沉抗、刘家、玉河、小枧沟、松垭、柏林、太平14个乡镇。”

1995年8月，四川省人民政府批准撤销云凤、建华、观太、白蝉办事处，新设置云凤乡、建华乡、观太乡、白蝉乡4个行政乡。

1997年6月，省人民政府批准撤销松垭乡、设置松垭镇。

1997年10月，四川省人民政府批准撤销东林、街子、朝真、东宣、凤凰、梓棉、红卫、瓦子

8个办事处、设置东林乡、街子乡、凤凰乡、朝真乡、东宣乡、梓棉乡6个行政乡。

2000年11月，经绵阳市人民政府批准，设置富乐街道办事处。

2001年10月，调整涪江街道办、富乐街道办和游仙镇管辖区域：（1）以朝阳机械厂北界、仙人路、一环路东段、游仙茧丝绸公司北界、真丝针织厂北界、五里小学北界、科学城东南、西界、绵山路、开元电厂北界一线为界，以北、西是游仙镇管辖，以南、东是富乐街道办事处和涪江街道办事处管辖。（2）从芙蓉溪主航道中心线向南至东三江汇合口，以西、南为涪江街道办事处管辖，以东、北为富乐街道办事处管辖。

2015年5月，经绵阳市人民政府批准，撤销太平乡、观太乡、街子乡、云凤乡、白蝉乡5个乡，设立太平镇、观太镇、街子镇、云凤镇、白蝉镇5个镇。

2016年11月，经绵阳市人民政府批准，撤销游仙镇，设立游仙街道办事处。撤销东林乡、梓棉乡、东宣乡3个乡，设立东林镇、梓棉镇、东宣镇3个镇。

2019年12月，经绵阳市人民政府批准，撤销科学城华丰、科学城松林2个街道，撤销小枧沟镇、石板镇、观太镇、刘家镇、柏林镇、玉河镇、梓棉镇、白蝉镇、东林镇、街子镇、云凤镇、太平镇、徐家镇、东宣镇14个镇及凤凰乡、朝真乡、建华乡3个乡，设立涪江、富乐、游仙、科学城春雷4个街道办事处，石马、小枧、魏城、新桥、忠兴、信义、仙鹤、盐泉、沉抗、松垭10个镇。（周廷贵）

自然环境

【位置面积】绵阳市游仙区位于四川盆地西北部边缘丘陵地带，地处嘉陵江一级支流——涪江中上游的东郊，东接梓潼县，南邻三台县，西界绵阳市涪城区，北靠江油市。地理位置坐标为北纬30°20′44″—31°43′21″，东经104°40′42″—105°9′06″，南北宽42公里，东西长43公里，辖区面积1018平方公里。游仙区是中国（绵阳）科技城的重要组成部分。

【地形地貌】游仙区位于四川盆地西北边缘，按区域大地构造格局属地台区，地表主要出露白垩系岩层。境内由云凤场向斜、五根松背斜、通兴场向斜、周家大梁子北斜组成一个向东散开、向西收缩的似帚状构造。全区地势由北向东南倾斜，一般海拔500米左右，最高海拔728米（柏林镇境内旱山庙），最低海拔419米（玉河镇境内魏刘河出口处）。

全区境内山丘连绵，丘谷起伏，是典型的丘陵地貌。根据丘陵形态、高程和丘间谷地的宽窄又区分为鸡爪中丘—中谷地貌、条状中深丘—宽谷地貌、深中丘—宽谷地貌3种地貌类型。

鸡爪中丘—中谷地貌　涪江左岸，小枧、建华至观太，砂岩层增多，山丘连续侧横浅丘，形似鸡爪，海拔470—600米，高差50—150米，其内有槽型洼地，由于砂岩层增加，新形成的土壤质地偏轻。

条状中深丘—宽谷地貌　从游仙镇—徐家镇，南北向的中深丘间夹宽阔的小坝，海拔480—650米，高差5—150米，谷宽500—5000米，坝有浅圆丘相间。

深中丘—窄谷地貌　云凤乡—太平乡一带，岗梁沟谷相间，海拔500—680米，高差100—200米，谷宽20—100米。

【气候】游仙区属中国东部亚热带季风气候类型，年平均气温16.6℃，年均降水量858.9毫米以上，相对湿度77%。由于区境所处纬度位置以及季风的影响，使得冬夏季风更迭和降水量年季不均等地带性气候特征十分明显；又因区境地处秦岭南侧的四川盆地西北部，东北部有剑门山脉，西北部有龙门山脉作为屏障，阻挡来自西北方向的寒冷气流，使得区境气候又带有明显的地域性特点，即冬长而无严寒，夏热而无酷暑。综合气候的地带性特征和地域性特点，形成区境夏热冬温、四季分明、雨量充沛、雨热同季、终年风小、无霜期长的气候基本特征。（王　君）

自然资源

【水文水资源】游仙区境内除涪江外，共有一、二、三级支流10条，一级支流有白圣河、芙蓉溪、孙家河、小枧沟和贾家沟5条；流出区境再注入涪江的有二级支流魏刘河、一级支流水磨河2条。此外，二级支流观太沟注入水磨河，三级支流青溪、石板河注入魏刘河。这些溪河除涪江发源于龙门山区，源远流长、水量丰富外，其余都发源于区境内外的丘陵地域，均属流程短、流量小，旱季常断流的雨源型河流。

游仙区地表水资源流量主要来自大气降水，全区多年平均降雨量为9.8亿立方米，地表径流量为2.64亿立方米，一般水质良好，适宜于工农业用水和人畜生活用水。游仙区地下水资源较为缺乏，全区地下水资源总量（地下水天然补给量）为3500万立方米，其中可开采量为189万立方米，占总量的5.4%。孔隙水量为未来开发的重点，但由于城市、工矿生产及生活污水的排放，孔隙水已受到不同程度的污染。全区水面主要由河流水面、水库水面、塘坑水构成，水域总面积近70平方公里，有各类养殖水面5500公顷，以水库、山坪塘为主，占全区养殖水面的85%。全区过境水资源主要是涪江自境外流经游仙区，客水资源虽较丰富，但70%集中于汛期，且由于地形、地势和经济技术条件，客水利用率不高。游仙区水能资源蕴藏量主要以涪江为主，理论蕴藏量为18.5万千瓦，其他河流魏刘河、芙蓉溪均发源于北部丘陵地区，比降平缓、流程短、流量小、水量主要集中于汛期，枯水期断流，理论蕴藏量小，开发价值不大。

【主要河流及水库】涪江。发源于四川省松潘县与九寨沟县之间的岷山主峰雪宝顶，是嘉陵江的支流，长江的二级支流。涪江位于游仙区左岸，境内全长约39公里，流经4个乡镇（东林镇、石马镇、小枧沟镇、松垭镇）、1个经济试验区、2个街道办事处（涪江街道办、富乐街道办），12个行政村和12个社区、54个社。涉及区域内人口约20余万人，流域面积约1015平方公里，涪江流域小（一）型水库3座、小（二）型水库6座。涪江在游仙境内起点为东林镇飞凤村，止点为松垭镇普照寺村，然后进入三台县永明镇澜田坝村。

设立区级河长2名（江彬、张明东），乡镇级河长18名，村级河长48名，社级河长54名。

副总警长1名，水务警务综合执法大队（一大队），乡镇级警长14名，片区警长12名。

区内涪江流域小（一）型水库（3座）

胜利水库。位于游仙镇文胜村，原为小（二）型水库，1995年扩建为小（一）型水库，最大坝高26米，坝顶长375米，坝顶宽5米，集雨面积11.44平方公里，总库容202.7万立方米。胜利水库现在是自来水公司的饮用水源。

莲心水库。位于小枧沟镇，水库于1977年动工修建，1978年建成。水库集雨面积1.74平方公里，最大坝高12米，坝顶长169米，宽2.8米，总库容109万立方米，灌溉面积1766亩。

段家桥水库。位于观太镇段家桥村，1965年扩建成小（二）型水库，1976年又扩建为小（一）型水库，1978年4月完工，大坝长161米，坝高20.95米，坝顶宽4米。总库容135万立方米，集雨面积1.9平方公里，灌溉面积3500亩。

区内涪江流域小（二）型水库（6座）

其中有：东林乡的柏羊水库、塔子水库、五　水库；松垭镇的宝塔水库；小枧沟镇的五一水库；石马镇的幸福水库；

芙蓉溪。系涪江二级支流，起源于江油，西源杜家河、东源战旗河在游仙区太平镇治水村交汇形成芙蓉溪，全长约57公里，流域面积约64平方公里，流经6乡镇（太平镇、凤凰乡、忠兴镇、街子镇、新桥镇、游仙镇），1个经济试验区，2个街道办事处（富乐街道办、涪江街道办），途经30个行政村、12个社区及1个居委会、114个社，芙蓉溪流域小（一）型水库4座，小（二）型水库36座。左岸起点为太平镇涪水村，止点为涪江街道办韩家脊社区；右岸起点为太平镇南山村，止点为涪江街道办治平路社区。

区内芙蓉溪小流域（一）型水库（4座）

龙珠水库。位于游仙区忠兴镇，水库于1957年动工修建，1958年建成。水库自然集雨面积4.37平方公里，最大坝高18.48米，坝顶长189.6米，宽3.2米，水库总库容250万立方米，灌溉面积2500亩。

和平水库。位于游仙区新桥镇，水库于1958年扩建为小（二）型水库，1977年续建成小（一）型水库，水库自然集雨面积1.2平方米，最大坝高24.4米，坝顶长175米，宽5米，总库容218.8万立方米，灌溉面积5583亩。

清洁沟水库。位于游仙区忠兴镇，水库于1956年动工修建，1957年建成，水库自然集雨面积4.18平方公里，最大坝高16.5米，坝顶长82米，宽12米，总库容138.1万立方米，灌溉面积3000亩。

金花水库。位于游仙区街子镇，水库于1956年动工修建，1957年建成，水库自然集雨面积12.09平方公里，最大坝高18.6米，坝顶长240米，宽6米，总库容393万立方米，灌溉面积9300亩。

区内芙蓉溪流域小（二）型水库（36座）。其中有:沉抗镇的丁字桥水库、丰收水库、群众水库、三要水库、铜瓦铺水库、团结水库、文胜水库、五八水库、五七水库、劲松水库、回龙水库；云凤乡的干湾水库、七五水库、柿子水库、土桥水库、五八（1）水库、五八（2）水库；建华乡的工农水库、红星水库、极乐水库、吕家湾水库、群力水库、天池水库、战备水库；新桥镇的新跃水库；太平乡的劳武水库、麻柳水库、批修水库；忠兴镇的龙泉水库、胜利水库；凤凰乡的马鞍水库、南河水库、紫气水库；游仙镇的七五水库、前进水库；玉河镇的四清水库。

区级河长2名（陈华斌、肖龙明），镇级河长27名，村级河长86名，社级河长114名。

副总警长1名，水务警务综合执法大队（二大队），乡镇级警长16名，片区警长14名。

魏城河。系涪江支流，起源于游仙区朝真乡崇林村帽盒山，北纬31°41′22″、东经104°59′19″，平均海拔642.8米，流径游仙区境内约73公里，流经7个镇乡(朝真乡、柏林镇、魏城镇、东宣镇、刘家镇、玉河镇、白蝉镇)，31个行政村及3个社区、158个社，流域面积约417平方公里。起点为朝真乡崇林村，左岸区内止点为玉河镇的四方湾村，进入三台县龙树镇的对峰沟村；右岸区内止点为白蝉镇的明月寺村，进入三台县柳池镇的清溪村。

魏城河流域有小（一）型水库（5座）

战备水库。位于游仙区柏林镇，水库于1970年动工修建，1971年建成。水库自然集雨面积8.35平方公里，最大坝高14.5米，坝顶长130米，宽2.5米，总库容153万立方米，灌溉面积2900亩，同事承担着柏林场镇的生活用水。

三八水库。位于游仙区柏林镇，水库于1958年动工修建，1959年建成，水库自然集雨面积11.325平方公里，最大坝高13.6米，坝顶长180米，宽4米，总库容301万立方米，灌溉面积5000亩。

龙江水库。位于游仙区朝真乡，水库于1973年动工修建，1974年建成，水库自然集雨面积1.25平方公里，最大坝高10米，坝顶长294米，宽3米，总库容143.7万立方米，灌溉面积4000亩。

飞跃水库。位于游仙区徐家镇，水库于1969年动工修建，1971年建成，水库自然集雨面积1.15平方公里，最大坝高12.6米，坝顶长359米，宽10.8米，总库容145.6万立方米，灌溉面积3250亩。

前进水库。位于游仙区魏城镇，水库于1958年动工修建，1966年建成，水库自然集雨面积1.7平方公里，最大坝高10.1米，坝顶长225米，宽4米，总库容112万平方公里，灌溉面积3200亩。

魏城河流域小（二）型水库（52座）。其中有:徐家镇的安家湾水库、红旗水库、七〇水库、沙石包水库；东宣乡的长道沟水库、李河沟水库、七一水库、胜利水库、太平水库、向阳水库；朝真乡的崇林水库、马鞍水库、先锋水库、园林水库；观太乡的反帝水库、反修水库、旱湾水库、胜利水库；白蝉乡的老鹰窝水库；刘家镇的肥猪堰水库、龙王沟水库、桃子园水库；建华乡的四清水库；石板镇的广济水库、红光水库、联合水库、人民水库、森柏水库、五八水库、跃进水库；魏城镇的和平水库、红岩水库、猫儿沟水库、七里水库、青林沟水库、青山水库、群益水库、四五水库、铁炉水库、新胜水库、先锋水库、玉珠水库、紫金水库、马头山水库；梓绵乡的红星水库、利民水库、马鸣寺水库；柏林镇的毛蜡水库、七一水库、四云水库；玉河镇的涌泉水库、雨台水库。

区级河长2名（何守君、林檬），镇级河长21名，村级河长68名，社级河长158名。

副总警长1名，水务警务综合执法大队（二大队），乡镇级警长16名，片区警长14名。

水磨河。系涪江的三级支流，起源于游仙区观太镇朱洪寺村胜利水库，区内全长约18公里，流域面积约19平方公里，区内流经3个乡镇，9个行政村（观太镇、建华乡、松垭镇），1个居委会，进入三台县永明镇两河口汇入涪江，起点为观太镇朱洪寺村；区内止点为松垭镇白山寺村。

区级河长2名（王兵、张欣），镇级河长9名，村级河长20名，社级河长56名。

副总警长1名，水务警务综

合执法大队（四大队），乡镇级警长6名，片区警长3名。

小芙蓉溪。系芙蓉溪支流，发源于绵阳市江油，由江油东兴镇双新村流入游仙区云凤镇新荣村、泉水村流回江油东兴镇双新村，经江油大堰镇极贤村，流入我区凤凰乡乜家村，由忠兴镇明月村进入芙蓉溪。途径游仙区3个乡镇（凤凰乡、忠兴镇、云凤镇），8个行政村及1个社区，17社，区内全长约13公里，流域面积约6平方公里。游仙起点为云凤新荣村，区内止点为忠兴镇明月村，直接进入芙蓉溪。

区级河长2名（唐兴万、邓海涛），镇级河长9名，村级河长9名，社级河长17名。

副总警长1名（兼任），水务警务综合执法大队（五大队），乡镇级警长2名，片区警长3名。

杜家河。系系芙蓉溪西源流杜家河起源于江油新兴乡、新安乡海拔825米的跨石岩南坡和东坡，经江油义新乡书房村流入太平镇，流经太平镇3个村（福林村、南山村，涪水村），5个社，杜家河全长15公里，区内长约4公里，流域面积约6平方公里，区内起点为太平镇福林村，止点为太平镇涪水村。

区级河长2名（陈晓霖、李万庆），镇级河长2名，村级河长6名，社级河长5名。

副总警长1名（兼任），水务警务综合执法大队（五大队），乡镇级警长2名，片区警长1名。

石流河。系魏城河支流（该河流在沉抗镇段俗名桃花沟），发源沉抗镇铜瓦铺水库，自西向东横穿石板镇，流经刘家镇，汇于魏城河。全长约30公里，流域面积约26平方公里，年平均流量约1立方米/秒，流经3个乡镇（沉抗镇、石板镇、刘家镇），15个行政村，47个社，流域内有水库7座，石河堰2处，塘堰128口，起点为沉抗镇的铜瓦村，止点为刘家镇魏家桥村，流入魏城河。

区级河长2名（谷雨、陈政），镇级河长9名，村级河长30名，社级河长47名。

副总警长1名（兼任），水务警务综合执法大队（六大队），乡镇级警长4名，片区警长2名。

白蝉寺河。系涪江三级支流，源头由三台县中太镇长乐办事处周家寨村3社，途径游仙区白蝉镇，4个行政村，11社。区内全长约10公里，流域面积约4平方公里，区域内塘堰13口，区内起点为白蝉镇王家寨子村3社，止点为白蝉镇明月寺村8社，汇入魏城河（柳池镇清溪村3组）

区级河长2名（姚军、刘杰），镇级河长3名，村级河长8名，社级河长11名。

副总警长1名（兼任），水务警务综合执法大队（六大队），乡镇级警长2名，片区警长1名。

徐家沟河。系涪江三级支流，发源于梓潼县石牛镇永乐村，区内全长约39公里，流域面积约53平方公里，流域内有水库8座，石河堰1处，塘堰297口。流经3个乡镇（徐家镇、东宣乡、刘家镇），9个行政村及1个居委会，64个社。起点为徐家镇响水村，止点为刘家镇曾家垭村，流入魏城河。

区级河长2名（杨守贵、李彦君），镇级河长9名，村级河长20名，社级河长64名。

副总警长1名（兼任），水务警务综合执法大队（六大队），乡镇级警长4名，片区警长2名。

【动物资源】区境内大型野生动物早已绝迹，只有少数中、小型动物余存，由于使用农药和人为捕捉，野生动物资源损害严重。全区已知有高等动物26目68科256种，其中鸟类17目37科171种；兽类4目17科47种；两栖类2目8科22种。爬行类3目7科16种。鸟类中湿地鸟类57种，约占全省50%、全国25%。

动物种类中，属国家Ⅰ级保护动物的有1种：中华秋沙鸭；属国家Ⅱ级保护动物的有18种：白额雁、鸳鸯、鸢、苍鹰、雀鹰、普通鵟、白尾鹞、秃鹫、红隼、红脚隼、长耳鸮、短耳鸮、斑头鸺鹠、领角鸮、黄喉貂、水獭、斑林狸、大鲵等；省级保护动物有小䴙䴘、黑颈䴙䴘、凤头䴙䴘、鸬鹚等16种。属我国特有动物有红腹锦鸡、灰胸竹鸡、领雀嘴鹎、白头鸭、宝兴歌鸫、画眉、橙翅噪鹛、棕头鸦雀、白领凤鹛、黄腹小雀、大蹼铃蟾、疣刺齿蟾、川北齿蟾、大齿蟾、平武齿突蟾等。区内除少数几种冬候鸟和旅鸟外，绝大多数种类都在保护区繁殖。

【植物资源】区境内原始森林早已不存，现有林木大部分均为人工种植。全区有乔木树种57科、109属、187种。乔木树种主要有松柏、桤木、栎属、杨属、柳属、桉树属、梧桐、槐、榆、黄连木等；灌木主要有马桑、黄荆、紫惠槐等；经济树种主要有油桐、乌桕、桑树及多种果橘类树木；此外，在农村住宅周围，人工栽培有竹林，以大茎竹林为主，以丛生慈竹为最多，散生的有楠竹、斑竹、水竹等。

【矿产资源】游仙区境地层构造变形微弱，出露地层单一，因而矿产类型不多且全为外生矿，已发现的有沙金、钙质膨润土、黏土、石灰石、咸水、盐水和卤水、沙、砾和卵石、石材、石英砂岩、天然气、石油等。已开发利用的有：天然气、水泥生产辅助材料、建筑用砂、砖瓦黏土、页岩、石灰石、石英石等；待开发利用的有：魏城卢家山膨润土、天然气、石油等地下矿藏。（王　君　王文军）

人口·民族

【人口】2019年年末，全区户籍总数189216户，总人口511903人，平均每户2.705人。总人口中男性258271人，占总人口数的50.5%；女性253632人，占总人口数的49.5%，性别比为1.02∶1。非农业人口268394人，占总人口数的52.4%；农业人口243509人，占总人口数的47.6%。18岁以下人口80802人，占总人口数的15.7%；18—34岁人口98290人，占总人口的19.1%；35—59岁人口222279人，占总人口的43.4%；60岁以上人口110532人，占总人口的21.6%。与2018年相比，人口数逐渐由低龄阶段向高龄阶段递增。因2019年四川省人口统计不再将科学城的松林、春雷、华丰3个街道人口总数纳入游仙区计算，全区实际总人口比2018年减少3872人，人口增长率为-7.42‰。全区户籍人口城镇化率为53.7%，同比增长1.34%。

【民族】游仙区除绝大部分人口为汉族外，还有羌族、回族、藏族、满族、土族、苗族、彝族等36个少数民族共4895人散杂居于区境内各地。

生态环境

【环境质量】2019年全区有效监测天数343天，优良天数317天，优良率达92.4%（同比增长7.8%），改善程度位列全市第一，PM2.5浓度为每立方米31微克（同比下降12.9%），PM10浓度为每立方米46.9微克(同比下降13.1%)；全区市考断面水质优良率100%，城市集中式饮用水水源地水质达标率为100%，乡镇集中式饮用水源达标率90%；土壤环境质量总体稳定，危险废弃物环境总体可控，核与辐射安全可控。

【环境保护督察】全区涉及中央环保督察20项整改任务已整改完成19项，省环保督察89项整改任务已整改完成87项，央督“回头看”反馈问题7项已整改完成5项，省环保专项督察反馈问题3件已整改完成1件，剩余问题按时序推进。

【行政审批】全年审批建设项目环境影响评价表25个，登记表备案486个，违法违规清理整顿备案公示29个，累计发放排污许可证45个，公示行政许可、行政执法及行政处罚信息102条（件），完成排污许可证变更2家。

【污染防治攻坚战】建立健全大气污染防治网格化管理和响应机制，开展联合检查20余次，接受省市专项督查30余次，推进20家企业的挥发性有机物污染治理工作，完成44家工业企业基本信息录入及污染物排放量核算，抽测柴油货车281辆，全年秸秆禁烧率100%；推进工业污染防治、城镇生活污染治理、农业农村污染防治、芙蓉溪魏城河排污口整治、水环境管理、水生态安全保障等工作，启动农村人居环境整治生活污水治理工作，实施魏城河管网建设等水污染防治计划项目12个，完成农村集中式饮用水源地保护区环境状况评估与调整划定16处、加油站地下油罐防渗改造26家，农村生活污水处理率达到67.12%，222个行政村中通过沼气池、化粪池等设施处理生活污水的村共计149个；排查疑似污染地块4处，开展固体废物大排查、工医药行业和危险化学品领域风险防范等专项整治行动，督促1家企业完成土壤污染隐患排查整改、应急预案修订、自行监测等工作，指导18家产废单位开展危废规范化工作。

【环境执法】建立健全全覆盖、无盲区、零死角的环境监管网格体系，推进第二次全国污染源普查信息化试点区工作，强化移动执法系统应用，集中开展“碧水蓝天”“清废行动”和工业、农业、生活、河道污染“四源齐控”行动、“生态环境突出问题大排查大整治百日攻坚”行动，先后检查“散乱污”企业、“砖瓦”企业、危险废物和一般固体废物重点企业等175家次，排查整改各类问题135个，依法查处环境违法行为15件，罚款50万元，新增安装污染源在线监控设备企业2家，完成“双随机”抽查89件，处理各类来信来电、市长公开电话交办单、网信办转接件160余件，处理率100%、群众满意率100%。

【环境法治宣传】开设“游仙生态环境局”微信公众号，全年市级信息任务完成率位列全市第一。承办绵阳市2019年“守护绵阳蓝·我们在行动”启动仪式，举办游仙区首届“环保卫士”“环保人物”“环保标杆企业”评选活动，授予10人“环保卫士”、9人“环保人物”、8家企业“环保标杆企业”称号。

【环保机构改革】整合市、县（市、区）两级生态环境和自然资源、农业农村、水利、林业等部门相关污染防治和生态环境保护执法职责，由市级统一行使。组建绵阳市生态环境综合行政执法支队，以“队建制”的形式，向县（市、区）和市属园区派出执法力量。（许 锘）

经济环境

【概况】2019年，实现区属地区生产总值357.40亿元、增长8.8%，从2016年底181.88亿元发展到2019年底近360亿元，三年连跨两个百亿台阶，在全省各县（市区）的排名从2016年的68位上升至32位。实现全社会固定资产投资增长19.1%；一产增加值增长2.9%，规上工业增加值增长11.3%，社会消费品零售总额增长11.5%，服务业增加值增长9.6%，地方一般公共预算收入10.49亿元；城镇居民人均可支配收入43947元、增长8.8%；农村居民人均可支配收入18933元、增长10.3%。

【招商引资】全年共促进38个国内省外项目履约，合同投资额426.42亿元，实现国内省外到位资金83.26亿元，完成市下达全年目标任务（65亿元）的128%。获得奖补资金937.57万元、占全市总额的47.3%、位居全市第一。纳入省级平台督办项目23个，总投资额243亿元，项目履约率100%、开工率86.96%、资金到位率31.85%。

【全社会固定资产投资】2019年全区完成固定资产投资177亿元、同比增长19.1%。完成市下达177亿元年度预期目标的100%，完成区下达178亿元年度预期目标的99.4%。全区固定资产投资推进工作综合排名列全市第5名。

【对上争取】2019年全区对上争取项目444个，共争取上级资金28.27亿元。其中，6个项目争取中央预算内项目资金7414万元，9个项目争取省内预算内资金1.1亿元。（梁春洪）

【商贸服务】全年服务业增加值总量完成191.81亿元，实现增速9.6%，高于全市0.2个百分点，并列全市第3位。其他营利性服务业（规上企业）增速实现68.7%，超出目标任务28.7个百分点，位列全市第4位；批发业完成17.7%，超出目标任务3.7个百分点，位列全市第7位；零售业完成17.2%，超出目标任务1.2个百分点，位列全市第1位；住宿业完成13.6%，差目标任务0.9个百分点，位列全市第2位，餐饮业完成16.1%，差目标任务1.4个百分点，并列全市第7位；固定资产投资完成10.42亿元，完成全年目的任务115.74%；向上争取完成1134.44万元，完成目标任务141.8%。完成规上服务业企业净增10户（其中纳入统计核算的指标企业净增5户），限上商贸流通企业净增12户，均超额完成任务。

【批发零售】全区社消零总量完成107亿元，实现增速11.5%，并列全市第1位。从一、二产业企业剥离销售、服务等业务，培育入库为服务业企业。组织相关商贸、文化、旅游企业开展促销活动，家福来临园口店耀世开业、红星美凯龙“家居建材家电节”、海悦银河城“五一促销活动”、美乐的“护士节、母亲节”等。“五一”、国庆等节庆期间消费累计实现11.2亿元（含电商）。为家福来、美乐等重点企业组织专场促销活动8场。组织企业参加“川货全国行活动”。腾杰农业、川富农夫、潼人品源、腾杰农业参加2019年“川货全国行·广州站”活动。绵阳辰迅商贸有限公司、绵阳市仰望电子商务有限公司、绵阳黑晶科技有限公司等企业参加2019全球跨境电商成都大会；组织普洛克玛商贸公司等企业参加第126届中国进出口商品交易会（广交会）；组织绵阳紫东食品有限公司、四川兴事发门窗有限责任公司、四川致鑫金属材料有限公司等12家企业参加绵阳企业进出口联盟平台推介及外贸综合业务知识培训。深入推进“个转企”，加大“个转企”培育力度。2019年向41户企业兑现2017年、2018年“个转企”奖励资金14.4万元。2019年新增入库规上限上企业已经通过审核24个以上，净增数达到17个以上。商贸限上企业总数将突破100户，规上企业达到50户，重点指标企业突破20户。

【电子商务】出台《2019年电商工作要点》《2019年商务扶贫实施方案》等文件，规划2019年全区电子商务发展工作及指导全区电商扶贫工作，制定2019年电子商务发展目标，推进电商精准扶贫。全年电子商务交易规模732.73亿元，完成全年目标任务的101.77%，网络零售额达20.75亿元，完成全年目标任务的122.06%。推动电商产业提档升级，申报成为“省级电子商务产业示范县”。推进电商精准招商，加快中国科技城绵阳电商谷建设，致力于打造集电商服务中心、物流分拣中心、众创基地、微商创业集聚地等为一体的省级电子商务示范区。加快企业互联网+建设。区内仙特米业、宏林玫瑰、稻珍乡农业等12家农业企业通过自建、第三方平台、微信线上销售农产品。京东游仙特色馆开馆运营以来，线上店已通过京东审核、批准入驻的有15家，产品39种。发挥电商产业经济效应与社会效应，联合市电商办举办绵阳市农村电商精准扶贫专题培训，参加全市电商扶贫活动，培育刘家镇信义刘家土货馆、魏城商贸中心等2个重点电商项目，打造贫困村自主品牌及特色农产品。建成仰望科技、优鲜奇季、一米菜园、仟家居“618”等20个社区新零售体验中心。金循环、科莱电梯“物联网”、仰望科技等本土电商平台，明瞳、川富农夫等电商企业销售业绩良好，特别是明瞳作为新入库的电商企业，全年销售收入超过3000万元。（覃　洋）

【项目备案】全年共办理辖区内审批及告知性备案共251件，其中企业投资项目告知性备案150件，政府投资项目审批101件，涉及总投资达1081.39亿元。（刘　剑）

【重点项目】2019年度游仙区省、市、区重点项目61个，完成年度投资80.4亿元。其中，省、市重点项目27个，完成年度投资52.6亿元；区重点项目34个，完成年度投资27.8亿元。“项目开工年”计划新开工项目70个，实现62个项目如期开工，开工率达88.6%。（杨小燕）

【产业发展】指导四川绵阳西南自动化研究所和绵阳光联科技有限公司申报成为“市级工程实验室”，“绵阳市自主可控计算机产品研发工程实验室”和“绵阳市5G高速光收发模块工程实验室”，协助四川绵阳西南自动化研究所申报成为省级工程实验室；组织诺思(绵阳)微系统有限公司、拓谱电子绵阳公司等6家企业申报“涉密集成电路专项”“第二批攀西资源专项”“2020年老工业区搬迁改造”等专项项目。（胡　明）

【农村经济】2019年，为四川省农村饮水安全巩固提升工程专项争取到中央预算内投资资金150万元。编制《游仙区乡村振兴战略规划（2018—2022年）》，规划统领并涵盖乡村空间布局规划、乡村产业发展规划、宜居乡村建设规划、乡村生态环境规划、乡村基础设施和公共服务设施建设规划、古镇古村落古民居和古名树保护规划6个专项规划的主要内容，并将现代农业园区建设和绵阳国家农业科技园(游仙)园区建设一并纳入规划。（郭亚川）

【信用体系】举办“诚信宣传周”暨“芙蓉汉城诚信街区”启动仪式，分别为10家企业、10家商家和10个诚信村（社区）颁发诚信企业，诚信商家，诚信村（社区）奖牌；在西南科技大学城市学院举行“诚信进校园活动”；富乐实验小学，慈济学校，西南科技大学城市学院被授予“游仙区诚信教育基地”；在游仙电商谷举行“企业信用培训”，全区80家企业参加培训。

【区域协同】游仙区成立专项工作领导小组，建立项目专班联系制度，加强和各县（市、区）的对接沟通，有计划、有组织地推进区域协同发展工作。2019年与绵阳经开区、江油市、仙海区、三台县、梓潼县签订优势互补、深度融合、一体化发展战略合作协议，构建游仙区和6个县市区建设融合大发展格局。秉持优势互补资源共享、互利共赢的原则，通过搭建区域协调沟通、招商引资合作、两地人才交流机制，探索与周围县市区在深化投融资创新与产业合作、强化规划统筹和项目争取、加强基础设施建设合作、深入实现文旅合作、深入实现农业合作、加强环境保护协作、加强社会事业合作等方面开展区域协同合作发展。

协同绵阳经开区推进游仙高新区污水处理厂二期工程项目，估算总投资1亿元。

协同江油市推动G247、G416等区域干线道路互联互通；加快“四好农村路”建设，整合区域文旅资源，旅游客源共享，促进李白文化和三国文化共同繁荣发展。

协同仙海共同推进绵梓路（游仙、仙海段）道路改造提升工程和G108改线工程建设，推动“四好”乡村公路建设，做好“芙蓉花溪”乡村旅游环线建设。

协同三台县推进S205和中玉路建设；搞好“四好”乡村公路建设，共同打造优势产业链，支持三台县柳池镇和游仙区玉河镇共同打造“状元文化节”，支持鼓励三台县藤椒产业到游仙，支持三台县柳池镇和游仙区白蝉镇合作发展桑蚕新生态旅游业。

协同梓潼县拓宽、改造、美化绵梓路（一期为游仙至仙海段，二期延伸至梓潼），上档升级打造现代旅游大道。合作开展“大蜀道”申遗，以科学城九院博物馆和“两弹城”老九院基地为依托联合打造两弹科工红色旅游项目。

明确游仙区在进出口贸易和投资促进及经贸合作方面与青白江区的战略合作伙伴关系。联系青白江区成都国际铁路港管委员会、港投集团，对接中欧班列（蓉欧快铁）合作项目，进一步细化明确2018—2022年五年合作计划和步骤，双方初步达成2022年游仙区企业通过蓉欧快铁货运出口实现常态化（每周不少于一个标箱）的共识。（魏 娟）

物 价

【概况】2019年，全区居民消费价格总水平涨幅达到3.4%。其中：食品、烟酒价格同比上涨7.9%；衣着价格同比上涨1.3%；居住价格同比上涨3.2%；生活用品及服务价格同比上涨0.7%；交通和通信价格同比下跌3.5%；教育文化和娱乐价格同比上涨0.3%，医疗保健价格同比上涨5%；其他用品和服务价格同比上涨2%。（胡 瀛）

【主要商品价格】全年小麦、稻谷价格随收购周期波动，总体保持平稳。12月，小麦（混等）收购均价1.09元/500克，同比小跌6%；稻谷（混等）综合收购均价1.21元/500克，与2018年同期持平；因气候适宜，2019年蚕茧质量整体优于2018年，收购价格同比上涨近20%。

猪肉类价格短期大幅上涨。受非洲猪瘟疫情的严重影响，生猪调运受限，生猪存栏量大幅缩减，导致仔猪生猪收购价格大幅度上涨。12月底，仔猪收购价格达到36.37元/500克，同比上涨224%；生猪收购价格达到18.5元/500克，同比上涨121%；猪肉（带皮后腿肉）价格29元/500克，同比上涨100%。

粮食、食用油价格平稳运行。12月，城区面粉（本地、特一粉）零售均价2.1元/500克，中籼米（本地、二级）2.20元/500克，菜籽油（桶装、一级）69.7元/5升，与2018年同期持平。

蔬菜价格呈现正常的季节性、节日性波动。12月，城区11个蔬菜品种零售均价3.86元/500克，比去年同期上涨21.4%。

成品油价格总体上涨。国内成品油价格受国际原油价格影响频繁波动，12月底，0#柴油6.53元/升、92#汽油6.84元/升、95#汽油7.37元/升，同比分别上涨1.2%、0.9%、1%。

各类农资价格基本稳定。12月底，尿素2.23元/公斤，同比下跌5.5%；碳酸氢铵0.87元/公斤，同比下跌1.1%；过磷酸钙0.77元/公斤，同比上涨10%；氯化钾2.8元/公斤，同比下跌8.8%；复合肥3.4元/公斤，同比下跌5.6%。农药、种子价格与2018年同期持平。（胡 瀛）

【价格认证】2019年游仙区价格认证中心共完成各类价格各类价格认证案件150余件，涉及金额约8985万元。其中涉案物品价格认证124件，涉及金额82万余元；拆迁安置补偿价格认证9件，涉及金额5160余万元；涉税财务价格认证17件，涉及金额3743万元。

【成本监审】执行《政府制定价格成本监审办法》公平公正公开进行成本监审维护国家集体及社

会多方权益。2019年，全区完成7所中小学住宿费成本监审、1个企业自来水厂供水成本监审、1个新开福利院的成本测算，涉及金额：企业报送4171.71万元，核减2206.09万元，核定成本1965.63万元，核减率为52.88%。完成2019年成本监审情况季度表上报工作。（涂　超）

粮油商业

【概况】截至2019年12月，全区共有粮食加工企业6家，其中，国有企业1家，私营企业5家。培育龙头企业2家，省级龙头企业1家，市级龙头企业1家。2019年工业产值4.3亿元，年加工能力2.97万吨，生产成品粮油产品8.64万吨。规划110亩土地用于建设游仙区仙特粮油加工产业园占地。对辖区内3家政策粮食存储企业，6个储粮库点进行粮食库存数量和质量大清查。对区级储备粮4062吨进行监管，完成轮换任务。处置2018年超标稻谷1645吨，收购2019年超标稻谷2989吨。制定《绵阳市游仙区粮食供给应急预案》，监测和控制游仙辖区粮油市场，保持粮油市场价格基本稳定。

2019年4月，游仙区组织龙头企业参加“天府菜油、香飘九州”全国推广系列活动，5月承办绵阳市2019年粮食科技活动周，6月12日组织3家企业参加中国第二届粮食交易大会。10月16日开展2019年世界粮食日宣传活动。

【粮食调控】组织实施救灾物资的储备、轮换和日常管理，完成区储备粮轮换，区级储备粮4062吨，稻谷2065吨；小麦1997吨。开展粮油收购工作，夏粮收购期间，全区纳入统计的粮食加工企业共收购小麦18270吨，2019年夏粮收购小麦品质大部分地区在3—4级，部分未受影响地区小麦品质基本达3级以上，较2018年提升一个等级，收购价格为1.11—1.13元/斤，较2018年同期下跌0.02元/斤。秋粮收购期间，全区纳入统计的粮食加工企业共收购稻谷43400吨。稻谷收购价在1.20—1.26元/斤左右浮动，与2018年价格相当。

乡村振兴

【概况】2019年，游仙区贯彻落实中央、省、市关于实施乡村振兴战略的各项安排部署，落实三级书记抓乡村振兴的领导责任制和实绩考核制度,区委召开全区乡村振兴大会，对2019年实施乡村振兴战略作出全面部署，区委常委会、区政府常务会先后研究安排乡村振兴相关事项30余次，区委、区政府主要领导先后深入基层调研督导18次，全区开展乡村振兴专项督查6次以上。编制完成《绵阳市游仙区乡村振兴规划(2018—2022)》，出台《绵阳市游仙区实施乡村振兴战略考评激励办法》《贯彻落实市委、市政府〈关于坚持农业农村优先发展建设西部现代化农业强市实施意见〉的实施方案》，将乡村振兴工作列入各级书记党建述职内容，将乡村振兴实绩作为干部选拔任用、单位评优评先的重要依据。大力建设现代农业产业园区，深入推进农村人居环境整治，探索“1235”山湾农庄建设模式，《农村集体产权制度改革的“聚‘闲’赋‘能’，提‘质’增‘效’”—绵阳市游仙区创新农村集体产权制度改革激发乡村振兴内生动力》《宅基地三权分置改革的“‘三社’联动，清理农村闲置宅基地探索——以四川绵阳游仙区街子镇为例》”两个案例先后被省农业农村厅推荐上报全国案例。2019年，游仙区创建实施乡村振兴战略命名的先进镇6个、示范村24个；游仙区荣获绵阳市市级实施乡村振兴战略命名的先进县（市）区1个，先进镇1个、示范村6个；荣获四川省省级实施乡村振兴战略命名的先进镇1个，先进村5个。

【城乡融合发展】2019年，投资14.79亿元，打造串联起国际兰花园、山水禾庄园等17个景区景点的“芙蓉花溪”乡村振兴综合项目，建成国家级休闲渔业基地1个，省级森林康养基地3个，省级示范农业主题公园1个，省级科技旅游示范基地1个，省级乡村旅游特色乡镇和精品村寨2个。推动公共服务向农村延伸，城乡公交、场镇污水处理设施实现22个乡镇全覆盖。吸引返乡务工或创业人员2200人。培育产业化龙头企业、家庭农场等新型经营主体730个，引导农村剩余劳动力实现就近务工3万人。

【特色产业园区建设】2019年，编制“花果桑田种药菜7+1”现代农业园区建设规划，加快发展

“优质粮油、绿色蔬菜、花卉林果、优质蚕桑、生态养殖”五大产业，全年蔬菜及食用菌产量达到19.3万吨、优质水果产量达2.2万吨、蚕茧产量达680万公斤，实现牧业产值约18亿元、渔业产值4.1亿元。农产品品牌建设，新增“三品一标”认证9个。农产品电商销售额达7800万元，完成农机社会化服务区内作业面积8万亩，成规模的休闲农业与乡村旅游项目达29个，推出“七朵仙花”主题景观。着力稳定粮食生产面积，2019年粮食播种面积57.7万亩，产量达到23.9万吨，主要农作物耕种收机械化水平70%。

【农村人居环境整治】2019年，游仙区新（改）建农村户用无害化卫生厕所5400户，畜禽粪污资源化利用率达到87%。建成农村公路135公里，硬化村道2259公里。完成农村危房改造175户，土坯房改造3281户，配套农民健身工程项目130余处，绿化美化村道60余公里，全区70%的行政村建成“美丽四川·宜居乡村”达标村。

【乡风文明建设】2019年，游仙区创建“国家卫生乡镇”1个、“省级卫生乡镇”16个、“省级卫生村”159个，全区省级以上文明村镇达3个。实施农村公共文化服务阵地建设行动，农村综合文化设施基本实现全覆盖。

【强农惠农】2019年，游仙区全区民生经费投入占年度财政总收入的比重持续稳定在70%以上。城乡义务教育经费全面纳入财政保障范围，义务教育质量连续3年排名全市第一。全面落实大健康理念，探索“互联网+医养结合”新模式，实施分级诊疗，家庭医生签约服务工作获全国通报表扬。落实强农惠农补贴，完成耕地地力保护补贴、种粮大户补贴、稻谷补贴“三项惠农补贴”4628万元，兑付农机购置补贴329万元。推进脱贫攻坚，实现贫困人口脱贫397户881名，16个贫困村摘帽。开展返乡农民工新职业培训，2019年农村人居可支配收入达到1.83万元，同比增长10.3%。

【农村精神文明建设】坚持以社会主义核心价值观为引领，以文明村镇、四好村、星级文明户等创建活动为载体，以改善农村人居环境面貌和农民文明素养为突破口，推进信义游仙建设，培育文明乡风、良好家风、淳朴民风，2019年创建全国文明村镇2个、省级文明村镇1个、省级“四好村”11个。

【山湾农庄】2019年，游仙区举办山湾农庄竞演会，通过查资料、演讲，全区授予示范山湾农庄10个，在实践探索中，从小处着眼，从基本单元入手，组织各类发展要素，在浅丘地区独特的“山湾”地形地貌中打造“农庄”，探索形成“1235”山湾农庄建设理念，让每名村社干部和每家农户都能找到着力点，让每一个山湾都成为一个利益共同体、发展新空间。按照产业带动型、生态康养型、农旅结合型、种养循环型等类型，建成山湾农庄10个，力争2022年覆盖全区所有村内条件成熟的村民小组。

【生态循环农业】2019年，全区创建省级生态乡镇15个，生态村（社区）182个，生态家园示范户5万余户，全区“三品一标”认证数达119个，基本形成洛水生态葡萄产业园、魏城七里现代循环农业产业园、金汇丰生态水产养殖基地“两园一基地”生态循环农业发展格局。（刘绍彪）

精神文明建设

【概况】游仙区坚持培育和践行社会主义核心价值观为根本，紧紧围绕“五个游仙”建设，扎实推进公民思想道德建设，巩固文明城市创建成果，深化文明单位、文明村镇创建，广泛开展未成年人“扣好人生第一粒扣子”主题活动，着力推动社会主义意识形态建设取得新成效、主流舆论传播展现新气象、社会主义核心价值观建设实现新进展、文化事业发展开创新局面。新时代文明实践中心被列为全国试点，建设经验被精神文明报、省委宣传部《每日要情》刊发，融媒体中心建设经验被省委宣传部《全省县级融媒体建设情况专报》刊发。承办省、市现场会及重大活动9场，高质量通过全国文明城市年终验收。

【全国文明城市建设】区文明委制订《绵阳市游仙区2019年精神文明建设工作要点》《绵阳市游仙区精神文明建设委员会议事规则》《关于调整精神文明建设委员会成员的通知》《关于调整文

明城市建设责任片（口）归口单位的通知》《绵阳市游仙区精神文明建设办公室工作细则》等系列文件。印发《绵阳市游仙区落实全国文明城市测评体系（2018年版）任务分工》《绵阳市游仙区落实〈（全国未成年人思想道德建设工作测评体系任务分工）〉和〈全国未成年人思想道德建设工作测评体系操作手册任务分工〉（2018年版）的通知》和《关于印发游仙区落实〈全国未成年人思想道德建设工作测评体系操作手册任务分工〉（2019年版）的通知》。不定期组织人员进行暗访督查，下发50余期《督查整改通知》，制作《游仙区不文明现象曝光片》在全区精神文明建设暨文明城市建设工作会议上播放，制发《实地考察点位全国文明城市建设指标“对标、对点”示意图》和《实地考察点位指标任务提示及问题清单》，成立4个文明城市建设督查小组，常态化开展督查100余次，对标对点进一步明确各单位任务责任、整改标准和整改时间进度。

【“花开游仙·爱满家园”文明小区创评】全区共325个小区参与“花开游仙·爱满家园”文明小区评比。推进文明城市建设发展，通过文明城市建设年度测评。

【信义游仙建设】上好新党员信义教育课、学生入学信义教育课、新婚仪式信义教育、新办企业“诚信第一课”四堂课，指导建设诚信商业一条街、诚信文化广场，组织评选“信义游仙人”，推进“信义游仙”建设，凝聚向上向善向好的强大正能量。

【文明单位创建】开展文明单位、文明村镇、“星级文明户”创建活动。按照乡村振兴战略和践行社会主义核心价值观的总要求，加强职业道德建设，树立行业新风、文明乡风。创建市级文明单位（含最佳）9个、市级文明村镇15个、区级文明单位9个、区级文明村镇（社区、市场）28个。

【道德典型选树】强化公民道德建设，广泛开展社会公德、家庭美德、个人品德的教育引导。开展身边好人评选，2人分别荣登中国好人榜和“四川好人”榜，市文明委表扬“2018年度感动绵阳十大人物”1名。2019年8月，四川九洲电器集团公司退休职工、游仙区少先队校外辅导员阎博英被评为助人为乐类中国好人。2019年4月，魏城镇文昌宫村村民夏菊花被评为孝老爱亲类四川好人。石板九年一贯制学校教师、游仙区援建壤塘县教师龚仙彦被评为2018年感动绵阳十大人物。

【未成年人思想道德建设】持续以培育和践行社会主义核心价值观为根本，持续深化学校德育教育工作，深入开展“扣好人生第一粒扣子”“我们的节日”“做一个有道德的人”“三爱主题教育”“学雷锋做美德少年”等活动。将信义文化作为创建文明校园的核心，进一步强化广大未成年人思想道德、行为规范养成和文明礼仪教育。举办绵阳市暨游仙区2019年第一批“新时代好少年”先进事迹发布活动，被市文明委表扬“新时代好少年”4名，区级评选好少年10名。举办绵阳市未成年人思想道德建设暨文明校园创建工作会，游仙区慈济实验学校作交流发言，展示游仙文明校园形象，推广游仙经验，创新开展以“爱祖国·当自强”为主题的寻找“自强少年”活动，在全区中、小学生及游仙职业技术学校学生中选树身边好典型，传递青春正能量，教育引导广大未成年人崇德向善、见贤思齐，培养良好道德行为习惯。

【乡风文明建设】开展“我们的节日”主题活动，通过“文明祭祀”、经典诵读、文艺表演、民俗竞猜、诗会歌会、体育健身、劳动技能比赛等各种形式，营造浓厚的节日氛围，丰富农民群众的精神文化生活。设立“道德评议堂”“道德·法治讲堂”，在全区组建25个村级道德评议堂，评各项先进典型和反面事迹，议村内重大决策和热点问题，调处邻里纠纷，化解各类矛盾，宣传法律法规，弘扬社会公德，教育引导干部群众争做遵纪守法、团结友善、尊老爱幼、勤劳奋进的优秀道德楷模，大力倡导移风易俗。建立健全红白理事会、妇女禁赌会等群众自治组织，修订和完善《乡规民约》《村规民约》。

【新时代文明实践中心建设】深化志愿服务工作，完善体制机制建设。制发《试点建设“花开游仙·爱满家园”新时代文明实践中心实施方案》，形成区、乡镇（街道）、村（社区）、爱心企业（商家）“四级架构”。成立游仙区新时代文明实践志愿服务总队，由区委书记担任总队长，总队下涵盖各单位、乡镇、村（社）已设650余个文明实践志愿服务队。在公共场所建立并完善学雷锋志愿服务站点71个，建立30个社区学雷锋志愿服务工作站，建设区图书馆、区文化馆、红色飞龙山爱国主义教育基地等3个绵阳市学雷锋志愿服务示范单位。

【志愿服务建设】推进全国志愿服务信息系统注册和使用工作，截至2019年年末，已在全国志愿服务信息系统注册志愿团体656个、志愿者9.44万余名，发布志愿服务项目568个。游仙区“花开游仙·爱满家园”志愿服务手机APP平台已注册志愿者近3000名，发布志愿服务招募信息490余条。成立理论宣讲、教育服务、学法用法护法服务、文化服务、科技和科普服务、健康健身服务、精准关爱帮扶服务等“七传七讲七平台”志愿服务队。在常态化开展志愿服务基础上，持续开展“健步走+清洁乡村”“一凡公益”“小手牵大手”“童乐园”“绵州好人”“雷锋志愿者服务”等品牌服务项目成效突出。2019年，区综合行政执法局女子志愿服务队获评获评“绵阳市十佳志愿服务组织”，游仙区涪江街道剑南路东段社区获评“绵阳市十佳志愿服务社区”、钟玉琼获评2019年度“绵阳市十佳志愿者”。（朱珊珊）

党政机构改革

【概况】2019年全区党政机构改革工作，坚持以习近平新时代中国特色社会主义思想为指导，深入学习贯彻习近平总书记关于深化党和国家机构改革的重要论述，全面落实中央、省委、市委关于机构改革的部署要求，紧紧围绕全市的统一部署，认真领悟关于机构改革的精神实质，聚焦建设中国科技城和西部现代化强市这个大局，紧扣游仙区中心工作和阶段性重点任务，因地制宜设置机构，优化配置组织资源，不断推动机构编制向工作一线和急难险重地方倾斜，为服务中心大局提供有力的组织保障。机构改革后，游仙区共设置党政机构37个，其中：纪检监察机关1个，党委工作机关9个，政府工作部门27个。

【区委机构设置】纪律检查委员会监察委员会机关、办公室（全面深化改革委员会办公室、国家安全委员会办公室）、组织部、宣传部（网络安全和信息化委员会办公室）、统一战线工作部、政法委员会、机构编制委员会办公室、目标绩效管理办公室、巡察工作领导小组办公室等。

【区人民政府机构设置】办公室（外事工作委员会办公室）、发展和改革局（财经委员会办公室）、工业和信息化局、教育和体育局（教育工作领导小组秘书组）、科学技术局、公安分局、民政局、司法局（全面依法治区委员会办公室）、财政局、人力资源和社会保障局、自然资源局、住房和城乡建设局、交通运输局、农业农村局（农村工作领导小组办公室）、商务局、文化广播电视和旅游局、卫生健康局、退役军人事务局、应急管理局、审计局（审计委员会办公室）、市场监管局、统计局、信访局、经济合作局、医疗保障局、行政审批局、综合行政执法局。

【优化重大工作领导体制机制】对应中央和省市机构改革，调整优化相应机构和职能，建立健全和优化区委对重大工作的领导体制机制。（1）组建区监察委员会。落实党中央深化监察体制改革的部署，将区监察局的职责，区纪律检查委员会预防腐败的职责，以及区人民检察院查处贪污贿赂、失职渎职及预防职务犯罪等反腐败相关职责整合，组建区监察委员会，同区纪律检查委员会合署办公，履行纪检、监察两项职责，实行一套工作机构、两个机关名称。不再保留区监察局。（2）区依法治区领导小组改为区委全面依法治区委员会。作为区委议事协调机构。区委全面依法治区委员会办公室设在区司法局。（3）组建区委审计委员会。作为区委议事协调机构。区委审计委员会办公室设在区审计局。（4）区委全面深化改革领导小组改为区委全面深化改革委员会。作为区委议事协调机构。区委全面深化改革委员会办公室设在区委办公室。（5）区委网络安全和信息化领导小组改为区委网络安全和信息化委员会。作为区委议事协调机构。区委网络安全和信息化委员会办公室设在区委宣传部。（6）区委财经领导小组改为区委财经委员会。作为区委议事协调机构。区委财经委员会办公室设在区发展和改革局。（7）区委外事工作领导小组改为区委外事工作委员会。

作为区委议事协调机构。区委外事工作委员会办公室设在区政府办公室。（8）组建区委教育工作领导小组。作为区委议事协调机构。区委教育工作领导小组秘书组设在区教育和体育局。

【调整优化区委职能部门机构和职能】加强区委职能部门的统一归口协调管理职能。（1）区委组织部统一管理区委机构编制委员会办公室。调整优化区委机构编制委员会领导体制。区委机构编制委员会办公室作为区委机构编制委员会的办事机构，承担区委机构编制委员会日常工作，作为区委工作机关，归口区委组织部管理。（2）区委组织部统一管理公务员工作。区人力资源和社会保障局的公务员管理职责划入区委组织部，对外挂区公务员局牌子。（3）区直属机关工作委员会的指导区直机关党建工作职责划入区委组织部。将区直属机关工作委员会的领导区直机关纪律检查职责划入区纪律检查委员会监察委员会。区委组织部挂区直属机关工作委员会牌子。不再保留单设的区直属机关工作委员会。（4）区委宣传部统一管理新闻出版和电影工作。区文化广电新闻出版和旅游局的新闻出版和电影管理职责划入区委宣传部，挂区委对外宣传办公室(区政府新闻办公室)、区新闻出版局(区版权局)牌子。（5）区委统一战线工作部统一领导民族宗教工作。区民族宗教事务局与区委统一战线工作部合署办公，实行一套工作机构，两个机关名称。（6）区委统一战线工作部统一管理台湾、侨务工作。区政府办公室的侨务工作、海外华人华侨社团联谊等职责划入区委统一战线工作部，挂区委台湾工作办公室(区政府台湾事务办公室)、区侨务办公室牌子。

【新组建和优化职责的机构】新组建机构9个，优化职责机构2个。（1）组建区自然资源局。市国土资源局游仙分局、区林业局的职责，区发展和改革局的组织编制主体功能区规划职责，市城乡规划局游仙规划分局的城乡规划管理职责，区水务局的水资源调查和确权登记管理职责，区农业局的草原资源调查和确权登记管理、草原监督管理职责以及区住房和城乡建设局、区水务局、区农业局等部门的自然保护区、风景名胜区、自然遗产、地质公园管理职责等整合，组建区自然资源局，作为区政府工作部门。不再保留区林业局。（2）优化区生态环境职责。区环境保护局的职责，以及区发展和改革局的应对气候变化和减排职责，市国土资源局游仙分局的监督防止地下水污染职责，区水务局的编制水功能区划、排污口设置管理、流域水环境保护职责，区农业局的监督指导农业面源污染治理职责等划入绵阳市生态环境局派出的绵阳市游仙生态环境局。不再保留区环境保护局。（3）组建区农业农村局。区委农村工作委员会的职责，区农业局的职责，区水务局的职责，以及区发展和改革局的农业投资项目、区财政局的农业综合开发项目等职责整合，组建区农业农村局，作为区政府工作部门，挂区水利局牌子。区委农村工作领导小组办公室设在区农业农村局。区农业局的渔船检验和监督管理职责划入区交通运输局。不再保留区委农村工作委员会、区农业局、区水务局。（4）组建区文化广播电视和旅游局。区文化广电新闻出版和旅游局的文化、广播电视和旅游管理职责划入新组建的区文化广播电视和旅游局，作为区政府工作部门。不再保留区文化广电新闻出版和旅游局。（5）组建区卫生健康局。区卫生和计划生育局、区深化医药卫生体制改革领导小组办公室、区民政局的老龄工作职责、区老龄工作委员会办公室职责，以及区安全生产监督管理局的职业安全健康监督管理等职责整合，组建区卫生健康局，作为区政府工作部门。不再保留区卫生和计划生育局。（6）组建区退役军人事务局。将区民政局的退役军人优抚安置、拥军优属职责，区人力资源和社会保障局的军官转业安置等职责整合，组建区退役军人事务局，作为区政府工作部门。（7）组建区应急管理局。区安全生产监督管理局的职责，区政府办公室的应急管理职责，区民政局的救灾职责以及区减灾委员会的职责，区水务局的水旱灾害防治职责以及区政府防汛抗旱指挥部办公室的职责，区林业局的森林防火相关职责以及区森林防火指挥部办公室的职责，区科学技术和知识产权局的震灾应急救援有关职责，以及相关机构的地质灾害防治、抗震救灾等职责整合，组建区应急管理局，作为区政府工作部门，挂区安全生产委员会办公室牌子。不再保留区安全生产监督管理局。（8）重新组建区司法局。区司法局的职责，区政府办公室的法治工作职责整合，重新组建区司法局，作为区政府工作部门。区政府办公室不再挂区政府法制办公室牌子。（9）优化区审计局职责。区发展和改革局的重大项目稽查，区财政局的预算执行情况和其他财政收支情况的监督检查职责，区国有资产监督管理办公室的区出资企业领导干部经济责任审计和出资企业监事会的职责划入区审计局。（10）组建区市场监督管理局。区食品药品和工商质监管理局的职责，区发展和改革局的价格监督检查与反垄断执法职责，区商务局的规范和维护市场秩序、反垄断职责，区科学技术和知识产权局的知识产权行政管理等职责整合，组建区市场监督管理局，作为区政府工作部门。不再保留区食品药品和工商质监管理局。（11）组建区医疗保障局。区人力资源和社会保障局的城镇职工和城乡居民基本医疗保险、生育保险职责，区发展和改革局的药品和医疗服务价格管理职责，区民政局的医疗救助等职责整合，组建区医疗保障局，作为区政府工作部门。

【不再设立的机构】(1)不再设立区社会治安综合治理委员会及其办公室和区委维护稳定工作领导小组及其办公室，有关职责交由区委政法委员会承担。(2)区委、区政府防范和处理邪教问题领导小组及其办公室职责交由区委政法委员会、区公安分局承担。

【与中央和省市对应设置的其他机构】区委办公室、区委巡察工作领导小组办公室作为区委工作机关；区政府办公室、区发展和改革局、区工业和信息化局、区教育和体育局、区科学技术局、区公安分局、区民政局、区财政局、区人力资源和社会保障局、区住房和城乡建设局、区交通运输局、区商务局、区统计局、区信访局作为区政府工作部门。其中:（1）区委办公室挂区委保密机要局(区国家保密局、区密码管理局)牌子。（2）相关机构的政务服务管理、优化营商环境、政务公开协调、行政效能建设、深化行政审批制度改革等职责划入区政府办公室，挂区营商环境监督管理办公室牌子。不再保留区政府派出机构区政府政务服务中心管理委员会。（3）优化区发展和改革局职责。区民政局、区商务局等部门的组织实施战略和应急储备物资收储、轮换和日常管理职责划入区发展和改革局，挂区粮食和物资储备局牌子。区发展和改革局不再挂区粮食局牌子。（4）组建区科学技术局。将区科学技术和知识产权局的科技管理职责，区人力资源和社会保障局的引进管理国(境)外人才、智力工作职责划入新组建的区科学技术局，作为区政府工作部门。不再保留区科学技术和知识产权局。（5）优化区财政局职责。区政府办公室的金融工作职责划入区财政局，挂区金融工作办公室牌子。区政府办公室不再挂区政府金融办公室牌子。（6）优化区住房和城乡建设局职责。相关机构的城市管理行政职责划入区住房和城乡建设局。（7）组建区信访局。在区委、区政府信访和群众工作局的信访工作职责基础上组建区信访局，作为区政府工作部门。不再保留区委、区政府信访和群众工作局。

【因地制宜设置的机构】区委目标绩效管理办公室作为区委工作机关；区经济合作局、区行政审批局、区综合行政执法局作为区政府工作部门。（1）组建区委国家安全委员会。作为区委议事协调机构。区委国家安全委员会办公室设在区委办公室。（2）组建区委目标绩效管理办公室，作为区委工作机关，归口区委办公室管理。（3）组建区经济合作局。将区商务局的与港澳台地区经贸合作、外商投资促进与管理职责，及相关部门的区域经济合作、投资促进等职责整合，组建区经济合作局，作为区政府工作部门。（4）组建区行政审批局。按照省委要求，承担相关部门的行政审批职责，作为区政府工作部门。（5）组建区综合行政执法局。按照省委要求，承担相关部门的行政处罚职责，作为区政府工作部门。（6）区档案局(区档案馆)的行政职责划入区委办公室。区委办公室对外挂区档案局牌子。区档案馆作为区委直属事业单位。不再保留与区档案馆合并设立的区档案局。（7）组建区农民工服务中心，作为区政府直属事业单位。

其他各项改革

【人大、政协机构改革和群团组织改革】完善人大专门委员会设置，优化政协专门委员会设置，健全党委统一领导群团工作的制度。支持和鼓励群团组织承接适合其承担的公共服务职能，探索整合设置群团机关综合性办事机构，推动群团机关与职能相近的党政机关合署办公。

【区委、区政府直属事业单位和承担行政职能的事业单位改革】按照精干高效原则，设置区委区政府直属事业单位。把完全、主要和部分承担行政职能的事业单位，全部纳入改革实施范围。承担行政职能的区委区政府直属事业单位，结合机构改革将行政职能划归相关党政机构。部门所属事业单位，将行政职能划归主管部门。原有事业单位规模较大的，调整为从事社会公益服务事业单位，规模较小的按职能进行整合或并入其他事业单位。主管部门已有内设机构承担相近行政职能的，只转职能不转机构；确需单独设置内设机构的，在部门内设机构限额内综合设置。改革后，事业单位名称不再称“委、办、局”。除行政执法机构外，不再保留承担行政职能的事业单位。

【综合行政执法体制改革】推动城市管理等其他跨领域跨部门综合执法。推进相对集中行政处罚权、行政强制权改革，落实属地监管责任。统筹配置行政执法职能和执法资源，大幅减少执法队伍种类。减少执法层级，在乡镇探索逐步实现一支队伍管执法。

【推进基层政权建设和审批服务便民化改革】统筹机构编制资源，整合优化乡镇、街道党政机构和事业站所及职能，设立综合性办事机构和事业单位，实现扁平化和网格化管理。整合基层审批、服务、执法等方面的力量和职能。乡镇、街道统一设置便民服务中心。探索推行“岗编适度分离”机制。

乡镇行政区划调整

【概况】为贯彻落实省委、省政府，市委、市政府关于乡镇行政区划调整改革的总体部署，游仙区树立“五个理念”、明确“两个方向”、统筹“四个关系”、坚守“四条底线”推进乡镇行政区划调整改革工作。全区乡镇行政区划调整改革，撤并乡镇15个，保留14个，减幅52%，调整后各镇人口达到3万人以上、辖区面积达到60平方公里左右，除松垭、沉抗、科学城办事处，市级保留乡镇（街道）11个，镇（街道）设置数量和规模均达到或超过全国平均水平。

【调整设置的镇（街道）】2019年12月，经绵阳市人民政府批准，撤销科学城华丰、科学城松林2个街道，撤销小枧沟镇、石板镇、观太镇、刘家镇、柏林镇、玉河镇、梓棉镇、白蝉镇、东林镇、街子镇、云凤镇、太平镇、徐家镇、东宣镇14个镇及凤凰乡、朝真乡、建华乡3个乡，设立涪江、富乐、游仙3个街道办事处（不含科学城春雷街道办事处），石马、小枧、魏城、新桥、忠兴、信义、仙鹤、盐泉、8个镇（不含沉抗、松垭镇）。

【街道】保留设置的街道办事处共3个。

富乐街道办事处：街道办事处机关驻东津路20号。

涪江街道办事处：街道办事处机关驻剑南路东段148号。

游仙街道办事处：街道办事处机关驻游仙路188号。

【镇】调整设置镇共8个。

石马镇：将东林镇和石马镇合并，设立石马镇，总面积56.90平方公里，户籍人口3.1万人，镇域内设东林场，石马镇人民政府驻甘泉社区甘泉街38号（原石马镇人民政府驻地）

小枧镇：将小枧沟镇和建华乡合并，设立小枧镇，以原小枧沟镇和建华乡所属行政区域为小枧镇行政区域，总面积88.72平方公里，户籍人口4.12万人，镇域内设建华场，小枧镇人民政府驻利民社区利民街13号（原小枧沟镇人民政府驻地）。

新桥镇：将小桥镇、街子镇和云凤镇合并，设立新桥镇，总面积89.39平方公里，户籍人口4.29万人，镇域内设街子场、云凤场，新桥镇人民政府驻桩子社区虹桥路东段2号（原新桥镇人民政府驻地）。

魏城镇：将魏城镇、徐家镇和东宣镇合并，设立魏城镇，总面积180.91平方公里，户籍人口6.98万人，镇域内设徐家场、东宣场，魏城镇人民政府驻莲花社区正兴街192号（原魏城镇人民政府驻地）。

忠兴镇：将忠兴镇、太平镇和凤凰乡合并，设立忠兴镇，总面积130.20平方公里，户籍人口4.5万人，镇域内设太平场、凤凰场，忠兴镇人民政府驻忠兴社区政新街1号（原忠兴镇人民政府驻地）。

仙鹤镇：将柏林镇和朝真乡合并，设立仙鹤镇，以原柏林镇和朝真乡所属行政区域为仙鹤镇行政区域，总面积79.80平方公里，户籍人口2.54万人，镇域内设朝真场，仙鹤镇人民政府驻柏林社区兴民街1号（原柏林镇人民政府驻地）。

信义镇：将石板镇、观太镇和刘家镇合并，设立信义镇，以原石板镇、观太镇和刘家镇所属行政区域为信义镇区域，总面积136.30平方公里，户籍人口5.10万人，镇域内设观太场、刘家场，信义镇人民政府驻石板社区双兴路49号（原石板镇人民政府驻地）。

盐泉镇：将玉河镇、梓棉镇和白蝉镇合并，设立盐泉镇，以玉河镇、梓棉镇和白蝉镇所属行政区域为盐泉镇行政区域，总面积110.08平方公里，户籍人口4.15万人，镇域内设梓棉场、白蝉场，盐泉镇人民政府驻玉河社区五圣街18号（原玉河镇人民政府驻地）。

游仙区2019年国民经济和社会发展统计公报

2019年，面对国内外风险挑战明显上升的局面，全区上下坚定以习近平新时代中国特色社会主义思想为指导，全面贯彻中共十九大和中共十九届二中、三中、四中全会精神，坚持稳中求进工作总基调，按照高质量发展要求，以“工作落实年、项目开工年、环境提升年”为抓手，奋力推进“五个游仙”建设，全区经济运行保持总体平稳，发展质量稳步提升，人民生活不断改善，“十三五”规划主要指标进度符合预期，全面建成小康社会取得重大进展。

一、综合

国民经济。2019年区属实现地区生产总值（GDP）357.40亿元，同比增长8.8%，其中：第一产业增加值30.22亿元，增长2.9%；第二产业增加值135.37亿元，增长9.1%；第三产业增加值191.81亿元，增长9.6%。三次产业结构为8.4∶37.9∶53.7。民营经济实现增加值222.77亿元，同比增长8.8%，占GDP的比重为62.3%，比上年提高0.1个百分点。2019年全区实现人均地区生产总值72938元，增长7.5%。

基本单位。年末全区共有基本单位5765个，比上年增加795个，增长16.0%。其中，法人单位4783个，比上年增加365个，增长8.3%。“四上”企业法人单位331个，分专业看，规模以上工业企业125家，资质内建筑业企业45家，限额以上商贸企业71家，房地产企业36家，规模以上服务业企业54个。

二、农业

农业。全年辖区实现农林牧渔业增加值33.41亿元，同比增长3.1%。其中：农业增加值19.49亿元，增长5.6%；林业增加值1.36亿元，增长5.1%；牧业增加值9.81亿元，下降4.1%；渔业增加值1.49亿元，增长4.3%；农林牧渔服务业增加值1.27亿元，增长10.9%。

农产品产量。全年农作物总播种面积96万亩，持平。其中：粮食播种面积57.7万亩，持平；油料作物播种面积26.6万亩，持平。全年粮食总产量23.9万吨，持平，单产413.8公斤/亩，同比增长0.6%。其中：大春粮食产量18.6万吨，下降0.6%；小春粮食产量5.3万吨，同比增长1.9%。水稻产量12.6万吨，下降0.8%；小麦产量4.8万吨，持平；油料作物产量4.69万吨，增长1.1%；蔬菜及食用菌产量19.30万吨，增长5.3%。

畜牧业。全年生猪出栏168493头，同比下降33.5%。年末生猪存栏84611头，下降50.1%。肉类总产量26747吨，下降12.3%。其中，猪肉产量12385吨，下降30.0%；禽蛋产量9515吨，下降0.5%；牛奶产量3447吨，下降4.1%。

林业。2019年年末，全区实有森林管护面积达5419.2公顷；森林覆盖率为30.89%；区内有自然保护区1个，自然保护区面积110.73平方公里；全年零星植树60万株（30万人次参加）；2019年全区合计森林蓄积采伐量11108立方米（包括限额指标内采伐5444立方米、工程征占等不占限额指标采伐5664立方米）、折合木材出材量6611立方米；竹材产量355吨。

全区淡水养殖面积达3004公顷，2019年全年水产品产量为13200吨，比上年增长3.28%。其中，淡水捕捞44吨，淡水养殖13156吨。

三、工业和建筑业

工业生产。全年区属规模以上工业增加值同比增长11.3%。全年规模以上工业企业实现主营业务收入316.41亿元，同比增长1.2%。利润总额20.26亿元，增长13.8%；其中：国有企业0.26亿元，增长34.5%；股份制企业14.87亿元，增长11.4%；外商及港澳台商投资企业4.65亿元，增长24.7%。

建筑业。区属资质以上总承包和专业承包建筑企业45个，其中：有工作量的43个，完成建筑业总产值170亿元，同比增长29.1%。其中：建筑工程产值163.63亿元，增长32.9%；安装工程产值6.1亿元，增长4.6%；其他产值0.28亿元，下降89.5%。分控股类型看：国有及国有控股企业完成109.66元，增长34%；其他企业完成60.37亿元，增长21.1%。

四、固定资产投资

固定资产投资。全年区属全社会固定资产投资同比增长19.1%。其中：建安工程投资增长21.6%；设备工器具购置投资下降15.9%；其他费用投资增长50.9%。分产业看：第一产业投资增长10.6%；第二产业投资下降8.7%；第三产业投资增长36.6%。

房地产。全年房地产开发投资增长69%。商品房施工面积233.97万平方米，增长66.5%；商品房竣工面积4.45万平方米；商品房销售面积73.18万平方米，增长70.1%。

五、国内贸易和旅游

消费品市场。全年社会消费品零售总额107.44亿元，同比增长11.5%。其中：批发业实现零售额30.24亿元，增长10.9%；零售业实现零售额48.72亿元，增长12.5%；住宿业实现零售额12.93亿元,增长10.5%；餐饮业实现零售额15.54亿元，增长9.9%。按经营地分：城镇市场实现零售额54.93亿元，增长11.8%；乡村市场实现零售额52.50亿元，增长11.1%。

旅游。全年实现旅游总收入85.93亿元，同比增长13.1%。其中：国内旅游收入85.90亿元，增长13.1%；旅游外汇收入34.51万美元，增长104.8%。接待游客1077.93万人次，增长24%。其中：国内游客1077.9万人次，增长24.0%；入境游客334人次，下降38.2%。

六、招商引资和对外贸易

2019年国内省外招商引资履约项目38个，协议引资426.42亿元，到位资金83.26亿元。2019年全区直接利用外资2442.35万美元。

对外贸易。2019年游仙区完成外贸进出口总额3.02亿元，同比增长20.3%，其中：出口1.62亿元，进口1.4亿元。

七、交通和电信

交通。年末全区公路总里程为2288.9公里，其中：高速公路37.6公里，一级公路59.7公里，三级公路87.6公里，四级公路2103.6公里。

全年完成电信业务总量55.95亿元，比上年增长187.3%，固定电话用户26.08万户，移动电话用户94.08万户，互联网宽带用户33.13万户。

八、财政、金融和保险业

财政。全年完成地方一般公共预算收入10.49亿元。其中：税收收入完成8.71元，非税收入1.78亿元。

金融。年末金融机构人民币各项存款余额303.94亿元，同比增长13.7%，比年初增加36.63亿元。其中：住户存款230.94亿元，比年初增加47.88亿元。人民币各项贷款余额241.07亿元，增长12.0%，比年初增加25.77亿元。

保险。年末全市共有保险公司9家，其中：产险公司7家，寿险公司2家。全年各类保险保费收入4.72亿元，增长8.1%。其中：财产险2.1亿元，增长0.3%；人身险2.62亿元，增长5.8%。各类保险赔款及期满给付支出14.6亿元，下降7.0%。

九、教育和科学技术

教育。年末全区有普通高中4所，在校学生数4294人，专任教师数314人；职业高中5所，在校学生数8402人，专任教师数336人；初中15所，在校学生数24380人，专任教师数1564人；小学31所，在校学生数32171人，专任教师数1727人；幼儿园95所，在校学生数16613人，专任教师数900人。2019年全区小学学龄人口净入学率为100%，小学五年巩固率为106%，小学毕业生升学率为167%。普通初中学龄人口净入学率为100%，初中三年巩固率为99.7%，初中毕业生升学率为46.8%。

科学技术。2019年全年科技部门共组织企业申报成功的省、市级科技项目87个，申报项目资金5175万元。市级以上企业技术中心达到61家，高新技术企业达37家。2019年全年科技部门共组织企业申报成功的省、市级科技项目87个，申报项目资金5175万元。市级以上企业技术中心达到61家，高新技术企业达37家。

十、文化、卫生

文化事业。年末全市有公共图书馆1个、文化馆1个、乡镇综合文化站22个，城市社区（街道）文化中心2个，博物馆纪念馆1个。全市广播覆盖率100%，电视覆盖率100%，城区数字电视转换率100%。

卫生。截至2019年年底，游仙区共有各级各类医疗卫生机构426个。其中：区级公立医疗机构4家，其他公立医院2家，3家社区卫生服务中心、22家乡镇卫生院，卫生院分院2家，社区卫生服务站14家，公立医疗机构门诊部3个，220个村卫生站（室）；学校及事业单位医务室4个，民营医疗机构152个包括：民营综合医院2个，民营综合门诊部10个，诊所140个。编制床位2100个。

十一、环境保护和安全生产

环境保护。2019年，游仙区生态环境质量持续稳定改善。全年有效监测天数343天，优良天数317天，优良率达92.4%，同比优良天数增加20天；PM2.5浓度为每立方米31微克，同比下降12.9%；PM10浓度为每立方米46.9微克，同比下降13.1%。芙蓉溪仙鱼桥市考断面水质优良率100%，城市集中式饮用水（仙鹤湖水库）水源达标率100%，乡镇集中式饮用水源达标率90%，无劣Ⅴ类水体。全面完成市上下达的主要污染物总量削减、碳排放前度、重金属减排指标任务。

安全生产。全区发生各类生产安全事故9起，死亡10人、受伤2人（高速公路5起，死亡6人、受伤2人），建筑施工行业死亡3人；工贸行业死亡1人；未发生较大及以上生产安全事故。

十二、人口、人民生活和社会保障

人口。年末全区总户数18.92万户，户籍人口51.19万人。年末常住人口52.5万人，其中城镇人口30.1万人，常住人口城镇化率57.3%，比上年年末提高2.32个百分点。2019年年末全区出生人口3688人，出生率为8.14‰；死亡人数2878人，死亡率为6.35‰；自然增长率1.79‰。城乡居民收支。全区城镇居民人均可支配收入43947元，增长8.8%。城镇居民人均生活消费支出29492元，增长9.6%。其中：食品烟酒支出8863元。农村居民人均可支配收入18933元，增长10.3%。农村居民人均生活消费支出14854元，增长9.9%。其中：食品烟酒支出5237元。

就业和再就业。全区城镇新增就业人员8405人，失业保险参保人数22448人。年末城镇登记失业人员2011人，城镇登记失业率为1.88%。全区有1375名失业人员实现再就业。失业保险金标准调整为1320元/月，最低工资标准1650元/月。

社会保障。2019年年末，游仙区参加基本医疗保险人数402531人，同比增加9676人。其中，参加职工基本医疗保险人数41356人（在职35922人、退休5434人），增加4212人；参加城乡居民基本医疗保险人数361175人，增加5464人。缴纳医疗保险金共25819万元，其中职工医疗保险金17873万元、城乡居民医疗保险金7946万元。2019年末游仙区参加城镇职工基本养老保险人数11.0338万人，比上年末增加0.6114万人；参加城乡居民养老保险人数193518人，减少947人。参加失业保险人数2.2448万人，增加0.3106万人。参加工伤保险人数3.8万人，增加0.744万人，其中参加工伤保险的农民工2.8万人，增加0.5万人。参加生育保险人数2.66万人，增加0.3409万人。

城镇最低生活保障标准为540元/月，享受最低生活保障补助的城镇居民1168人，同比下降59%；农村最低生活保障标准为350元/月，享受最低生活保障补助的农村居民5177人，同比下降3.6%。

备注：

1.《公报》中使用数据为统计快报数据，正式数据以《游仙统计年鉴(2020)》为准。部分数据因四舍五入的原因，存在着总计与分项合计不等的情况。

2.公报中地区生产总值、各产业增加值绝对数按当年价格计算，增长速度按可比价格计算。地区生产总值核算执行国家统计局新的《三次产业划分规定》，即第一产业是指农、林、牧、渔业（不含农、林、牧、渔服务业）；第二产业是指工业（不含开采辅助活动，金属制品、机械和设备修理业）和建筑业；第三产业即服务业，是指除第一产业、第二产业以外的其他行业。2016年以来地区生产总值数据为核算方法改革后的数据。

3.行业数据由相关部门提供。

园区建设

游仙高新技术产业园区

【**概况**】游仙高新技术产业园区于2010年5月经绵阳市人民政府批准成立，2012年12月经省发改委批准为省级循环经济示范园区，2013年4月经省政府批准升级为省级经济园区，2018年3月被省政府认定为省级高新技术产业园区。游仙高新技术产业园区规划面积36.88平方公里，以电子信息、智能制造、节能环保、先进材料为主导产业。按照“一区三组团”的格局分南区、东区、北区进行打造。

园区先后被评为国家循环经济教育示范园区、全省创先争优先进基层党组织、省级循环经济示范园区、四川最具投资价值产业园区、省级知识产权试点园区、四川省模范劳动关系和谐工业园区。园区有国家级重点实验室3个、国家高新技术企业12个、省级技术中心8个、市级技术中心17个、企业技术中心33个、产学研用合作技术创新组织4个，获国家、省、部科技进步奖项目8个。中国驰名商标4个，四川省著名商标17个。

【**主要经济指标**】2019年，园区完成主营业收入825亿元，同比增长26.9%；实现税收12.49亿元，同比增长23.6%；实现固定资产投资137.59亿元，同比增长8.33%；实现规模工业总产值416亿元，同比增长24.2%；实现工业（含技改）投资47亿元，同比增长62.8%；实现招商引资到位资金60.75亿元，同比增长13.1%。

【**项目建设**】南区共实施11个省市区重点产业项目，全年完成投资19.57亿元，投资完成率100.25%。其中：移柯物联网智慧产业园、三本金属材料综合利用交易平台和金属制品生产线、达创高分子材料3个新建项目完成投资5.5亿元，光联科技光收发模块、二十一世纪新能源生态科技示范园、五洲新春工业园等8个续建项目，完成投资14.07亿元。

北区共实施7个省市区重点产业项目，年度计划投资8.4亿元，全年完成投资9.4亿元，投资完成率112%。其中：铯铷、中尚、兵港、58所4个区重点新建项目完成投资6.5亿元，星汉慧天、高达、福天下3个新开工项目完成投资2.9亿元。园区注册企业达到468户，其中实体经济362户，实体工业企业总数已达到247户，投产实体工业企业达到193户，规上工业企业60户，龙头企业的工业总产值占规模工业企业总产值的79.4%，增幅22.7%。

【**基础设施建设**】南区实施基础设施建设项目15个，其中续建项目9个、新建项目6个，完成投资2.7亿元。新建成道路2.06公里，完成道路土路基6.5公里，铺设雨污水管网15.2公里，绿化建设1.9万平方米，场平土地650亩，水、强电、弱电、燃气迁改共50余公里，统建房三期二批次7幢房屋已封顶5幢，三期三批次已完成可研及方案设计等前期工作。

北区实施续建基础设施项目16个，完成投资11.04亿元。新建成通车道路8公里，形成道路骨架路基11公里，铺设雨污水管网39公里，水、强电、弱电、燃气迁改共487公里，场平土地1100亩，创新中心1—8号楼、企业加速器1—3号楼已完成主体工程，统建房项目已完成场地平整等前期工作。

【招商引资】南区新签约新加坡拓谱电子、苏州西顿科技、牡丹科技健康产业园、7天优品酒店等9个项目，签约金额135.26亿元。跟踪微软“一中心三基地”、同立集团新兴机械产业园、绵九高速总部基地、生物感应周界安防产业园等项目。

北区新招引科技型中小企业5户，东星慧天、一诺科技等8个签约项目已落地开建，概算总投资98.9亿元。智能机器人、智能传感器项目等7个意向入园项目，概算总投资28亿元，另有30个跟踪项目，概算总投资300亿元。

【拆迁安置】南区共清点丈量农房及青苗1535户，清点丈量土地1752亩，提供施工作业面及土地交地1860亩，完成农房拆迁483户，企业拆迁16家，青苗补偿1450亩，累计支付拆迁资金12亿元。北区完成扫尾农房拆迁58户，附着物拆迁120余户，倒青300亩，累计完成农房拆迁1287户，企业拆迁32家，累计支付拆迁补偿资金6亿元。南区完成光联科技、移柯、凯越酒店等7个项目土地财评工作，完成教育地块、幼儿园、小学、三江大坝AB地块土地成本报送，三本、特锐祥、达创等7家企业完成交地手续，共完成供地300余亩。

北区新征入库国有土地2096亩，全年供地500亩，新报征土地300亩，新增建设用地指标700亩。发行园区融资与收益自求平衡专项债券10亿元，财税渠道筹集资金2.8亿元，平台公司融资11亿元，保障拆迁安置和开发建设工作。

【获奖情况】2019年获评四川省先进党组织、四川省绿色示范园区、四川省新型工业化产业示范基地、四川省首批院士（专家）产业园、绵阳市建设中国科技城和西部现代化强市先进集体。（徐贵松）

游仙高新技术产业园

游仙经济试验区

【**概况**】游仙经济试验区（以下简称试验区）是1993年8月成立的开发区，2012年3月根据游仙区整体规划定位为游仙经济开发区东区。位于北纬31° 21′ 13″—31° 33′ 40″、东经104° 42′ 15″—105° 8′ 58″，南起仙人桥，北至石门垭，东至绵阳师院公路，西至中国工程物理研究院地界，规划面积3平方公里，市人民政府批准的控制性详细规划为5平方公里。驻地位于游仙区龙山街90号。2019年，经济试验区大力实施产业兴城、生态立城、品质塑城“三大战略”，奋力推进党建引领、产业转型、城市攻坚、社会治理“四大工程”，着力建设生态、美丽、宜居、繁荣的现代城市新中心。辖区面积17平方公里，辖六里、游仙东路、汉城、汉仙桥、小岛、桑林、民安、游仙路8个社区居委会和45个居民组。户籍人口67183人，常住人口176752人。

【**主要经济指标**】2019年，实现规模工业总产值102亿元，同比增长10.6%；财政总收入1.05亿元，其中，地方财政收入2535.65万元；税收收入3.52亿元，增长9.2%。全社会固定资产投资21亿元，工业性投资1.35亿元，社会消费品零售总额4.3亿元，限额以上服务业营业收入8800万元，旅游收入7.8亿元。新增规模工业企业3家，新增限额以上批发零售、住宿餐饮业9家，重点服务业4家，招引科技型中小企业5家。

【**项目建设**】推进市重点项目1个：投资6亿元的立宇国际家居建材综合体二期·龙山景苑项目；区重点项目3个：投资5.5亿元的兴发孔雀城房产项目、投资5.12亿元的六里商城商业综合体一期项目、投资3.5亿元的时代龙城房产项目。2019年新入库项目6个，投资额达12亿元，分别为：投资4.5亿元的兴发铂金华府房产项目、投资3.5亿元的时代龙城房产项目、投资2亿元的翡丽公馆房产项目、投资1.2亿元的旭博精密零部件加工项目、投资5120万元的飞腾精密零部件加工生产项目、投资3200万元的天乙商业楼项目。

【**基础设施建设**】游仙城区、试验区片区城市道路改造提升工程，项目总投资3.62亿元，一标段完工并通过验收，二标段完成投资额的90%；五里堆路综合管线迁改项目，投资920万余元，完成竣工；一环路北段东延线弱电迁改项目，工程造价3100万元，完成总工程量的70%；科学城560高位水池至148片区给水管网复线（老龙山段）迁改工程，投资240万元，已完成施工放线及前期准备工作；省道205线试验区段综合管线迁改项目，工程造价2300万元，已完成一号路雨污水改管、绵梓路沿线通道光缆割接、给水、燃气改管和青龙桥段给水、弱点改线工作；民安社区统建房建设项目，已完成可研单位招标、可研报告及评审立项等前期工作；小岛4号路河堤段道路提升工程，总投资370万元，完成施工设计图，并开工建设；东路社区路灯改造工程，项目预算控制价为681.6万元，主要包括5、7、9、10居民点，游仙坝B、D、E、F、H组团，游仙坝教师街居民小区，游仙坝一社居民点，游仙坝金桃小区统规联建，游仙坝六社居民，游仙坝二社居民点，游仙坝四社居民点，欧家坝第一居民点共13个片区路灯照明，已完成设计、财评、立项工作。

【**生态环境建设**】开展环境卫生综合治理，投资200万元建成游仙坝垃圾中转站，每日可转运生活垃圾40余吨；投资50余万元清理卫生死角垃圾5000余吨，清理和规范流动商贩及越门占道经营2738起，拆除清理违章设置的户外广告262块，规范店招店牌795块，清除牛皮癣4.2万余处；投资35万余元整治雅泉苑小区、白沙堡地质灾害隐患3处，根治安全隐患2处；建成2个空气检测微站，加强施工工地和道路扬尘治理，定期开展巡河督查工作，彻底治理小岛社区排污口5处，拆除各类违法建设8户、1600平方米；11月22日，投入28万元依法快速拆除老龙山重要军事管控区内违法建筑1栋。

【**拆迁安置**】完成省道205线二、三期、一环路北段东延线及游东路鹤林沟段等7个重点项目阶段性拆迁补偿工作，按时为项目建设提供施工作业面，确保项目建设不受影响；累计发放失地农民生活补助费共计710.6073万元，发放拆迁房屋过渡费累计260.34万元；垫资发放省道205线二期民安社区三组失地农民养老保险费用56.9214万元。

【信访工作】全年化解信访历史遗留问题11起，上访人员与2018年同期相比减少20%；庆祝中华人民共和国成立70周年大会期间实现信访人员“零进京”目标。

【社会事业】投资4.78亿元的桑林坝统建房于2019年7月全面竣工，300余户居民喜迁新居；全年按时足额发放各类社会救助资金131万余元，辖区1030名困难群众的基本生活得到有效保障；与社会组织天添养老服务公司签订《养老服务战略合作协议》，5个日间照料中心纳入全省创新试点运营；全面开展低保清理工作，核实取消低保68户145人，月减少发放低保资金48325元；全面排查辖区道路命名情况，完成17条道路命名的申报工作。

【绵阳市2019年“守护绵阳蓝•我们在行动”启动仪式】2019年12月22日，绵阳市2019年“守护绵阳蓝•我们在行动”启动仪式在游仙经济试验区芙蓉汉城三期社区广场举行。现场开展绿色骑行队授旗仪式、“守护绵阳蓝”绿色低碳生活互动、首批绵阳市环保小卫士上岗、“绿色空间”公益树栽种、“绿色出发•骑行有我”骑行等活动。市人大常委会副主任李作虎、副市长罗蒙、市政协副主席沈其霖出席活动，区领导陈华斌、冯忠卫、张明东、卨金玲及市区部门相关负责人参加活动。

【流动党员服务中心】投入18万元在芙蓉汉城三期广场开辟120余平方米场地，打造绵阳城区首个“流动党员服务中心”，中心由服务窗口、活动中心、流动党员之家三部分组成，开辟网上流动党员之家，组建功能性流动党员党支部，建立试验区服务中心、社区服务基地、支部服务站“3”级服务平台，建立流动党员联络员制度、流动党员信息化即时联系、动态管理机制和企业商铺定期联系对接机制，提供党务服务、创业就业、图书惠民、帮扶助困、法律服务、双找双助6项服务，搭建信息交流平台，围绕经济发展、社会治理等问题，举办主题交流论坛，探索“查找、管理、服务、反哺”流动党员管理“四步法”，教育党员、凝聚党员、服务党员、反哺发展。

【“新英汇•创新工场”党支部】经济试验区成立“新英汇•创新工场”党支部，创新提出“爱学新英”“众惠新英”“协同新英”“畅言新英”“爱益新英”五大党建思路，把游仙区科技型企业联合会79个成员单位，新联会、知联会等6家社会组织及90余名新的社会阶层人士优势资源凝聚起来，为游仙区内新的社会阶层人士搭建学习交流平台、互助发展平台、协调服务平台和建言献策平台。“新英汇•创新工场”，依托经济试验区辖区嘉泰工业园区建立，总面积2700平方米，被中央统战部确定为全国99个新的社会阶层人士统战工作实践创新基地之一。

【法治建设宣传阵地】投入17万元新增普法宣传栏1处，在游仙东路社区桃花坞广场、四组广场打造区级法治示范广场2处，在桑林社区统建房打造市级法治示范小区1个。

【社区儿童之家】经济试验区整合社会资源，投入3万余元，在汉仙桥社区东星街打造150平方米“社区儿童之家”，划分儿童游戏区、经典诵读区等功能区，为辖区1000余名儿童提供游戏、娱乐、教育、卫生和心理健康咨询等一体化服务。

【“综治维稳干部能力大提升”培训】2019年4月26日，经济试验区在全区率先开展“综治维稳干部能力大提升”培训，培训内容涵盖“网格化服务管理”“发挥人民调解作用”“加强扫黑除恶与平安建设”等5个方面，一级政法人员、公安干警现场授课，辖区70余名综治干部、网格员参加培训。

【获奖情况】县域经济发展、项目建设、工业和民营经济建设、现代服务业发展、新型城镇化和基础设施建设、征地拆迁安置、依法治区、信访和化解历史积案、综合执法、宣传思想、文明城市建设和精神家园建设、组织建设、党风廉政建设、全国第四次经济普查15项工作荣获游仙区一等奖，园区发展和科技城集中区建设、对外开放和招商引资、平安建设和综治禁毒防邪、安全和质量品牌、生态环境建设、全面深化改革、干部队伍作风建设、统战和群团、人大、“芙蓉花溪”乡村振兴综合项目建设10项工作荣获游仙区二等奖。
（谢竹梅）

中小产业园区

【概况】按照游仙高新技术产业园区南区、北区、东区“一区三组团”发展格局，东区（游仙经济试验区、新桥镇、魏城镇）主要发展中小微产业园区，重点发展农产品加工产业，承接全市二、三类工业产业转移。

【新桥工业园建设】由惠东公司投资10.8亿元建设的游仙区先进材料中小微企业产业园，已完成园区规划招标、项目立项审批，一期48.7亩土地挂牌出让，并申报建设2020年全省“5+1”重点特色园区项目；仙特米业公司投资3.8亿元建设的粮食加工仓储项目开工建设；绵阳众福食品米粉丝及红酱制品生产项目，一期建设内容已完工，进行试生产，二期28亩在供地中；总投资500万元省级小城镇建设专项资金项目开工建设；“芙蓉花溪”旅游环线（新桥段）项目拆迁工作顺利进行，车行道全线移交，骑行道完成放线，场镇污水管道改造有序推进；积水科技一期生产线已进行试运营，二期土地报征12亩，正挂牌出让；华岗建辅一期已基本建成，二期用地7亩在供地中。（唐振鋆）

【魏城工业园建设】魏城镇工业园基础设施建设PPP项目完成政府采购，依法确定项目的社会资本方，完成项目签约。组建SPV公司，完成项目融资的申报工作。新引进崇豪建材、厚点新材料、安拓新型材料等工业企业3家，新增投资规模达1.1亿元。（魏巍　樊诗敏）

新的社会阶层人士统战工作实践创新基地——“新英汇·创新工场”

中共绵阳市游仙区委员会

概 述

【概况】2019年，在市委的坚强领导下，区委团结带领全区广大党员干部群众，坚决落实中央、省委、市委各项决策部署，不忘初心、牢记使命，以务实高效的优良作风，勇于担当、创新实干，实现区属地区生产总值357.4亿元、增速8.8%，三年连跨两个百亿级台阶，在全省排名从2016年的68位迈入全省前50强。社会消费品零售总额首次迈上百亿台阶，地方一般公共预算收入首次突破10亿元，税收收入占一般公共预算收入达83%，对上争取项目资金28.3亿元，均创历年新高。全年共获得省级以上荣誉77个，《人民日报》、央视等主要媒体发出“游仙好声音”19次，新华社专门为游仙做了一次发展县域经济专访，全区经济社会呈现出“速度与质量齐飞、城市共乡村一色”的良好态势。

【工业建设】2019年，区委实施“工作落实年、项目开工年、环境提升年”，新开工亿元以上项目11个，智能制造、节能环保、电子信息和新型功能材料重点产业集聚发展，集成电路产业园初具规模，激光应用产业园启动建设，新增规模工业企业13家、达131家，规上工业增加值增速11.3%，“两新”产业产值占规上工业比重达到58%，获评四川省绿色园区、四川省新型工业化产业示范基地。

【乡村振兴】分类建成“山湾农庄”40个，因地制宜打造“花果桑田种药菜”七大特色产业园区，乡村旅游环线加快建设，农村集体产权制度改革等农村十大

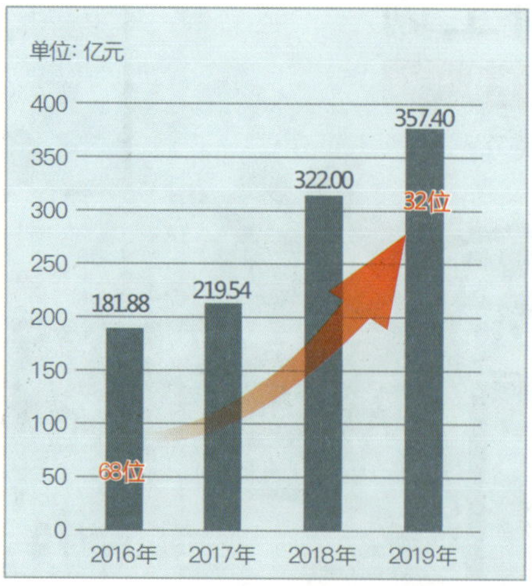

区属地区生产总值三年连跨两个百亿台阶

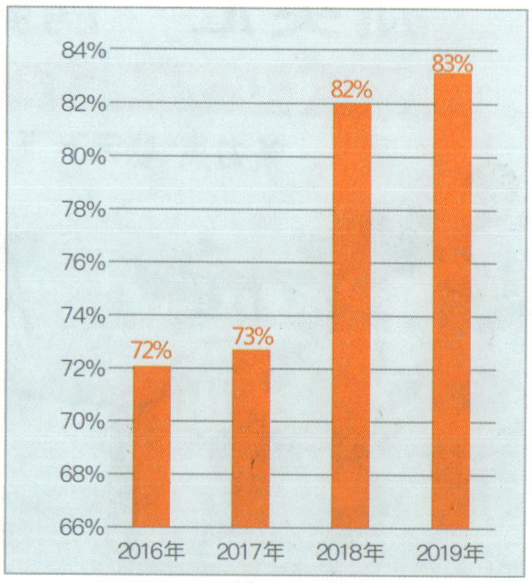

税收占一般公共预算收入比例逐年上升至83%

创新改革受到省、市有关部门高度关注，荣获四川特色农产品优势区。

【现代服务业】西部地区地级市最大的钢材交易物流中心加快建设，新招引云智充智能科技、物联网等服务型企业12家，私营企业、个体户等登记市场主体达2.75万户、同比净增5200户，申报成为“省级电子商务产业示范县”，6个文旅项目入选省重点文旅项目库。

【对外开放合作】主动融入“一带一路”“长江经济带”“成渝地区双城经济圈”，深入京津冀、长三角、粤港澳大湾区等地洽谈对接40余次，与江油市、三台县、梓潼县、经开区、仙海区5个周边县市区签订战略协议，围绕“大蜀道”申遗、乡村旅游环线建设、特色农业产业、生态环境保护等方面加强交流合作。全年新签约招商项目40个，协议引资426.42亿元，其中5亿元以上项目10个。贯彻落实市委对标先进提升机制，对标柳州市柳南区和成都市青白江区、温江区、崇州市等先进县（市、区），交流学习社区治理、乡村振兴、现代农旅产业发展等方面经验。持续优化营商环境，创新聘任“政务服务差评师”10名，抓实用好鸵鸟奖、蜗牛奖、刺猬奖“三大奖”反面鞭策机制，向作风问题突出的34个单位（集体）颁奖示警，“游先办”营商环境品牌更加响亮。

【城乡融合发展】推进城乡融合发展试验区建设，朝阳厂棚改项目签约率达到92.4%，新改建公厕42座，城市运动公园完成规划设计。加大农村人居环境整治力度，开展现代新夯土技术省级试点，完成农村危房改造175户，土坯房改造3281户，配套农民健身工程项目130余处，新（改）建农村户用无害化卫生厕所5400余户，全区70%的行政村建成“美丽四川·宜居乡村”达标村，4个村被纳入中国传统村落中央财政支持。

【基础设施建设】开展“交通攻坚”，九绵高速、108国道改线、205省道改线等项目顺利推进，游仙辖区内一环得到重构、二环实现贯通，改建农村公路148公里，基本形成“三横三纵三环”综合交通路网体系。推进“大棚房”整治工作完成整治“大棚房”11处，通过省、市“大棚房”专项整治工作领导小组验收。实施“碧水蓝天”“清废行动”行动，建立大气网格化管理和响应机制，落实河（湖）长制，与企业一道整改上级环保督察反馈问题20件，整改销号“散乱污”企业156户。

【党政机构改革】2019年3月，全区完成机构改革，改革后共设置党政机构37个（其中纪检监察机关1个、党委工作机关9个、政府工作部门27个）。此次机构改革，共减少正科级机构17个、副科级机构17个，涉及17个正科级、27个副科级职位，加之规范设置领导职数减少职位10个，总共减少正副科级职位54个。在组织实施过程中，根据机构职能职责调整和“编随事走，人随编走”的原则，划转相关人员编制，共转隶人员185名，完成33个涉改部门“三定”规定的编制印发。

【乡镇行政区划调整】2019年年底，完成乡镇行政区划调整改革，全区乡镇数量减幅达52%，减少比例为全市最大。调整后游仙行政辖区辖1个经济开发区，1个经济试验区，3个街道办事处，8个镇。

【德治与法治】片区综合行政执法全面推行，综合运用“两所一中心”矛盾纠纷多元化解机制和“五步工作法”，新化解历史遗留问题22件，获评全国“七五”普法中期先进区、四川省第二批法治示范区。新时代文明实践中心纳入全国试点，2人荣获“全国自强模范”称号，并得到习近平总书记、李克强总理接见。

【基层治理】坚持基层治理“大党建引领，大群团、大统战协同”模式，推出共享厨房、车位、书吧、工具屋等“微项目”126个，创造性开展区级部门向街道、社区、小区述职评议，作为唯一县市区代表在全省城市党建推进会上发言，小区党建经验编入省委六次全会《参阅资料》，“楼栋长+房东”模式入选《人民日报》创新案例。“村规民约+评议会+红黑榜”机制进一步健全，组织“三讲三赞”坝坝会106场次，城乡基层共建共治共享格局基本形成。扎实做好“扫黑除恶”专项斗争，积极开展“防风险、保安全、迎大庆”专项行动，全区依法处理涉黑涉恶人员83名。

11月14日，游仙区乡镇行政区划调整改革专题协商会

【民生保障与改善】始终在发展中保障和改善民生，全区民生支出占一般公共预算支出比重一直稳定在70%以上。坚持教育优先发展，富乐实验小学作为全省唯一代表获评“第十五届宋庆龄少年儿童发明奖先进学校”称号，在全省率先实现农村公办学校学生在校期间免费热水供应，教育综合目标考核连续5年居全市第一。深化医疗体制改革，“八区三中心”医共体改革稳步推进，卫生健康信息化建设迈上新台阶，医疗保险实现城乡居民全覆盖。社会救助、住房保障、创业就业、食品药品安全等民生事业全面提升，全年城镇新增就业8405人，实现返乡农民工就近就业780人，残疾人康复健身体育器械进社区工作经验在全国推广，全国总工会创业促进就业现场会在游仙举行，城镇居民和农村居民人均可支配收入分别达43947元、18933元，绝对值分别居县市区第1位、第2位。安全生产形势稳中向好，信义镇刘家社区获评“全国综合减灾示范社区”。全力以赴打好脱贫攻坚战，实现贫困人口脱贫397户881人，16个贫困村如期退出，“插花式”贫困问题得到进一步解决。文化事业蓬勃发展，全年开展各类节庆假日文化旅游活动56场次。

【“不忘初心、牢记使命”主题教育】牢牢把握意识形态领导权和话语权，建立常委会会前常委领学交流制度，开设“初心微讲台”，周三夜学常态化，特色做法被中央主题教育办、省委主题教育办简报刊载。探索实施地域相邻村级党组织合建联建，集中整顿软弱涣散村党组织31个。成立区级农民工综合党委，回引优秀农民工任村书记（主任）54名。深化园区非公有制企业党建，全年新建“两新党”组织6个。坚持“五个持续关注、五个一律调整”选人用人导向，开发建成“游仙区领导干部人事相宜智能评价系统”，选用“五类”干部68人，“双职并行”工作相关经验在全省交流发言。统筹实施“三大工程”，全年培训干部8期1000余人次，评选干事创业先进30名，为39名党员干部澄清正名。深化运用监督执纪“四种形态”，发挥巡察利剑作用，开展“作风问诊”“院坝问廉”37次，查处违反中央八项规定精神17人，党纪政务立案193人，巡察工作案例入选《第三期全国县级巡察办主任培训班案例选编》。全年检控类信访件同比下降45.3%，党风廉政建设社会满意度居全市前列，“阳光监督平台”全新升级，得到省纪委书记王雁飞肯定。坚持完善“一核心三党组”运行机制，深入推进基层民主政治建设，“人大代表建议”办理情况评议工作在全市推广，基层协商民主工作受到全国政协副主席张庆黎调研指导。爱国统一战线不断壮大，民族宗教工作取得新进展，党管武装、国防后备力量建设和“双拥”工作取得新成绩。（吴安迪）

重要会议

【中国共产党绵阳市游仙区第六届代表大会第四次会议】2019年2月28日，中国共产党绵阳市游仙区第六届四次代表大会听取和讨论江彬同志代表中国共产党绵阳市游仙区第六届委员会所作的题为《凝心聚力抓落实 攻坚克难求突破 为建设更高质量的“五个游仙”而努力奋斗》的工作报告。

大会肯定六届区委的工作，高度评价两年多来全区经济社会发展取得的成就。一致认为，报告总结成绩实事求是，分析问题客观全面，制定目标科学务实，为游仙2019年发展进一步指明方向，是一个务实开拓、凝心聚力的报告。

大会认为，区委在市委、市政府的坚强领导下，团结带领全区各级党组织、广大党员和干部群众，坚持一张蓝图绘到底，与时俱进谱新篇，奋力推进“五个游仙”建设，全区经济规模和质量实现同步提升，绿色低碳逐渐成为群众自觉习惯，社会大局更加和谐稳定，践行信义精神和传播信义美德蔚然成风，民生福祉持续改善，党的建设全面进步。一致认为，建设“五个游仙”必须坚持党的领导，四大班子团结协作；必须坚持解放思想，务实创新敢闯敢试；必须坚持实事求是，直面问题勇于担当；必须坚持开放合作，借势借力共赢发展；必须坚持以人为本，人尽其才各得其所。

大会指出，2019年是全面贯彻落实省委市委新战略、新决策、新部署的开局之年，要扎实推进“工作落实年、项目开工年、环境提升年”，持续抓实作风建设，以敢为人先的创新精神、勇于担当的务实作风、勇争一流的拼搏状态，加快建设更高质量的“五个游仙”。要力争实现区属地区生产总值增长9%，服务业增加值增长10%，规上工业增加值增长11.3%，全社会固定资产投资增长15%，社会消费品零售总额增长11.8%，地方一般公共预算收入增长9.3%，城镇居民人均可支配收入增长8%，农村居民人均可支配收入增长9%。

大会强调，2019年要在先进制造业发展，现代农业园区和山湾农庄建设，大集团、连锁店和龙头企业培引，基础设施建设，对外开放合作等方面取得新突破，持续优化营商环境、人才环境、社会环境、生态环境，深入推进党的建设，不断增强区域经济社会的活力和竞争力。

大会认为，报告确立的指导思想、发展目标、工作重点，完全符合中央、省、市精神，符合游仙实际，全面反映全区广大党员干部群众的共同意愿。

2月28日，中国共产党绵阳市游仙区第六届代表大会第四次会议召开

【区委常委会议】

六届第65次常委会会议 2019年1月3日召开，江彬主持。会议传达学习绵阳市环境保护委员会第五次全体会议暨绵阳市中央生态环境保护督察“回头看”问题整改推进会及市委七届五轮专项巡察常规约谈会议精神、市委七届六次全会精神并研究贯彻落实意见、《四川省基层人民武装部建设细则（试行）》精神，观看并听取苏易简家规家风专题片拍摄情况汇报；审议《游仙区2019年春节前后重要事项日程安排总表（建议稿）》《绵阳市游仙区融媒体中心建设方案》《绵阳市游仙区区属国有企业投资监督管理办法（试行）》《绵阳市游仙区区属出资企业融资和担保管理办法（试行）》等相关事宜。

六届第66次常委会会议 2019年1月22日召开，江彬主持。传达学习省十三届人大二次会议精神、市委刘超书记在2018年度全市党建述职评议会上对游仙区的点评意见，研究2018年度游仙区县级党员领导干部民主生活会相关事宜。审议《关于加强新时代人民政协党的建设工作的实施意见》和绵阳市游仙区民营经济健康发展大会相关事项（拟表扬名单）。审定成立区政协机关党组和军转安置干部职级确定事项。

六届第67次常委会扩大会议 2019年1月23日召开，江彬主持。专题听取2018年度园区、镇乡（街道）、区级部门党（工）委（党组）书记抓党建工作的述职报告，并就履职情况开展现场质询和民主测评。

六届第68次常委会会议 2019年2月1日召开，江彬主持。听取游仙区禁毒工作情况汇报，传达学习绵阳市2019年机关党建工作会议精神、《中央纪委公开曝光八起违反中央八项规定精神典型案例》《中共绵阳市纪委关于六起违反中央八项规定精神典型案例的通报》《四川省纪委〈关于集中整治形式主义、官僚主义的实施意见〉的通知》文件精神，并研究贯彻落实意见。通报全区科级领导班子和干部队伍专业能力建设调研情况，审议专业干部人才小组专项行动方案、高端领军人才小组专项行动方案、乡村振兴人才小组专项行动方案。听取区委六届第六轮巡察工作情况汇报。

六届第69次常委会会议 2019年2月15日召开，江彬主持。审议《精文简会七条》、游仙区第二轮“蜗牛奖”“刺猬奖”“鸵鸟奖”初步认定名单。

六届第70次常委会会议 2019年2月18日召开，江彬主持。审议《区委区政府直属事业单位调整方案》。

六届第71次常委会会议 2019年2月20日召开，江彬主持。传达学习科技城加快发展动员大会、科技城集中发展区建设领导小组第六次会议精神和市委深刻汲取蒲波严重违纪违法案件教训警示教育会议、十九届中央纪委三次全会、省纪委十一届三次全会和市纪委七届四次全会精神及《关于进一步统筹规范督查检查考核工作的通知》《中国共产党政法工作条例》文件精神。审议《关于西部半导体集成电路高科技产业园项目相关事项的请示》。

六届第72次常委会会议 2019年2月21日召开，江彬主持。研究干部事项。

六届第73次常委会会议 2019年2月27日召开，江彬主持。传达学习全国、省、市统战部长会议精神、全市组织部长暨老干部局长会议精神和全市教育大会精神并研究贯彻落实意见。审议《关于落实市委第四巡察组巡察扶贫领域反馈意见的整改方案》。传达学习省委编办《关于转发〈中央编办关于第十九届中央第一轮巡视选人用人专项检查发现的机构编制问题及整改工作的通报〉的通知》，审议《关于〈游仙区机构改革方案〉的实施意见》《机构改革任务清单》和《游仙区六届四次党代会、纪委六届四次全会筹备工作方案》。

六届第74次常委会会议 2019年3月12日召开，江彬主持。审议区六届人大五次会议筹备方案、相关工作报告和《区人大常委会2019年工作要点》，区政协六届四次会议筹备方案、相关工作报告和《区政协2019年重点协商工作计划》。研究干部事项。

六届第75次常委会会议 2019年3月19日召开，江彬主持。学习贯彻习近平总书记在参加十三届全国人大二次会议内蒙古、甘肃、河南、福建等代表团审议和看望全国政协十三届二次会议文艺界社科界委员时的重要讲话精神以及十三届全国人大二次会议、全国政协十三届二次会议精神。学习贯彻《中国共产党纪律检查机关监督执纪工作规则》《党组讨论和决定党员处分事项工作程序规定（试行）》、全市宣传思想工作会议精神，通报2019年“开门红”工作开展情况，第四次全国经济普查工作推进情况。审议《关于加强城乡规划建设管理工作的实施意见》。审议《关于向绵阳惠东融资担保有限责任公司增加注资化解不良业务有关事项的请示》。审议《游仙区对口帮扶壤塘县全域结对帮扶工作规划（2018—2020）》。

六届第76次常委会会议 2019年3月28日召开，江彬主持。会议研究干部事项。审议《区委常委班子2018年度民主生活会对照检查问题整改方案》。审议《区属国有企业投资监督管理办法（试行）（送审稿）》和《区属出资企业融资和担保管理办法（试行）（送审稿）》。审议第一轮“三大奖”获奖单位整改销号事项。学习贯彻《中共中央关于加强党的政治建设的意见》《中国共产党重大事项请示报告条例》。学习贯彻徐令义在四川扶贫领域腐败和作风问题专项治理工作座谈会上的讲话精神。学习贯彻《中共四川省委关于加强和改进党的新闻舆论工作的实施意见》。研究2018年度县级干部考核事项。

六届第77次常委会会议 2019年4月12日召开，江彬主持。学习贯彻省委常委、组织部部长王正谱到游仙调研的重要讲话精神，中央、省委、市委农村工作会议及省、市农村人居环境整治工作会议精神，审议《游仙区“清”“亲”政商关系正负清单（审议稿）》。审议中国绵阳科技体育健康小镇项目相关事项。审议2018年度游仙区“干事创业十佳标兵”建议人选名单。审议《关于加强区纪委监委派驻机构建设的实施意见（审议稿）》《区纪委监委派驻机构改革方案（审议稿）》。专题听取领导班子成员及区人大常委会、政府、政协、法院、检察院党组书记第一季度履行党风廉政建设主体责任情况汇报。

六届第78次常委会会议 2019年4月22日召开，江彬主持。学习贯彻《中国共产党党组工作条例》《中共四川省委办公厅关于深化市场监管等领域综合行政执法改革的实施意见》《中共绵阳市委办公室关于印发〈绵阳市党政领导干部安全生产责任制实施细则〉的通知》。审议《游仙区激励退出科级领导岗位干部支持改革发展积极发挥作用暂行办法》及《游仙区关于支持公务员提前退休实施方案（试行）》《游仙区组建重点工作督查组的建议方案》。审议《关于做好2019年度“两代表一委员”建议办理工作的通知》。审议《关于开展村级党组织合建联建工作的实施意见》《优化调整村干部兼职兼薪标准有关事项》。审议《中共绵阳市游仙区委财经委员会组成人员建议名单》《工作规则》《办公室工作细则》。

六届第79次常委会会议 2019年5月16日召开，江彬主持。听取区委常委、副区长杨守贵汇报市委书记刘超到游仙督导重大产业项目工作指示精神，学习贯彻彭清华书记、甘霖副省长在全省文化和旅游发展大会上的讲话精神。学习贯彻全市干部人事档案工作会议精神。听取游仙区当前意识形态工作责任制度落实情况汇报。审议通过《游仙区庆祝中华人民共和国成立70周年活动方案》。审议通过《绵阳市游仙区2019年目标绩效管理办法》。审议通过《进一步支持教育事业健康发展十六条措施》。审议通过《绵阳市游仙区区属企业负责人履职待遇、业务支出管理办法》。审议通过《游仙区2019年选拔乡镇（街道）事业编制等人员进入乡镇领导班子工作方案》。研究给予3名干部党纪处分事项。

六届第80次常委会会议 2019年5月31日召开，江彬主持。会议研究干部事项。

六届第81次常委会会议 2019年6月4日召开，陈华斌主持。确定拟任正县级领导职务会议推荐初步人选。

六届第82次常委会会议 2019年6月4日召开，陈华斌主持。确定拟提任正县级领导职务考察对象初步人选。

六届第83次常委会会议 2019年6月5日召开，江彬主持。审议《成立惠东投资控股有限责任公司党委工作方案》和《游仙区属国有平台公司领导班子组成人员建议方案》。

六届第84次常委会会议 2019年6月11日召开，江彬主持。学习贯彻中央办公厅、国务院办公厅印发的《地方党政领导干部食品安全责任制规定》和省委办公厅、省政府办公厅印发的《关于落实食品安全党政同责的意见》，省委办公厅、省政府办公厅印发的《关于切实加强汛期防汛减灾和地质灾害防治工作的通知》，省委、省政府印发的《关于推进中国（绵阳）科技城加快发展的意见》和市委办、市政府办印发的《落实〈关于推进中国（绵阳）科技城加快发展的意见〉有关政策事项责任分工方案》精神并审议《游仙区落实〈关于推进中国（绵阳）科技城加快发展的意见〉有关政策事项责任分工方案》，传达学习七届绵阳市委国家安全委员会第一次会议精神，通报2018年度全国窃密泄密案件情况，审议《游仙区宗教工作和宗教领域存在问题的治理工作方案》，通报2019年县（市、区）、园区一季度主要经济指标考核情况。学习贯彻2019年全市机构编制工作会议精神。审议2019年第一轮“三大奖”认定名单。审议《中共绵阳市游仙区委全面依法治区委员会工作规则》。会前，市民宗局副局长安兴围绕宗教政策法规、宗教知识及中央、省委和市委对宗教工作的重要决策部署精神进行讲纪学法。

六届第85次常委会会议 2019年6月26日召开，江彬主持。学习贯彻中央信联办印发的《郭声琨、肖捷同志在国家信访局调研时讲话》精神，审议《2019年防范化解区属企业债务风险工作计划》。研究干部事项。

六届第86次常委会会议 2019年7月9日召开，江彬主持。学习钟轩理关于《正确认识中美经贸斗争 集中精力办好自己的事》的重要内容，学习贯彻关于新闻宣传和信息发布管理暨专项清理工作部署专题会议及有关文件精神，听取2019年上半年全区扫黑除恶专项斗争工作开展情况汇报，审议《2019年度防范化解社会稳定风险工作计划》《2019年度防范化解金融风险工作计划》《2019年度防范化解社保基金支付风险工作计划》。审议2018年第二轮“蜗牛奖”“刺猬奖”“鸵鸟奖”销号资料。专题听取区委领导班子成员及区人大常委会、政府、政协、法院、检察院党组书记第二季度履行党风廉政建设主体责任情况汇报。

六届第87次常委会会议 2019年7月16日召开，陈华斌主持。研究干部事项。

六届第88次常委会会议 2019年7月18日召开，江彬主持。学习贯彻市委“抓落实作表率”行动动员大会精神。

六届第89次常委会会议 2019年7月30日召开，江彬主持。学习贯彻绵阳市精神文明建设暨文明城市建设工作会议精神，通报2019年上半年生态环境约束性指标完成情况，听取近期信访及重点特殊人群管控工作情况汇报，审议《绵阳市游仙区招商引资实施办法（试行）》。学习贯彻《四川市县级党校（行政学院）办学质量评估办法（试行）》和《中共绵阳市委党校关于对游仙区委“管办建党校”主体责任考核有关情况进行沟通交流的函》精神。审议牡丹健康产业园项目相关事项。审议绿色装配式建筑工厂化生产基地项目相关事项。审议给予1名干部党纪政务处分事项。

六届第90次常委会会议 2019年8月21日召开，江彬主持。研究干部事项。

六届第91次常委会会议 2019年8月21日召开，江彬主持。审议2019年第一轮“三大奖”销号及第二轮“三大奖”认定名单。研究干部事项。学习传达中共中央办公厅、国务院办公厅印发的《关于加强和改进乡村治理的指导意见》和《中共中央、国务院关于深化改革加强食品安全工作的意见》，审议《绵阳市游仙区2019年防范化解食品药品安全风险工作计划》《绵阳市游仙区2019年防范化解政府性债务和政府隐性债务风险工作计划》《绵阳市游仙区2019年防范化解安全生产重大风险工作计划》《绵阳市游仙区2019年防范化解重大自然灾害工作计划》《绵阳市游仙区2019年防范化解房地产领域风险工作计划》。

8月27日，区委六届92次常委会

六届第92次常委会会议 2019年8月27日召开，江彬主持。学习传达绵阳市生态环境委员会第六次全体会议精神、全市县域经济发展大会精神、全市公安工作会议精神、省民政厅益西达瓦厅长在绵阳调研精神，通报第七届中国（绵阳）科技城国际科技博览会筹备情况及责任分工，审议《游仙区创建全国首批法治政府建设示范区的实施方案》，通报并研究维稳工作进展情况及全区重点人群稳控工作。研究“不忘初心、牢记使命”主题教育相关工作。审议《诺思（绵阳）微系统项目主厂房混凝土封顶仪式活动筹备方案》。

六届第93次常委会会议 2019年9月11日召开，江彬主持。学习贯彻省委办公厅、省政府办公厅印发的《关于新形势下进一步严肃财经纪律的通知》精神，学习传达中央和省委、市委“不忘初心、牢记使命”主题教育相关会议精神并研究游仙区“不忘初心、牢记使命”主题教育相关工作。审议公务员职级晋升事项。

六届第94次常委会会议 2019年9月30日召开，江彬主持。学习传达中央组织部在川召开的集中整顿软弱涣散基层党组织调研推进会精神并安排部署全区集中整治软弱涣散基层党组织工作，学习贯彻《中国共产党宣传工作条例》精神。

六届第95次常委会会议 2019年10月15日召开，江彬主持。学习传达彭清华在全省乡镇行政区划调整改革工作会议上的讲话、刘超在全市乡镇行政区划调整改革工作会议上的讲话精神，审议《绵阳市游仙区乡镇行政区划调整改革实施意见（草案）》《绵阳市游仙区乡镇行政区划调整改革方案（草案）》《绵阳市游仙区乡镇行政区划调整改革筹备组建议名单》。会前，结合“不忘初心、牢记使命”主题教育，区委常委交流学习习近平总书记重要论述。研究游仙区区级部门主要负责人、乡镇（街道）党政正职2018年度考核等次事项。专题听取区委领导班子成员及区人大常委会、政府、政协、法院、检察院党组书记第三季度履行党风廉政建设主体责任情况汇报。

六届第96次常委会会议 2019年10月28日召开，江彬主持。审议《关于从大学生村官考核招聘为乡镇卫生院的工作人员中择优选调到乡镇事业单位工作的方案》。会前，结合“不忘初心、牢记使命”主题教育，何守君副书记交流学习习近平总书记对全面深化改革工作作出的重要指示精神。审议马光汉兼职事项。审议《关于成立中国共产党绵阳市游仙区水利建设发展中心委员会的工作方案》。学习贯彻绵阳市文化和旅游发展大会精神，学习贯彻中宣部、中央文明办深化拓展新时代文明实践中心建设试点工作电视电话会议精神，全国“扫黄打非”工作小组办公室印发的《关于对第十二、十三批携带寄递政治性有害出版物入境党员干部处理情况的通报》精神，中央纪委国家监委贯彻习近平总书记重要批示精神、深入落实中央八项规定精神电视电话会议精神并通报市纪委近期通报的典型案例，全市巡察工作会议精神，财政部印发的《财政部门开展地方政府隐性债务问责工作实施办法》精神，听取区考察组赴青岛、烟台、大连学习考察基层社会治理工作情况的汇报，审议《绵阳市游仙区党政领导干部安全生产责任清单》。学习贯彻全省城市基层党建和园区楼宇党建工作推进会、第二批“不忘初心、牢记使命”主题教育推进会、集中整治软弱涣散基层党组织推进会精神，审议《游仙区在“不忘初心、牢记使命”主题教育中集中整顿软弱涣散村（社区）党组织建议名单》。审议《游仙区“不忘初心、牢记使命”主题教育区级层面问题清单》。

六届第97次常委会会议 2019年11月5日召开，江彬主持。学习贯彻中国共产党第十九届中央委员会第四次全体会议精神和11月1日省委常委会（扩大）会议、市委七届124次常委会会议有关精神，听取前三季度全区经济运行情况汇报并研究部署有关工作，学习贯彻《彭清华在建设现代农业“10+3”产业体系推进会议上的讲话》精神和省委、省政府印发的《关于加快建设现代农业“10+3”产业体系推进农业大省向农业强省跨越的意见》精神，审议《落实省扫黑除恶第四督导组督导反馈问题的整改方案》。会前杨守贵围绕“习近平总书记对优化营商环境工作作出的重要指示精神”进行交流学习。

六届第98次常委会会议 2019年11月15日召开，江彬主持。审议《绵阳市游仙区乡镇行政区划调整改革方案（审议稿）》《区委六届七次全体会议方案》。会前陈政围绕“习近平总书记对统战工作作出的重要指示精神”进行交流学习。审议《绵阳市游仙区城区工业企业搬迁改造补助暂行办法（审议稿）》审议游仙区实施乡村振兴战略区级先进乡镇、示范村名单及争创实施乡村振兴战略省级、市级先进（乡）镇、示范村名单。

六届第99次常委会会议 2019年12月3日召开，江彬主持。学习贯彻李克强总理在部分省份稳就业工作座谈会上的讲话精神、《四川省评比达标表彰活动管理实施细则》精神、刘超书记在市直机关党的建设工作会议暨“抓落实作表率”工作交流会上的讲话精神，听取2019年贯彻落实意识形态工作责任制情况的报告、区政协党组关于农业龙头企业发展调研情况和生产性服务业、生活性服务业发展调研情况的报告，研究部署游仙区迎接全市2019年度目标绩效考核工作。会前王兵围绕“习近平总书记关于用制度制约和监督权力的重要指示精神”进行交流学习，杜树林围绕“全国县级巡察办主任提级培训班主要精神”进行讲纪学法。审议《绵阳市游仙区现代农业园区建设实施方案（审议稿）》《“绵阳桃李春风小镇”项目投资框架协议书（审议稿）》《关于防控化解游仙区农村信用合作联社金融风险相关事项的请示》《关于支持绵阳中学英才学校教育事业发展财政补助相关事宜的请示》等。审议游仙区人民政府与四川能投建工集团有限公司合作相关事项。通报干部辞职事项。听取区委常委班子“不忘初心、牢记使命”专题民主生活会筹备情况的汇报。

六届第100次常委会会议 2019年12月13日召开，陈华斌主持。学习贯彻中共四川省委十一届六次全会和市委七届第129次常委会会议有关精神，传达贯彻全市项目投资工作推进会暨重大产业项目建设领导小组第二次会议精神，学习贯彻《中国共产党机构编制工作条例》精神，审议《2020年春节前后全区性重要事项日程安排表》《游仙区乡镇（街道）行政区划调整后机构编制方案（送审稿）》《关于成立绵阳市游仙区农民工服务管理综合党委的工作方案（审议稿）》。会议审议“游仙区2019年度干事创业标兵、干事创业先进个人”建议名单。审议重庆威诚捷重力离散器项目相关事项、安徽德瑞300吨钐钴永磁体项目相关事项。审议游仙区人民政府与华为软件技术有限公司合作事项。审议芙蓉世纪阳光两幢房产遗留问题相关事项。

六届第101次常委会会议 2019年12月29日召开，江彬主持。学习传达绵阳市乡镇行政区划调整改革领导小组第七次会议精神，通报《绵阳市人民政府关于同意游仙区调整部分乡镇行政区划的批复》。审议《绵阳市游仙区新组建镇人民代表大会选举工作实施方案》。审议2019年第二轮“三大奖”销号及第三轮“三大奖”认定名单。审议《关于成立新组建8个镇党委、纪委和游仙街道党工委、纪工委并撤销原22个乡镇党委、纪委的请示》。研究干部事项。（贺韬　景尚卿等）

表1　　2019年区委（办公室）文件目录选登表

文件字号	文件名称
绵游委发〔2019〕1号	关于印发《绵阳市游仙区机构改革方案》的通知
绵游委发〔2019〕2号	关于加强城乡规划建设管理工作的实施意见
绵游委发〔2019〕3号	关于印发《“健康游仙2030”实施方案》的通知
绵游委发〔2019〕4号	关于深入推进城乡社区治理的实施意见
绵游委发〔2019〕5号	关于印发《进一步支持教育事业健康发展十六条措施》的通知
绵游委发〔2019〕6号	关于印发《绵阳市游仙区2019年目标绩效管理办法》的通知

续表 1

文件字号	文件名称
绵游委发〔2019〕7号	关于印发《绵阳市游仙区"抓落实作表率"行动实施方案》的通知
绵游委发〔2019〕8号	关于印发《绵阳市游仙区鼓励人才创新创业八条扶持政策》的通知
绵游委发〔2019〕9号	关于印发《绵阳市游仙区乡村振兴战略规划（2018—2022年）》的通知
绵游委发〔2019〕10号	关于印发《关于加快服务业发展建设现代服务业强区的实施方案》的通知
绵游委发〔2019〕11号	关于印发《绵阳市游仙区加快文化和旅游发展三年行动实施方案》的通知
绵游委办发〔2019〕1号	关于印发《绵阳市游仙区精文减会转作风九条》的通知
绵游委办发〔2019〕2号	关于建设"管理服务规范化、岗位待遇职业化、能力素养专业化、培塑匠心扎根型"社区专职工作者队伍的实施意见（试行）
绵游委办发〔2019〕3号	关于加强学校党的建设工作的实施方案（试行）》的通知
绵游委办发〔2019〕4号	印发《关于加强新时代人民政协党的建设工作的实施意见》的通知
绵游委办发〔2019〕5号	印发《关于加强区纪委监委派驻机构建设的实施意见》的通知
绵游委办发〔2019〕6号	印发《游仙区激励退出科级领导岗位干部更好发挥作用暂行办法》的通知
绵游委办发〔2019〕7号	关于深入推进城市安全发展的实施意见
绵游委办发〔2019〕8号	关于印发《绵阳市游仙区区属企业负责人履职待遇、业务支出管理办法》的通知
绵游委办发〔2019〕9号	关于印发《党建引领服务民营经济健康发展十五条措施》的通知
绵游委办发〔2019〕10号	关于印发《绵阳市游仙区"防风险、保安全、迎大庆"八大专项行动工作方案》的通知
绵游委办发〔2019〕11号	关于印发<绵阳市游仙区关于大力实施优秀农民工回引培养工程的实施意见>的通知
绵游委办发〔2019〕12号	关于印发《2019年度防范化解政府性债务和政府隐性债务风险工作计划》等9个工作计划的通知
绵游委办发〔2019〕13号	关于印发《绵阳市游仙区招商引资实施办法（试行）》的通知
绵游委办发〔2019〕14号	关于印发《绵阳市游仙区实施乡村振兴战略考评激励办法（试行）》的通知
绵游委办发〔2019〕15号	关于深化"以案促改"工作集中开展"四大专项整治"的通知

区委办工作

【概况】2019年，游仙区委办牢固树立"四个意识"，自觉践行"五个坚持"，在区委的坚强领导下，贯彻落实上级各项决策部署，不断提升"三个服务"水平，完成各项工作任务，进一步树立党委办公室的良好形象。

【办文服务】严把公文起草、审核、付印、传阅"四道关口"，完善办文工作台账，出台《精文简会转作风九条》，落实基层减负要求，改进文风，下发文件130余份，比上年减少35%。全年未出现一起漏发、错发、重发和失密等现象。

【办会服务】坚持"会务工作无小事"工作要求，充实办会人员力量，规范办会程序、修订会议纪律、严明会议规定。全年牵头召开会议250余次，比上年减少21.7%。

【信息工作】全年共撰写乡镇行政区划调整动员会、经济工作会讲话等各类重要文稿150余篇、50余万字，包括《游仙区农民增收工作情况汇报》《2020年经济工作会讲话材料》等文稿。围绕区委区政府关注的热点、难点问题，共刊发《改革与实践》20期，省市采用转报信息86条，名列全市第一。其中，《游仙区探索“积分换商品”激励居民开展垃圾分类》信息受到区委书记批示。深入基层就市区权责划分、基层治理等工作开展专题调研，编印12期《书记参阅》《为高质量发展营造高质量环境》《游仙区“引育留用”构筑人才高地的探索与实践》等区委领导署名文章，分别在《调查与决策》《改革与发展》等省、市期刊上发表，相关调研报告被推送至市委主要领导参阅。年内编写“区委主要领导每周安排”51期，编制《领导干部每日动态》230余期。

【督察督办】建立“四办”与区委目标绩效办、区委巡察办联合督办机制，完善督查督办工作制度和督办流程，分门别类建立督办台账。对全区重点项目实行挂图作战，明确责任单位、责任领导、完成时限。对重点项目和为民生实事项目实施情况进行跟踪督查，要求项目实施单位每月将项目进展情况、投资情况以书面形式上报区委办，呈送区委领导参阅。将领导指示精神经过分析整理后，制定督查督办表，登记督查督办事项100余条，发送相关工作牵头单位定期督办，严格落实工作内容、工作任务、责任领导、责任单位和完成时限。

【后勤保障服务】建立健全《财务管理规定》《车辆管理制度》等制度。强化财务管理，严格财经纪律，规范财务支出。强化公务用车管理，完善用车制度，规范清理公务用车。全年完成接待任务291批次，接待人数6935人次。做好党代会、政协会、人代会等区级会议的后勤工作，完成第七届中国（绵阳）科技城国际科技博览会等大型活动的接待工作。

【自身建设】实施学习调研培训、能力素质提升、“五个坚持”修炼、制度流程规范、志趣爱好培养“五大工程”。利用“周三夜学”办公室工作会等载体，集中学习党内法规、上级文件。围绕改革、机要、政研等工作内容，派出7人次参加省、市相关培训。全年交流提拔3名年轻干部。组织党员干部到东宣镇飞龙山、重庆红岩教育基地，开展红色支部活动2次。组织党员干部前往检察院廉政警示教育基地，开展警示教育1次。（吴安迪）

10月30日，全省“提高机关党员干部政治能力研究”专题研讨会与会成员到游仙区考察机关党建工作

组织与党建

【组织工作】截至2019年12月，全区有1070个党组织、22942名党员，新发展党员285名。2019年将区直机关工委划入区委组织部管理，由区委常委、组织部部长兼任工委书记，区委组织部常务副部长兼任工委副书记，补齐配强6名工委委员。开展“不忘初心、牢记使命”主题教育工作，提出“细微之处守初心、关键时刻勇担当”，以“六大反思”做足思想准备，以“初心微讲台”“三讲三赞”“三色主题学习”等强化学习教育，开展微课题、微党课等抓实调查研究，开展“微心愿”征集、“三大奖”评比、“院坝问廉”等活动。持续推进“反四风破四小”作风建设工作，强化正反双向典型引导，正向评选干事创业标兵10名、干事创业先进个人20名，反向评选“蜗牛奖”“刺猬奖”“鸵鸟奖”3大负面奖项4轮32个。实行党支部书记“头雁计划”，培训村干部222人次，开展村（社区）“两委”班子换届联审“回头看”，31个软弱涣散

村党组织通过验收实现转换升级。完成78个村党组织合建联建，实现45名村书记主任“一肩挑”。推进“三化一型”社区专职工作者队伍体系建设，完成全省街道社区党组织书记加强城市基层党建工作示范培训班现场教学，作为唯一县级单位在全省城市基层党建工作推进会上交流城市基层治理经验。区委组织部由四川省委、省政府授予“集体一等功”，荣获绵阳市“西部人才强市先进集体”。

【基层党建】实施“优秀农民工定向回引培养工程”，建立农民工流动党员党组织3个，累计查找登记优秀农民工2600余人，进入村级后备人才库306人，对回引农民工进行顶岗锻炼，54名优秀农民工到村任书记、主任。大力发展村级集体经济，探索推广7种集体经济发展模式，争取9个省级扶持壮大村级集体经济试点村项目，争取到资金720万元。创新“大掌柜+店小二”“党员+社团”“共享社区”等理念，整合利用闲置空间实施最美阳台、最美街角等“微项目”126个，推动社区共建共治共享。开展区直部门下沉资源服务基层工作述职评议，“楼栋长+房东”社区治理模式被人民网新媒体智库刊发。成立全市首个大型商业综合体商圈党支部，探索“联心服务”共享共建机制，经验做法在市级层面全面推广。非公有制企业党建“三分类五同步”工作法在全市推广，接受省委常委、组织部部长王正谱调研指导。将机关党建品牌化建设纳入全区基层党建9项重点项目挂牌督战，优化56项年度品牌重点工作，推进“四个规范化”建设，完成全省“提高机关党员干部政治能力研究”专题研讨会现场教学参观任务。2019年，全区党建工作经验在市级以上党建平台刊载21次，“三讲三赞”活动、联建合建引领村集体经济发展等做法在人民网刊发。（魏　超　杨　庆）

【干部工作】突出政治标准，大胆选用“最讲政治、心系群众、勇挑重担、狠抓落实、群众拥护”的“五类”干部，对全区22个乡镇、2个街道和经济试验区集中开展领导班子运行情况综合分析研判，掌握领导班子运行情况和干部履职情况。全年调整干部7批次，平稳完成机构改革和乡镇行政区划调整改革人事调整任务。把基层一线作为识别考察干部的“主考场”，注重在脱贫攻坚、项目建设、招商引资、信访一线识能力、识功业、识作风，全年新提拔重用干部90%来自一线。联合清华大学、浙江大学、厦门大学等高校，统筹实施“一把手”提能、专业化领导干部培养、年轻干部铸魂“三大工程”。全年共举办专题培训班8期，培训干部1000余人次。推进公务员职务与职级并行积分制，相关工作在全省公务员工作培训会上交流发言。开展“三奖优三暖心三亮剑”行动，激励干部担当作为，相关经验做法在省委组织部组工动态刊发。推进人事制度改革创新，出台《游仙区公务员诚信等级评定暂行办法》《关于适应新时代要求大力发现培养选拔优秀年轻干部的实施方案》《游仙区激励退出科级领导岗位干部更好发挥作用暂行办法》，建成“游仙区领导干部人事相宜智能评价系统”。(范凌波)

【人才工作】2019年，全区各类人才总量超过8万人，成立高层次人才工作站4个。签约西部半导体集成电路高科技产业园等项目40个、依托项目引进多名国省级高层次人才。组织辖区内企业赴高校开展政策宣讲和专场招聘会10场次，共覆盖高校师生1.2万余名，参与人数4000余人，收到简历920余份，与企业签订意向性协议412人。依托柔性引进的高层次人才筹建工作站，解决“民用起爆器材工艺及装备技术研发”等技术难题32个。全年发放2批次人才项目资助资金，21家企业

5月15日，绵阳市游仙区2019年组织工作暨乡村振兴工作推进会召开

享受到人才政策红利。开展校企合作培训党政人才、企业管理人才150余人次，组织教育、医疗等专技人员培训585人次。举办退役军人职业技能培训班，160名退役军人参加。资助40万元打造提升“四大工作室”（技能大师工作室、名医工作室、名师工作室、文化艺术传承创作工作室）。组织44名优秀企业家赴清华大学等高校进行创新管理培训。全年实现科技成果就地转化12个，拉动产值33亿元。兑现创新创业团队资助资金440万元，辖区企业全年共计投入研发经费3.1亿元，建成国省企业技术中心9个、省级工程技术中心8个、省级重点实验室1个。全年吸引高校应届毕业生100余人落户游仙。为16名高层次“人才绿卡”持有者落实就医入学等服务23项。组织16名开展高层次人才赴厦门开展研修疗养活动。面向到游仙求职的青年人才提供7天免费入住服务，接待武汉大学、四川大学等高校80余名学子住宿。2019年专人协助人才向上争取资金2040万元。举办中国科技城（游仙）人才嘉年华活动，发布“加强版”《鼓励人才创新创业八条扶持政策》，现场发放303万元人才项目资助资金，为21位入住人才公寓的优秀人才代表发放钥匙。制定区四大领导班子“一对一”联系科研院所优秀人才制度，2019年春节期间区委、区政府主要领导带队登门拜访辖区科研院所人才，发放慰问金70万元。全年开展互联网创业培训班9期、种植养殖示范培训班6期，培训新型农村实用人才1460余人，建立淘宝店铺、电商平台、微商平台100余个。（万 千）

2月1日，游仙区召开援藏援彝及外派挂职干部座谈会

【党校工作】2019年举办各类班次18期，培训近1200人次，教学满意度达98.5%以上。举办“绵阳市委党校研讨式教学“‘不忘初心、牢记使命’学员论坛”“建设美丽幸福新游仙”“推进游仙经济高质量发展”等论坛。主持（主研）完成市社科联科研结项7项，其中优秀结项4项；主持（主研）完成省委党校调研课题立项4项，其中，省委党校重大委托课题1项，优秀结项2项。提交省市党校系统学术研讨论文共16篇，其中入选市委党校系统研讨会论文5篇，入选省委党校系统研讨会论文2篇。在县级以上内刊发表学术论文4篇，中国核心学术期刊发表论文1篇。围绕区委中心工作，形成调研报告18篇，获区委书记江彬肯定性签批1篇。党校教师积极参与省委党校咨政调研工作，参与撰写的《我省农村生活垃圾分类处理情况及对策建议》，分别获省长尹力和副省长杨洪波肯定性批示。

2019年，区委党校荣获绵阳市县级党校办学质量评估一等奖、办学质量特色工作奖、优秀科研资政工作二等奖、继续教育工作二等奖。被区委、区政府评为宣传思想工作先进单位、干部队伍作风建设先进单位、统战和

10月14日，区委党校新校区启用仪式

群团工作先进单位等。

【新校区建成启用】2019年10月14日，中共绵阳市游仙区委党校新校区启用仪式暨2019年科级干部秋季主体班开班典礼举行。省委党校副校长裴泽庆，市委党校常务副校长党海燕、副校长朱云，区领导江彬、何守君出席活动。（彭树青）

宣传工作

【概况】2019年，全区宣传思想文化工作坚持稳中求进、守正创新，推动社会主义意识形态建设取得新成效、主流舆论传播展现新气象、社会主义核心价值观建设实现新进展、文化事业发展开创新局面。新时代文明实践中心被列为全国试点，建设经验被《精神文明报》、省委宣传部《每日要情》刊发，融媒体中心建设经验被省委宣传部《全省县级融媒体建设情况专报》刊发。承办省、市现场会及重大活动9场，高质量通过全国文明城市年终验收。

【理论学习培训】承办中央宣讲团来川宣讲报告会电视电话会议（分会场）1场，承办省委及市委宣讲团到游仙宣讲报告会4场，覆盖党员干部1450余人次。建立宣讲分团26支分赴各乡镇（街道）、村（社区）及行业系统宣讲的中共十九届四中全会精神，教育引导干群3万余人。全年举办区委理论学习中心组学习会35次、富乐大讲堂9期，组织区委中心组成员到成都现场实践学习1次，集中学习达17天，累计培育干部5000余人次。区级各部门、乡镇党委（党组）依托富乐大课堂举行集中学习会300次，培训教育干部群众1.5万余人次。区委举办科级领导干部读书班1期，区委组织部、区委统战部、区委政法委等部门在高校举办短训班5期，区委党校举办培训班3期，累计培训干部1000人次。常态化开展“周三集中夜学”“周五集中学习日”学习活动，累计开展40余期；组建“学习强国”线下讲师团12个，“农村大喇叭讲书团”22处；“三讲三赞”辐射全区干群。成立“五老直通车”理论宣讲志愿队、“草根宣传员志愿队”50余支；开展“百姓故事会”1000余场。各级党（工）委（党组）订购《习近平新时代中国特色社会主义思想学习纲要》《习近平新时代中国特色社会主义思想学习问答》《新中国发展面对面》《习近平谈治国理政》（第一卷、第二卷）5万余本，作为基层党组织、党员干部、群众等的主题教育辅导读本，并结合实际组织多场学习研讨。

【理论研究】以“礼赞新中国·奋进新时代”为主题，征文《奋力谱写“中国梦”游仙篇章》等60余篇。着眼“不忘初心、牢记使命”主题教育，统筹确定《发挥党组织作用提升城乡接合部社区治理能力》《打通县级媒体融合“最后一公里”》等47个调研课题。完成《把玉河镇建成“中国文房四谱之乡”的思考》《富乐街道打造诗意社区的实践》《新时代推动东宣镇新乡贤参与乡村治理的探索》等。

【学习平台建设】制定“学习强国”平台学习运用责任制度，成立三级组织架构，增设学习管理组，实行每天、每月定时通报“学习强国”平台使用情况；将“学习强国”纳入“周三夜学”“周五集中学”必学内容，明确课堂学习时间不少于20分钟。组建“学习强国”平台线下志愿服务队30余支，在富乐街道办、新桥镇等地率先试点开展理论宣讲，评选“学习达人”30余人，

10月31日，江彬（左二）调研“两平台一中心”

培育党员领导干部300余人，服务群众万余人；推行学习“积分兑换”奖励机制，实施“积分兑换大礼包”；搭建强国供稿“大舞台”，全年在“学习强国”四川平台供稿采用260余篇，区委宣传部及区融媒体中心荣获“市级供稿工作先进单位”，1人被表扬为“市级先进个人”。2019年，共评选出先进集体10个、优秀管理者10人、“学习达人”23人，游仙区“学习强国”经验文章在四川平台刊载。截至2019年12月，游仙区学习积分1万分以上达3400余人。

【意识形态工作】抓好《游仙区贯彻落实党委（党组）意识形态工作责任制实施办法》的督促落实，严把意识形态工作责任制。全年完成征订《习近平新时代中国特色社会主义思想学习纲要》2.2万余本、《新中国发展面对面》2400余本，印发《游仙区意识形态工作责任制履职知识二十一条》口袋书1000册。印发《游仙区防范化解意识形态领域重大风险工作方案》《绵阳市游仙区贯彻落实党委（党组）意识形态工作责任制提醒制度（试行）》《绵阳市游仙区贯彻落实党委（党组）意识形态工作责任制约谈制度（试行）》。向全区32名县级领导和31名党（工）委书记“个性化”发出“意识形态工作责任制落实任务提醒清单”126份，及时提醒其履职尽责。组建以部领导为组长的督查指导组，会同区委巡察办、区绩效办，分赴全区各地各单位开展全区贯彻落实意识形态工作责任制督查2次，建立存在问题整改清单，对巡察出的6类23个具体问题实行“点对点”发整改通知。

【网络监管与治理】印发《绵阳市游仙区党委(党组)网络意识形态工作责任制实施细则》，出台《网信委工作规则》《网信委办公室工作细则》《网信工作要点》《2019年敏感时间节点重大网络舆情防控处置总体方案》《贯彻落实全国、全省、全市网络安全和信息化工作会议重要部署方案》等文件。开展网络生态治理、“清朗”、“净网”等专项行动。参与全市网络安全攻防演练，对30家单位开展2019年关键信息基础设施专项检查工作。全年发布重要网络安全预警7期，举报非法网站11个、不良信息40余条。承办“全市2019年国家网络安全宣传周启动仪式”，开展网络安全知识线上有奖问答活动。有效处置“开元塑料厂排危工作”等网络舆情。将网络舆情信息实行台账化管理，重点网络舆情落实专人督办、销号处理。办理网络理政信件258件、网络舆情信息245件，其中敏感舆情22件。指导相关责任主体单位，形成区内20个不稳定因素且可能产生网络舆情事件的新闻通稿，形成《游仙区网络舆情处置工作资料汇编》，提升网络舆情的应急处置能力。

【社会宣传】制定《游仙区规范社会宣传工作管理办法》。全年集中清理红布条幅标语、内容过期过时和残破标语以及宣传栏、小广告等3000余幅（条）。新建长期性固定社会宣传阵地30处，在大型小区门楣上和乡镇辖区场镇设置LED显示屏100余个，固定播放公益类广告。在科博会、庆祝新中国成立70周年、“不忘初心、牢记使命”主题教育等重要时间节点，播放宣传标语达到1300余条，播放次数达到10万余次；在城区广场、主要街道、道路沿线、车站、办公区、乡镇场镇等区域以及企业、学校、医院等显著位置投放宣传标语150余幅，其中固定宣传标语50余幅。指导东宣镇飞龙山“红色文化”、玉河镇“乡村民俗博物馆”两个市级社会主义核心价值观示范点开展社会主义核心价值观建设。加强对飞龙山爱国主义教育基地建设的指导。

【新闻宣传报道】完成区新闻宣传中心与区广电新闻制作中心融合运行，构建起“一核、两轴、两翼、外环”的融媒格局。在自有APP开办“我要办”“要问政”“惠民生”“漫生活”“找参谋”等10余个栏目。通过优化资源配置，内容生产量提升40%以上，各媒体平台先后生产阅读量上万推文42篇，“游仙发布”微信公众号位列全国新榜指数前6%，微信原创文章单篇阅读量普遍数千人次。全年刊发手机报200余期、稿件30万余字、图片500余幅；《微游仙》官方微博刊发信息500条、总阅读量近200万人次；直播游仙手机APP刊发信息1000余条；《游仙发布》累计刊发240余期，刊发信息2000余条，单条最高阅读量超5万，总阅读量上千万次。全区各地各部门在省级及以上媒体刊播稿件1000余篇（含主流网站正面宣传），在市以上媒体刊播稿件2000余篇，在学习强国学习平台上发表稿件260余篇。

【庆祝中华人民共和国成立70周年系列活动】开展征文、歌曲快闪、“山湾农庄·大地景观”摄影比赛作品优胜展、“三江三赞”坝坝会、“礼赞新中国·放歌新时代”游仙区庆祝中华人民共和国成立70周年大型群众歌咏比赛等系列活动。富乐实验中学快闪视频被中央电视台《开学第一课》采用并播出；“山湾农庄·大地景观”摄影比赛优胜展评选出等级奖8名、网络人气奖20名、优秀奖100名；共收到60余篇赞祖国、赞家乡、赞变化的征文；全区群众歌咏比赛通过“游仙发布”微信公众号和“直播游仙”手机APP进行实时报道，决赛当天最高同时在线人数6800余人，累计观看人数为30万人；组织685人参加绵阳市庆祝中华人民共和国成立70周年大型群众歌咏比赛活动，成绩显著，被市委宣传部发文通报表扬。10月1日，组织全区机关党员干部和部分群众举行升旗仪式，集中收看庆祝中华人民共和国成立70周年大会和阅兵式、群众游行活动。

【文化活动】开展品牌文化活动，打造“李杜书画博物馆”“诗意社区”“乡村旅游文化节”“花舞游仙”康养度假慢旅片和“桑梓家园”农耕文化体验片等文旅特色名片，挖掘游仙历史名人北宋状元苏易简的思想文化资源及其当代价值。推动科技、文化、农业、康养与旅游深度融合，打造“城市人周末生活第二空间”，培育新型文化业态和文化消费模式。开展“山湾农庄·大地景观”摄影比赛、游仙区庆祝新中国成立70周年群众歌咏比赛、“歌唱祖国”快闪等系列活动。游仙慧慧舞队在央视“我和我的祖国”全国炫舞未来征集活动中获最佳创编奖；民乐组曲《白马之恋》入围省群星奖评选；大型歌舞《在希望的田野上》参加绵阳市庆祝新中国成立70周年大型群众歌咏展演。

【文化作品】创作书法及美术作品30余幅、摄影作品680余件、文学作品20余件、音乐作品15件。创作国画《羌山花正艳》、歌曲《东津路上》《在幸福的大路上》《难忘那一叶红船》《回家过年》、微电影《我的家庭医生》《张大爷的烦恼》、诗集《更远处》等一批文艺精品力作，其中，微电影《无处可逃》、书法作品《长征组歌》、歌曲《难忘那一叶红船》入选省委宣传部“我和祖国共成长”优秀文艺作品集；绘画作品《羌山花正艳》被绵阳市博物馆收藏；《游仙民俗》《游仙文物》《游仙歌谣》《游仙风光》《游仙传说》系列丛书公开发布。

【文化基础设施】2019年，区文化馆、区图书馆、22个乡镇综合文化站、2个街道文化服务中心全面实施免费开放。打造乡镇综合文化站1个、社区综合文化服务中心2个和村级文化活动室2个。开展送文化（戏曲）下乡、“社区大舞台”、惠民利民乡村行、迎春群众文艺调演、“全民阅读”、红色文艺轻骑兵走基层、图书漂流等文化惠民活动达80余场次。（朱珊珊）

富乐实验中学师生献礼新中国成立70周年

表 2　　2019年游仙区对外宣传展示工作情况表

序号	标题	省级以上主流媒体	报道时间
1	一个西部县域有多强？“隐藏”25名院士、8万名科技人才，竟能从上海、深圳“挖墙脚”！	新华社、瞭望智库	11月13日
2	为游仙人物李子柒点赞	央视、《人民日报》、光明日报等	11月
3	富乐“爱心方阵”表白祖国	中央电视台/《人民日报》、四川卫视	9月1日
4	四川绵阳首个区级公益创投大赛成功举行 首批院落微项目获资助	《人民日报》	4月25日
5	绵阳游仙区企业借力“一带一路”，持续开拓国际市场取得的丰硕成果	《中国日报》	4月25日
6	《川·味3》栏目专题报道东宣镇飞龙村美食“黄荆凉粉”及飞龙山景区	中央电视台	4月7日
7	《道德观察》栏目，以《谁是真正的肇事者》为题刊播区检察院办案纪实	中央电视台	5月16日
8	《道德观察》栏目，以《剪断亲情》为题刊播区法院办案纪实	中央电视台	5月13日
9	小枧沟镇司法所 律师每年参与公益法律服务报道	中央电视台	10月23日
10	“红色引擎”助发展 司法为民谱新篇——四川绵阳游仙区法院抓党建带队建促发展工作纪实	《人民法院报》	5月13日
11	四川绵阳：社区工作者集体“充电”	人民日报客户端	4月25日
12	玉河镇用好“三把尺”促发展党员工作行端坐正	人民日报客户端	6月27日
13	四川游仙：智能机器人热销市场	人民网	9月4日
14	“三讲三赞”演讲活动	《检察日报》	11月4日
15	绵阳检察司法救助服务脱贫攻坚	《法制日报》	10月29日
16	岗前培训和廉政警示教育	《检察日报》	9月26日
17	绵阳游仙：整合各方力量救助未成年人	《检察日报》	11月10日
18	绵阳市游仙区启动“百镇千村 助爱牵手”困境儿童关爱项目	《中国社会报》	7月22日
19	绵阳市游仙区综合施策关爱保护儿童	《中国社会报》	7月31日
20	绵阳市游仙区“代理家长”关爱留守儿童	《中国社会报》	8月22日
21	绵阳游仙区80后女村支书梁白梅：父老乡亲同致富 这个女子有办法	《中国妇女报》	7月8日
22	四川以居民小区党建引领城市基层治理	《中国组织人事报》	2月15日
23	四川游仙：大户带小户 携手致富路	人民网	9月23日
24	不起眼的五元钱	《中国纪检监察报》	3月19日
25	忠孝一生千载遇	《中国纪检监察报》	2月15日
26	麻风村 一个人 十万字	《家庭与生活报》	7月11日
27	我的家庭医生是机器人	《家庭与生活报》	5月21日
28	偏瘫患者站起来 一口气送了四面锦旗	《大众健康报》	7月10日
29	创业沙龙促进130余项科研项目对接	《四川日报》	12月13日

续表 2

序号	标题	省级以上主流媒体	报道时间
30	讲群众健康的“二维码”贴进家庭	四川电视台	3月11日
31	立足资源优势 市州引资有特色的	《四川日报》	4月17日
32	绵阳绘出县域经济上扬线	《四川日报》	8月8日
33	探索创新多措并举做实叫响职工之家品牌	《四川日报》	12月2日
34	新加坡企业投资80亿元在绵阳建8英寸晶圆厂	《四川日报》	4月18日
35	游仙：以作风大转变促发展环境升级	《四川日报》	7月18日
36	游仙区培训农民助就业	《四川日报》	10月16日
37	游仙 美丽新村提升群众幸福指数	《四川日报》	12月20日
38	“三个精准”做实脱贫攻坚	《四川法治报》	9月25日
39	村级干部镇选村用共管	《四川日报》	1月31日
40	机构编制：破壁 激发干事热情	四川电视台	4月20日
41	绵阳游仙高新区：力争2020年建成千亿级产业园区	《四川经济日报》	6月10日
42	绵阳游仙区：大联盟+小组团 搭乘5G“东风”	《四川日报》	8月11日
43	坚守初心 让社区充满温馨	《四川日报》	11月28日
44	古朴幽静曾家垭	《四川日报》	3月1日
45	精准服务农民工	《四川日报》	12月17日
46	古村人家乡情浓	《四川工人日报》	2月12日
47	游仙区探索“红色义工”半小时内送医	《川报观察》	1月25日
48	首届中国科技城法治创新大赛颁奖典礼	《四川法制报》	12月13日
49	全省工会干部参观考察游仙城镇困难职工脱困解困工作	《四川工人日报》	6月6日
50	游仙区劳模进校园企业宣讲	《四川工人日报》	5月15日
51	把党和政府的温暖送到农民工心坎上	《四川工人日报》	5月8日

统一战线

【概况】2019年，游仙区统一战线工作坚持大统战工作格局，紧扣加强党对统一战线工作的集中统一领导，坚持团结和民主两大主题，带头广交深交党外朋友，巩固统一战线共同的思想政治基础，优化区委统一战线工作领导小组结构，制定并实施《2019年度统战工作要点》，将统战工作纳入全区目标绩效考核和党政领导班子“五位一体”考核。游仙区委统战部被绵阳市委统战部评为2019年度统战工作先进集体、宣传工作先进集体。

【区委统一战线工作领导小组会议】11月13日召开，会议传达学习习近平总书记对统战工作的重要指示精神、传达学习党外干部配备有关政策要求，通报全区党外干部配备情况及下一步建议、审议区委统一战线工作领导小组成员单位有关宗教工作职责事宜。推进统战人士之家阵地建设。配齐配强镇（街道）统战委员，明确村（社区）书记担任民族宗教工作联络员。

【党外干部队伍建设】截至2019年12月，全区党外科级及以上领导干部185人，其中县级5人、正科级5人、副科级19人；50岁以下的党外非领导干部156人（男占27.56%，女占72.44%）。全区配备党外领导干部8名，配备区法院副院长1名（党外）、区检察院副检察长1名（党外）。配备区人大专委会主任1名（党外）、副主任1名（党外），区政府工作部门副职1名（党外）。配齐区政协专委会主任1名（党外）、副主任1名（党外），区政协专职副秘书长1名（党外），完成上级在人大、政府、政协和法检两院中要求配备党外干部的要求，党外代表人士实职安排数量、比例达到政策规定要求。安排2名党外干部参加省市部门挂职锻炼，安排5名党外干部援藏援彝，交流使用6名党外科级领导干部。

【港澳台侨统战工作】开展侨属摸底大调查，更新台侨属信息平台。建立港澳台同胞及眷属和归侨、侨眷台账，新增一批台属及侨眷。依法办理赴台参访交流活动4人。接待香港圣保禄学校师生48人到游仙参观考察、台湾2019浓园创客发展中心暑期创作营、第十八届巴蜀文化周第二期两岸专业文化创意机构设计人员参访、台湾慈济基金会举办的“阅来悦环保”教师成长研习营活动。开展台胞台属联谊活动3次，共58人次参加活动。

【民营经济统战工作】建立兼职副主席（副会长）每季度轮流担任轮值主席制度。组织商会会员、非公有制企业家、工商联界别政协委员，参与捐资助学、精准扶贫等社会公益事业活动。举行2019年度商会年会，组织企业参加2019年政银企交流活动，举办《国学智慧》讲座20期，举办“清华大学游仙区企业家高端研修班”及“法律知识”“劳动诉讼与劳动仲裁维权”等专项培训5场次，金融财税女企业家培训等专项培训5场次。组织会员企业赴广州、深圳、东莞等地对标考察学习。2019年新建基层商（协）会2个，筹建商会4个，新建商会党支部1个，派驻党建指导员2名，覆盖会员企业123家，个体工商户1840户。

【新的社会阶层人士统战工作】2019年，新的社会阶层人士联谊会召开理事会4次，会员大会1次。新媒体联谊会召开理事会2次，会员大会1次。发现培养党外知识分子联谊会会员605名，新的社会阶层人士联谊会会员117名。安排11名党外知识分子和新的社会阶层人士赴浙江、绵阳等地参加市委党校主体班、治蜀兴川执政骨干递进培养计划、全市年轻干部铸魂工程、市委统战部第三期党外干部能力素质提升班等培训学习。

【对口帮扶工作】形成教育援建、卫生援建、人才援建、社会援建等多位一体的援建工作新格局。落实壤塘县21名教育管理人员到游仙跟岗锻炼，选派优秀师资前往壤塘县中小学支教工作，选派14名干部到壤塘挂职，举办对口帮扶专场招聘会，40多家游仙区企业提供近千个就业岗位。利用“绵阳旅游”“相约游仙”

11月11日，安徽省六安市到游仙考察统战工作

等微信、抖音公众号，推介壤塘旅游资讯。发起“欢购爱心土豆，助力脱贫攻坚”倡议活动，帮助壤塘销售26吨生态土豆。2019年，全区实施帮扶项目6个大类共33项，完成投资215.25万元。

【新英汇·创新工场】打造“新英汇·创新工场”，吸纳科技型企业联合会成员单位79个，新的社会阶层人士96名。中央统战部新的社会阶层人士工作局局长张明专题到游仙区调研“新英汇·创新工场”并给予高度评价，被中央统战部确定为全国新的社会阶层人士统战工作实践创新基地，被市委统战部评为“实践创新优秀成果”。(李明益)

目标督查

【概况】中共绵阳市游仙区委目标绩效管理办公室成立于2005年11月，是区委工作机关，原名“中共绵阳市游仙区委绵阳市游仙区人民政府目标督查办公室”2019年2月机构改革后更名为“中共绵阳市游仙区委目标绩效管理办公室”。经区委编办批准核定编制6名，其中主任1名、副主任2名，内设股室3个。

2019年完成目标绩效管理、督查督办、民生实事、建议提案办理等各项工作任务。省政府督查室主任蔡民带队到游仙开展调研民生工作；柳州市、攀枝花市、江油市、梓潼县等4个市县绩效办到游仙学习考察。

2019年度获评“绵阳市目标绩效管理先进单位”。获区委、区政府“县域经济发展工作一等奖”“项目突破年”工作一等奖”“民生工程和脱贫攻坚工作一等奖”等各类表扬10余次。

【目标绩效管理】完成2018年度目标绩效考核工作；调整完善2019年目标考核办法及目标考评体系；印发生态环境保护、安全生产、食品安全党政同责、“不忘初心、牢记使命”主题教育、优化营商环境和服务型政府建设等目标任务及考评细则。

【督查督办】完成对市委目标绩效办交办的17件工作任务的督查落实和结果上报；完成省生态环境保护专项督察的各项迎检任务；开展62次专项督查，发出“点球”督办通知41份，形成督查专（通）报22期，获得区委主要领导批示5件次。

【民生工作】统筹实施省、市级民生实事共30件，截至2019年12月，所有民生工程项目完成（超额）完成年度目标任务；完成省政府民生工程半年督查的迎检工作。

【建议提案办理】完成区六届人大五次会议108件代表建议、区政协六届四次会议101件提案的交办工作。(张　静)

机构编制

【概况】中共绵阳市游仙区委机构编制委员会办公室（以下简称区委编办），是区委机构编制委员会的办事机构，承担区委机构编制委员会日常工作，归口区委组织部管理。主要负责全区行政管理体制改革、机构改革、权责清单编制和机构编制管理的日常管理工作。依法依规对外使用“绵阳市游仙区事业单位登记管理局”名称、印章并开展事业单位登记管理工作。区委编办核定行政编制8名，机关工勤事业编制2名；设主任1名、副主任2名。中层干部职数4名；下设4个内设机构。

2019年，全区行政编制1377名，其中：区级行政编制560名，乡镇行政编制377名，政法系统专项编制440名；全区事业编制5161名（其中：中、小学教师专项编制较上年增加341名）。

游仙区“探索园区激励新机制，打造产业聚焦新高地”工作在2019年全省机构编制工作会上被表彰为全省机构编制系统先进工作，在大会上交流发言，并接受四川电视台采访；区委编办在2019年度全区29项重点单项工作中23项工作获得区委表彰；编办主任获评“2019年度四川省机构编制系统先进个人”。

【事业单位改革】撤销、整合25个职能弱化、职责交叉相近的事业单位，成立区卫生健康事业发展中心等7个事业单位；规范区招商局等15个事业单位名称，不再保留“委、办、局、处”等称谓；印发32个涉改事业单位机构编制方案。改革后，区委、区政府直属事业单位11个：区委党校、区档案馆、区公务服务中心、区委党史研究室、区融媒体中心、区供销联社、区机关后勤保障服务中心、区农民工服务中心、区水利建设发展中心（武管局）、区移民和扶贫开发服务中心、区大数据服务中心。

【乡镇（街道）机构改革】制定《游仙区乡镇（街道）行政区划调整后机构编制改革方案》。2019年12月，经绵阳市人民政府批准，撤销小枧沟镇、石板镇、观太镇、刘家镇、柏林镇、玉河镇、梓棉镇、白蝉镇、东林镇、街子镇、云凤镇、太平镇、徐家镇、东宣镇14个镇及凤凰乡、朝真乡、建华乡3个乡，设立涪江、富乐、游仙3个街道办事处，新组建成立石马、小枧、魏城、新桥、忠兴、信义、仙鹤、盐泉8个镇。

【机构编制管理】出台《游仙区机构编制评估办法》和《游仙区区级议事协调机构管理办法》。2019年，共办理人员出入编923人次，调整人员信息2062条。2019年，全区机关事业单位在编人员6228名，比2012年年底减少44人，比2018年年底增加154人，剔除市级上收下划人员、因新增加341名教职工编制引进教师167名等不可比因素影响，同口径比2012年减少287人，比2018年减少13人。2012—2019历年累计共减少供养人员1241人次，节约财政供养资金1.2亿元。

【事业单位登记管理】完成298个事业单位法人年度报告公示工作，公示率达100%；按照“双随机、一公开”要求实地抽查事业单位10家；全年共核准办理变更登记47件，注销登记2件；规范党政机关事业单位网上名称管理；对接涉改部门办理统一社会信用代码，全年共办理“统一社会信用代码证书”38件；集中开展事业单位法定代表人培训1场次。（彭晓琴）

保密工作

【概况】2019年，游仙区保密工作坚持党管保密、依法治密，把握新常态、迎接新挑战，紧扣保密工作转型升级“三步走”目标任务，加强保密管理和行政执法职能，提高规范定密水平，推进涉密领域国产化替代工作，加强保密技术监管平台建设，增强网络窃密泄密发现处理能力。

【保密工作履职】调整区委保密委员会相关成员单位，将区委统战部等涉密单位纳入管理。落实中央、省委、市委和区委关于保密工作的决策部署，以保密委名义印发2019年工作要点。区委六届第84次常委会专题学习研究保密工作，通报2018年度全国泄密案件情况，促使领导干部以案为戒；区政府六届第34次常务会议会前领学《中华人民共和国保守国家秘密法》和《中华人民共和国反间谍法》。

【深化三大管理】落实定密责任人制度，确保职责明确、定密准确，推动各机关单位依据国家秘密事项范围确定国家秘密并按工作需要确定知悉范围。网络管理规范化，按照《党政机关和涉密单位网络保密管理规定》要求，督促检察院做好其专网分级保护管理工作；推进游仙区电子政务内网迁移改造工作，指导区纪委监委机关、区委组织部做好其相关专网的迁移改造工作；执行《信息系统和信息设备管理制度》，落实非涉密信息系统信息发布、传递保密审查工作，提高网络建设效益和防护水平；组织开展涉密磁介质清理销毁工作。涉密人员管理精细化，印发《关于进一步加强涉密人员离职离岗保密管理的通知》《关于加强涉密人员备案管理的通知》等业务文件，按照涉密人员上岗、在岗、离岗状态进行保密管理，完成2019年度涉密人员备案工作。

【保密宣传与培训】举办全区保密业务培训暨保密自查自评工作培训会，组织保密干部参加省、市相关保密业务培训班3人次。结合“法治周周行”活动，开展“4·15”全民国家安全教育日保密宣传教育、“6·9”国际档案日保密法规宣传等活动。组织全区干部职工参加“五法”普法知识竞赛、保密法律法规知识测试等。组织保密干部参加“保密伴我行，护航新时代”保密宣传教育作品征集评选、“庆祝新中国成立70周年”保密相关主题素材征集等活动。完成游仙区《保密工作》《保密科学技术》两刊征订任务。印发《关于做好2019年高考、中考安全保密工作的通知》，做好辖区内国家招生考试（高考、中考、自考、成考）保密安全管理工作；指导区民政局做好游仙区社区专职工作者招录工作中的保密管理工作。

【保密督查】对区机关集中办公区非涉密计算机在互联网上传递发布敏感、涉密信息进行监测，通过点对点通报的方式将监测情况反馈相关单位。开展游仙区2019年度保密自查自评工作，区国家保密局制定保密自查自评督查方案，按照要求完成对区纪委监委机关、区政府办、区委组织部、区委政法委等重要涉密单位保密自查自评情况的督查工作，区审计局、区法院代表游仙区接受市国家保密局督查考核，均获得优秀等次。（席　霄　张　立）

史志工作

【机构概况】2019年3月，游仙区委党史研究室与区地方志办公室职责整合，重新设立区委党史研究室，对外增挂绵阳市游仙区地方志办公室牌子。经区委编办核定，编制6名，其中设主任1名，副主任1名，内设股室3个。游仙区地方志办公室被评为“2019年度全省地方志系统‘三个服务’工作先进单位”。

【史志书籍编纂培训】5月23日，游仙区召开党史地方志工作推进会暨《中国共产党游仙执政实录》（2018卷）、《游仙年鉴（2019）》编撰业务培训会。绵阳市委党史研究室（市方志办）主任余正道出席，区委党研室主任易成利主持会议，会上就如何高质量完成2本书的编纂工作进行培训。区级部门、市区共管部门、乡镇（街道）分管领导及具体工作人员共计200余人参加会议。年底完成《中国共产党游仙执政实录（2018）》和《游仙年鉴（2019）》的编纂出版工作，全面记述中共绵阳市游仙区委、绵阳市游仙区人民政府带领全区人民加快建设更高质量“五个游仙”的部署举措和工作成绩。指导编印小枧沟镇地方历史文化丛书—《小枧记忆》《登仙路上马蹄疾》等书籍。

【党史宣教】编印完成9万余字的《游仙区“不忘初心、牢记使命”主题教育资料书》，并向全区科级领导干部、各村、社区等党组织免费赠阅1200余本。在全区组织开展重走一次“红色”线路，深读一本“红色”专著，聆听一堂“红色”党课系列革命传统教育。组织区级领导到飞龙山爱国主义教育基地举行重走红色路线，区委党研室现场讲授党课：《红军长征在游仙及其前后》，争取5万余元经费，购买《党史必修课》《苦难辉煌》《中共党史拐点中的人物与事件》《中国共产党人始终不变的初心和使命》等12种“红色”专著，面向全区科级及以上领导干部、党组织免费赠阅1781本。面向全区领导干部和基层党员干部讲授《不忘初心跟党走、牢记使命建新功》红色教育专题党课，邀请市委党研室主任为区委党校铸魂班学员宣讲《绵阳早期共产党人的初心与使命》专题党课。紧扣新中国成立70周年庆祝活动，综合运用党史展板、报纸杂志、多媒体等平台开展系列纪念活动，与区委宣传部、区社科联联合开展庆祝中华人民共和国成立70周年主题征文活动，收到参赛征文51篇，共评出获奖征文12篇，其中一等奖2篇、二等奖4篇、三等奖6篇，优秀组织奖2个。与区总工会联合组织开展“七一”中国共产党党史、绵阳党史和中共十九大会议精神等党建党史知识的网上有奖竞答活动，发放奖品1200份，价值9万元。

【飞龙山红军纪念馆】2019年7月1日建成开馆。以“初心使命、红色火种、山河热血、薪传不息、传承使命”为主题，建设5个主题展厅，建筑面积达800余平方米，展出红军实物50余件。2019年接待参加党性教育和爱国主义教育的党员、干部、学生及社会团体300余批次、10万余人。被授予“绵阳市廉洁文化基地”“中国人民解放军77123部队红色教育基地”等称号，被绵阳市委党史研究室授牌为“绵阳市中共党史教育基地”。

【资政研究】参与审核新增建设的71条道路命名工作，根据道路所在地历史文化、历史沿革等提出3条修改意见并被采纳；在全区乡镇（街道）行政区划调整时，全面梳理游仙自1992年建区以来至2019年间，乡镇行政区划调整历史资料，撰写《游仙建区以来乡镇行政区划调整的沿革与变迁》资政报告。（刘亚玲）

5月23日，游仙区召开党史地方志工作推进会

老干部工作

【概况】推进离退休党支部建设标准化，举办实职副县级以上退休干部“不忘初心、牢记使命”主题教育学习班1期，举办离退休党组织书记“不忘初心、牢记使命”专题培训班1期。对行动不便和异地居住的老干部送学上门20余人次。完成“天府晚霞四川省离退休干部服务管理系统”的数据录入和使用。2019年，游仙区老干部局被市委老干局评为信息工作、正能量活动开展、信息化建设、离退休干部统计工作先进单位；退休干部王贵进获评全省离退休干部先进个人。

【老干部政治待遇】落实定期通报情况、阅读文件、理论学习、参观考察、重大活动参与、重大决策征求意见、重大节日走访慰问等制度。2019年度共召开情况通报会2次，组织外出参观2次，组织离休干部疗养1次，开展慰问活动3次，慰问274人次，发放慰问金21万元，慰问品172份。

【老干部生活待遇】巩固完善离休干部“三个机制”保障“两费”和生活补贴按时发放，确保离休干部各项待遇落实到位，落实提高离休干部护理费标准13人，看望慰问住院离退休干部8人，对12名离退休老干部及离休干部无工作遗孀发放特殊困难帮扶资金3.2万元；解决7名中华人民共和国成立初期参加革命工作的退休干部医疗照顾资金28487元。

【老干部优势发挥】组织开展“我看新中国成立70周年新成就”乡村振兴专题调研、书画摄影展、征文比赛等系列活动，收集整理老干部对游仙乡村振兴的意见建议共14条；开展“助力扶贫攻坚”活动，为脱贫攻坚建言献策15条，参与产业规划指导5人，帮助发展产业项目1个。（杨春萍）

档案管理

【机构概况】2019年党政机构改革，将原绵阳市游仙区档案局（馆）更名为绵阳市游仙区档案馆。为区委直属事业单位，主要职责：贯彻执行中央和省市有关档案管理的法律法规规章及有关政策、制度，集中统一管理区级重要档案资料，保守党和国家秘密，维护档案完整与安全。开展档案和资料的整理、鉴定、保管、保护、修复、复制和统计等各项基础业务工作。经区委编办批准核定编制8名，设局长1名、副局长1名，内设股室3个。

【档案查询服务】2019年接待查阅利用档案732人次，提供案卷1100卷次，复制档案1806页。其中接待异地查档12人次。

【档案接收】2019年共接收区委办2001—2011年文书档案4007件、区工信局文书档案4148件、区发改局文书档案762件，接收游仙镇1982—2006年婚姻档案4962件、魏城镇1987年—2006年婚姻档案7352件。

【档案管理】按照《四川省档案工作规范化管理办法》要求，督促各单位认真做好文件材料的收集、整理、保管和利用等工作。2019年11月6日，区法院以98.7分通过档案工作规范化管理验收。达到四川省档案工作规范化管理“省一级”标准。

【档案业务指导】印发《关于在

游仙区乡镇行政区划调整改革中加强档案工作的意见》，对机构改革变动部门单位档案处置提出明确要求，保证档案齐全完整和安全管理。对区级部分单位进行现场指导，解决档案整理过程中的问题。完成对区卫健局、区工信局、区发改局、涪江街道办等单位文书档案整理，完成游仙镇、魏城镇婚姻档案规范整理。

【档案安全】按照档案库房“八防”要求，定期检查库房温湿度监测和档案保管状况，做好档案库房消防和温湿度记录，制定档案馆汛期领导带班和24小时应急值班表；加强档案基础设施安全建设，确保档案保管保护设施设备有效运行；加强档案信息安全管理，明确档案信息安全工作岗位和责任，加强档案信息系统、数字化加工、信息存储、“三网一库”建设等安全管理和安全检查，配备相应信息安全设施设备。

【档案信息化】2019年，推进全馆档案全文数字化工作，扫描完成馆藏档案1380591页。立足馆藏资源，与文化、旅游、宣传、方志、党史合作，完成档案馆爱教基地宣传展示片和文化墙。与朝真乡联合完成《朝真乡志》编研任务。

【档案宣传教育】2019年“6•9”国际档案日，在市人民公园广场集中开展“档案见证改革开放”主题宣传活动。通过专题展览、悬挂宣传横幅、海报、设立咨询台、发放档案知识宣传手册及专门制作有“6•9”国际档案日标识的纪念品等多种方式，向广大市民群众现场发放宣传资料1000份，接受群众咨询205人次。2019年11月4日联合区医保局在五里堆社区开展档案法律法规宣传活动，发放宣传单200份，接受群众咨询35人次。（李　灵）

巡察工作

【机构概况】中共绵阳市游仙区委巡察工作领导小组办公室成立于2016年10月28日，是区委工作部门，设在区纪委。主要职责：贯彻落实中央、省委、市委和区委关于巡察工作的决策部署，向市委巡察办和区委巡察工作领导小组报告工作情况，统筹、协调、指导区委巡察组开展工作；承担有关政策研究、制度建设等工作，组织起草区委巡察工作规划、年度计划、年度巡察工作总结等重要材料。2019年，区委编办批准核定编制8名，设主任1名、副主任2名，内设股室3个。区委巡察组4个，每个巡察组设组长1名、副组长2名。2016年11月根据工作需要设立了6个区委专项巡察，每个专项巡察组设组长1名、副组长2名。2019年完成3轮巡察、6次专项巡察，巡察发现突出问题239个，移交问题线索27条、建议15条，党纪政纪处分2人。2019年，区委书记江彬在全市第一次巡察工作会上作题为《坚持巡察规范化，提质增效促发展》的经验交流。

【制度建设】制定《游仙巡察工作考核细则》《抽调人员评先表扬通报制度》《规范机关工作的实施方案》《规范公文管理工作》《规范调查研究督导评比工作》等文件，完善议事规则、党建制度、督查督办、保密工作、档案管理工作等制度。统一规范印制巡察证和《巡察信访登记表》，要求每一位巡察人员必须规范佩戴巡察证开展巡察工作。编制并印发巡视巡察工作应知应会口袋书，将巡视巡察有关内容纳入区委党校培训计划。

【专项巡察工作】2019年，完成6次全区性集中专项巡察。1—2月完成对全区278个村（社）班子运行情况专项巡察；3—4月，完成对2018年12月以来市委重大会议精神贯彻落实情况专项巡察；配合区纪委监委和区扶贫移民开发办完成脱贫攻坚专项巡察；5月，配合区委宣传部完成意识形态工作开展情况专项巡察；配合督促开展“四经普”专项巡察；5—6月，完成对近三年全区重大招商引资项目推进情况专项巡察。除意识形态和“四经普”外，均形成专题报告分别呈送区委相关领导。配合区纪委监委开展防汛减灾、防汛值班明察暗访，联合区应急管理局开展安全生产、地质灾害治理专项巡察。

【区委六届第七轮巡察】2019年3月29日至6月30日，区委4个巡察组分两批次对10个单位进行常规巡察。第一批次巡察对象：玉河镇、柏林镇、石板镇、白蝉镇、区总工会，巡察时间：2019年3月29日至5月9日；第二批次巡察对象：梓棉镇、徐家镇、观太镇、建华乡、区委党校，巡察时间：2019年5月20日至6月30日。

【区委六届第八轮巡察】2019年7月22日至9月20日，区委4个巡察组对云凤镇、街子镇、忠兴镇、太平镇、东宣镇、涪江街道、富乐街道、区文化广播电视和旅游局等8个单位进行常规巡察。

【区委六届第九轮巡察】2019年10月16日至11月29日，区委4个巡察组和4个聘任巡察组，对区委办、区人大机关、区政府办、区政协机关、区委统战部、区委编办、区委目标绩效办、区科技局、区公安分局、区统计局、区信访局、区经济合作局、区医疗保障局、区综合行政执法局、区公共服务中心、区机关后勤保障服务中心、区残联、城东公司、富乐投资公司等23个单位进行常规巡察。

【区委巡察工作领导小组暨区委“五人小组”2019年第一次会议】2019年1月2日召开。江彬主持，何守君、王兵出席会议。会议听取区委六届第六轮巡察工作情况汇报，对巡察发现的问题和意见建议等研究提出处理意见。

【区委巡察工作领导小组第二次会议】2019年1月4日召开。王兵主持，何守君出席。会议听取区委六届第四轮、第五轮巡察整改工作情况汇报和区委六届第三轮、第四轮、第五轮巡察工作回访督察工作情况汇报。

【区委巡察工作领导小组暨区委“五人小组”2019年第三次会议】2019年6月25日召开。江彬主持，陈华斌、何守君、杨守贵、王兵、唐兴万出席。会议学习传达上级领导讲话和有关会议精神。听取区委巡察办半年工作汇报。审议《建立中共绵阳市游仙区委六届六巡察工作人才库》《游仙区巡察工作抽调人员综合考核评价办法》《关于将巡视巡察有关内容纳入区委党委培训计划的建议》。听取区委六届六轮巡察整改工作情况汇报。

【区委六届第七轮巡察专题会议】2019年8月21日召开。江彬主持，陈华斌、何守君、杨守贵、王兵、唐兴万出席会议。会议听取区委六届七轮巡察工作情况汇报，对巡察发现的问题和意见建议等研究处理意见。

【区委六届第八轮巡察专题会议】2019年12月4日召开。江彬主持，陈华斌、何守君、杨守贵、区委常委、王兵、唐兴万出席会议。会议传达学习全国巡视办主任培训班讲话精神，审议《关于在巡察工作中实行合理化建议通报和运用制度的通知》，听取区委六届第八轮巡察工作情况汇报，对巡察发现的问题和意见建议等研究提出处理意见。

【脱贫攻坚】2019年，区委巡察办结对帮扶朝真乡崇林村5户贫困户，投入资金2万余元，开展实地帮扶工作100余人次，5户贫困户通过脱贫验收。（侯文秀）

游仙区人民代表大会

概述

【概况】2019年，在区委的坚强领导和市人大常委会的指导下，区人大常委会坚持以习近平新时代中国特色社会主义思想为指导，深入学习贯彻中共十九大精神和习近平总书记关于人民代表大会制度的重要思想，树牢“四个意识”，坚定“四个自信”，坚决做到“两个维护”，履行宪法和法律赋予的各项职责，坚持党对人大工作的全面领导，以推进区委决策部署的贯彻落实作为人大履职导向，扎实推进“工作落实年、项目开工年、环境提升年”，全年召开常委会议7次、主任会议16次，视察、执法检查28次，调研49次，听取和审议“一府两院”专项工作报告18项，依法作出决议、决定18项，提出审议意见66条，依法选举及任免国家机关工作人员91人，制定和完善各类规章制度6项，为建设更高质量的“五个游仙”做出人大贡献。

【游仙区第六届人大常委会组成人员名单（30人）】

主　任： 袁玉国

副主任： 王宗华
陈　勇
冯忠卫
徐丽娟（女）

委　员：

邓文太	邓兴伟
李　婷（女）	肖　丹
龚晓蓉（女）	谢德琼（女）
刘正西	陈　良
岳　灿	唐　春
涂　龙	熊光兴
廖雪鸥（女）	勾爱民
廖聪寿	范金燕（女）
陈　涛	张素琼（女）
刘治红（女）	雷晓燕（女）
王　涛	王庆培
王俊义	白真诚
崔海明（女）	

【监督工作】2019年，区人大常委会对区人民政府贯彻执行《四川省农村扶贫开发条例》《中华人民共和国公路法》《中华人民共和国人民调解法》情况开展执法检查，形成执法检查报告。对区人民检察院开展公益诉讼工作情况进行专题调研，对全区质量品牌兴区战略推进情况进行专题调研，对全区乡村振兴工作推进情况进行专题调研，对全区营商环境治理情况进行专题调研，形成调研报告。2019年8月，区人大常委会对区人民政府重点项目建设、实施、运行情况进行专项视察，并提出工作意见和建议。

【代表工作】2019年5月至7月，组织部分区人大常委会组成人员、区人大代表、机关干部近70名分别到北戴河、三岔湖、贵阳等地开展业务培训。区六届人大五次会议期间，共收到建议108件，其中“关于建立营商环境建设的长效机制制度的建议”等8件建议作为重点督办件由常委会领导牵头督办。108件代表建议在规定时间内全部办结，办结率100%，满意率为97.2%，基本满意率为2.8%，无不满意件。在全市率先制定《关于对游仙区人民代表大会代表建议、批评和意见办理情况开展工作评议的实施意见》，并在全市交流推广。在游仙区六届人大常委会第二十一次会议上，创新开展对代表建议办理情况现场评议，完成常委会组成人员及被抽取的20件代表建议所涉及的领衔人大代表对区教体局等18个部门的代表建议办理工作情况的评议工作。各乡镇人大主席团分别于第一季度、第三季度依法组织召开两次乡镇人代会，在会上开展“民生实事项目人大代表票决制”工作，票决出100余个民生实事项目；组织全区10个代表小组开展集体视察、调研、执法检查，开展人大代表“五个一”活动，推进“双联”活动，深化“脱贫攻坚——人大代表再行动”活动；规范建立起259个村（社区）代表联络站、代表活动室。

【选举任免】2019年，依法选举及任免“一府一委两院”干部91人（其中：选举产生区人大常委会委员、专委会组成人员12人；任命区人大常委会机关委室、“一府一委两院”国家机关工作人员39人，免职40人），对区人民法院任命的干部进行任前考察，对所有被任命干部均进行任前法律知识考试和宪法宣誓工作。通过专题研究、延伸座谈、调研研判等方式继续对任命的区人民政府组成部门部分主要负责人和法检两院部分人员开展述职满意度测评工作。2019年12月30日，在召开的游仙区六届人大常委会第二十二次会议上，由常委会组成人员以无记名方式对被测评对象进行满意度测评。

重要会议

【区六届人大五次会议】 2019年3月25—26日举行。大会应到代表212人，实到代表207人。

第一次全体会议于3月25日下午召开，大会主席团执行主席江彬、袁玉国、何守君、王宗华、陈勇、冯忠卫、徐丽娟出席会议，江彬主持会议。会议听取《政府工作报告》《区人大常委会工作报告》。听取区人民法院工作报告、区人民检察院工作报告；审查区2018年国民经济和社会发展计划执行报告及2019年国民经济和社会发展计划（书面）、区2018年财政预算执行情况的报告及2019年财政预算（书面）；通过大会《选举办法》草案；表决其他有关事项。

第二次全体会议于3月26日召开，大会主席团执行主席江彬、袁玉国、何守君、王宗华、陈勇、冯忠卫、徐丽娟出席会议，袁玉国主持会议。会议应到代表212名，实到190名。大会表决通过《区人民政府工作报告的决议》《区人大常委会工作报告的决议》。表决通过《区人民法院工作报告》《区人民检察院工作报告》《区2018年国民经济和社会发展计划执行情况及2019年计划报告》《区2018年财政预算执行情况和2019年财政预算报告的决议》。依法选举产生5名区六界人大常委会委员，以及人大监察和法制委员会、财政经济委员会、社会建设委员会成员。

【区六届人大常委会会议】 2019年，区第六届人大常委会共依法召开常委会议7次，听取和审议“一府两院”工作报告和贯彻法律法规情况报告18个，依法作出决议、决定18项，提出审议意见66条。

区六届人大常委会第17次会议 2019年3月5日，在区人大机关202会议室召开。会议审议和批准区人民政府关于提请审议批准2018年地方政府债务限额的议案、区人大常委会工作报告、区

3月25—26日，游仙区六届五次人代会议召开

人大常委会2019年工作要点、人大机构改革事项、区第六届人民代表大会第五次会议相关事宜、人事任免事项、补选区六届人大代表相关事宜。

区六届人大常委会第18次会议 2019年4月25日,在区人大机关202会议室召开。会议听取区人民法院关于解决“执行难”工作情况的报告、区人民政府关于对2017年度财政预算执行和财政收支审计结果执行以及政府投资项目查出问题整改落实情况的报告、听取区人大监察和法制委关于2018年规范性文件备案审查工作情况的报告（书面）、审议机构设置事项、人事任免事项。

区六届人大常委会第19次会议 2019年6月19日，在区人大机关202会议室召开。会议听取区人民政府关于2018年环境状况和环境保护目标完成情况的报告、区人民政府关于质量品牌兴区战略推进情况的报告、区人大常委会调研组关于对区人民检察院开展公益诉讼工作情况进行调研的报告（书面）；听取和审议区人大常委会执法检查组关于对区人民政府贯彻执行《中华人民共和国公路法》情况开展执法检查的报告、区人大常委会执法检查组关于对区人民政府贯彻执行《四川省农村扶贫开发条例》情况开展执法检查的报告；审议人事任免事项。

区六届人大常委会第20次会议 2019年8月23日，在区人大机关202会议室召开。会议听取和审议2019年上半年国民经济和社会发展计划执行情况的报告、区人民政府关于2018年度财政预算执行和其他财政收支情况审计工作的报告、区人民政府2019年上半年财政预算执行情况的报告；审议和批准区人民政府2018年财政决算的报告。

区六届人大常委会第21次会议 2019年10月29日，在区人大机关202会议室召开。会议听取和审议区人民政府关于区六届人大五次会议期间代表建议、批评和意见办理情况的报告；对游仙区人民代表大会代表建议、批评和意见办理情况开展工作评议；听取区人民政府关于全区幼儿园建设情况的报告；听取和审议区人大常委会执法检查组关于对区人民政府贯彻执行《中华人民共和国人民调解法》情况开展执法检查的报告；听取区人大常委会调研组关于对全区山湾农庄建设工作推进情况进行调研的报告（书面）；听取区人大常委会调研组关于对全区营商环境治理工作情况进行调研的报告（书面）；审议人事任免事项。

区六届人大常委会第22次会议 2019年11月15日，在区人大机关202会议室召开。会议听取和审议区人民政府《关于绵阳市游仙区乡镇行政区划调整改革方案（审议稿）的议案》。

区六届人大常委会第23次会议 2019年12月30日，在区人大机关202会议室召开。会议对区人大常委会任命的区人民政府组成部门部分主要负责人和法检两院部分人员开展述职满意度测评；听取和审议区人民政府关于2019年地方政府债务限额的议案；听取和批准区人民政府关于2019年财政预算调整情况的报告；听取区人民政府关于国有企业资产情况的报告；审议游仙镇撤镇设街道办事处有关事项；审议乡镇行政区划调整人大选举有关事项；补选区第六届人大代表有关事项。（白 剑）

游仙区人民政府

概述

【概况】2019年，游仙区实现区属地区生产总值357.40亿元、同比增长8.8%，从2017年突破200亿元到2019年突破300亿元，三年连跨两个百亿量级；地方一般公共预算收入10.5亿元、同比增长9.2%，税收占一般公共预算收入达83%；规上工业增加值同比增长11.3%，服务业增加值同比增长9.6%，第一产业增加值同比增长2.9%；对上争取项目资金28.3亿元，全社会固定资产投资增长19.1%，新增“四上”企业52户；城镇居民人均可支配收入达到43947元、同比增长8.8%，农村居民人均可支配收入达到18933元、同比增长10.3%。

【工业经济】规上工业增加值增速长期保持全市第一梯队，智能制造、节能环保、新型功能材料、电子信息产业产值占规上工业总产值比重达58%；企业研发经费投入（R&D）2.59亿元、同比增长23.3%，新增专利授权1202件；新增规模以上工业企业13家，达131家；新认定高新技术企业7家，达37家；新认定融合发展企业9户，达72户。仙特米业被评为全省“高成长型”中小企业、金信诺被评为“专精特新”中小企业；游仙高新区被认定为省级绿色示范园区、省级新型工业化产业示范基地。

【现代服务业】海悦银河城、川西北物流园等大型商业综合体投入运营，新增规上和限上服务业企业29家，实现社会消费品零售总额107.4亿元、同比增长11.5%，外贸进出口完成3.02亿元，电商交易额732.73亿元、同比增长101.77%，创建省级电子商务产业示范县。实现旅游业收入85.93亿元、增长13.1%。

【现代农业】有效应对非洲猪瘟等农业生产风险，新增华欧特级初榨橄榄油等“三品一标”农产品5个，培育壮大浩东粮油、金太阳饲料等市级以上农业产业化龙头企业5家，实现农林牧渔业总产值53.62亿元。2019年，游仙创建为全国平安农机示范区、四川特色农产品优势区。

【院地协同】与中物院“两所一公司”签订协议，共同建设集“激光材料、激光器件、激光装备”全产业链的激光产业园项目，实现主营业务收入109亿元。

【深化改革】完成乡镇行政区划调整改革、全国农村集体产权制度改革整县推进试点等99项改革任务，投资审计“三个转变”、河湖管理保护新举措、互联网+人民调解、政务服务差评师等改革经验在全省全市推广。

【区域协同发展】与成都市锦江区、双流区、温江区、青白江区、崇州市和5个周边县市区签订合作协议，落实合作事项10项，完成协同发展工作任务23项，助推签约招商项目40个，协议引资426.42亿元，其中5亿元以上项目10个；招引西部半导体集成电路高科技产业园等优质项目40个，国内省外到位资金83.2亿元，获得省级招商引资重大项目奖补资金937.6万元，占全市总额的47.3%，位居全市第一。

【营商环境】深化“放管服”改革，创优“一窗制”服务，499个政务服务事项实现“最多跑一次”比例达82%，企业开办、一般工程建设项目审批时间分别压减至1个工作日、60个工作日以内；全面落实减税降费政策，减免税费2.95亿元，建成全省首个24小时办税超市；清理拖欠民营企业中小企业账款1258万元，新增市场主体5241户，中金资源入选全国民企500强，东材科技等2家企业入选全省民企100强。

【城乡品质】实施“城建攻坚”和“交通攻坚”，投入26.5亿元实施基础设施建设项目108个，城区污水支管网完善项目、省道205改线二期、中绵路等工程全面完成，城市运动公园、中玉路等项目推进顺利，G5成绵高速扩容、108国道改线、绵苍高速等项目启动拆迁，一环顺利重构、二环基本贯通，新增棚户区改造项目2个，治理老旧小区46个，新建垃圾压缩中转站10个，石马等重点镇建设取得新进展，魏城镇铁炉村、信义镇曾家垭村省级农村住房建设试点正常推进。

【乡村振兴】编制完成《“7+1”现代农业园区建设规划》，出台实施乡村振兴战略考评激励办法，设立乡村振兴发展资金3500万元，打造山湾农庄40个，“芙蓉花溪”乡村振兴综合项目顺利实施，新（改）建县乡村道路157.6公里，新增省级“四好村”25个、“美丽四川·宜居乡村”达标村113个，魏城镇白鹤村成功创建全国乡村治理示范村，仙鹤镇洛水村等5个村获评省级实施乡村振兴战略示范村。

【生态环境】推进“大气、水、土壤”三大战役，中央、省生态环保督察及“回头看”反馈问题整改率分别达95%、98%、100%，城区空气质量优良天数达317天、增加20天，PM2.5、PM10浓度分别下降12.9%、13.1%，城市和乡镇集中式饮用水水源达标率分别达100%、90%，土壤环境质量总体保持稳定。森林覆盖率达30.89%，新桥镇新跃村等3个村被评为国家森林乡村。

【民生保障】完成全部47项为民办实事项目，民生支出占财政支出比重达70.63%。城镇新增就业8405人，城镇登记失业率控制在1.88%，建立驻粤港澳大湾区农民工服务站。城乡低保、特困人员供养、残疾人两项补贴等政策全面落实，困难群众重特大疾病医疗救助实现全覆盖。新改建城镇公厕16座、农村户用厕所5400户，改造农村土坯房4080户，剩余的881名贫困户全部脱贫、16个贫困村全部摘帽。

【社会事业】义务教育质量持续领跑，新（改扩）建学校13所，幼儿园、中小学学位分别新增1080个、3500个，如期完成消除“大班额”年度目标任务，投入1780万元率先实现农村学校免费热水供应和城区学校课后延时服务。积极推进健康游仙建设，“八区一中心”医共体改革稳步推进，全面取消医用耗材加成，累计减轻群众医疗负担1500万元，通过全国中医药先进单位复评和全省健康促进示范区验收。公共文化设施全面免费开放。组织庆祝新中国成立70周年系列活动，完成安保维稳工作。

【社会治理】深入推进法治游仙建设，游仙区被评为全国“七五”普法中期先进区和四川省第二批法治示范区，小枧司法所获评全国模范司法所；开展扫黑除恶专项斗争，推进平安游仙建设，建成智慧平安小区12个，刑事发案同比下降4.6%。区信访接待窗口被评为省级“人民满意窗口”。狠抓安全和应急管理，全年未发生较大以上安全生产事故，刘家社区申报为全国综合减灾示范社区。食品药品安全形势稳中趋好。开展第四次全国经济普查和第三次全国国土调查。实施9个重大风险防范化解工作方案，守住不发生系统性风险的底线。

【行政效能】2019年，办理人大代表建议108件、政协委员提案101件，办结率100%。完成机构改革，政府职能转变。回应群众关切，公开政务信息1.1万余条，化解历史遗留问题22件。强化审计监督和财政评审，节约财政资金2.21亿元。纠正“四风”。（王　耀）

区政府常务会议

【六届第30次常务会会议】 2019年1月7日召开，陈华斌主持，杨守贵、李彦君、张明东、林檬、李万庆、曾和荣、姚永强参加。会议学习《四川省政务服务条例》；学习贯彻习近平总书记在庆祝改革开放40周年大会上的重要讲话精神、中央经济工作会议和省委经济工作会议、全省大气污染防治工作视频会议和全市大气污染防治工作会议、全市加强农民工服务保障暨治欠保支工作推进会议、全市非洲猪瘟防控应急指挥部工作会议精神，通报2018年10月、11月涪江等九条流域水环境断面考核和生态补偿资金扣缴情况，听取全区2018年工业技改投资工作总结及2019年工作计划情况汇报，研究部署相关工作；审议科学城快速通道项目景观提升改造及交安系统建设、乡村振兴战略规划编制工作、人事任免等事项；原则通过《游仙区人民政府与游仙区农村信用合作联社金融助推乡村振兴战略合作协议》《绵阳市游仙区农村建设用地整理及调整村庄建设用地布局管理办法（暂行）》。

【六届第31次常务会会议】 2019年1月21日召开，陈华斌主持，杨守贵、李彦君、张明东、林檬、姚永强参加。会议学习《中华人民共和国统计法》和《中华人民共和国统计法实施条例》；学习贯彻习近平总书记对做好“三农”工作的重要指示和李克强总理批示及中央农村工作会议精神、李克强总理安全生产工作批示和全国全省安全生产电视电话会议精神、省“两会”精神、全市岁末年初安全生产工作会议精神，研究部署相关工作；审议陕西鑫博通商贸项目、网众物联项目、区妇幼保健院新建项目、建设山湾农庄助力乡村振兴项目等事项；原则通过《游仙区“十三五”规划实施中期评估报告（送审稿）》《2018年纳税大户、纳税先进表彰奖励建议方案》《绵阳市游仙区深化农村金融改革开展农村产权融资工作的实施方案（审议稿）》等事项。

【六届第32次常务会会议】 2019年2月20日召开，陈华斌主持，杨守贵、李彦君、张明东、曾和荣、姚永强参加。会议学习《关于在招标投标活动中对失信被执行人实施联合惩戒的通知》相关内容；学习贯彻市“两会”精神、2019年全市大气污染防治工作专题会议精神，研究《绵阳市游仙区非洲猪瘟疫情应急预案实施方案》；原则通过《政府工作报告(审议稿）》《绵阳市游仙区2018年国民经济和社会发展计划执行情况及2019年计划草案的报告（审议稿）》《绵阳市游仙区2018年财政预算执行情况和2019年财政预算草案的报告(审议稿)》《绵阳市游仙区特殊精神障碍患者“健康扶贫”救治救助方案（审议稿）》；审议柏林法兰西花香田园乡村振兴综合体项目、中国绵阳科技体育健康小镇项目、西部半导体集成电路高科技产业园项目等事项。

【六届第33次常务会会议】 2019年4月1日召开，陈华斌主持，杨守贵、李彦君、张明东、林檬、李万庆、曾和荣、姚永强参加。会议学习《中华人民共和国建筑法》；学习贯彻《省委省政府关于推进中国（绵阳）科技城加快发展的意见》《省委办公厅省政府办公厅关于落实食品安全党政同责的意见》《绵阳市党政领导干部安全生产责任制实施细则》、刘超书记和元方市长关于做好安全生产工作批示精神、全市统计调查工作会议精神、国家高新技术企业申报和研发费用税前加计扣减有关政策，研究部署相关工作；原则通过《绵阳市

11月27日，区政府六届第42次常务会

游仙区行政审批与监管联席会议制度（试行）》等六项制度、《绵阳市游仙区农村住房建设试点工作方案（审议稿）》《游仙镇鹤林沟片区市政排洪沟（二期）工程项目建设方案》；审议中物院公租房及小学建设项目配套道路工程设计方案、2019年度棚改专项债发行工作、“四好农村路”建设、石马特色小镇建设工程项目、江苏西顿科技智能制造技术及装备研发中心项目、中国（绵阳）科技城技术转移培育中心（科技创新园）项目、游仙区山湾农庄运营管理项目、人事任免等事项。

【六届第34次常务会会议】2019年4月29日召开，陈华斌主持，杨守贵、李彦君、张明东、李万庆、曾和荣、姚永强参加。会议学习《中华人民共和国保守国家秘密法》；学习贯彻2019年全市非洲猪瘟疫情分析会议精神，通报2019年一季度生态环境工作约束性指标完成情况，听取游仙辖区“大棚房”问题清理整改情况汇报，研究部署相关工作；原则通过《绵阳市游仙区区属企业负责人履职待遇、业务支出管理办法（审议稿）》《绵阳市游仙区2019年艾滋病防治工作要点（审议稿）》《进一步支持教育事业健康发展十六条措施（审议稿）》《绵阳市游仙区中小学生课后服务实施意见（审议稿）》；审议购置应急救援和执法车辆、城镇低效用地再开发和调整游仙镇、云凤镇、新桥镇、忠兴镇、徐家镇土地利用总体规划等事项。

【六届第35次常务会会议】2019年5月22日召开，陈华斌主持，杨守贵、余菁、李彦君、张明东、李万庆、曾和荣、姚永强参加。会议学习《选择仲裁管辖促进游仙社会经济和谐发展》相关内容；学习贯彻习近平总书记在全国公安工作会议上的重要讲话精神、李克强总理在企业减税降费专题座谈会上的讲话精神、《地方党政领导干部食品安全责任制规定》、四川省文化旅游发展大会精神、省市近期三次明察暗访游仙区宗教工作和宗教领域存在问题的通报情况、省市贯彻落实中央环保督察“回头看”反馈意见精神、2019年绵阳市科学技术奖励大会和绵阳市科技创新工作会议精神，研究部署相关工作；审议解决区融媒体中心技术平台建设、诺思（绵阳）微系统新基地项目一期用地、选聘第二批专职人民调解员、富乐山实验幼儿园建设项目增加工程量、“互联网一站式”便民服务平台建设等事项；原则通过《游仙区2019年度全域旅游宣传营销和培训工作实施方案（审议稿）》。

【六届第36次常务会会议】2019年6月14日召开，陈华斌主持，杨守贵、余菁、李彦君、张明东、林檬、张欣、李万庆、曾和荣、姚永强参加。会议学习《中华人民共和国个人所得税法》；学习贯彻习近平总书记在中央全面深化改革委员会第八次会议上的重要讲话精神、国务院《政府投资条例》、四川省建设绵阳科技城领导小组会议精神，研究部署相关工作，原则通过《绵阳市游仙区2019年防范化解食品药品安全风险工作计划（审议稿）》等五个工作计划、《绵阳市游仙区招商引资实施办法（试行）》（审议稿）；审议授予郭德明、杨林2人为“见义勇为公民”称号、游仙区芙蓉溪流域统筹规划及重点区域城市设计项目、街子镇、忠兴镇、玉河镇总体规划及控制性详细规划、绵阳市游仙区农村生活垃圾收运设备采购及综合智慧监管信息平台采购项目、人事任免等事项。

【六届第37次常务会会议】2019年7月4日召开，陈华斌主持，杨守贵、余菁、李彦君、张明东、林檬、张欣、李万庆、曾和荣、姚永强参加。会议学习中共中央办公厅、国务院办公厅印发的《法治政府建设与责任落实督察工作规定》；学习贯彻《中共中央、国务院关于深化改革加强食品安全工作的意见》等文件精神，研究部署相关工作；原则通过《绵阳市游仙区2019年防范化解安全生产重大风险工作计划（审议稿）》等4个工作计划；审议采购招商引资项目风险评估机构、中国·绵阳牡丹健康产业园项目、绿色装配式建筑工厂化生产基地项目、建设游仙区安全应急体验中心、采购游仙区救灾物资储备计划、调整芙蓉溪街子段防洪治理工程建设任务、游仙区交通基础设施补短板项目等事项。

【六届第38次常务会会议】2019年8月6日召开，陈华斌主持，余菁、李彦君、张明东、林檬、张欣、李万庆、姚永强参加。会议学习国务院《重大行政决策程序暂行条例》；学习贯彻李克强总理对安全生产工作批示精神和各级“防风险保安全迎大庆”安全生产会议精神、近期各级非洲猪瘟防控工作会议精神、《地方各级人民政府行政首长防汛抗旱工作职责》精神，通报2019年上半年生态环境约束性指标完成情况，研究部署相关工作；原则通过《绵阳市游仙区创建全国首批法治政府建设示范区的实施方案（审议稿）》《绵阳市游仙区养老机构登记备案管理实施方案（审议稿）》《绵阳市游仙区工程建设项目全流程审批实施办法（审议稿）》《绵阳市游仙区工程建设项目审批“一表制”实施办法（审议稿）》《绵阳市游仙区工程建设项目“一费制”征收管理实施方案（审议稿）》《绵阳市游仙区2019年1—6月国民经济和社会发展计划执行情况报告（审议稿）》《绵阳市游仙区2019年1—6月财政预算执行情况报告（审议稿）》《绵阳市游仙区2018年财政决算（草案）报告（审议稿）》《绵阳市游仙区培育高新技术企业奖励扶持办法（试行）》（审议稿）；审议调整2019年游仙区国有资本经营预算收入、人事任免等事项。

【六届第39次常务会会议】2019年9月24日召开，陈华斌主持，杨守贵、李彦君、林樣、李万庆、姚永强参加。会议学习《四川省预算审查监督条例》；学习贯彻扫黑除恶有关会议精神，通报全区1—8月艾滋病防治工作形势，研究部署相关工作；原则通过《绵阳市游仙区人民政府工作规则（审议稿）》《绵阳市游仙区人民政府常务会议议事决策规则（审议稿）》《绵阳市游仙区2019年政府投资项目计划表（审议稿）》《绵阳市游仙区财政金融互动促进民营经济健康发展实施细则（审议稿）》《绵阳市游仙区养老机构登记备案实施办法（审议稿）》《绵阳市游仙区乡村振兴战略规划（2018—2022年）》（审议稿）；审议建设小型消防站、调整基层医疗卫生单位财政定额补助、游仙区先进材料中小微企业产业园建设等事项。

【六届第40次常务会会议】2019年10月8日召开，陈华斌主持，杨守贵、李彦君、张明东、林樣、张欣、李万庆、姚永强参加。会议学习《中华人民共和国出境入境管理法》，通报四川省环保专项督察组下沉游仙督察情况暨1-9月环境质量完成情况，研究部署相关工作；原则通过《游仙区行政审批局和综合行政执法局相对集中行使行政权力事项清单（审议稿）》；审议提高警务辅助人员保障经费、游仙区乡村振兴相关财政资金安排、安徽瑞德300吨钐钴永磁体项目、重庆威诚捷重力离散器项目、广东大川精密制造产业园项目等事项。

【六届第41次常务会会议】2019年11月14日召开，陈华斌主持，杨守贵、李彦君、张明东、李万庆、姚永强参加。会议学习《四川省〈中华人民共和国大气污染防治法〉实施办法》；学习贯彻全省根治拖欠农民工工资工作电视电话会议精神、区人大常委会、区政协与区政府联席会议精神，研究部署相关工作；审议城区工业企业搬迁改造、半导体芯片产业园、先进材料中小微产业园、机关食堂运营管理模式、追加绵阳科技城共赢帮扶投资基金县级财政出资资金、协助游仙区农村信用合作联社防控化解金融风险、支持英才学校教育事业发展、授予赖宁和杜斌2人“见义勇为公民”称号、配置学生中考英语听力测试设备、区政府与四川能投建工集团有限公司合作等事项。

【六届第42次常务会会议】2019年11月27日召开，陈华斌主持，杨守贵、李彦君、林樣、姚永强参加。会议学习《中华人民共和国行政许可法》；学习贯彻扫黑除恶有关会议精神、宗教工作有关会议精神、市委书记刘超在市委常委会上的重要指示精神、市环保督察工作会议精神、《绵阳市决战决胜污染防治攻坚三十六条硬措施》等，通报游仙区主要经济指标完成情况，研究部署相关工作；原则通过《绵阳市游仙区加强和改进行政应诉工作实施意见（审议稿）》《绵阳市游仙区现代农业园区建设实施方案（审议稿）》《绵阳市游仙区乡镇集中式饮用水水源保护区划分调整方案（审议稿）》《绵阳市游仙区关于建立残疾儿童康复救助制度的实施意见（审议稿）》；审议游仙区2020年省市重点项目申报、实施游仙区“果满山川”现代农业园区项目、实施绵阳“桃李春风小镇”项目、“全民健康云服务体系”项目、区政府与中物院化工材料研究所合作等事项。

【六届第43次常务会会议】2019年12月12日召开，陈华斌主持，杨守贵、李彦君、张明东、张欣、姚永强参加。会议审议区政府与华为软件技术有限公司合作事项。（王 耀）

表 3　　2019年区政府（办公室）文件目录选登表

文件字号	文件名称
绵游府发〔2019〕1号	关于开展“春雷行动2019”暨整治保健市场乱象百日行动的通知
绵游府发〔2019〕2号	关于调整区政府领导分工的通知
绵游府发〔2019〕3号	关于做好2019年全区重点项目工作的通知
绵游府发〔2019〕4号	关于确定2019年游仙区消防安全重点单位的通知
绵游府发〔2019〕5号	关于印发《绵阳市游仙区2019年民兵组织整顿工作计划》的通知
绵游府发〔2019〕6号	关于调整绵阳市游仙区征兵领导小组组成人员及征兵办公室机构设置的通知
绵游府发〔2019〕7号	关于成立绵阳市游仙区先进材料中小微企业产业园建设工作领导小组及专项工作组的通知
绵游府发〔2019〕8号	关于调整完善绵阳市游仙区应急委员会的通知
绵游府发〔2019〕9号	关于授予郭德明、杨林“见义勇为公民”荣誉称号的决定
绵游府发〔2019〕10号	关于表扬2019年度“优秀医师”的通报
绵游府发〔2019〕11号	关于印发绵阳市游仙区人民政府工作规则的通知
绵游府发〔2019〕12号	关于印发绵阳市游仙区畜禽养殖禁养区划定方案的通知
绵游府发〔2019〕13号	关于公布第二批区级非物质文化遗产代表性项目代表性传承人的通知
绵游府发〔2019〕14号	关于建立残疾儿童康复救助制度的实施意见
绵游府发〔2019〕15号	关于授予赖宁、杜斌同志“游仙区见义勇为公民”荣誉称号的决定
绵游府发〔2019〕16号	关于调整石马镇等八个镇行政区划的通知
绵游府办发〔2019〕1号	关于印发《绵阳市游仙区水利工程运行维护向社会力量购买服务管理办法（试行）》的通知
绵游府办发〔2019〕2号	关于印发《绵阳市游仙区网格化环境监管实施方案（2018年修订）》的通知
绵游府办发〔2019〕3号	关于成立绵阳市游仙区健康服务业发展推进小组的通知
绵游府办发〔2019〕4号	关于印发《绵阳市游仙区林业生态红线划定工作方案》的通知
绵游府办发〔2019〕5号	关于印发《绵阳市游仙区农村建设用地整理及调整村庄建设用地布局管理办法（暂行）》的通知
绵游府办发〔2019〕6号	关于做好2019年区政府常务会议会前说纪讲法工作的通知
绵游府办发〔2019〕7号	关于印发《绵阳市游仙区农村土地承包经营权流转管理办法》的通知
绵游府办发〔2019〕8号	关于认定第一批“四好农村路”示范村的通知
绵游府办发〔2019〕9号	关于2018年度政务信息完成情况的通报
绵游府办发〔2019〕10号	关于做好2018年政府信息公开工作年度报告编制和公布工作的通知
绵游府办发〔2019〕11号	关于做好2019年政务信息报送工作的通知
绵游府办发〔2019〕12号	关于印发《绵阳市游仙区重点区域大气污染防治工作方案》的通知
绵游府办发〔2019〕13号	关于印发《绵阳市游仙区深化农村金融改革开展农村产权抵押融资工作实施方案》的通知
绵游府办发〔2019〕14号	关于印发《绵阳市游仙区城建攻坚行动2019年重点工程项目建设和拆迁工作实施方案》的通知

续表 3

文件字号	文件名称
绵游府办发〔2019〕15号	关于印发《绵阳市游仙区深入推进重点区域违规违法占用国家资源挤占生态空间清理整治专项行动工作方案》的通知
绵游府办发〔2019〕16号	关于印发《绵阳市游仙区行政审批与监管联席会议制度（试行）》等六项制度的通知
绵游府办发〔2019〕17号	关于印发《绵阳市游仙区农村住房建设试点工作方案》的通知
绵游府办发〔2019〕18号	关于进一步加强工程建设领域劳动用工管理及保障农民工工资支付工作的通知
绵游府办发〔2019〕19号	关于印发《绵阳市游仙区区属出资企业融资和担保管理办法（试行）》的通知
绵游府办发〔2019〕20号	关于印发《绵阳市游仙区区属国有企业投资监督管理办法（试行）》的通知
绵游府办发〔2019〕21号	关于下达2019年招商引资目标任务的通知
绵游府办发〔2019〕22号	关于进一步加强控辍保学提高义务教育巩固水平的通知
绵游府办发〔2019〕23号	关于调整绵阳市游仙区人民政府防治艾滋病工作委员会的通知
绵游府办发〔2019〕24号	关于开展打击固体废物环境违法行为专项行动的通知
绵游府办发〔2019〕25号	关于印发《绵阳市游仙区政府投资建设项目审计监督管理办法》的通知
绵游府办发〔2019〕26号	关于印发《绵阳市游仙区2019年度地质灾害防治预案》的通知
绵游府办发〔2019〕27号	关于成立绵阳市游仙区推进实施惠民惠农财政补贴资金社会保障卡“一卡通”发放工作领导小组的通知
绵游府办发〔2019〕28号	关于印发《绵阳市游仙区节水型社会达标建设工作实施方案》的通知
绵游府办发〔2019〕29号	关于印发《绵阳市游仙区迎接第四次全国经济普查事后质量抽查工作方案》的通知
绵游府办发〔2019〕30号	关于进一步加强合法性审查工作的通知
绵游府办发〔2019〕31号	关于成立624统建房小区危房处置工作领导小组的通知
绵游府办发〔2019〕32号	关于做好履行教育职责评价迎检工作的通知
绵游府办发〔2019〕33号	关于调整绵阳市游仙区减灾委员会组成人员的通知
绵游府办发〔2019〕34号	关于成立东材科技东兴路6号地块相关事宜推进工作专项小组的通知
绵游府办发〔2019〕35号	关于认真做好2019年市人大代表建议和市政协委员提案办理工作的通知
绵游府办发〔2019〕36号	关于印发《绵阳市游仙区社会中介机构参与政府投资建设项目审计监督办法（试行）》的通知
绵游府办发〔2019〕37号	关于深入贯彻落实减税降费政策措施的通知
绵游府办发〔2019〕38号	关于落实规模以上工业企业座谈会会议精神的通知
绵游府办发〔2019〕39号	关于印发《绵阳市游仙区违建别墅问题清查整治专项行动实施方案》的通知
绵游府办发〔2019〕40号	关于印发《第二届中国国际进口博览会绵阳交易分团游仙区组织工作实施方案》的通知
绵游府办发〔2019〕41号	关于印发《绵阳市游仙区城镇小区配套幼儿园治理工作实施方案》的通知
绵游府办发〔2019〕42号	关于印发《绵阳市游仙区建设项目全流程审批实施办法》《绵阳市游仙区工程建设项目审批“一表制”实施办法》《绵阳市游仙区工程建设项目“一费制”征收管理实施方案》的通知
绵游府办发〔2019〕43号	关于印发《绵阳市游仙区深化收费公路制度改革取消高速公路省界收费站实施方案》的通知

续表 3

文件字号	文件名称
绵游府办发〔2019〕44号	关于印发《绵阳市游仙区党政机关公务用车管理制度（试行）》的通知
绵游府办发〔2019〕45号	关于印发《绵阳市游仙区培育高新技术企业奖励扶持办法(试行)》的通知
绵游府办发〔2019〕46号	关于印发《游仙区生态环境突出问题大排查大整治百日攻坚行动方案》的通知
绵游府办发〔2019〕47号	关于印发《2019年度法治政府建设重点工作安排》的通知
绵游府办发〔2019〕48号	关于建立绵阳市游仙区涉房维稳处置工作联席会议制度的通知
绵游府办发〔2019〕49号	关于加快推进农民工服务平台建设工作的通知
绵游府办发〔2019〕50号	关于印发《绵阳市游仙区清理拖欠民营企业中小企业账款联席会议制度》的通知
绵游府办发〔2019〕51号	关于印发《绵阳市游仙区政府耕地保护责任目标考核办法》的通知
绵游府办发〔2019〕52号	关于调整绵阳市游仙区就业创业工作联席会议组成人员的通知
绵游府办发〔2019〕53号	关于做好2020年度城乡居民医疗保险参保工作的通知
绵游府办发〔2019〕55号	关于印发绵阳市游仙区养老机构登记备案实施办法的通知
绵游府办发〔2019〕56号	关于印发绵阳市游仙区财政金融互动促进民营经济健康发展实施细则的通知
绵游府办发〔2019〕57号	关于印发绵阳市游仙区2019年政府投资项目计划的通知
绵游府办发〔2019〕58号	关于印发《绵阳市游仙区创建四川省特色农产品优势区（绵阳蚕茧）工作方案》的通知
绵游府办发〔2019〕59号	关于印发《绵阳市游仙区2019年度贯彻落实粮食安全省长责任制工作方案》的通知
绵游府办发〔2019〕60号	关于报送2019年工作总结和2020年工作计划的通知
绵游府办发〔2019〕61号	关于印发绵阳市游仙区2019年区级储备猪肉收储工作方案的通知
绵游府办发〔2019〕62号	关于调整绵阳市游仙区污染防治攻坚战领导小组组成人员的通知
绵游府办发〔2019〕63号	关于成立绵阳市游仙区第四次全国经济普查资料开发应用试点工作领导小组的通知
绵游府办发〔2019〕64号	关于印发绵阳市游仙区深化国家知识产权强县工程示范区建设实施方案的通知
绵游府办发〔2019〕65号	关于印发绵阳市游仙区社会心理服务体系建设试点工作方案（2019—2021年）的通知
绵游府办发〔2019〕66号	关于印发绵阳市游仙区2019年政务公开工作要点的通知
绵游府办发〔2019〕67号	关于调整绵阳市游仙区流浪乞讨人员救助管理工作联席会议成员单位的通知
绵游府办发〔2019〕68号	关于转发《绵阳市人民政府办公室关于填报政府与市场主体签订合同（协议）事项清单等三份清单的办文通知》的通知
绵游府办发〔2019〕69号	关于印发《绵阳市游仙区现代种业（蔬菜）产业园区建设实施意见》的通知
绵游府办发〔2019〕70号	关于印发《绵阳市游仙区粮食供给应急预案》的通知
绵游府办发〔2019〕71号	关于成立元坝-德阳（游仙段）输气管道工程项目工作专班的通知
绵游府办发〔2019〕72号	关于成立绵阳市游仙区推进中物院动力部供配电系统改造项目工作专班的通知
绵游府办发〔2019〕73号	关于调整绵阳市游仙区土地整理评审小组的通知
绵游府办发〔2019〕74号	关于印发《绵阳市游仙区鼓励城区工业企业向园区集群集聚集约发展暂行办法》的通知

续表 3

文件字号	文件名称
绵游府办发〔2019〕75号	关于开展乡镇清产核资工作及保障乡镇财务正常运转的通知
绵游府办发〔2019〕76号	关于做好2019年度实行最严格水资源管理制度考核工作的通知
绵游府办发〔2019〕77号	关于成立绵阳市游仙区2020年粮油产业高质量发展示范建设县项目推进工作领导小组的通知
绵游府办发〔2019〕78号	关于加强和改进行政应诉工作的实施意见
绵游府办发〔2019〕79号	关于印发《绵阳市游仙区迎接2019年省营商环境评价工作方案》的通知
绵游府办发〔2019〕80号	关于印发绵阳市游仙区乡镇集中式饮用水水源保护区整改方案的通知
绵游府办发〔2019〕81号	关于调整绵阳市游仙区水土保持工作领导小组成员的通知

政府办工作

【工作概况】2019年区政府办公室紧紧围绕全区中心工作，以深入建设先锋型、学习型、服务型、廉洁型、活力型“五型政府办”为主线，贯彻落实中央、省、市、区决策部署，进一步提升参与政务、办理事务、搞好服务等方面的工作水平，促进政府工作有序运行。

【协调服务】综合协调腾出专用办公场地，抽派2名党组成员、2名干部驻守生态环境专项督察集中办公室，协调完成省生态环境专项督察保障服务工作。参与制定《绵阳市游仙区迎接省级生态环境保护专项督察工作方案》，安排1名党组成员兼任集中办公室负责人，协调具体问题，落实1名党组成员开通文稿审核“快速通道”，共审核上报文件、文稿100余件，收集信息156条，编印《工作动态》10期，市迎督办共采用13条。

【办文办会】全年共签发规范性文件10件，接收、处理纸质公文1800余件，云平台接收、处理公文7000余件，未发生一例失密、泄密事件。共承担区政府常务会议14次、区政府党组会议7次、全区性大型会议活动28次、小型会议活动320次，参与筹备四川省2019年第一季度重大项目集中开工绵阳分会场暨绵阳市2019年第一季度重大项目集中开工仪式、央企走进中国科技城（绵阳）活动等市级及以上会议活动20余次。

【政务公开】清理规范政务服务事项，保留行政许可事项800项、公共服务事项558项，清理各类证明事项298项，将800项审批事项打包进驻区政务服务大厅上网运行、集中受理办理，全区一体化平台运行行政权力7059项，备案政务新媒体26个。在全市率先完成政府网站集约化建设，全年公开各类政务信息11197条，受理公众咨询24条。

【政务信息】全年上报信息300余条，被市政府办公室采用92条，被省政府办公厅采用3条，转报国务院办公厅21条，累计得分358分，完成全年目标任务的275%，全市排名第二。区内编印《政务信息》12期，刊发政务信息150余条。

【优化营商环境】推进商事制度改革、“最多跑一次”改革，30项目标任务如期完成，全流程审批时间从260余天压缩到60天以内。

【脱贫攻坚】制定差异化帮扶办法，实施“2+1”帮扶措施，对口帮扶白蝉镇老鹰窝村6户（12人）贫困户，投入资金31650元解决院坝、厕所、入户路硬化等生活设施改善问题，配备基本生活用品，贫困户向赠送鸡苗扶持发展种养殖产业。（王　耀）

行政审批（政务服务）

【机构概况】2019年2月，因机构改革，原“绵阳市游仙区人民政府政务服务中心管理委员会”撤销，新组建成立绵阳市游仙区行政审批局（以下简称审批局），是绵阳市游仙区人民政府的工作部门，为正科级。主要职责：承担营商环境建设和政务服务管理、行政审批制度改革。贯彻实施有关法律、法规、规章，执行上级有关行政审批制度改革的方针、政策。拟订行政审批服务各项规章制度和管理办法并组织实施。依据法律法规和行政管理体制改革要求，会同相关部门清理和规范行政审批事项。参与行政审批制度和“放管服”改革。负责规范全区行政审批行为，建立和完善相应工作机制，推进行政审批服务标准化、一体化、信息化、便民化建设。经区委编办批准核定行政编制14名。其中，局长1名，副局长2 名；中层正职职数8名，中层副职职数3名。内设股室8个，分别为：办公室、政策法规股、商事登记审批股、投资项目审批股、城管交通审批股、涉农事务审批股、文教卫生审批股、社会事务审批股。

【平台制度建设】按照“三集中、三到位”要求，优化窗口设置，将549项审批事项打包进驻区政务服务大厅。标准化建设800平方米集中审批区域，落实资金105万元完成对审批大厅的升级改造，设置32个窗口，组建集中审批区，负责市场准入、社会事务、建设项目审批的全程办理。按照全区机改后部门最新职责，统筹设置市场准入类、工程建设类、社会民生类接件窗口8个，组建前台接件区，实施一窗接件和发件。规范重大事项的行政审批行为，印发《绵阳市游仙区行政审批与监管联席会议制度（试行）》等六项制度，建立既相互制约又相互协调的审批、监管运行机制。印发《绵阳市游仙区行政审批局一窗制管理办法》，细化“一窗制”窗口管理、行为规范、业务规范、日常考勤、考评考核等要素。印制《工作通报》（月刊），对全区企业设立登记情况进行通报。

【“一窗制”服务】实行行政审批“一窗制”受办分离制度，设置3个“一窗制”服务窗口，编制“一窗制”受理办理事项项目目录，3大类291项包括工程、经营设立、公民及综合类事项推行“一窗制”服务。2019政务年度（不含11月），共办件45.42万件，办结率99.9%，群众评价满意率100%。

【“全程网办”线上服务】依托一体化政务服务平台，全区275项行政许可事项中，186项可实现“全程网办”，106项可实现“最多跑一次”，占全部行政许可服务事项的85.13%；398项公共服务事项中实现134项“全程网办”，150项可实现“最多跑一次”，占全部公共服务事项的71.35%；网办事项实现办理提速99.56%。

【“绿色通道”建设】建立产业项目“绿色通道”，设立窗口首席代表并充分授权，由“一窗制”“绿卡”服务窗口“一对一”为企业量身打造审批程序和审批事项限制，在实施“并联审批、容缺受理”的基础上，实施“一站式”代办、“‘绿卡’窗口全程帮办”、“审批单位协调服务”等精准化审批服务，并实施主动介入、联合咨询、联合审查和上门服务。为企业开办和项目报批提速80%。

【商事制度改革】全面实施“136”工程，将“多证合一企业只需填一张表格，向一个窗口提交一套材料，由登记部门核发加载统一社会信用代码的营业执照,压缩办理时限至5个工作日，提速75%。将企业设立、变更、备案、注销服务事项，分类别、分层级梳理为“三张清单”（《1小时办结清单》13项、《3小时办结清单》9项、《6小时办结清单》8项）。全年新增企业986户，同比增长22.4%，新增注册资本45.23亿元。

【工程建设项目改革】出台《建设项目全流程审批实施办法》《“一表制”实施办法》《“一费制”征收管理实施方案》和《行政审批与监管联席会议制度（试行）》等六项制度，推行环评承诺告知制。实行“区域评审”“联合评审”，统筹推动环保、自然资源、规划等要素保障部门全方位提升服务质效。

【不动产登记改革】重构不动产登记服务流程。推行不动产登记、税务、交易“一窗受理、并行办理”。由单一受理岗转变为受理及初审，存量房转移登记、抵押登记等业务直接由复审提交登簿缮证，个人件基本实现无积压，抵押注销登记、更正登记、查询等业务实现当天办结。开通不动产登记业务“便民服务绿色通道”。设置专门窗口、落实具体人员，为老弱病残孕及军人等特殊群体“优先办”，为患重病不便现场办理的群众开展“上门办”，为现场委托、延时抵达、急办业务提供“定制办”。

【“差评师”+“找茬”工作】 制定《游仙区行政审批“差评师”聘用及管理办法》，从辖区党代表、人大代表、政协委员、服务对象、行政机关干部和新闻记者中进行遴选。遵循聘请程序，经定向推荐、综合分析、审核甄别、会议研究等程序，聘任德才兼备者组成“差评师”队伍，为每位“差评师”颁发聘任证书，每届聘期3年，连续聘任不超过两届。2019年4月，首期聘请政务服务“差评师”10名。在审批服务大厅和各乡镇便民服务中心显著位置公示所有“差评师”的姓名和电话，方便办事群众和企业直接反映问题。设置“找茬窗口”和专人值守的“找茬”投诉电话，重点接受办事群众和企业针对政务服务、行政审批等营商环境问题的“找茬”投诉。全年共收到问题信息347条，落实整改331条，整改率达95%。建立《服务评价台账》，将行政许可、公共服务等110个窗口、7095个政务服务事项纳入“差评师”综合监督评价范围，涵盖29个部门、25个乡镇（街道）便民中心和1200余名窗口人员。确定申请材料精简程度、办事环节简化程度、办事效率提高程度、服务态度满意程度等66个政务服务“差评”指标。

【获奖情况】 2019年5月，被绵阳市人民政府评为“建设服务型政府工作先进单位”；2019年12月，被绵阳市依法治市办授予“法治创新大赛提名奖”。（孟竑宇）

人事工作

【概况】 绵阳市游仙区人力资源和社会保障局成立于2011年，是区政府职能工作部门之一。主要职责：贯彻执行国家、省、市人力资源和社会保障工作的相关法律、法规、规章和政策，拟订全区人力资源和社会保障事业发展规划、年度计划并组织实施。经区委编办批准核定编制19名，设局长1名，副局长2名，内设股室8个，分别为：办公室、规划财务与基金监督股、就业促进与职业能力建设股、专业技术人员管理股、事业单位人事管理股、劳动关系与调解仲裁股、工资福利股、养老与工伤保险股。所属事业单位6个。2019年，全区面向社会公开招聘事业单位工作人员160人，接收安置退役士兵28人，中层股级干部备案214人次，事业人员辞聘、解聘13人，办理事业人员转正50人，办理机构改革事业人员转隶76人。向区人大常委会提交人事任免事项2次任免事项2次29人次，向区人民政府提交人事任免事项4次146人次。

【岗位设置】 2019年，核准区委政法委宣传指导中心等76个事业单位岗位设置调整方案。设置管理岗位255个，其中，担任领导职责的七级职员岗位2个、八级职员岗位6个、九级职员岗位116个（双肩挑47个），担任其他管理任务的七级职员岗位2个、八级职员岗位6个、九级职员岗位123个。专业技术岗位2867个，其中，正高岗位10个，副高岗位493个，中级岗位1270个，初级岗位1094个。工勤技能岗位91个，其中，三级岗位26个，四、五级岗位65个。

【公开招聘】 2019年，为玉河镇博爱学校等32所学校面向社会公开考试招聘教师115名，为富乐实验小学等12所学校面向社会直接考核招聘教师13名，为电子商务发展中心等5个事业单位面向社会公开招聘事业单位工作人员5名，为区人民医院等14家医院面向社会直接考核招聘卫生专业技术人员27名。

【年度考核备案】 完成2018年事业单位工作人员年度考核备案1527人，其中优秀等次219人、合格等次1302人、基本合格等次2人、不合格等次1人、未确定等次3人。完成全区教育系统2018—2019学年度考核备案2602人，其中优秀等次375人、合格等次2225人、未确定等次2人。

【中层干部备案】 根据《游仙区中层股级干部选拔任免管理暂行办法》，全年完成中层股级干部备案审查214人次。

【人员辞聘解聘】 全年，办理原防震减灾局龚某等12人的辞聘备案手续，办理忠兴镇贾某解聘备案手续。（徐 鹏）

社会保障

【概况】2019年，城乡居民基本医疗保险参保36.11万人，完成目标任务36.09万人的100.05%，基金征缴7351.88万元。城镇职工基本医疗保险参保人数为4.03万人，基金征缴15897.27万元。城镇职工基本养老保险在职职工参保8万人，完成全年计划7.47万人的107.09%（其中：执行企业制度在职职工参保7.37万人，完成全年计划6.85万人的107.59%；执行机关事业制度在职职工参保0.6358万人，完成全年计划0.62万人的102.55%），基金征缴35333.57万元。工伤保险参保3.8万人，完成全年计划3.05万人的124.59%，基金征缴689.23万元（其中含建筑业294万元）。建筑业新开工建设项目19个，建设施工项目工伤保险参保率100%。失业保险参保22448人，完成全年计划2万人的112.24%，基金征缴929.38万元。生育保险参保2.66万人，基金征缴548.05万元。机关事业单位职业年金实缴总额5504.96万元，征缴率99.7%。落实城乡居民基本养老保障水平69205人，完成目标任务67436人的102.62%。被征地农民社保欠费清欠1010万元，完成市上下达任务数1000万元的101%。社会保障卡新增持卡2.1万张，全面完成市级下达任务。落实社会保险降费减负相关政策，调整城镇职工和机关事业单位参保基数，减轻企事业单位缴费负担。

【社会保险征缴】全年，新增参保企业394家，办理完结各类转移接续3986人次，做好600余人次参保群众的权益维护工作和部分退役士兵补缴工作。完成全区345家单位6102人的养老、职业年金缴费基数调整和181家单位6438人的医疗、工伤、生育、失业保险缴费基数调整；办理人员增减1564人，新参保单位7家。启动企保和机保养老保险关系互转以来，承办省内企保机保74件、省外1件。退役军人基本养老保险和职业年金转移接续工作办理21件。对退休“中人”经认定的视同缴费年限不等于连续工龄的213人进行清理，完成企保转机保67人，企保应缴未缴补缴138人。

【养老保险支付】审核完成2103名新增企业城镇职工退休人员的待遇，为全区30338名退休人员发放养老金6.1708亿元。办理死亡待遇支付374人次，支付丧葬抚恤金1645.43万元。查出重复领取待遇和死亡违规领取待遇29人，追回金额83.29万元。调整29191名退休人员养老待遇，补发2062.22万元。

【工伤与生育保险支付】审核完成工伤保险待遇享受1406人次，工伤基金总支出609.69万元。强化生育保险待遇审核和支付，生育保险待遇享受1099人次，支出703.65万元。对工伤人员伤残津贴、护理费和供养亲属抚恤金三类工伤定期待遇进行调整，全年涉及调待人员360人次，增加调待金额3.7万元。

【退休人员管理】全年，认证退休人员40301人。完成对经济试验区、刘家镇等乡镇养老金领取资格认证及退管经费使用情况督查。2019年春节期间，开展慰问活动100余次，发放大米34735袋。

【社保基金管理】落实基金管理“一支笔”制度，基金支出合理、合法，无挤占、挪用现象发生。2019年6月起，开展取消社银人工

11月5日，省“解决部分退役士兵社保问题”专班到游仙调研

报盘工作，养老保险待遇及工伤保险定期待遇均实现线上发放、数据实时传送。

【社保稽核】完成对未按规定申报且未缴纳养老保险费、劳动者投诉、信访以及单位主动整改补缴养老保险费等问题的核查处理。针对经营困难且长期欠费企业建立约谈机制，督促企业负责人对所欠缴社会保险费作出清偿承诺，制定清偿计划。针对绵阳市大帝商品混凝土有限公司欠缴302万元社保费情况，依法向游仙区人民法院提起行政诉讼。

【信息管理】全年，办理社会保障卡查询、激活、密码重置、注销、转移等2.66万人次，稳步推进惠民惠农财政补贴资金社会保障卡“一卡通”发放，按程序处理各系统平台用户账号管理、权限增减及变动、用户解锁、用户重置密码等工作。

【养老退休及工伤认定审批】为1816人办理参加企业职工基本养老保险人员正常退休审批（含被征地农转非人员退休审批931人），为21人办理企业特殊工种人员提前退休审批。受理工伤认定申请181件，作出工伤认定决定166件，中止认定5件，申请人撤销4件。行政复议2件，行政诉讼3件。

劳动就业

【概况】2019年，全区城镇新增就业8405人，失业人员再就业1375人，其中就业困难对象再就业551人。动态消除零就业家庭，城镇登记失业率1.88%。

区人社局获评“2018年度市级最佳文明单位”（绵委办〔2019〕73号）；被省人社厅表扬为“第三届‘四川工匠杯’职业技能大赛主赛场决赛赛务保障突出贡献单位”；获评“四川省人社系统窗口单位业务技能练兵比武活动全国总决赛及省际邀请赛特别贡献奖”（川人社函〔2019〕673号）。

【特殊群体和就业困难人员就业】鼓励企业对离校2年内未就业的高校毕业生、16—24岁失业青年提供见习岗位。组织召开高校毕业生、失业人员、退役军人和农村转移劳动力等就业求职招聘会11期，累计为1万余人次推介工作岗位。建立“区、乡镇、村（社区）”三级用工和政策信息发布体系，“零距离”就业创业服务，组织“专题”宣传，开辟公示“专栏”，开展“专门”服务。利用3个创业孵化基地和创业导师资源，开展“一对一”就业创业指导，“点对点”为高校毕业生提供就业创业服务。开发公益性岗位，兜底解决零就业家庭人员和特殊困难人员就业77人。

【就业创业培训】公开招投标确定10家定点培训机构承担全区职业技能培训任务，配备优秀师资，跟踪进行“三送一办”宣传服务。建立健全就业专项资金联审制度，强化培训补贴资金监督拨付。全年开展技能培训3869人，其中创业培训950人。

【失业保险管理及援企稳岗】全年，办理失业金支付3278人次，按月支付失保险金439.01万元。为266名领取失业金人员办理医保接续，按月缴纳医疗保险费147.97万元，为10名领取失业金

1月29日，江彬（右四）在2019年“春风送岗位”系列活动暨返乡农民工暖心专场招聘会现场调研

未接续医保人员报销医保费2.45万元。向118人支付技能提升补贴22.1万元，为136家企业拨付普通稳岗补贴107.34万元、惠及职工4812人。支持暂时经营困难企业稳岗补贴3家，补贴金额1032.77万元，惠及职工1304人。

【构建和谐劳动关系】推进劳动保障监察“两网化”建设和窗口服务建设，完善解决企业工资拖欠问题区级联席会议制度，出台《关于进一步加强工程建设领域劳动用工管理及保障农民工工资支付工作的通知》，明确行业主管部门职责分工。督促企业落实对所招用农民工工资支付的主体责任，建设领域全面实行农民工实名制管理制度。开展劳动保障政策法规宣传，引导用人单位依法用工和劳动者依法维权。对全区建筑领域在建工程项目基本信息实施台账管理，常态化监督检查。全年，主动监察用人单位60余户次，对区内42家规模以上服务业企业进行2018年度劳动保障监察书面审查和守法诚信等级评价，受理群众来电来访244起、信访案件62件，协调处理276件，立案处理30件，成功追讨薪金4000余万元，涉及劳动者3000余人。

【劳动人事争议调解仲裁】设置劳动人事争议仲裁公开栏一揽子告知仲裁业务清单，实行案结追踪服务。立案处理劳动人事争议案件112件，按期结案率100%，终局裁决率51.2%。区本级仲裁调解（撤诉）率57.7%，基层调解率100%，全区综合调解成功率73.5%。经办案例入选2019年度四川省人力资源和社会保障厅劳动人事争议仲裁案例选编。（徐　鹏）

民政事务

【概况】2019年，游仙区加强城乡低保、临时生活救助、特困人员供养等民生兜底保障政策落实。推进养老服务体系建设试点，完成5个乡镇敬老院床位改造提升。开展社区和居家养老服务试点，全区享受居家养老服务11496人；加强基层民主政治建设，开展“三治协同共创和谐”、村（居）民公约“榜会制”和“三化一型”工作；完成乡镇行政区划调整改革任务，推进殡葬管理、婚姻、收养登记，开展全国留守儿童和困境儿童示范区创建工作；加强社会组织培育和监管，发布15个首届微公益创投项目。慈善“助困、助医、助学”等活动救助困难群众

2月14日，2019年“春风送岗位”系列招聘求职暨就业扶贫专场招聘会

200余人次。区民政局先后荣获"市级最佳文明单位""全市社会组织参与脱贫攻坚扶贫之星""首届中国科技城法治创新大赛法治创新提名奖""全市民政工作绩效管理特等奖"第一名等各类荣誉和奖励30余项。区划调整、养老服务、社区治理、未成年人保护等相关经验多次在省、市交流。

【低保管理】完善农村低保对象认定办法，加强农村低保家庭经济状况核查，将符合条件的建档立卡贫困户全部纳入农村低保范围，保障其基本生活。对低保困难家庭中的老年人、未成年人、重度残疾人、重病患者等重点救助对象，在其家庭享受低保差额救助的基础上，实行分类施保，按月增发补助金。全区8000余名救助对象全部实现系统平台精准化管理和四川救助APP、微信公众号全流程网上办理。开展低保专项整治，新申请低保入户审核率达到100%，清退1478户2359人。2019年，全区有城乡低保对象4750户6523人,发放低保资金2138万元。

【临时救助】完善城乡居民社会救助体系，妥善解决困难群众临时性生活困难。对因灾、突发事故、疾病、重大灾害、家庭变故等导致基本生活出现严重困难的家庭给予一次性救助。全年共有1460人得到临时生活救助，发放临时救助资金58.02万元。

【城乡特困救助】2019年，全区有城乡特困人员1577人，其中：集中供养787人，分散供养790人，累计发放资金946.18万元。

【未成年人关爱保护】出台《关于进一步健全农村留守儿童和困境儿童关爱服务体系的意见》《游仙区进一步加强事实无人抚养儿童保障工作的实施意见》和《关于加强和改进生活无着的流浪乞讨人员救助管理工作的实施意见》3个规范性文件；采取社会购买服务方式，开展"助爱牵手、相伴起航"儿童学业规划辅助和"守护花蕾"农村留守、困境儿童安全自护"五防"教育项目，共有600余户留守（困境）儿童家庭受益；低保救助的未成年累计达到313人，解决18岁以上在读孤儿助学金3万元，为33名困境儿童发放金秋助学金10万元；全区1236名农村留守儿童和533名困境儿童全部纳入全国农村"三留守"人员信息管理系统。

【收养登记】全年，共办理收养登记4例。其中，生父母有特殊困境无力抚养2例，福利院弃婴收养2例。

【村（居）民公约"榜会制"】发挥家风家训、村规民约（居民公约）在社会"德治"方面作用，实施"规约+履约评议会+红黑榜"制度。制定《"规约"履约评议会议制度》《先进典型褒扬制度》《反面典型帮教制度》《反面典型曝光惩戒制度》等。开展"晒村规、亮家训、展文明新风主题活动"，组织现场观摩玉河镇村规民约发布会，推动完善全区"村规民约"修订。

【社区治理】推进"三治协同社区治理"，在绵山路社区、仙人路社区和韩家脊社区启动"社区货币"试点工作，成立"社区银行"，发行"社区货币"，围绕社区环境整治，老人服务，矛盾调解，治安巡防等开展工作，将辖区志愿者服务计时积分转换成"社区货币"兑换纪念奖牌和生活小物品，替代以往直接发礼品的方式，在社区微治理上取得成效。创新"大掌柜+店小二+微项目"模式，成立"1921爱心列车"，带动社区、社会组织、社区居民"三社联动"，激发居民群众参与社区事务。

【"三化一型"工作】2019年，将城区20个社区纳入"三化一型"社区专职工作者队伍建设范围，出台《游仙区社区专职工作者管理办法》《游仙区社区专职工作者奖惩办法（试行）》《游仙区社区专职工作者招聘细则（试行）》《绵阳市社区专职工作者人事档案管理办法（试行）》，规范社区专职工作者的招聘、解聘、管理、奖惩和档案管理等工作。2019年1月12日开展现任社区干部资格考试，92人全部合格，纳入"三化一型"社区专职工作者管理体系。2019年3月至7月，面向社会招聘41名社区专职工作者，并签订劳动合同。结合"我们的节日——社工日"主办"社区嘉年华活动"，活动表扬一批优秀社区治理项目、先进社区工作者，签订以民生为主的社区治理项目。全年专期推送社工知识4期，政策解读3期。

【社会组织管理】发布15个首届微公益创投项目，采取购买社会组织服务方式，促进社区社会组织发展；推进志愿服务登记管理，在“全国志愿服务网”注册的志愿者达97152人，志愿服务团体达521个，参与脱贫攻坚志愿服务300余次，7000余人次参与，投入金额90余万元。依法撤销两年及以上未参加年检社会组织49个。对1家活动异常民非企业发出行政处罚告知书1份，违法违规行为查处率和非法社会组织取缔率100%；实施社会组评估，委托第三方机构对31家参评社会组织开展等级评估，评选出3个AAAA级社会组织，2个AAA级社会组织。加强已注册2家慈善公益组织运行监管，公示慈善信息；加强社工人才建设，完成助理社会工作师考前培训，11人通过考试；成立游仙区社会组织综合党委，采取“包片”方式，实现党建指导员派遣100%全覆盖。创建“市级示范党组织”1个、“区级示范党组织”1个。

【爱心慈善】全年，共接收各类捐赠资金61.48万元，其中争取上级各类资金26.40万元。开展福彩助学、金秋助学、“四个一万”、富临爱心儿童基金等助学活动，救助全区贫困学生78人次，发放资金16.48万余元；开展脱贫攻坚活动，绵阳伦奇机器人有限公司等定向捐赠游仙区用于脱贫攻坚资金29.5万元；开展肾病救助活动，分3批救助辖区肾病患者30人次，发放资金1.92万元；开展慈善助医工作，救助困难群众4人，发放救助金2.4万元；为壤塘县贫困群众捐赠衣物1000套，资金3万元。推进慈善爱心超市社会化运营试点，全年开展5场“天府慈善月”宣传活动，发放慈善法宣传资料1750份；发放爱心券5.05万元，救助困难群众505人次，免费为730余人次作健康检查，免费理发189人，发放衣物230件。联合绵阳市创伤骨科医院为社区困难群众提供免费身体检查，服务群众259人次；社区63人次困难群众凭低保证、帮扶证、残疾证等享受免费理发服务，免费领取衣物918件。开展“慈善系民生，温暖社区行”主题活动，为困难群众发放爱心卡453张，每张面值100元。（吴曙东）

大数据服务（信息化）

【机构概况】2019年3月，党政机构改革后，原中共绵阳市游仙区委绵阳市游仙区人民政府信息化工作办公室撤销，新组建成立绵阳市游仙区大数据服务中心，正科级事业单位，公益一类、一级预算单位。主要职责：参与拟订全区信息化和大数据发展战略、发展规划、政策措施。配合相关部门推进具体经济社会领域与信息化、大数据融合发展。负责大数据平台的规划、建设、管理，拟订大数据收集、管理、开放、安全、应用等标准体系和考核体系，推进大数据资源整合共享和规范应用。统筹全区信息化项目建设相关工作等。经区委编办批准核定编制7名，设主任1名，副主任1名，中层正职职数2名，中层副职职数1名。内设股室2个，分别为综合与数据资源管理股、规划建设股。

【网站集约化建设】开展政府门户网站集约化建设，对政府门户网站基础建设、管理职权进行移交，2019年7月，在全市率先完成政府网站集约化建设，节约财政资金15万余元。

【网站管理】全年，政府门户网站公开各类政务信息1.1万余条，受理公众咨询27条，处理回复27条，受理举报投诉26条，办结回复26条，开展各类调查征集6次。

【政务信息公开】按照《绵阳市2019年政务公开工作要点》，完成区级部门主动公开基本目录的编制工作。

【云办公平台建设】根据党政机构改革后各单位的职能变化，重新规划云办公平台组织架构，变更单位名称16个，添加单位账号9个，人员所在单位和岗位调整98个。全区共开通109个云办公平台单位账号。通过协调云平台系统开发公司，优化平台移动端功能，增加未读信息显示功能，解决正文报错等棘手问题。统筹全区88个单位修改VPN账号密码，长期保证移动端正常登录使用。

【电子公章监管】全年，新制作电子公章39个，更换14个，回收19个。安排专人监管各单位电子公章使用情况。

【中国科技城大数据中心】2019年5月，区委财经委员会第一次会议听取与华为公司战略合作建设大数据中心推进情况的报告，原则通过游仙区人民政府与华为公司共建中国科技城大数据中心的决定，成立游仙区建设中

3月1日，游仙区大数据服务中心挂牌仪式

国科技城大数据中心领导小组。2019年8月，经绵阳市人民政府批准，同意游仙区以“中国科技城大数据中心”作为项目名称进行建设。推进与华为公司战略合作共建大数据中心，到深圳华为公司总部、山东青岛高新区、贵州黔西南义龙新区等地考察学习大数据中心建设、管理和运营经验。形成《战略合作协议》《云计算与大数据服务销售合同》。2019年10月，分别与中国移动绵阳市公司、中国电信绵阳市公司就中国科技城大数据中心建设进行座谈交流，探讨战略合作。经区委常委会、区政府常务会审议后，12月18日进行签约。

【信息安全建设】开展网络管理和治理，梳理规范区政府集中办公区电话线路及网络线路，对设备和网络线路进行贴签标号。定期巡查基础网络设施，实行网络问题“半小时响应处理”机制。全年共处理网络故障70余起，组织召开3次网站操作暨政务公开业务培训会。全年无重大网络中断和安全事故发生，全区电子政务外网运行状态良好。

【网络安全宣传】以“共建网络安全，共享网络文明”为主题，参与“绵阳市2019年国家网络安全宣传周启动仪式”，针对社会公众关注的网络安全热点问题，制作发放宣传资料200余份。协助区公安分局在游仙区政府门户网站首页制作“你我同心·防诈同行”宣传条幅，面向社会宣传防诈防骗常识。

【脱贫帮扶工作】协调区民政局、区住建局等单位，落实解决贫困户贾某某的低保审批及危房改造扶持资金1.3万元，争取民政定向补助2000元。以爱心捐赠方式筹集建房资金2万元，帮助贫困户重建损毁房屋。

公务服务

【概况】游仙区公务服务中心成立于2019年，是区委直属全额拨款正科级事业单位。主要职责：负责区级政务、商务、会议接待工作；负责区委、区政府重要会议（活动）的后勤保障工作；负责区机关集中办公区会议室、会议厅的统筹安排、设施设备的管理和维护、会场服务等工作。经区委编办批准核定编制14名，设主任1名、副主任2名。内设股室3个，分别为综合股、接待股、会务股。

【公务接待】全年，完成接待任务187批次，接待人数6555人次。

【服务保障】完成全区重大活动的出行车辆、礼仪、解说、会议签到、会场指导、培训等服务保障工作。全年完成会务后勤保障8批次，服务人次5000余人。

【脱贫帮扶】对口帮扶云凤镇插旗村贫困户，为其解决桌子、衣柜、洗衣机、床等日常的生活用品；帮助修缮门窗，解决地面硬化162平方米，改善入户道路铺设182米，赠送鸡苗50只。累计帮扶资金3.3万元。2019年该贫困户达到脱贫标准，通过脱贫验收。（鲜为桢）

表 4　　2019年游仙区公务服务接待（保障）情况表

序号	时间	公共服务内容
1	1月29日	游仙区（绵阳）微系统基地项目开工仪式
2	2月22日	西部半导体集成电路高科技产业园项目签约仪式
3	2月27—28日	中国共产党绵阳市游仙区第六届代表大会第四次会议
4	3月20—22日	游仙区政协第六届第四次会议
5	3月24—26日	游仙区第六届人民代表大会第五次会议
6	4月26日	省经信厅副厅长皮亦鸣到游仙调研
7	5月9日	省委党校、行政学院副院校长裴泽庆来游调研
8	5月10—11日	中国覆铜板行业高层论坛会
9	5月15日	省经信厅党组副书记、副厅长刘少敏到游仙调研
10	5月15日	2019游仙区组织工作暨乡村振兴推进会
11	5月16日	省农科院党委书记吕火明到游仙调研
12	5月31日	游仙区中心组学习会暨2019年第四期富乐大讲堂
13	6月15日	市委常委、副市长丁国旗等重要领导到游仙调研
14	8月1日	工信部规划司副司长陆从福到游仙调研
15	9月4—8日	第七届中国（绵阳）科技城国际科技博览会接待工作
16	9月20日	游仙区精神文明暨文明城市建设会
17	9月21日	游仙区2019年农民丰收暨山湾农庄成果发布会

后勤保障服务

【机构概况】绵阳市游仙区机关后勤保障服务中心（以下简称区后勤中心）成立于2019年3月，是绵阳市游仙区人民政府直属正科级事业单位，类别为公益一类，归口区政府办公室领导。主要职责：贯彻执行国家、省、市、区有关机关后勤服务、公务用车、公共机构节约能源资源、资产管理的法律法规和政策，为区级机关集中办公区内部门（单位）正常运行提供后勤服务保障。指导其他区级机关开展后勤服务工作等。下设3个股室，区机关后勤保障服务中心事业编制7名。其中：主任1名，副主任2名；中层正职职数3名，中层副职职数1名。

2019年，区后勤中心紧紧围绕全区中心工作，履行管理、保障、服务职能，为保障机关高效有序运转做出贡献。全年共召开“三重一大”干部办公会10余次，干部职工例会48次；共上报简报信息18篇，使用10篇，其中市机关事务管理局政务网发表6篇信息，市直机关工委政务网发表4篇，区政府门户网站发表6篇。2019年4月1日，区政府机关食堂实行扫码方式就餐，完成对云凤镇龙包村的脱贫攻坚任务，帮助2户贫困户实现脱贫。

【会议服务】全年，会议服务1208次，服务总人数3万余人。

【维修服务】全年，涉及办公用房及办公区域维修维护175次。完成2个集中办公区用电、用水、消防等设施设备的维护保养工作。

【节能降耗】2019年，全区人均综合能耗:54.25kgce/人，人均用水量:17.9吨/人，单位建筑面积能耗:3.74kgce/平方米,分别较2018年同期下降2.62%、5.99%、2.1%，全面完成上级下达的节能目标任务。

【固定资产管理】截至2019年年末，区后勤中心有固定资产1602.32万元，在册车辆93辆，价值1537.02万元。完成全区事业单位公务用车车辆编制核定，共计保留19辆。完善公车管理平台，将机要、应急、调研等用车统一纳入平台管理，对公车运行全程监控，实现数据与省、市、区公务用车平台数据库互联互通。

【公务用车管理】开展公务用车驾驶人员技能大比武活动及业务培训；规范车辆维修流程并加强监管；审核定点维修、加油、清洗台账和票据管理。按照规定向绵阳惠东公司退回租赁汽车9辆（6辆越野车、1辆商务车、2辆考斯特）；将人员编制在15人以下的参改单位配备公务用车的收回区机关后勤保障服务中心集中管理，统一调度；区机关后勤保障服务中心管理的12辆特种专业技术用车按照省市相关规定9月30日移交区财政部门管理；统一公务用车喷涂标识；完善保留车辆办理ETC工作，规范过路过桥费报销规定。将使用年限长，老化严重，安全性能低的10辆车进行报废处理。按规定程序办理购买10辆公务用车事宜。（杨文奉）

7月2日，游仙区外事工作委员会2019年第一次会议召开

外事及港澳台事务

【概况】2019年，区委外事办贯彻落实中央、省市外事及港澳台事务方针政策，紧紧围绕实施“四大兴区战略”，建设更高质量的“五个游仙”，发挥外事、港澳资源优势，推动工作转型发展。2019年3月，因党政机构改革将原区委外事工作领导小组改为区委外事工作委员会，委员会办公室下设在区政府办，负责委员会日常工作。

【对外及对港澳台经贸合作】开展外资及港澳台资企业、项目招引工作，2019年实现到位外资3000万美元，完成市下达任务的100%。促进总投资80.25亿元的西部半导体集成电路高科技产业园项目签约，邀请香港南中集团、思迈科技、大川机械等企业到游仙考察洽谈投资。

【因公出国和赴港澳台地区】全年，办理全区党政机关、事业单位工作人员因公赴港澳团1批18人次，无违反外事纪律事件发生。2019年6月16日至22日，忠兴镇香港马会初级中学18名教师赴香港参加香港赛马会川港人才交流活动，代表团成员深入体验香港历史、文化及教学特色、基础教育工作模式。

【对外及对港澳台交流】全年高质量开展5批次交流交往活动。指导富乐国际学校与韩国真泉初中、忠兴镇香港马会初级中学与香港圣保禄学校、游仙区慈济实验学校与台湾慈济高中结成姊妹学校，富乐实验小学与日本庄原市结成友好单位。2019年4月14日至17日，忠兴镇香港马会初级中学22名师生共同参与香港圣保禄学校到四川卧龙考察生态活动，其间香港圣保禄学校到游仙区慈济实验学校进行参观访问；2019年7月29日至31日，日本庄原市青少年代表团到富乐实验小学参加人文交流活动；2019年10月25日、26日，台湾慈济慈善基金会组织在游仙区慈济实验学校开展“四川教师专业成长研习活动”；2019年9月20日，澳大利亚瓦尔维克学校考察团到绵阳富乐国际学校进行访问交流，双方就教育资源共享、课程互动、师资培训、学生交流等方面达成友好合作共识，并签订友好合作协议；2019年10月14日至18日，富乐实验中学校长参加由原州市驻成都韩国总领事馆、省教育厅组织的“韩中青少年文化交流活动”前期考察。（林 莲）

群众与信访工作

【机构概况】绵阳市游仙区信访局于2019年2月25日新挂牌成立，属游仙区人民政府工作部门，下设副科级事业单位1个（区群众工作中心），内设1室3股，经区委编办核定编制数16个。主要职责：负责向区委、区政府反映群众来信来电来访中提出的重要建议、意见和问题，提出制定修改完善有关法规政策的建议；负责党中央、国务院、省、市、区领导批示交办信访事项的落实和督促检查，综合协调指导全区信访工作，完成区委、区政府交办的其他工作任务。

2019年，区信访工作坚持用群众工作统揽信访工作，紧紧围绕“四大兴区”战略，综合运用“456”工作法，全面落实信访工作制度,构建“重视程度不断提升、矛盾化解有效推进、敏感期稳定得到确保、源头预防逐步加强、机制建设不断完善”的信访新格局，维护全区社会政治大局和谐稳定。

【网信办理工作】全年受理群众信访案件106件次，办结率100%（其中含国家级交办件22件，省委书记信箱、省长信箱20件）；区网格化信息办理7件；处理人民网留言23件；全区信访第三方评价2件。

【领导接访和包案化解制度】出台《关于实行区级领导包案解决信访问题的意见》，坚持每天1名区级领导在区群众工作中心接待群众来访，各级领导干部通过重点约访、带案下访、上门回访等方式，主动回应群众诉求，推动问题解决。2019年，区级领导接访受理的信访案件息诉息访率达到80%以上，对群众来信的阅办率达到100%。政法主要领导和坐班律师累计接访涉法涉诉信访34次，接受群众初信初访满意评价30余人次，收集意见建议8条。

【“四大攻坚战”】全年梳理排查突出信访问题案件38件，经过化解攻坚，息诉息访21件，办结结案34件，4件案件在办理推进之中。其中通过交办的“四大攻坚战”重点案件共计10件，包括国家交办件3件、市交办件1件，区交办件6件。重点“四大攻坚战”中，有重点群体3件、重点问题1件、重点个体6件。截止12月底，“四大攻坚战”案件均已经全面办结，其中已经息诉息访7件，占比70%。（冯 丹）

游仙区信访和群众工作局获赠锦旗

应急管理

【工作概况】2019年，游仙区应急管理局深入贯彻市委七届五次、六次全会精神，落实中央、省和市委、市政府、区委、区政府关于应急管理工作的决策部署，按照“两个坚持、三个转变”的要求，在安全生产管理上强基础、在灾害预警监测上下功夫、在应急救援上增能力、在减灾救灾上重落实、在工作运行管理上练本领，全面增强应急管理部门担负工作职责的底部基础，全区安全生产形势持续稳定。

【事故统计】2019年，全区共发生安全生产死亡事故9起，死亡10人、受伤2人（其中京昆高速5起，死亡6人、受伤2人，建筑施工3起，死亡3人），事故起数、死亡人数与2018年持平，未发生一起安全生产重特大事故。全面完成市政府下达的年度安全生产目标任务。

【安全生产责任建设】全年组织召开各类安全生产工作会议10余次，主要领导亲自带队开展安全检查6次；完善“党政同责、一岗双责、齐抓共管”的安全生产责任体系，层层签订安全生产目标责任书；制发《游仙区2019年安全生产工作重点任务分解表》《游仙区2019年安全生产监督检查计划》。

【安全生产清单管理】制定《关于认真做好安全生产清单制管理工作的通知》，在全区危化、烟花爆竹、非煤矿山、消防等十四大重点行业领域开展安全生产清单制管理工作。推行安全生产清单制管理工作。游仙区共建立责任企业226个，其中发改7个、工信33个、交通11个、教育49个、商务3个、市场监管3个、危化32个、非煤矿山10个、文旅78个。

【重点领域专项整治】开展“十大专项整治”，分重点行业和领域开展安全生产专项整治。组织检查组191个，检查企事业单位1400家，打击非法违法行为365起，整治违规违章行为86起,投入资金71.6万余元。

【监管监察执法】全年完成检查及抽查企业18家，检查共发现安全隐患74条，出具执法文书56份，其中，《现场检查记录》18份、《责令改正指令书》14份、《现场处置措施决定书》8份、《整改复查意见书》16份。全年超计划执法检查63家，检查共发现安全隐患212条，出具执法文书178份。核查、调查4起生产安全事故，对其中责任单位及责任人分别制发《行政处罚决定书》，处罚金额45万余元。对30家生产经营单位及个人在生产过程中的违法违规行为进行立案查处，共处罚款10万余元。对违法的生产经营单位相关责任人进行询问102人次，制作询问笔录102份。

【安全文化建设】以第十八个“安全生产月”宣传活动为契机，开展安全生产知识的宣传普及。宣传月期间，共发放宣传单7.8万余份、宣传手册1.65万余本、宣传扇子2000个、宣传环保袋3000个，悬挂宣传气球25个、横幅230余幅，播放警示录像10余部，群发短消息9000余条，现场参与活动的群众达3万余人。编撰应急救援与安全生产知识宣传海报，宣传地震逃生、日常减灾、烟花爆竹燃放等安全知识。印制5期《应急动态安全生产月专刊》宣传游仙区安全生产工作开展情况。（伍开源）

消 防

【概况】2019年，全区消防救援队伍共接警出动578起（其中火警68起、抢险救援355起、社会救助155起），出动指战员1153人次，出动消防车228辆次，抢救、疏散被困人员138人，抢救保护财产价值974.4万元。截至2019年12月，区消防救援大队开展日常检查2208家次，督促整改隐患3646处、临时查封31家，责令“三停”33家，罚款17.2万余元。联合应急、教体、住建、文广旅、市场监管等部门成立联合检查组，开展消防安全联合检查17次。区委书记、区长等区级领导先后10次率队检查消防工作，12次听取消防工作汇报、作出批示指示。

2019年，区消防救援大队被省消防救援总队评为先进基层单位，被市消防救援支队评为消防产品先进单位；华兴街消防救援站被四川省消防救援总队评为先进基层单位，被市消防救援支队评为安全工作先进单位、五四红旗团支部，在全市消防救援队伍“火蓝使命、一战到底”装备比武中荣获第二名。

【消防安全治理】开展冬春火灾防控、“防风险保平安迎大庆”、安全生产大检查和十大专项整治行动、居住类建筑综合治理、文博单位和宗教活动场所“三定三禁”、电动自行车消防安全管理工作、化工企业消防安全排查、大型商业综合体消防安全专项整治“回头看”等多项消防专项行动，集中组织“大约谈、大执法”活动8次、大规模夜查9次，分级约谈乡镇街道和有关部门11个、企业单位负责人60余人。全年共推动27个养老机构、2个老旧小区完成电气线路改造，建成电动自行车停放棚和智能充电桩3处。在全区推广“微消防”平台运用，加快推动消防执法由“包揽保姆型”向“推动履责型”综合转变，由“管事”向“管人”转变，由“查隐患”向“查责任”转变。

【消防宣传】开展火灾警示教育活动，在省、市两级媒体上曝光火灾隐患单位。发动通信、金融系统定期向手机用户、银行储户推送消防信息。分类建立物业服务企业、房屋承租人、重点单位负责人等目标群体，针对性推送提示警示信息。利用消防站月度开放，单位、企业日常培训的契机，进行消防安全常识、消防队伍形象宣传，受惠人群超过2万人。联合市教体局，在绵阳中学

1月29日，消防大队在海悦·银河城开展消防安全检查工作

英才学校开展大规模消防实战演练，启动“校园消防安全宣传月”活动，制作专门的教育读本，将消防安全课写入辖区中小学日常课程表；联合区文广旅、商务、教体、市场监督局，在文保单位、商业综合体、寄宿制学校、综合市场开展消防专项检查和宣传，并在全区作经验介绍；组织辖区网格员、消防宣传服务队、志愿者等深入开展消防隐患日常巡查和消防知识宣传；大队、中队应邀参加“FM103.3”和“绵阳青年”APP消防专题视频录制，传递绵阳消防改革发展好声音。全年共开展培训宣传300余次，发放宣传单和消防知识读本2.5万余份，科普教育基地开放40余次，辖区受教育群众达到80%以上。

【攻坚实战能力】全年全体指战员先后参加市消防救援支队冬季体能专项训练对抗比武竞赛、夏训考核比武、“火焰蓝”精英比武对抗、抗洪抢险应急救援实战演练、森林火灾应急救援演练、防震减灾综合应急拉动演练、“蓝色使命”地震救援实战拉动演练、“守护生命—2019”应急救援联合演练、抗洪抢险应急救援演练、生产安全事故应急救援演练、“火蓝使命　一战到底”装备大比武活动；全省消防救援队伍冬训精英比武竞赛、四川省攀西地区地震灾害实战拉动演练；区政府组织的以消防救援队伍为主体的化危火灾综合性演练；区消防救援大队结合全区火灾特点组织中队按场所分类开展消防实战演练30余次；完成汶川“8·20”特大山洪泥石流救援等任务、“9·30”涪城区龙门镇农资市场火灾增援，“科博会”、两会等安保任务；参加全市“火焰蓝”攻坚组、宣传员、通信员等各类岗位轮训、技术培训合计6期，培训指战员7名，2名通过资质考评，各类专业岗位全部持证上岗。

【基础设施建设】2019年，新购抢险救援专用大功率皮卡车1台、地震救援高性能底盘快速反应车1台、灭火药剂10吨，山岳水域救援装备1900余件、抢险救援器材200余件。新增市政消火栓56个，完好率98%以上。区人民政府、游仙高新区管委会同步推进3个消防站（游仙高新区二级城市站、石马镇小型站、魏城镇小型站）建设。（屈德鲜）

政协绵阳市游仙区委员会

概述

【概况】2019年，区政协及其常委会坚持以习近平新时代中国特色社会主义思想为指引，坚持团结民主主题，紧紧围绕区委、区政府中心工作，开拓创新、锐意进取，履行政治协商、民主监督、参政议政职能，为建设更高质量的“五个游仙”做出贡献。2019年1月，全国政协党组副书记、副主席张庆黎到游仙区调研基层政协工作。1月11日，游仙区委召开政协党建座谈工作会，区政协机关党组和委员综合党委成立。2月，区政协牵头召开游仙区在外人才联谊会第一届第一次会员大会，3月，牵头成立游仙区在外人才粤港澳大湾区联谊会，5月，牵头成立游仙区在外人才京津冀联谊会，为游仙区在外人才特别是京津冀和大湾区人才回乡投资发展、服务社会提供平台。9月，区政协举办庆祝人民政协成立70周年系列活动。2019年，区政协在基层协商中探索形成的经验材料《政协协商民主助力基层善治的实践与思考》被市政协和中国社会科学院政治研究所联合举办的人民政协与地方治理理论与实践研讨会评为优秀理论文章并在会议上作交流发言，被省政协收录进人民政协与地方治理经验书籍。被省政协评为全省政协新闻宣传先进单位、被市政协评为助推全面创新改革先进单位、联合视察先进单位、反映社情民意信息先进集体、信息宣传先进单位、庆祝人民政协成立70周年系列活动先进单位，《鎏金叠翠曾家垭》被市政协评为优秀文史资料，被市社科联评为优秀社科成果。《新时代推动新乡贤参与乡村治理的实践与探索》被市政协评为优秀视察调研报告，《提高行政审批效率 优化营商环境》《加快推进农村“宅基地”三权分置改革的建议》被市政协评为优秀提案。

【提案办理】区政协六届四次会议共收到提案106件，经审查立案101件，其中集体提案8件，立案提案中，经济建设方面46件、政治建设方面11件、文化建设方面6件、社会建设方面34件、生态文明建设方面4件。截至2019年7月，交办的提案全部办理完毕。提案所提问题已经解决或基本解决的48件，占47.6%；列入计划、正在落实解决的38件，占37.6%；暂时不能解决，作解释说明的15件，占14.8%。从收到的反馈意见看，委员对提案办理工作满意的99件，满意率为98%；基本满意的2件，占2%；无不满意件。

【提案督办改革】出台《提高提案质量的工作意见》，形成以主席、副主席督办回访为龙头，常委会视察督办、提案委日常督办、委员评价为抓手的提案督办工作机制。完成对101件提案分析研究，并通过正式文件将提案办理件及时交办至区级相关部门及时办理。对5个提案办理综合协调先进单位、10个提案办理先进单位和15名提案办理先进个人予以表扬；区政协发文表扬10件优秀提案、10名反映社情民意信息工作先进个人。

【信息工作】全年收到反映完善农村房屋租赁市场、规范农村居民人身损害赔偿金等方面的社情民意信息70余条，上报市政协38条，被市政协采用6条、省政协采用2条，采用数量位居全市政协系统前列。

【参政议政】围绕区委、区政府中心工作，对乡风文明建设、健康促进工作、残疾人事业发展、农村交通基础设施建设等方面工作进行调研。向区委、区政府提交调研、协商报告21篇，为全区相关政策和工作措施制定提供重要参考。其中：《农业龙头企业发展情况调研报告》《生产性服务业、生活性服务业发展专题协商报告》被区委常委会专题研究，并安排区级领导牵头落实报告中提出的意见建议。

【界别协商】2019年首次召开界别协商会议，组织教育界别委员、教育主管部门负责人、教师、学生家长代表、课后服务机构负责人、相关部门负责人对群众普遍关心的中小学课后服务工作进行协商议政，对课后服务的困难群体减免、城乡差距缩减等方面工作提出针对性建议意见，为全区课后服务工作更好开展提供参考。

重要会议

【区政协六届四次会议】2019年3月21—22日在区机关会议厅召开，姜曦主持，184名政协委员参加会议。会议审议并通过区政协主席姜曦作的《常委会工作报告》和区政协副主席代锦芳所作的《提案工作情况报告》。听取并协商讨论区人民政府区长陈华斌所作的《政府工作报告》，以及国民经济和社会发展计划、财政预算、法院、检察院工作报告。会议选举胡宗文为区政协秘书长。

【区政协六届第17次常委会会议】2019年3月18日召开，姜曦主持，副主席赵长兴、代锦芳、高红梅，秘书长邓世全和区政协常委出席会议。会议审议通过常委会工作报告、提案工作报告，会议同意邓世全等9人辞去政协绵阳市游仙区第六届委员；同意增补胡宗文等8人为政协绵阳市游仙区第六届委员会委员；同意免去秦顺英副秘书长职务，阮绍明农业与农村工作委员会主任职务，岳中进文史与联谊委员会主任职务，李良华社会法制委员会主任职务，董建明委员工作委员会主任职务，任命蒋明国为农业与农村工作委员会主任，严显勇为文化文史和学习委员会主任，秦顺英为教科卫体委员会主任，董清华为委员工作委员会主任。

【区政协六届第18次常委会会议】2019年3月22日召开，姜曦主持，副主席赵长兴、代锦芳、高红梅，耑金玲和区政协常委出席会议。会议听取区委组织部对推荐胡宗文为区政协秘书长作的情况说明，讨论通过《政协第六届绵阳市游仙区委员会第四次会议选举办法（草案）》，协商同意胡宗文为区政协秘书长候选人。

【区政协六届第19次常委会会议】2019年6月25日召开，姜曦主持，副主席赵长兴、代锦芳、高红梅、耑金玲，秘书长胡宗文

3月18日，政协第六届绵阳市游仙区委员会常务委员会第十七次会议召开

和区政协常委出席会议，区委常委、宣传部部长陈晓霖，区人民政府副区长李万庆应邀出席会议，区级相关部门列席会议。会议审议并同意《健康促进工作调研报告》《乡风文明建设调研报告》。会议表决同意政协绵阳市游仙区委员会文史联谊委员会更名为政协绵阳市游仙区委员会文化文史和学习委员会、政协绵阳市游仙区委员会科教文卫委员会更名为政协绵阳市游仙区委员会教科卫体委员会。会议同意任命邱欣为社会法制委员会主任、邵琼瑶为社会法制委员会副主任、马娟为教科卫体委员会副主任、王天举为文化文史和学习委员会副主任（兼），免去周红区政协社会法制委员会副主任职务。会议同意《区政协庆祝人民政协成立70周年系列活动筹备方案》和《区政协工作规范》。

【区政协六届第20次（议政性）常委会会议】2019年7月23日召开，姜曦主持，赵长兴、代锦芳、高红梅、岿金玲、胡宗文出席会议。何守君、杨守贵、陈政应邀出席会议，驻区市政协委员、区级相关部门及有关乡镇负责人、政协各委室相关负责人、乡镇工委主任列席会议，会议邀请游仙民营企业家代表和10名公民代表参加。会议审议通过《打造高效便捷的政务环境，促进游仙民营经济健康发展调研报告》《打造利企惠民的政策环境，促进游仙民营经济健康发展调研报告》《打造公平正义的法治环境，营造和谐稳定的社会环境，促进游仙民营经济健康发展调研报告》及《游仙区民营经济发展概述》，讨论形成全体委员持续参与促进全区民营经济健康发展的协商意见。

【区政协六届第21次常委会会议】2019年9月20日召开，姜曦主持，赵长兴、代锦芳、高红梅、岿金玲、胡宗文和区政协常委出席会议。会议审议并同意《游仙农村交通基础设施建设情况调研报告》《促进游仙残疾人事业发展的调研报告》。

【区政协六届第22次常委会会议】2019年12月20日召开，赵长兴主持，副主席代锦芳、高红梅、岿金玲，秘书长胡宗文和区政协常委出席会议。区委副书记何守君，区委常委、副区长杨守贵，区委常委、区纪委书记、监委主任王兵应邀出席会议。会议听取区政府关于区政协六届四次会议以来提案办理工作情况的通报，区政府关于2019年度政协常委会、专题协商会所提意见、建议办理情况的通报，2019年度全区党风廉政建设工作情况通报。审议并同意区政协六届五次会议筹备方案。（刘晋宏）

表5　政协绵阳市游仙区委员会六届四次会议优秀提案情况表

序号	提案名称	提案人
1	关于加快城区学校建设，化解“大班额”问题的建议	刘雪妃　张林　李伟　曾小辉
2	关于加强公共食堂安全监督管理的建议	何军
3	关于提高村四职干部待遇吸引高素质年轻人返乡任职的建议	杨炟
4	关于加强全区农村有线广播管理 防范播出安全风险的建议	王天举　黄琳
5	关于游仙区提升民宿品质打造旅居游仙的建议	张誉馨　陈伟华
6	关于鼓励外出务工人员返乡创业，有效控制农村空心化问题的建议	吴良建　吴冬梅　肖栋　钟锟
7	关于落实全区严重精神障碍患者集中监护与康养保障政策的建议	刘良贵
8	关于进一步发展乡村新型服务业的建议	甘其林　姚玲　赖宏　鲍艺天　黄昭强
9	加快推进芙蓉花溪田园综合体建设	车正
10	关于促进游仙区康养服务产业发展的建议	马勋龙　李家兵

纪律检查与行政监察

概述

【概况】游仙区纪委监委履行纪检、监察两项职能。经区委编办批准核定行政编制39名，工勤编制2名，设纪委书记1名，兼任区监委主任；副书记2名，兼任区监委副主任；纪委常委4名，监委委员4名，其中2名常委兼任监委委员。内设机构13个。推进派驻机构改革，撤销51家区纪委派驻（出）纪检机构，撤销27家原区监察局派驻监察机构，新设12个区纪委监委派驻纪检监察组，经区委编办批准核定行政编制42名。顺应乡镇行政区划调整，撤销22个乡镇纪委，保留1个园区、3个街道纪工委，新设8个镇纪委。新成立绵阳市游仙区纪委监委网络政务及教育中心，为副科级（事业）建制，核定事业编制2个，设主任1名、副主任1名。

【党风廉政建设】扛牢政治责任，突出政治监督，聚焦“三大攻坚战”、机构改革、乡镇行政区划调整等重大决策部署，强化

7月26日，游仙区纪委监委召开纪检监察干部思想政治教育大会

3月1日，游仙区召开区纪委六届四次全会

监督执纪问责，督促各级党组织和党员干部用实际行动践行“两个维护”。压实“两个责任”，推行清单备案制度，深化履责监督，严肃追责问责，专题约谈责任制考核靠后的6个单位党组织主要负责人，对4个党组织、5名党员领导干部实施“一案双查”。严明政治纪律和政治规矩，全区立案查处违反政治纪律问题12件12人。扎实开展蒲波、彭宇行、侯晓春“以案促改”工作，出台《党风廉政意见回复办法》，对不符合职务职级晋升的干部提出暂缓或取消意见2人次，立案查处党员干部参与赌博案件9件9人，利用地方名贵特产谋取私利案件1件2人。

【正风肃纪】制定《2019年作风建设工作方案》，实施作风建设专项行动。查处违反中央八项规定精神问题8件17人。集中整治形式主义、官僚主义5个方面突出问题，立案查处相关问题32件32人。开展“抓落实做表率”行动。深化负面警示，向作风问题明显的34个单位颁发“三大奖”。印发《游仙区构建亲清政商关系正负清单》，明确“七个可以”和“九个不准”要求，查处涉及破坏营商环境问题1件2人。切实为担当干事者撑腰鼓劲，发放函询了结反馈函3份、《澄清证明》39份，召开信访听证会公开质证信访反映问题3次。查处群众身边违纪违法问题167件167人。牵头抓好全区9项18个专项整治工作，着力解决一批群众急难愁盼问题。聚焦脱贫攻坚，专题作风问诊，现场曝光8个单位17件问题，查处扶贫领域腐败和作风问题2件3人。深化惠民惠农财政补贴资金“一卡通”管理问题专项治理，统筹推进“一卡通”变“一卡统”。专项清理涉农保险保费补贴问题，清理涉嫌虚假或重复投保资金11.03万元，查处4件27人。开展扫黑除恶“打伞破网”，对辖区内黑恶势力保护伞始终保持严打高压态势，查处涉及“保护伞”3件3人。直面群众问题，推行“院坝问廉”，全年举办活动36次，发现问题322个，现场解决271个，举一反三、分类处置进行整改。2019年共接收128件信访件，同比下降45.3%，党风廉政建设社会满意度评价连续4年稳居全市前列。

【监督监管】聚焦“关键少数”，建立594名科级领导干部廉政档案。突出抓早抓小，全年运用“四种形态”批评教育帮助和处理党员干部393人次，各形态占比分别为52.93%、39.69%、4.33%、3.05%。发挥巡察监督利剑作用，开展政治巡察3轮4批次，覆盖41个单位，发现问题239个，移送问题线索17件，党纪政务立案8人。升级“清风游仙”阳光监督平台，新增民生项目监督板块、大数据比对功能，与市“一卡通”发放系统对接，通过平台监管各类资金达13.78亿元，接受群众查询27.9万余人次，发现问题线索160余条，党纪政务处分18人。相关经验被《光明日报》《四川日报》《四川改革专报》刊发，并入选《绵阳市第二批改革经验推广清单》在全市推广，受到中纪委调研组，省委常委、省纪委书记、监委主任王雁飞前来调研。深化财经纪律监管“三级联审”制度，对全区63个区级财政一级预算单位及区属国有企业财经纪律监管“全覆盖”，处置问题线索2件，党纪政务处分3人。全区2019年度纪检监察工作综合考核位居全市一等次。

【派驻纪检组工作】完成12家派驻机构更名赋权、人员配备、职权调整，实现区级部门派驻监督全覆盖。全年派驻纪检监察组处置问题线索14件，立案7件，处分7人。完成乡镇监察室设立和赋权，完成基层纪检监察组织机构设置、人员配备、机制建立等工作。全年累计收到反腐败协调小组成员单位移送案件问题线索82件，查办职务违法案件29件，移送司法3件5人。

【案件办理】全年处置问题线索291条，同比下降13.1%；党纪政务立案193件193人，其中科级领导干部16人，为国家挽回经济损失347.41万元。完成违规办理、持有、瞒报因私出国（境）证照等11类问题的专项清查工作。全年做到安全办案零事故、办案人员零违纪、办案结果零申诉。实行"一案三报告"，指导5个案发单位召开"以案促改"专题民主生活会。强化警示教育，落实常态化党纪国法知识测试、任前廉政考试、谈话等制度，警示教育片《5元钱牵出的"蚁贪"》在廉洁四川展播，家风故事专题片《书礼传家清风扬》在中纪委网站头版播出，师德师风微电影《师心如廉》在人民网展播。

【机关党建】成立机关党委，夯实主体责任，推动机关党建和业务工作"两促进、两提高"。深入开展"不忘初心、牢记使命"主题教育，查找班子及班子成员问题33个，制定整改措施101条。坚持问题导向，开展凝心铸魂、提质增效、纪律整顿、修身立德四大行动。做实全员培训，以中纪委18门培训课程为依托，干部培训率达100%。坚持实战导向，抽调优秀干部参加省、市、区纪委监委审查调查工作80余人次。拓宽选人用人视野，选优配强委班子领导，选调36名优秀年轻干部到纪委机关和派驻纪检监察组工作。坚持刀刃向内，聘请首届特约监察员，加强对纪检监察机关自身监督，对履职不力的7名纪检干部集中约谈，给予3名违纪违法的纪检监察干部党纪政务处分。

【获奖情况】廉洁微电影《药》荣获2019年度"平安中国看四川"优秀微电影奖；清风游仙—阳光监督平台荣获2019年度中国科技城法治创新大赛"法制创新奖"。（何　博）

重要会议

【区纪委常委会会议暨区监委委务会议】2019年8月23日召开，区纪委常委、区纪委书记、区监委主任王兵主持会议并讲话。会议传达省纪委常委、监委委员凯旋在绵调研座谈会上的讲话精神，研究贯彻落实意见。会议要求，区纪委监委全体纪检监察干部要深刻领会凯旋常委的讲话精神，提高政治站位，勇于担当、主动作为，不断提高审查调查水平。一是要严格按照《中国共产党纪律检查机关监督执纪工作规则》相关要求，把纪法贯通、法法衔接置于审查调查工作中整体把握、一体推进，确保依规依纪依法开展审查调查工作的各项要求落到实处。二是要高度重视执纪审查安全工作，全面梳理排查风险点，完善安全工作制度，做好审查调查全方位评估，掌握全面情况，绝不允许出现一丝松懈；三是要加强案件线索处置规范化管理，积极与承办单位进行程序对接，强化处置件跟踪督办力度，做到案件线索件件有着落、事事有回音。

【区第六届纪律检查委员会第四次全体会议】2019年3月4日召开，会议学习贯彻十九届中央纪委三次全会、省纪委十一届三次全会、绵阳市纪委七届四次全会精神；听取富乐街道党工委、东林镇党委、区卫计局和区人社局主要负责人述责述廉。区委书记江彬安排部署2019年度党风廉政建设和反腐败工作；区委常委、区纪委书记、区监委主任王兵作题为《推动新时代纪检监察工作高质量发展为建设更高质量"五个游仙"提供坚强纪律保证》的工作报告。（何　博）

民主党派·社会团体

民主党派

【概况】游仙区7个民主党派有成员442人，其中：民革游仙总支52人、民盟游仙总支80人、民建游仙基层委员会44人、民进游仙区基层委员会66人、农工党游仙区基层委员会84人、致公党游仙基层委员会50人、九三学社游仙支社66人。各民主党派全年共发展党员（社员、盟员、会员）24名、转入党员2名、考察积极分子4名。2019年，民革游仙总支被民革四川省委评为10个示范基层组织之一，民建游仙基层委员会被民建四川省委评为“魅力基层组织”，民进游仙基委会被民进四川省委评为“组织建设先进基层组织”，致公党游仙基层委员会被致公党四川省委评为参政议政先进集体、“不忘合作初心，继续携手前进”主题教育活动先进集体。

【政党协商】开展“绵阳市各民主党派走进游仙”直通车活动，市、区各民主党派投身项目建设、脱贫攻坚、乡村振兴、民生保障等重点领域，争取协调捐助物资和资金总价值3034.17万元。各民主党派共提交78件提案、22篇调研文章、38篇社情民意。推行“一个党派一朵花”结对合作模式，市、区民主党派与“七朵仙花”属地乡镇、业主三方开展合作，七大基地及属地旅游景点人流量同期增加20%以上。民进游仙区基层委员会撰写的《关于发展品质农业的对策及建议》在中共四川省委调研协商座谈会上进行专题协商。

【支持保障】优化提升民主党派待遇，加强民主党派支持保障，各民主党派财政预算由3万元/年增加到5万元/年。（李明益）

社会团体

总工会

【机构概况】游仙区总工会成立于1993年，是在区委领导下的全区各级工会组织的领导机关。主要职责：贯彻执行党的路线、方针、政策，根据区委、市总工会的部署，结合游仙区实际，确定工会工作的指导思想、目标和任务，指导全区工会工作。负责工运理论及政策的研究。经区委编办批准核定行政编制3名，机关事业编制2名，机关后勤服务人员事业编制1名。2019年，共有6名干部职工，聘用6名社会化工会工作者。内设机构3个。2019年年末，全区共有基层以上工会35个，乡镇（园区、街道）总工会13个，区级机关工委7个、教育工会1个，基层工会组织1567个，职工127070人，工会会员126750人，入会率达99.7%。

【工会组织建设】深化基层组织建设“游仙模式”，推进“四有四强”标准化、规范化建设。小枧沟镇总工会获评四川省“十佳”模范职工之家；观太镇工会联合会、玉龙村工会、绵阳紫东食品有限公司工会等8家工会组织获评绵阳市“四有四强”标准化建设示范单位。开展百人以上企业建会和“八大群体”建会入会工作，新增工会组织37个，吸引1317名职工入会。在民营教育、餐饮服务、种养殖等行业开展工资集体协商“集中要约月”活动，开展工资集体协商谈判，创新开展工资集体协商职工满意度测评；推动已建会企业厂务公开民主管理制度，四川兴事发集团门窗二厂转印班组获评四川省民主管理示范班组；专项补助资金45.94万元，支持基层工会组织标准化、规范化建设。

【全国创业促进就业现场会】2019年9月4—5日，全国创业促进就业现场会在绵阳举行，全国总工会权益保障部副部长张苏仲出席，带队到游仙区职工创新创业中心参观，现场观看《游仙区大力推进创业促进就业工作》纪实片，参观职工维权中心、工会服务站、孵化集中区等地，了解游仙区职工创新创业中心平台和运营模式。

【全省城镇困难职工脱困解困工作现场推进会】2019年5月29日在绵阳召开。省总工会党组书记、常务副主席胥纯带领全体与会人员到游仙区仙人路社区参观。区领导陈华斌、陈政陪同。胥纯对游仙区创新实施的“345”工作法（“3”即谁入户、谁签字、谁负责；“4”即一年至少4次上门调查核实情况；“5”即带头入户调查、带头研究谋划、带头部署推进、带头结对帮扶、带头督促检查），参会人员实地现场了解。

【全国总工会专项审计（游仙）工作】2019年4月18日，由吉林省总工会党组成员、经审会主任张彤一行组成的全国专项审计组赴游仙开展2016—2018年帮扶资金、送温暖资金分配管理使用情况专项审计。省总工会党组成员、经审委主任徐真彦等陪同。审计组对游仙区在档和退档困难职工档案、职工帮扶工作进行核查，并审查2018年度工会经费收支及专项资金管理使用情况。

【游仙区工会六届三次全委（扩大）会议】2018年3月25日，游仙区召开工会六届三次全委（扩大）会议。会上听取审议工会工作报告、财务工作报告、经审工作报告。会议补选区工会第六届委员会常务委员会委员。

【培养先进典型】2019年，在全区企业班组和产业工人中开展争创“工人先锋号”“工人先锋”活动，厚植工匠文化；组织2批次100余名劳模、工人先锋、技术骨干赴青川、凉山进行疗休养；“五一”、国庆节前组织各级劳模开展体检和专项慰问；“三八”妇女节前后为200名非公有制企业女职工提供免费体检；选派9名技术骨干赴西北工业大学等地参加技能培训。

【帮扶工作】2019年，帮扶救助困难职工3018人次，发放帮扶资金382.9万元；筹措助学资金33.65万元，共圆151名寒门学子求学梦。开展“春风送岗位”“岗好盼你”“大学生求职招聘会”行动，帮助1630名农民工、下岗职工、大学毕业生实现就业。精准帮扶困难职工3489人次，发放帮扶资金383.75万元。“夏送清凉”慰问一线职工1470人次，发放防暑降温物资20.25万元；举办母婴生活护理、中式烹调、保育员等免费技能培训6期，培训农民工（城镇失业人员）390余名。

【工会会员普惠性服务】全年办理工会会员普惠性服务卡22390张，服务卡正常使用率达90%。与红星美凯龙、家福来电器、八品农庄、海上海酒店等17家加盟企业建立普惠性服务合作。

【工会经费审计】区工会经费审查委员会对区总工会2016年9月至2019年2月的财政财务收支和财经纪律执行情况进行审计。结合游仙乡镇机构撤并，对35家基层工会组织开展审计工作，将审计的财务资料时间延伸到2019年8月。重点审计财政财务收支、专项资金使用、公务卡使用、内部控制管理、贯彻落实中央八项规定精神及廉洁从政规定等情况。

【女职工工作】开展特殊困难女职工特别关爱行动，慰问困难女职工151人，发放慰问金44.71万元。举办心理健康培训讲座，新建心理驿站或妈咪宝贝屋16个，开展关爱慰问留守儿童活动，评选2019年度优秀女农民工，为20名优秀女农民工进行免费体检。

【开展关爱困难农民工子女冬、夏令营活动】开展关爱留守儿童活动，组织76名留守儿童、困难（职工）农民工子女参加冬令营、夏令营活动。组织受到金秋助学资助的35名大学生参加“筑梦未来”志愿者服务活动。

【职业技能培训】开展“免费+自选”“订单式”家政月嫂、西式面点技能培训9期，帮助1100余名职工提升技艺；举办公务用车司勤人员技能比武大赛。无偿为19家小微企业提供自主创业金13.3万元。

【维护职工合法权益】健全区、镇、村三级劳动争议调解组织和维权网络，聘请职工维权专业律师团队，完善劳动争议调处联动和维权联动机制，基层劳动争议调解组织和劳动法律监督组织建立率达85%以上。为职工（农民工）提供免费法律援助29件。加强厂务公开民主管理，区内1023家已建会企事业单位建立职工（代表）大会制度。建会企业单独签订工资集体协议558份，覆盖职工5万余人。开展“七五”普法“尊法守法、携手筑梦”法治宣传教育等主题活动30余次。

【互联网+工会】依托“游仙工友荟”平台，打造“互联网+工会”服务新模式，通过“普惠+特惠”“线上+线下”方式，开展有奖竞答、健步走、幸运抽奖等各类活动近20次，服务职工17万人次。

【“相约幸福游仙”相亲交友活动】依托“游仙工友荟”平台，为辖区内机关、企事业单位、科研院所、大专院校等单位单身职工搭建婚恋交友平台，服务职工群众。全年举办2场线下“相约幸福游仙”交友联谊活动，参与线下活动人员达200余人次，牵手成功10余对。（沈 欣）

共青团

【机构概况】中国共产主义青年团绵阳市游仙区委员会成立于1993年，是中共游仙区委领导下的群团组织。主要职责：领导全区共青团工作，领导全区青联、学联、少先队工作，对全区性青年社团组织进行指导和管理等。经区委编办批准核定机关行政编制4名，后勤服务人员事业编制1名，设书记1名、副书记1名，内设股室2个。2019年，全区有35岁以下青年177958人，团员5622人。团组织629个，其中团委36个，团支部506个，团工委2个。校内辅导员30人，校外辅导员49人。

2019年，向上申报“青年文明号”“两红两优”等先进典型，全区各级团组织和团员青年获省级表彰4个：（1名四川省脱贫个人奉献奖、2名四川省优秀少先队员、1个四川省优秀少先队集体）、市级表彰7个（1个绵阳市优秀共青团员、2个绵阳市优秀共青团干部、3个绵阳市优秀团委、1个绵阳市优秀团支部）。

【思想政治建设】紧扣团中央“青年大学习”主题，以深入学习宣传贯彻中共十九大和团的十八大系列精神为内容，组织团员青年学习突破5万人次。开展主题团课、校园宣讲、周三夜学进校园等活动100余场次，开展“不忘初心、牢记使命”理论知识竞赛，吸引全区2000余名青年党员参与。通过线上微信公众号、微博、微信群、QQ群等平台积极宣传党、团会议精神，全年发布各类信息300余条，其中乡村振兴好项目、“乡村振兴好青年”评选活动阅读人数破万。《游仙—青春心向党　建功新时代》《党建带团建，游仙团区委探索“四联”模式，整合升级村级团组织》《游仙评选乡村振兴青年好项目》《四川游仙：暑期夏令营　留守儿童的快乐天地》等特色亮点工作被《中国社会报》《四川日报》《绵阳日报》、四川青年网、学习强国—四川学习平台等媒体宣传报道。

【基层团组织建设】2019年5月15日，共青团四川省委基层组织建设部部长张志君一行到游仙区凤凰乡调研基层团建及合建团支部工作。2019年6月13—14日，组织游仙区部分乡镇、街道团（工）委书记共14人到郫都区战旗村、安德镇产业园区、仁寿县青年之家、曹家镇梨产业扶贫项目等地进行实地参观，学习基层团组织建设先进经验。

【五四运动100周年纪念活动】2019年4月26日，以“五四精神·传承有我”绵阳青年汇主题活动5.4公里追梦跑在游仙区小枧湿地公园举行。全市金融、税

4月28日，游仙区开展纪念五四运动100周年主题团日活动

务、学校、机关等行业18—40岁的150余名青年跑步爱好者参加。2019年4月28日，以“青春心向党·建功新时代”为主题游仙区五四主题团日活动在小枧城市生态公园举行。江彬、何守君、王宗华、张欣、赵长兴出席活动。陈政主持活动。全区800余名青年团员参加活动。

【乡村振兴青年“好项目”评选会】2019年5月9日，在白蝉镇文化活动中心举行。10名来自花卉林果、优质粮油、绿色蔬菜、生态养殖等领域的青年对各自项目分别从内容、规划、效益以及带动农业发展、助力乡村振兴等方面进行项目推介。经过嘉宾打分评审，四川凤乡园农业科技有限公司的梁白梅、绵阳市珑美农业开发有限公司的杨恒珑和游仙区艺佳农场的胡成军推介的项目分别获一、二、三等奖，其余项目获优秀奖。

【西部计划志愿者】补充修订《绵阳市游仙区西部计划志愿者管理条例》，首次将西部计划志愿者纳入用人单位年度绩效考核对象，各基层用人单位按照西部计划志愿者服务年限和年度考核结果给予目标绩效奖励。2019年，全区共招录西部计划志愿者13名。

【帮扶工作】制定“区级部门+公益组织+乡镇”三级联动志愿服务帮扶短期模式及“2+N”分步走志愿服务长期模式，牵头全区脱贫攻坚志愿服务贫困群众。对口帮扶壤塘，邀请创业导师为壤塘青年进行创业技能培训，通过以购代捐，购买价值5414元壤塘风干牛肉、羊肚菌、木耳等特色农产品，用于帮助壤塘贫困青少年。联系一凡公益捐赠合计价值2万元衣物鞋子等过冬物资。为贫困学生及基层青年之家阵地建设争取项目资金3万元。

【关爱留守儿童】在白蝉镇、凤凰乡、富乐街道办东街社区和涪江街道办开元中街社区选址建成“童伴计划”试点工作站4个，定期开展自护教育、心理疏导等服务。2019年，开展活动40余期，覆盖学生2000余人次。2019年7—8月，开展以“合力监护·相伴成长”为主题的游仙区2019关爱留守儿童夏令营，来自全国各地高校13支志愿者团队70余名志愿者参与。在全区11个乡镇（街道）面向6到14岁的400余名留守儿童同步设营开展活动。在辖区的9所初中和1所高中开展“青听‘悄悄话’爱心信箱”活动。全年累计收到各类邮件50余封，组织相关心理导师对问题进行回复，汇总梳理出3大类、7小类通病问题反馈给学校。

【青年创新创业】2019年，全区共8位青年创业者申请到创业资金共计60余万元。实施“富乐青年”人才储备计划，全年共计发放各项补助资金20余万元。采取政府购买服务形式，实施“富乐青年汇”活动，组织开展创新创业培训12次。引导青年社会实践，持续开展“逐梦计划”，募集党政机关、企事业单位、社会组织、非公有制企业等多类型实习岗位300余个，推动在校大学生参与游仙经济社会建设。

【青年联谊活动】2019年1月25日，院地青年联欢会在科技城人才俱乐部举行，150余名青年代表参加。2019年8月4日，“七夕”前夕，以“‘游’你来‘才’更好”为主题青年人才交友联谊活动在科技城人才俱乐部举行，活动共吸引100余名各行业单身，7对青年成功牵手。2019年12月24日，以“相约幸福游仙”为主题的青年交友联谊舞会在富乐山酒店举行。团市委书记胡段钦，区委书记江彬，中物院团委书记马火强出席并发言。科研院所团委书记以及来自游仙区科研院所和各行各业的160余名青年男女参加活动，共有8对青年牵手成功。58所党委副书记谢勇、团市委副书记左春艳，区委常委、统战部部长、区总工会主席陈政，副区长张欣出席活动。（邓冬梅）

妇联

【机构概况】 游仙区妇女联合会成立于1993年，是群团组织之一。主要职责：围绕中心、服务大局，联系和服务妇女，代表和维护妇女权益、促进男女平等和妇女全面发展。经区委编办批准核定编制6名，设主席1名、副主席1名，内设股室2个。区妇联被省妇联评为“新闻宣传阵地建设先进单位”，被市妇联评为“政务信息工作先进单位”“基层妇联组织改革工作先进单位”，在市妇联和市妇女工委考核中均获一等奖。

【六届四次执委扩大会议】 2019年1月4日，区妇联召开六届四次执委扩大会议，会议选举蒋水华为区妇联副主席。

【组织建设】 截至2019年年末，全区有高新区、试验区、乡镇、街道妇联26个，村、社区妇联277个，机关事业单位妇委会28个。乡镇（街道）配备执委639人、村（社区）配备执委4215人。在李杜祠社区、云凤镇社区等地打造46个示范性城乡社区“妇女儿童之家”。聚焦“为妇女儿童办实事”，开展“周三夜学”“初心微讲台”“五重守初心”等活动，实现学习教育全覆盖。为全区“两癌”妇女争取救助金7万元、保险赔偿金117.8万元。争取到300万元的“超早期宫颈癌筛查项目”落户区妇幼保健院。召开区妇联对照党章党规找差距专题会议，建立问题清单2个，制定《游仙区妇联议事制度》《妇女代表建言献策制度》，制发《基层妇联工作指导手册》。

【素质提升行动】 以“巾帼心向党 建功新时代”为主题，组织全区20余名优秀女民营企业家参加素质提升培训。依托“巾帼培训学校”开展实用技术培训，其中开展保育员、电子商务培训班7期，妇女居家灵活就业女红培训班3期，中式烹饪培训1期，培训妇女达500余人。

【巾帼建功行动】 开展各级“巾帼文明岗”创评活动，全区国家级巾帼文明岗3个、省级5个、市级9级、区级57个。各级妇联以妇女居家灵活就业基地为平台，为5000余名留守妇女解决灵活就业岗位。

【幸福家庭活动】 结合信义游仙建设，举办家庭教育讲座10期，受益妇女干部和家长达1200余人。联合中国人寿游仙分公司开展“关爱女性保障计划”，2500余名妇女参保。联合区总工会、区环保局等部门，开展“生态游仙——我的家”摄影大赛。开展“最美家庭”评选活动，表彰区级“最美家庭”40户，开展“最美家庭”事迹巡讲活动30余场次，开展“最美家庭，我为你点赞”网络主题活动，收集到“我家最美一瞬间”短视频100余条。

【巾帼维权活动】 举办巾帼维权大讲堂等专题讲座，开展“三八”维权周、“6·26”禁毒日等宣传活动。各乡镇建立妇女维权站点，为当地妇女提供法律帮助和调解服务。2019年，全区各级妇联接待妇女来信来访300余件。

【“三八”妇女节庆祝活动】 3月7日下午，在区机关会议厅召开以“乡村振兴，妇女同行”为主题的纪念“三八”国际妇女节109周年庆祝大会。区委副书记何守君，区委常委宣传部部长陈晓霖、区人大常委会副主任冯忠卫、徐丽娟，区政府副区长李万庆，区政协副主席赵长兴、代锦芳、高红梅、岿金玲出席会议，区委常委、统战部部长、区总工会主席陈政主持。

【“六一”儿童节慰问活动】 区四套班子领导带领区妇儿工委成员单位，深入徐家镇、建华乡、柏林镇、刘家镇等地看望慰问少年儿童，为学校送上慰问金1.6万元，为孩子们送去慰问品450套。

【春风送岗位现场招聘会】 联

合区就业局开展“春风送岗位—四项承诺”游仙专场招聘会，帮助542名女性就业。

【关爱帮扶活动】与区民政局、教体局等单位，联合下发《游仙区健全农村留守儿童和困难儿童关爱服务体系意见》。为贫困母亲、困境儿童、女农民工、困难家庭等300余人送去10万余元的慰问金和慰问品。（谢佩利）

科 协

【机构概况】游仙区科学技术协会成立于1993年，是中国科学技术协会的地方组织，中共绵阳市游仙区委领导下的人民团体，接受绵阳市科学技术协会的业务指导。主要职责：组织学术活动，开展学术交流；普及科学知识，推广先进技术，开展青少年科技教育活动。开展继续教育和技术培训工作，组织、指导并开展科学论证、科技咨询服务，开展民间国际和对港澳台地区的科技交流活动；提出政策建议，参与科技政策、科技计划、规范的制定；对区级学会、协会、研究会进行管理，对乡镇（街道）科协、企业科协及农村专业技术协会等基层组织进行业务指导与协调；编辑出版学术、科普性报刊；承办区委交办的其他事项。经区委编办批准核定编制7名，设主席1名、副主席2名，内设股室3个。

区科协荣获第34届四川省青少年科技创新大赛基层优秀组织奖、绵阳市第35届青少年科技创新大赛优秀组织单位、绵阳市第四届青少年机器人创客大赛优秀组织奖、2019年度绵阳市科协工作先进单位、2019年度绵阳市科协组织宣传工作先进单位。

【服务创新驱动发展】2019年，将区林木种苗花卉协会、朝真乡核桃种植技术协会等8个协会，游仙东路社区、韩家脊社区等10个社区，凤香农业基地、山水禾农业基地等6个农业科普示范基地列入项目储备库；以区科协为主体的“游仙区公民科学素质提升工程示范建设”项目获得四川省科普专项资金28万元；组织游仙区食用菌产业协会等28家辖区符合条件的农技协注册国家农技总协网站，超额完成省市科协下达任务；征集企业技术需求项目33项。

【柔性引智搭建平台】截至2019年年末，全区已建成4批5家院士（专家）工作站，其中省级工作站2家，市级工作站2家，区级工作站1家，签约院士1人，专家7人，专家团队53人；合作项目6项，取得科技成果21项；专利申请74项、专利授权42项；合作项目实现销售收入16894万元、净利润1095万元、纳税606万元。完成铜鑫铜业、四川旭博推荐申报2019年市级工作站工作。

【科技+精准扶贫】出台《游仙区科技助力精准扶贫工程实施方案》，开展结对帮扶村脱贫攻坚工作，协助和支持结对帮扶太平镇蚕丝村、忠兴镇双龙村完成2019年度脱贫任务，忠兴镇双龙村4户6人全部脱贫；协调10万元资金用于农毛渠等基础设施修建，贫困户住房等生活条件改善；从区科协自有资金中安排1万元帮助解决4户贫困户生产生活困难；开展春节、建党节、建军节等贫困党员群众慰问42人次、慰问物资万余元；5月31日，看望慰问忠兴镇雅居乐小学贫困留守儿童3名，并赠送书包、文具和儿童读物。联系爱心

5月8日，游仙区职业技术学校开展应急救护技能比赛

企业定向帮扶贫困大学生1人，每年资助1万元。

【2019年区全民科学素质暨提升基层科协组织力"3+1"试点工作推进会议】2019年4月26日召开，会议总结游仙区2018年全区全民科学素质工作，对2019年及"十三五"后期游仙全民科学素质工作和科协进行安排部署。会议要求全区有关部门要高度重视科学素质工作，压实责任，强化领导，确保全区公民科学素质工作各项目标任务顺利实现。区领导陈政、曾和荣参加会议。

【科普品牌宣传活动】2019年科普宣传月期间，区科协为柏林、魏城、玉河3个乡镇赠送科普图书500本、科普挂图160份、科普手册4200册、农村先进实用技术等资料6000份。科技活动周和全国科技工作者日期间，组织开展以"追梦新时代——科技志愿服务行动"为主题的系列活动，与区委宣传部等联合开展区"最美科技工作者"评选活动，评选表彰区"最美科技工作者"7人，推荐市"最美科技工作者"1人。5月，邀请市三医院老年科主任黄昶荃博士到北街、东街、绵山路等5个社区开展"健康科普进社区"巡讲活动；5月27日，与区科技局联合开展科普大篷车进校园活动，在五里路小学开展科学体验、无人机展示等活动。5月30日，组织《全民科学素质行动计划纲要》成员单位在桃园三结义广场开展集中科普宣传活动，开展无人机、机器人、VR展示体验，以及消防演练、现场急救、针灸义诊、法律知识有奖竞猜等活动。

【科普志愿服务进社区】10月30日，联合区总工会、区慈善总会到韩家脊社区开展科普志愿者服务宣传活动，发放健康、生活、居家安全等科普宣传资料2500余份以及印有科普宣知识传购物袋、家用围裙等科普宣传品500余份。11月，与绵阳市老年学学会联合聘请市三医院老年医学专家黄昶荃博士为魏城桂花社区、忠兴镇双龙村中老年居民举办"中老年人健康与保健"、"中老年常见疾病预防"等知识专题讲座，现场免费为参听者测量血糖、血压，发放治疗高血糖、高血压药价值800余元。

【基层科普阵地建设】以乡村、社区科普e站建设为重点，推进"百城千校万村"计划。完成小枧置信小学、万达小学、徐家小学科普e站安装调试；完成韩家脊社区LED科普宣传显示屏建设、北街社区70栋楼栋科普宣传栏建设。

【青少年科技教育活动】11月13日—12月31日，与区教体局、绵阳中学英才学校联合主办中国流动科技馆第二轮四川巡展游仙站活动，并在英才学校举办开馆仪式。组织青少年参与科技创新大赛、"明天小小科学家"、亚洲机器人锦标赛、宋庆龄少年儿童发明奖等科技竞赛活动。富乐实验小学荣获"第十五届宋庆龄少年儿童发明奖先进学校"称号（全国共10所，四川省唯一1所）。在绵阳市第35届科技创新大赛、游仙区第六届科技劳技创新大赛中，共征集申报参赛作品近2000项。在绵阳市机器人教育联合会的支持下，11月28日为徐家伟清小学赠送10台编程机器人，并帮助培训机器人创客辅导老师。区科协被表彰为省、市青少年科技创新大赛优秀基层组织单位。

【基层科协组织建设】推进基层科协组织力"3+1"试点工作，完成"三长"（学校校长、医院院长、企业董事长或农技协理事长）摸底统计调查；在全市创新建立园区科协，成为全市第一家。已完成民政注册登记，争取到市科协组织建设工作经费补助2万元。

【服务科技工作者】组织开展科技工作者状况调查，争取市科协在游仙设立"科技工作者状况调查站点"，承接并完成多项调查任务，报送一线科技工作者意见建议4篇；推荐参评全省创新争先奖2人、创新团队2个、绵州杰出科技工作者1人、绵阳市最美科技工作者1人，推荐省、市人大代表与市政协委员3人，其中1人当选省人大代表、2人当选市人大、政协代表。区委、区政府领导亲自看望慰问一线科技工作者7人。

【2019年农村乡土人才创新创业大赛】10月14日举行，区委常委、统战部部长、区总工会主席陈政，副区长林檬出席，区"科学素质"行动计划纲要成员单位、各镇科协、基层农技协会、科普示范基地等负责人参加。凤凰乡科普示范带头人梁白梅、游仙使用菌产业协会会长贾中科、小枧沟镇科普示范带头人邓长青分别获得一、二、三等奖。推荐梁白梅、贾中科、邓长清、敬雪梅参加绵阳市农村乡土人才创新创业大赛。（陈　维）

工商联合会

【机构概况】绵阳市游仙区工商业联合会是中共游仙区委和游仙区人民政府领导的人民团体和民间商会，是政府管理非公有制经济的助手，是区委和区政府联系非公有制经济的助手和桥梁、纽带。经区委编办批准核定编制6名，设党组书记1名、副主席1名、党组成员1名，内设股室2个。2019年获评绵阳市委、市政府“绵阳市最佳文明单位”；获评全国工商联办公厅“全国‘五好’县级工商联”；获评绵阳市工商联《关于2019年度全市工商联经济服务工作情况的表扬》《关于2019年度全市工商联信息工作情况的表扬通报》《关于2019年度全市工商联系统宣教工作情况的表扬通报》等3次通报表扬。

【平台建设工作】搭建“党建引领平台”“政企沟通平台”“银企服务平台”“企企合作平台”“把脉问诊平台”等5个平台，抓好“引导、财税、融资、政策、合作、管理”六个方面的追踪服务。组织企业参加2019年政银企交流活动，为110多家非公有制企业和建行游仙支行搭建金融服务桥梁。举办《国学智慧》讲座20期；举办“清华大学游仙区企业家高端研修班”及“法律知识”、“劳动诉讼与劳动仲裁维权”“财税培训”等专项培训7场次。与游仙区检察院等达成战略合作协议，采取多种方式开展累计达到300人次的全方位企业培训。与阿坝州工商联、壤塘县工商联、北川工商联等工商联（商会）进行对接交流；与眉山市丹棱县、辽宁省葫芦岛兴城市等地区建立友好工商联（商会）关系，对接重庆市铜梁区工商联、河北省工商联等到游仙考察学习。2019年11月4日至10日，组织会员企业赴广州、深圳、东莞等，与工商联及有关商会对标考察学习，与在粤绵阳籍企业家联动交流。

【民主监督】2019年全年组织工商联界别政协委员开展集中学习5次，工商联界委员小组提交立案提案11件，社情民意信息3件。游仙区工商联组织工商联界政协委员组织调研活动20余次，形成《游仙区民营经济发展现状及建议》等3篇调查报告。与游仙区司法局配合，在会员企业、商（协）会中规范建立人民调解组织10个。

【商会发展】2019年新建基层商（协）会2个，在建商会3个，新建商会党支部1个、覆盖会员企业120余家，个体工商户1700余户。动员乡镇商会参与地方经济社会建设，累计筹款10余万元用于开展捐资助学、扶贫济困等活动。

【工商联（商会）第六届六次执委会】2019年12月31日召开。游仙区委常委、统战部部长、总工会主席陈政，游仙区工商联（商会）主席、会长廖雪鸥等出席会议。游仙区工商联党组书记刘子江主持会议，游仙区工商联执委、基层商会、部分会员企业及区级相关部门分管领导参加。会议通报2018年工商联工作的开展情况及2018年度财务报告，进行人事任免和人事届中调整。会议通报2019年游仙区经济发展尤其是民营经济持续蓬勃发展的相关情况，审议并通过游仙区工商联（商会）六届六次执委会届中增补选举办法，对相关人员进行届中调整和增补。会议选举刘子江、屈媛媛、胡城纲、王肖燕、熊映平、张彦、李薪、严常会、张燕、李洁茹、张建、邓明玉、刘世军、陈永海、刘孝臣、韩玉平等16人为游仙区工商联（商会）第六届执行委员会委员，选举刘子江、屈媛媛、熊映平、张彦、李薪、严常会等6人为工商联（商会）副会长，选举刘子江、屈媛媛、胡城纲、王肖燕等4人为工商联（商会）副主席。

【宣传报道】组织到企业开展专题调研指导、党建引领、帮贫扶困等工作被《四川日报》报道2次、《四川经济日报（头版）》报道1次，《四川科技报》报道2次，《中国组织人事报》报道1次，被人民图片网、中国日报新闻图片网（英文版）、中国新闻图片网（中新社）等中央、省级网络媒体报道20次。全国工商联副主席、四川省政协副主席、省工商联主席陈放到游仙开展两次专题调研。全国工商联扶贫与社会服务部光彩事业处副处长赵冬民一行到游仙区进行专题调研。

【扶贫工作】2019年，共走访慰问贫困党员和群众30余次，发放慰问金和各类物质6500余元，为贫困户建房3户。举行各类培训4期，培训近480人，发展优质稻谷基地100亩，为葫芦村引进企业1家。40余家企业会员参与“百企帮百村”行动，帮扶项目15个，解决农村就业人员1000余人，为贫困户捐款捐物达180万元。凯越集团、四川兴事发有限公司、豪意木业捐款成立20万元“富乐教育奖学金”，助力壤塘教育事业。兴事发有限公司、海上海酒店等18家企业捐资捐物近80万元。组织公益资金74万元，开展赴壤塘帮扶活动。2019年9月24—28日，组织部分会员企业开展“祝福祖国——赴阿坝州壤塘县对口帮扶产业发展调研暨企业对接工作”走访慰问贫困群众、贫困学生，并开展两地企业合作交流活动。2019年10月与壤塘县工商联共同倡议帮助壤塘县贫困村销售滞销的土豆2.5万公斤。(曾 琳)

9月18日，“我看新中国成立70周年新成就”书画摄影作品展

文 联

【“诗歌不朽”—曾来德书李杜诗词书法作品捐赠展】12月21日在游仙举行，80余幅书写李白、杜甫诗歌集相关内容的书法作品与市民见面，游仙区获赠曾来德书法作品50件。四川省人大常委会原党组书记、副主任、省委省政府决咨委主任陈光志，省文联主席郑晓幸，省委宣传部副部长刘龙章，省文化和旅游厅一级巡视员宋铭，绵阳市委常委、宣传部部长张学民，副市长罗蒙出席活动，省、市相关部门负责人，成都、遂宁等地市有关部门负责人，部分国、省书画名家及区领导袁玉国、何守君、陈晓霖、唐兴万、王宗华、李万庆、赵长兴等参加活动。

【开展新中国成立70周年系列活动】举行新中国成立70周年暨山湾农庄大地景观摄影比赛展等大型活动。庆祝新中国成立70周年摄影展共遴选展出摄影作品48幅。“山湾农庄·大地景观”摄影比赛参赛作品680余幅，入展作品128幅。评选一等奖3幅、二等奖5幅、优秀奖100幅、网络人气奖20幅。与区政协联合开展政协成立70周年书画展，与区老干局等单位联合举办老干部书画摄影展，与区司法局等单位联合举办法治游仙书画摄影展。组织摄影作品参加绵阳市70周年大型成就展和庆祝新中国成立70周年涪江沱江流域书画作品展。区音乐舞蹈家协会团体会员游仙区教师合唱团在庆祝新中国成立70周年市直机关系统歌咏比赛中荣获佳绩；游仙慧慧舞队在央视“我和我的祖国”全国炫舞未来征集活动中获最佳创编奖；大型歌舞《在希望的田野上》参加绵阳市庆祝新中国成立70周年大型群众歌咏展演。创作70周年书法美术作品50余件，文学作品30余篇，音乐作品15首。

【绵阳市游仙区书法家协会成立】7月8日，绵阳市游仙区书法家协会成立暨第一次代表大会召开。大会选举产生区书法家协会第一届理事会及领导班子，王勇当选为主席。大会聘任区书法家协会名誉主席和顾问，并颁发聘书。新成立的游仙区书法家协会共有会员77名，分别来自游仙区辖区内各行各业和各社会阶层以及工作、生活在游仙的书法爱好者和教育者。

游仙区书协第一届主席团名单

名誉主席：罗显荣
　　　　　金洲理
顾　　问：周命辉
　　　　　曾国銚
　　　　　彭千周
主　　席：王　勇
副 主 席：郭光寿
　　　　　贾清高
　　　　　胡　波
　　　　　张　平（女）
秘 书 长：贾清高（兼）
副秘书长：李　丹（女）
　　　　　杨志明
　　　　　郝　芹（女）
　　　　　罗迎霞（女）、何　军

【绵阳市游仙区美术家协会成立】10月29日，绵阳市游仙区美术家协会成立暨第一次会员代表大会会议召开，游仙区美术家协会正式成立。该协会是在游仙区文学艺术界联合会指导下的面向全区的美术爱好者自愿组成的地方性学术专业团体，是非营利性社会组织，旨在发扬传统文化，联系团结对美术有兴趣的个人、团体，提高艺术、道德、文化修养，促进群众之间艺术交流和感情沟通。截至2019年年末，游仙区美术家协会有会员56人。

游仙区美协第一届领导班子名单

主　　席：华　林
常务副主席：陈明静（女）
副 主 席：勾　源
　　　　　李　丹（女）
　　　　　吴　斌
　　　　　邹　鸣
　　　　　郝　芹
　　　　　贾清高
秘 书 长：赵文娟
副秘书长：罗超英
　　　　　陈雪峰

【文艺创作】出版名家看四川走进游仙创作专辑《遇见游仙》，收集赵本夫、熊育群等30位全国文学名家游仙采风创作的诗歌和散文。创作国画《羌山花正艳》、歌曲《东津路上》《在幸福的大路上》《难忘那一叶红船》《回家过年》《我的中国》、微电影《我的家庭医生》《张大爷的烦恼》，诗集《更远处》等一批文艺作品。其中，微电影《无处可逃》、书法作品《长征组歌》、歌曲《难忘那一叶红船》入选省委宣传部“我和祖国共成长”优秀文艺作品集；游仙富乐民乐团创编的民乐组曲《白马之恋》入围省群星奖评选；绘画作品《羌山花正艳》被绵阳市博物馆收藏；《游仙民俗》《游仙文物》《游仙歌谣》《游仙风光》《游仙传说》系列丛书正式面向社会公开发布，并获得绵阳市2019年文艺项目扶持奖励。芙蓉溪出刊4期，采用作品185件。全国第十二届书法篆刻展览1件作品入展；四川省“我和祖国共成长”优秀文艺作品评选1件作品入选；四川省第九届书法篆刻新人新作展1件作品入展；四川省第三届妇女书法篆刻作品展1件作品入展；四川书法家网网络群落书法篆刻作品展1件作品入选；全国公安机关庆祝新中国成立70周年书画摄影作品展1件作品获优秀奖；四川公安机关庆祝新中国成立70周年书画摄影作品展1件作品获一等奖。其中区书协主席王勇入展十二届书法篆刻展览，是游仙区第一位书法作品入展全国书法纂刻展的作者。区作协会员在《农民日报》《星星诗刊》《剑南文学》《绵阳日报　西蜀副刊》《绵阳晚报·轻悦读》发表各类作品65件，在中国作家等网站发表作品50件。区作协陈邦林等3位会员在绵阳市第18届迎春诗会上获奖；诗歌《只因青白江的桃花，我的诗行打马有声（组诗）》获得青白江第34届桃花诗会“优秀奖”。作品《龙泉山》获得广元市委发改革开放40周年和新中国成立70周年征文三等奖。区摄协会员王勇3篇摄影评论被《人民摄影报》登载；魏清龙、徐卫的10幅作品被《中国农业文化遗产映像志》《中国农村金融》等国家级刊物采用。

残疾人联合会

【机构概况】游仙区残联是由区人民政府批准的人民团体，是游仙区各类残疾人的统一组织。成立于1993年7月，由区民政局代管，2001年管理体制调整为区政府直接管理的正科级事业单位，区委编办批准核定编制9名，设专职理事长1名，专职副理事长1名，内设股室2个，分别为：办公室（挂康复股牌子）、教育就业股。2011年经区委编办批准核定编制11人，2018年因纪检改革核减编制1人，重新核定编制10人。2019年10月，区委编办批准区残联机关增设康复股，设股长1名。调整后，区残联机关内设股室3个，分别为：办公室、康复股、教育就业股。区残联下属事业单位残疾人康复培训就业服务中心成立于2008年，为区财政全额拨款副科级事业单位，设主任1名（副科级），2019年10月增设副主任1名（正股级）。主要职责：弘扬人道主义思想，发展残疾人事业，促进残疾人平等、充分参与社会生活，共享社会物质文化成果。残联具有代表、服务、管理三种职能：代表残疾人共同利益，维护残疾人合法权益；团结教育残疾人，为残疾人服务；履行法律赋予的职责，承担政府委托的任务，管理和发展残疾人事业。

2019年度，被绵阳市人民政府残疾人工作委员会评为残疾人工作先进单位一等奖、按比例安排残疾人就业工作先进单位。被绵阳市残疾人联合会评为办公室（组联、维权、量服）工作先进单位；康复工作先进单位；文化体育工作先进单位。2019年度被中共绵阳市游仙区委、绵阳市游仙区人民政府评为统战和群团工作先进单位一等奖；工业和民营经济建设工作先进单位二等奖；现代服务业发展工作先进单位二等奖；民生工程和脱贫攻坚工作先进单位二等奖；依法治区工作先进单位二等奖；信访和化解历史积案工作先进单位二等奖；组织建设工作先进单位二等奖。被中共绵阳市游仙区委组织部评为机关党建宣传信息工作先进单位。

【康复救助】坚持“1+1”合作模式完成42名脑瘫、智力、听力和7名孤独症儿童康复训练，对游仙区100余名0—12岁残疾儿童进行需求摸底调查，制定出台游仙区《关于建立残疾儿童康复救助制度的实施意见》；完成8个乡镇基本辅具全覆盖适配，免费适配辅具1031件；完成精神病免费服药17人；完成盲杖配发和定向行走训练30人；完成白内障复明手术216例。完成日间照料20人，居家托养410人。经验做法在全市残联系统予以推广，在《绵阳日报》、学习强国平台刊载。

【残疾人就业扶持】开展残疾人个性化培训，举办农村实用技术培训6期400人次；举办残疾青壮年扫盲培训3期130人；开办中式面点师和刺绣个性化职业技能培训班，培训人数40人，选送15名残疾人参加市残联组织的盲人保健按摩、电脑和足疗培训。创建全市首批“残疾人双创实训基地”3个。开展就业需求登记、信息推介工作，组织300余名残疾人参加市、区招聘会，36人现场签订合同实现就业。为387名残疾人发放居家就业（创业）直补资金19.35万元；为80户残疾人家庭申报市级自主创业户，发放2400-10000元/户的奖补资金；为656名贫困残疾人发放鸡苗、肥料等生产生活物资，扶持其发展生产；协助3名残疾人申请到无息贷款15万元。帮助顾氏蜂业有限公司入驻京东“四川残友商品馆”，扩大商品销售渠道。

【文体活动】规范完善富乐、新桥2个残疾人康复（健身）体育活动室。2019年5月，游仙区1户“最美残疾人家庭”、2名“优秀残疾人工作者”、1名“残疾人自强自立创业典型”、1家“扶残助残爱心企业（单位）”获得市残工委表彰。2名残疾人获得“绵阳市残疾人事业发展30周年征文活动”三等奖。肢体残疾人韩玉平、视力残疾人熊翎好荣获“全国自强模范”称号，受到习近平总书记接见。组织4名残疾运动健儿参加第七届全国特奥会，取得特奥篮球团体队制赛铜牌和滚球双人赛铜牌的成绩。

【社会保障】推进残疾人家庭无障碍改造工作，安排专项资金18万元完成30户残疾人家庭无障碍改造。引进办证照相馆，为残疾人节省照相费用共计4万余元；开展“入户办证，助力脱贫”，为300余名重度残疾人提供上门办证服务。开展“温暖万家行”、“金秋助学”，保障适龄儿童接受义务教育达到95%以上。“六一”儿童节期间为全区260名残疾儿童发放慰问金5.28万元。创新完成全市首例残疾学生中考便

4月9日，游仙区残联六届三次主席团暨2019年残疾人事业工作会议

利服务申请，为建华乡张某某提供各科考试时间延长30分钟、单独设考室的便利服务。

【**权益保障**】摸清残疾人信访工作“底数”，安排带班领导负责残疾人信访接待，化解各类矛盾纠纷。共办结医疗、法律紧急援助6件，政策咨询12件，接待来信来访群众50余人次。

【**精准扶贫**】成立脱贫攻坚帮扶工作领导小组，实行结对帮扶工作机制，落实每2名机关干部结对帮扶1户贫困户，保障帮扶工作有人抓、有人做。根据魏城镇铁炉村、圣水村7户贫困户家庭情况，分别给予生产生活物资、优质鸡苗等，并帮助其在“金炉谷农业开发有限公司”就近就业。制定《残疾人专项脱贫攻坚计划》，建立专项工作台账，采取政策兜底保障一批、技能培训赋能一批、助学扶智解困一批、医疗康复救助一批、家庭无障碍改造一批、走访慰问帮扶一批的“六个一批”工作法，做好残疾人脱贫攻坚工作，确保167名贫困残疾人如期脱贫。

【**游仙区残疾人联合会第六届主席团第三次全体会议**】2019年4月9日召开，选举产生新一届游仙区残联领导机构。郜雪岚当选为区残联第六届主席团副主席、执行理事会理事长，唐东亮当选为区残联第六届主席团副主席，宋文平当选为区残联第六届主席团委员、执行理事会副理事长，安准、蒋水华、任化军当选为区残联第六届主席团委员。（杨 娜）

红十字会

【**机构概况**】游仙区红十字成立于1994年10月。2012年2月，组建中共绵阳市游仙区红十字会党组。游仙区红十字会是中国红十字会总会指导的地方红十字会组织。是从事人道主义工作的社会救助团体，接受区人民政府对红十字会的支持、资助和监督，是独立的参照公务员法管理的正科级事业单位。内设综合股、赈济股2个股室。核定事业编制4人，会长1人（由区政府领导兼任），常务副会长1人，副会长兼秘书长1人,中层干部2人。游仙区红十字会第六届共有理事43人，常务理事13人。游仙区红十字会建有学校、乡镇、卫生院、村、社区基层红十字会组织57个，志愿服务队5支。主要职责是：传播国际红十字运动知识和国际人道主义法，宣传、执行《中华人民共和国红十字会法》所赋予的职责和义务；核心业务是开展备灾救灾的准备工作；开展人道领域的社会救助；开展初级卫生救护培训；宣传无偿献血、无偿捐献造血干细胞、无偿捐献人体器官及遗体工作。

区红十字会被中国红十字总会办公室评为《中华人民共和国红十字会法》暨红十字青少年自救互救知识竞赛“单位组织一等奖”（中红办字〔2019〕106号）；获评绵阳市红十字会综合评价、救灾、救助工作、应急救护培训、宣传工作先进集体(绵红会〔2020〕1号)；刘青获评《中华人民共和国红十字会法》暨红十字青少年自救互救知识竞赛活动个人组织三等奖（中红办字〔2019〕106号）、获评2018年度绵阳市无偿献血工作先进个人（绵献血组〔2019〕106号）、获评绵阳市红十字会2019年度先进个人(绵红会〔2020〕1号)。

【**红十字会组织建设**】2019年9月，召开第六次会员代表大会完成换届工作，成立全市红十字系统第一个监事会。举办“行人道善举　与祖国同行”庆祝中华人民共和国成立70周年暨表彰大会，表彰25个先进集体和25名先进个人。参加上级红十字会和各部门的培训学习共计14次。深入游仙镇、玉河镇、石马镇、梓棉镇、朝真乡、魏城人民医院红十字会等指导开展“博爱送万家”“红十字博爱周”“世界急救日”等活动20次。红十字志愿服务队（区红十字会紧急医疗救援队、区文化馆、区绵州好人、区一凡公益、绵阳市职业技术学院）开展形式多样的人道主义志愿服务活动50次。其中绵州好人红十字志愿服务队定期帮扶刘家、东宣、魏城敬老院，为老人理发、洗头、做卫生；帮扶贫困学生，开展助老助学、环境保护等志愿服务活动。

【**红十字会宣传工作**】“5·8”红十字日、“红十字博爱周”“世界献血者日”“世界急救日”“世界艾滋病日”，在学校、机关、企业、乡镇及村社广泛传播红十字文化。开展新红十字会法、献血、造血干细胞捐献、人体器官及遗体捐献、国际人道法、艾滋病预防等宣传活动，发放宣传资料1万余份。全年被各级新闻媒体、网站采用信息40

9月2日，游仙区红十字会召开第六次会员代表大会

篇，撰写简报15期。开展“爱心小天使在行动 红十字誓言伴我成长”有益于青少年健康成长的红十字主题实践活动4场。

【绵阳市游仙区红十字会第六次会员代表大会、第六届理事会第一次会议、第一届监事会第一次会议】9月2日召开，会议审议并通过《游仙区红十字会第五届理事会工作报告》《2014—2018年救灾救助财务报告》。大会选举产生第六届理事会常务理事、会长、常务副会长、副会长，第一届监事长、副监事长。聘请江彬、陈华斌为名誉会长，选举李万庆为区红十字会会长。

【备灾救灾】开展《中华人民共和国红十字会法》暨红十字青少年自救互救知识竞赛活动51场次，受益群众3万余人。游仙海事处开展水上突发安全事故应急救援演练；在东林场、朝真场等开展防灾避险演练。

【人道救助】2019年，为220名特困人员拨付救助资金60余万元；组织中国人像摄影学会为梓棉镇贫困户捐赠凉被200床；向困难学子捐助学杂费10.9万元，52名品学兼优的贫困生得到帮助；联合壤塘县红十字会开展“不忘初心、牢记使命，衣旧情深”捐赠活动倡议，得到来自全国各地捐赠的各类棉衣、羽绒服、毛衣、裤子、帽子等共计300箱（包）；与市红十字会、404医院衔接，免费为壤塘县9名先天性心脏病患儿做医治手术，

7月18日，游仙区红十字会举行壤塘、红原县先心病患儿救治启动仪式

5月8日，游仙区职业技术学校开展应急救护技能比赛

并为患儿们捐款0.9万元。

【应急救护】2019年，开设“微课堂”60场次，培训急救员896人，完成普及培训4327人，开展网上应急救护知识竞赛，近千人参与。

【“三献”工作】2019年，采集造血干细胞捐献血样入库55份；实现无偿献血1500余人，献血近45万毫升；登记遗体捐献志愿者人数达到373人，完成实施遗体捐献2例，眼角膜捐献3例。

【项目工作】完成日本红会灾后重建项目剩余资金使用（为区人民医院捐建的中央供氧系统）；完成中国红十字会总会赈济部部长戴晓明一行对日本红十字会剩余资金使用项目检查工作。协助完成香港红十字会援助博爱家园社区为本项目（梓棉镇盐井坝村道路工程、玉河镇黄连庙村塘堰工程）的收尾工作。将中国红十字会总会投入的8万元生计金及新加坡红十字会投入的22万元生计金，用于仙鹤镇洛水村、盐泉镇王家寨子村、朝真场石龙村发展种植业、养殖业等生产领域。2019年，实现项目村每户月均增收100元。

【帮扶工作】完成梓棉镇红庙村3户“插花式”贫困户的帮扶工作，因户施策，对困难户实行动态管理，开展形式多样的帮扶活动，每户3000元救助金发放到位，完成贫困户何从保、何从良的土坯房的重建。为梓棉镇红庙村中老年夫妻开展“我为父母留芳华”免费摄影活动。

【“温暖万家行博爱送万家”活动】1月23日在游仙举行，市人民政府副市长、市红十字会会长蒋丽英、市红十字会常务副会长林桦、市残疾人联合会理事长谭荣达、游仙区委常委、区委统战部部长、区总工会主席陈政、区人民政府副区长、区红十字会会长李万庆等出席活动。区红十字会累计慰问全区困难群众240户，送去价值5.1万余元的大米、面条、食用油、毛毯等慰问物资。

【“5·8”世界红十字日系列活动】2019年，第72个世界红十字日期间，全区各级红十字会围绕“爱心相伴‘救’在身边”为主题，组织开展丰富多彩、形式多样的“红十字博爱周”系列活动。5月8日，在绵阳市游仙区职业技术学校开展应急救护技能比赛主题宣传活动。区委常委、统战部部长、总工会主席陈政，副区长、区红十字会会长李万庆等参加活动。全区学校、企业、机关、医院等行业的30名取得“急救员证”或“红十字救护员证”的选手参加比赛。最终评选一等奖3名、二等奖5名、三等奖8名、优秀奖12名。（岳丽蓉）

社科联

【机构概况】游仙区社科联成立于2009年9月，是区委、区政府领导下的学术性人民团体(参公管理)，由区委宣传部代管。主要职责：向党委和政府反映社会科学界的意见和要求，组织开展全区社会科学优秀科研成果的评选奖励活动；负责全区社会科学研究的近期规划和长远规划，拟定全区重大社科研究课题，并组织实施等；承办区委、区政府交办的其他事项。经区委编办批准核定编制5名，设主席1名（正科级）、专职副主席1名(副科级）、秘书长1名(副科级）。

【社科理论研究】着眼“五个游仙”建设，拟定25个社科课题研究参考选题，收集论文90余篇。以“礼赞新中国·奋进新时代”为主题，在全区党员干部中征集《奋力谱写“中国梦”游仙篇章》等60余篇。着眼“不忘初心、牢记使命”主题教育，统筹确定《发挥党组织作用提升城乡接合部社区治理能力》等12个党建调研课题和《打通县级媒体融合“最后一公里”》等35个调研课题进行调查研究。2019年7月，区社科联《注重整合资源服务发展大局》的文章被全国大中城市社科联主席团采用。《新时代基层政协协商民主建设路径的探析》等9篇文章入选市政协编印的《人民政协与地方治理理论与实践研究优秀成果汇编》，《圆梦新时代奋力谱写中国梦游仙篇章》等5篇文章入选市委宣传部、市社科联编印的《绵阳市庆祝中华人民共和国成立70周年理论研讨会论文集》。

【社科课题研究】完成《把玉河镇建成“中国文房四谱之乡”的思考》《富乐街道打造诗意社区的实践》《新时代推动东宣镇新乡贤参与乡村治理的探索》等对策性研究和《飞龙故事》《记忆小枧》等社科规划项目，12项市级社科成果为历年之最。区委书记江彬对区社科联编印的社科课题汇集给予肯定性批示。

小枧沟镇历史文化书籍

【编印科普读物】指导编撰完成《记忆小枧》《绵州盐泉苏氏研究概览》《登仙路上马蹄疾》等社科读物。与区政协文史委合作编印《游仙传说》《游仙民俗》《游仙文物》《游仙歌谣》《游仙风光》等美丽游仙系列丛书。

【科普“三进”活动】组织和参与全区文化科技卫生“四下乡”集中活动，组织社科专家持续开展科普进社区、进学校、进农村为内容的“三进”活动，全年举行各类培训30余场次。

【社科基地“小小讲解员”活动】组织中小学生围绕地方特色文化和经典景点进行讲解员培训和选拔，中学组1人、小学组2人入选绵阳市十佳“小小讲解员”。

【社科普及基地建设】建成市级社科普及基地2处，区级社科普及基地6处。市级社科示范基地、民俗文化基地设在玉河博爱学校。飞龙山红军文化普及基地申报为市级社科普及基地。（王天举）

法治·军事

法治

政法委及综治

【机构概况】区委政法委成立于1992年，是中共绵阳市游仙区委领导和管理政法工作的职能部门，为正科级，列区委工作机关序列。主要职责：协助区委决策和统筹推进政法改革，推进平安游仙、法治游仙建设，加强政法队伍建设，深化政法工作智能化建设，坚决维护国家政治安全、确保社会大局稳定等。经区委编办批准核定编制行政编制11名，机关工勤人员编制1名。其中书记1名，常务副书记1名（正科级），副书记2名(不含兼职)；政治处主任1名；中层正职职数5名，中层副职职数2名。内设股室6个。

2019年，全区政法工作围绕社会经济发展大局，以服务保障经济社会发展为要务，以维护社会稳定为核心，以平安建设为重点，以政法队伍建设为关键，确保全区政治安全、社会稳定。承办国家铁路局“平安高铁”科普普法宣传活动，“双段长+”路地协作机制写入《四川高速铁路安全管理规定》之中；铁路护路、婚姻家庭矛盾纠纷化解、法学会“实体化、实战化”等工作经验在全省相关会议上交流发言。

【维护稳定】加强反邪教宣传教育工作落实重点人员“一人一策”管控措施，建立重大敏感案事件舆情信息共享和协调应对机制，全年未发现重大负面舆情，排查一般舆情4条。新中国成立70周年庆祝活动期间，牵头组织开展“防风险、保安全、迎大庆”专项行动，开展矛盾纠纷、公共安全、安全生产等八大专项行动，全面处置各类矛盾纠纷、安全隐患，严控安全事故、“民转刑”等群体性案件发生。

【重点群体稳控工作】牵头处置完成瀑电移民“百人大集访”事件；妥善处置开塑生活区排危、莲花村统建房、丰泰紫金城、丰泰包印厂拖欠民工工资和山水云天、星辰广场、芙蓉世纪阳光等楼盘遗留问题；研究协调银友汇通、久远幸福、万鸿颐养等非吸涉稳问题；开展“7·26”爆燃案件应急处突及后续处置工作。

【执法督查督办】2019年，分赴广元、资阳、梓潼等地，帮助佳成公司等民营企业避免经济损失5000余万元；开展“万案大评查”工作，采取对口评查的方式对梓潼县政法机关案件进行评查，共评查案件55件；给予司法救助15人，共计37.5万元。

【扫黑除恶】完成中央第20督导组“回头看”工作和省第4督导组督导反馈问题整改工作；捣毁

恶势力犯罪集团3个、恶势力犯罪团伙1个，破案38起，移送起诉犯罪嫌疑人48人；破获其他九类涉恶案件23件，移送起诉66人；查处“保护伞”案件2件，对2名涉案人员给予党内严重警告处分。规范设置心理疏导室（社会工作室）300余个；“雪亮工程”实现22个乡镇全覆盖，共建点位1689个，出台《游仙区“雪亮工程”使用维护运营管理考核办法（试行）》，坚持每天在线巡查，整改点位231处，在线率保持在90%左右。

【网格化服务管理】全年办理各类案（事）件12.12万件，开展特殊人群走访3.26万次，核查流动人口信息1.55万条，收集治安隐患信息1874条；参与民生服务3.63万件，治安防控2.40万件，矛盾劝调1954件；社情民意收集1.5万件；事件办结率、特殊人群走访率、职能部门异常情况签收率均达100%。

【矛盾纠纷化解】推进新时代“枫桥经验”落地，推进诉源治理工作，深化“两所一中心”多元化解矛盾纠纷机制，受理矛盾纠纷案件3015件，调解成功2967件，调解成功率98.4%。

【铁路护路联防】深化铁路护路联户代表、“双段长+”路地协作机制和科技护路工作，将铁路护路工作纳入网格化服务管理网格化体系；排查铁路沿线涵洞积水、护网破损、违规施工等安全隐患32件。

【特殊人群管控】将精神障碍患者、吸毒人员、社区矫正人员等特殊人员全部纳入网格管理，实行动态管理；建立200万元救助专项基金，用于全区因精神病致贫家庭救助救治工作。

【见义勇为表彰】2019年，命名表彰郭德明、杨林等4人为“见义勇为公民”；开展见义勇为宣传活动102场次，发放宣传资料5万余份；开展礼遇模范人物活动，慰问见义勇为先进个人18人次，发放慰问金（慰问品）2.74万余元，对困难家庭纳入民政、医保救助关爱对象。

【法学会“两化”建设】推进会员参与的16件信访积案化解工作；发挥重点团体会员单位作用为企业提供精准法治保障，开展专题调研3批42家次，开展业务培训2批次，对4家企业进行法治体检，提出法治改进意见16条，免费支持法律诉讼2起。

【综合行政执法巡查】全年，出动各类车辆3400余辆次，执法巡查人员1.1万余人次，开展安全稳定、矛盾排查、非洲猪瘟、防汛等各类巡查3400余批次，及时发现、制止各类轻微违法违规行为4100余起，处置案件8件。

【“山湾平安联盟”建设】整合政法委、公安、乡镇等力量，在东宣镇、徐家镇2个乡镇试点建设“山湾平安联盟”，整合手机APP、微信群等资源，搭建政务警务一站通服务平台，推出“报警一点通、咨询一键回、政策制度掌上学”服务，线下组建由社区民警、双报到党员等5类人员组成的巡防队、服务队4个，定期提供治安巡逻、矛盾纠纷调解等7类服务500余次。

【队伍建设】通过“周三夜学”、集中培训、互联网学习平台等途径推动政法系统《政法条例》学习培训全覆盖，形成调研报告12篇，举行全区政法系统“学讲话、学条例、迎大庆”学习竞赛；组织政法干警参加全区迎大庆歌咏比赛，政法系统代表队荣获“特等奖”；开展“坚定信念、执法为民”“增强党性、严守纪律、廉洁从政”“讲政治、守纪律、守规矩”等各项专题教育活动5次。2019年10月，组织全区政法系统56名干部干警到北大举办为期5天的游仙区政法干部综合能力提升培训班；建立政法队伍人才库台，收集政法系统优秀青年干警人才信息37条；探索建立导师制度，选任具有丰富工作经验、授业能力强的老同志担任导师，分别对年轻干警进行指导。结合主题教育开展“红黑”典型教育，组织学习张富清、邹碧华等“红色”英雄模范人物事迹，观看《迟来的忏悔》等警示教育片，通报各类违纪违法典型案例，引导干警自觉增强拒腐防变意识；在政法系统集中开展“带病提拔”“赌博敛财”“利用地方名贵特产谋取私利”“纪律作风突出问题”和“执法司法突出问题”等专项整治；开展全区政法领域“四不”问题专项整治督查，发出通报2期，收集整改问题21条。

【创先争优】区委政法委被共青团中央表彰为全国青少年维权岗、法治实践创新专项课题优秀单位；全省政法系统“学讲话、学条例、迎大庆”竞赛活动先进党支部；全市维护社会稳定工作目标先进单位、全市社会治安综合治理工作目标先进单位、全市反邪教工作目标先进单位、全市政法宣传舆论工作目标先进单位、禁毒严打整治行动成绩突出集体、全市矛盾纠纷多元化解工作先进单位、扫黑除恶专项斗争先进单位、新中国成立70周年大庆维稳工作先进集体、依法治市法治创新奖、全市“防风险、保安全、迎大庆”行动先进集体、绵阳政法系统“学讲话、学条例、迎大庆”知识竞赛三等奖、教育培训（政治轮训）优秀组织单位、纪律作风建设先进单位、信息调研工作优秀组织单位、政法系统“学讲话、学条例、迎大庆”知识竞赛优秀组织单位、铁路护路工作优秀单位。冯维宝被四川省委政法委评为2019年度四川省维护稳定工作先进个人；肖龙明、刘庆甫被市委政法委评为2019年度全市“防风险、保安全、迎大庆”行动先进个人；刘庆甫、李雪莲被市委政法委评为2019年度全市“两项建设”工作先进个人；汪德被市委政法委评为2019年度全市矛盾纠纷多元化解工作先进个人；董华、冯强被市委政法委表彰为2019年度政法队伍建设工作先进个人；李虎被市委政法委评为2019年度铁路护路先进个人；李雪莲、杜强被市委政法委表扬为2019年度铁路护路联防先进个人。

【社会治安综合治理】2019年，游仙区社会治安综合治理工作贯彻全国、全省、全市政法、综治工作会议精神，以服务保障经济社会发展为要务，以维护社会安全稳定为核心，以平安建设为重点，以化解各类矛盾纠纷为抓手，以打击各类治安、刑事违法犯罪为着力点，确保新中国成立70周年庆祝活动和中共十九届四中全会等重要敏感时段的社会治安安定。2019年，全市“慧眼工程”现场会、“诉源治理实质化”在推进会先后在游仙区召开；东宣镇东宣社区、石板镇联合村被省委政法委评为省级“六无”平安村（社区）；婚姻家庭矛盾纠纷化解工作经验在全省交流，铁路护路工作经验在全省高铁护路干部培训班作交流；“双段长+”路地协作机制写入省长令《四川高速铁路安全管理规定》之中；承办国家铁路局“平安高铁”科普普法宣传活动；区委政法委（原区综治办）被团中央、中央政法委命名为全国“青少年维权岗”。

【社会治安防控体系建设】推进“智慧平安小区”建设，全年共建智慧平安小区13个，加装人脸识别探头100枚，“两车”防盗系统安装2000余个。芙蓉金城、金桥花园一期、神泉小区、凯越思源、凯越蓝天等12个小区接入省公安厅“AI”平台；试点建设“山湾平安联盟”，结合“山湾农庄”建设，在东宣镇、徐家镇2个乡镇试点建设“山湾平安联盟”，搭建政务警务一站通服务平台，推出“报警一点通、咨询一键回、政策制度掌上学”服务，线下组建由社区民警、双报到党员等5类人员组成的巡防队、服务队4个，定期提供治安巡逻、矛盾纠纷调解等7类服务500余次。

【综治中心】2019年，全区三级综治中心共接待广东佛山市、自贡富顺县、遂宁大英县、三台县、北川县等省内外兄弟县（市、区）交流学习5批次，受理各类案（事）件186件，协调相关职能部门办结186件，办结率100%。新桥镇创新工作，在镇综治中心建立“新乡贤”调解室。依托区、乡(街)、村(社)三级综治中心，规范设置心理疏导室（或社会工作室），挂牌300余个，组织心理服务工作者、网格管理员、人民调解员、志愿者等开展心理辅导服务。

【“雪亮工程”】加强“雪亮工程”运营的督导考核，在全市率先出台《“雪亮工程”使用维护运营管理考核办法（试行）》，明确工作职责，落实专人负责“雪亮工程”平台督导，实行每天通报、每周工作小结。协调处理因欠费或线路故障导致无法正常运行视频监控1500余处，加强敏感期间对全区重点人员跟踪，实行24小时不间断监控。全区共建点位1689个，在线率为90.84%，实现22个乡镇全覆盖。

【扫黑除恶专项斗争】2019年，捣毁恶势力犯罪集团3个、恶势力犯罪团伙1个，破案38起，移送起诉犯罪嫌疑人48人；破获其他九类涉恶案件23件，移送起诉66人；查处“保护伞”的案件2件，对2名涉案人员给予党内严重警告处分。辖区网格员发放扫黑除恶宣传资料6万余张，宣传动员群众3179次，影响人群14.60万人次，发放扫黑除恶明白卡4000余张，走访商户4000余家，入户宣传1.9万余户，协助开展线索核查187次。

【矛盾纠纷化解】开展大排查、早调解、护稳定、迎国庆专项活动，有针对性地排查涉及医疗、交通事故、拖欠农民工工资、劳动争议、山林土地、征地拆迁等矛盾纠纷。重点抓好“访调、公调、诉调”对接工作。在信访局、派出所、法院建立派驻调解室19个，建立“新乡贤”调解室1个、名人调解室5个。选聘专职人民调解员17名，实现人民调解队伍专职化。新桥镇人民调解委员会被省司法厅命名为“五星级人民调解委员会”，专职人民调解员杨茂宣被命名为四川省首席人民调解员，汪荣合、武乃文被命名为四川省人民调解能手。2019年，全区受理矛盾纠纷案件3015件，调解成功2967件，调解成功率98.4%，预防“民转刑”案件6起。

【优化网格服务管理】开展“大培训、大走访、大排查”活动，印发《游仙区网格化服务管理技能提升系列活动工作通知》，开展“网格化服务管理技能提升”专题培训2次，组织参加省、市网格化电视电话视频培训会议5次。落实“谁主管、谁负责”和“属地管理”的责任，约谈乡镇分管领导2名，实行半年预考核、预扣分，年底扣减目标考核分制度，并限期整改。2019年，全区平均账号活跃度为99.09%，流动人口核查信息15553条，治安隐患信息上报1874条，参与民生服务36319件，参与治安防控24075件，参与矛盾劝调1954件，社情民意收集15004件，网格员办理各类事件121272件。收集各类突出问题10件，联动处理10件。事件流转职能部门共74件，事件办结率100%。各项指标居全市前列。

【危爆物品寄递物流清理整顿】2019年，组织开展安全大检查和寄递物流市场专项整治工作，共出动车辆28台次、人员84人次，随机抽查检查物流企业62家次。

【平安铁道线建设】深化“双段长+”路地协作机制，召开联席工作会，对辖区38户彩钢棚隐患进行排查，送达安全隐患整改责任告知书120份，拆除莲花寺段重大彩钢安全隐患2000余平方米，拆除彩钢房9户。协调完成百胜村4社铁路人行下穿涵洞（宝成铁路K530+150）排洪排涝及半幅梯步升级改造。

【特殊人群服务管理】出台《游仙区特殊精神障碍患者“健康扶贫”救治救助方案（试行）》，建立救助专项基金200万元。制定《游仙区外出务工社区矫正对象异地矫正制度》，摸排核查人员3311人次，走访社区矫正对象304人次，开展警示教育25场次，签订社区矫正对象“扫黑除恶”承诺书260余份。开展三方共建“弘爱行动”（“三方”指省强戒所、游仙区禁毒委、绵阳师范学院经管学院）和游仙区“6·26”国际禁毒日宣传进校园活动，搭建救助帮教吸毒人员平台。创新妇女维权工作模式，在游仙区法院建立妇女儿童维权中心。举办“法律进校园”、巾帼维权大讲堂等专题讲座，加强对妇女权益保障法、未成年人保护法等法律法规的宣传，全年共计发放各类资料5000余份，提供各类咨询200余人次。

【平安建设】完成2018年全省平安建设群众满意度测评反馈问题的整改工作和2019年平安建设群众满意度测评工作，制定《游仙区落实全省平安建设群众满意度测评反馈问题的整改方案》。开展平安建设宣传，向全区40余万电信、移动用户群发短信推送平安建设测评温馨提示，张贴宣传海报3000余份，发放《致全区城乡居民的一封信》5万余份。开展“平安细胞工程”建设，制定《游仙区“平安细胞工程”建设实施方案》，指导全区各级各部门开展平安建设活动，以深化平安乡镇（街道）、平安机关（单位）、平安校园、平安家庭等建设为主要形式，重点培育打造一批“平安细胞”亮点工程。

【“见义勇为”工作】2019年，完成4起见义勇为事迹核查核定工作，郭德明、杨林、赖宁、杜斌4人被授予为“游仙区见义勇为公民”。组织开展见义勇为宣传活动102次，发放资料5万余份，慰问见义勇为先进个人及其家属18人次，发放慰问金、慰问品2.74万余元。

【专项整治行动】全年共排查出安全隐患185处，完成整改176处。对3处景区景点、4家星级农家乐开展摸排和安全检查，检查游乐经营单位13家，对发现的安全和不规范经营行为进行处理。印发《游仙区道路危险货物运输安全生产专项整治行动方案》《关于迅速集中开展交通运输安全生产大检查暨交通运输安全专项整治行动方案的通知》《学校及周边治安秩序专项整治行动》等文件。全年投入250余万元落实保安工资，各学校落实安保人员定期接受安全培训。分层分类组织食品药品、特种设备、知识产权等方面培训20余次，培训5000余人次；开展执业药师“挂证”、中药饮片、问题疫苗、血液制品、二类精神药品、无菌和植入性医疗器械等专项整治，发出责令整改通知书30余份。

【社会心理服务建设】出台《游仙区社会心理服务体系建设试点工作方案（2019—2021年）》，组织区级相关部门进行2次磋商，召开社会心理服务体系建设启动暨工作培训会。开展以“心理健康社会和谐，我行动”为主题的“世界精神卫生日”宣传活动，打造慈济中学未成年人心理健康教育特色学校1所，建立师生心理健康档案，定期开展以家长为主的育儿心理健康教育，每月对全区留守儿童定期开展公益性团体辅导，并对有需要的个体进行心理咨询与辅导。指导区公安、区总工会、区残联、各乡镇等部门根据自身行业特点建立戒毒康复心理咨询室、职工之家·心灵驿站、残疾人康复中心心理咨询室等服务点。（杜 强）

法治政府建设

【机构改革】2019年3月机构改革后，区司法局全面承接原区法制办职能，推进依法行政，构建法治政府。负责综合协调、监督检查行政执法，推进严格规范公正文明执法。指导监督全区行政复议、行政应诉和行政赔偿工作，承办向区政府申请的行政复议、行政赔偿案件，代理区政府行政应诉案件。承办区政府重大决策发布前的合法性审查。指导全区规范性文件清理，承办全区规范性文件合法性审查、报送备案工作。机构改革后，原法制办公务员编制1人，工勤编2人转隶至区司法局。

2019年在全市率先创建“全国法治政府建设示范区”，制定出台《绵阳市游仙区创建全国首批法治政府建设示范区的实施方案》，并完成首次申报。按照《游仙区法治政府建设实施方案（2016—2020年）》，细化年度工作指标，落实牵头责任单位。召开法治政府建设工作推进会述职述法，向区人大常委会报告法治政府建设工作，推进法治政府建设。建立区政府与区人大常委会、区政府与区政协联席会议制度，重大事项坚持专家论证、风险评估、集体讨论决定，重大决策前听取区委区政府法律顾问团和社会各界意见。完善《游仙区人民政府工作规则》《游仙区人民政府常务会议议事决策规则》《游仙区重大行政决策合法性审查规定》。全年备案规范性文件7件，备案重大行政处罚、行政强制案件4件。

【简政放权】清理规范政务服务事项，截至2019年年末，全区保留856项行政许可事项、513项公共服务事项，7095项行政权力纳入四川省“一体化”政务服务平台规范运行。完成证明事项清理工作，全区清理证明事项共计61项，其中保留证明事项38项、取消事项23项：系统数据信息共享8项，直接减免5项，书面承诺10项。

【行政执法】完成2018年213名考试合格的行政执法人员证件申领、换证工作；组织、初审65名行政执法人员参加2019年行政执法人员法律考试。开展行政执法案卷评查评选，抽取区公安分局、区市场监督管理局等17本行政执法案卷逐一评查，向市级上报3件优秀卷宗，备选参加全省“行政执法百个优秀案例”评选活动。推行行政执法“三项制度”。探索实践“先辅导、再整改、后执法”行政执法模式。加强“两法”衔接，全区涉嫌犯罪主动移送司法机关的4件，检察院建议移送司法机关的7件，公安机关退回作行政处理的2件，公安机关立案29件。落实行政执法责任制。对权力清单任务进行梳理，梳理行政权力事项6929条。

【片区综合执法】整合12个重点行政执法主体单位和平安巡防力量，建立片区综合行政执法和平安巡防机制，建立前、中、后巡查联控，止、解、处 “三阶一体”综合执法模式。2019年以来，共发现和制止各类违法违规行为1500余起，查处各类案（事）件600余起。

【行政应诉与复议】2019年，共受理行政复议案件2件，办结2件，其中：不予受理1件、维持行政机关发布的公告1件。全年共承办行政应诉案件7件，其中法院裁定驳回起诉4件、正在办理3件，落实行政首长出庭应诉制度。

【法律顾问工作】续聘5名律师组建区委区政府法律顾问团，重点围绕招投标、拆迁安置补偿等方面抓好合法性审查。健全“常驻律师日常服务+法律顾问团重点服务+专项法律顾问配套服务”模式。全年开展区政府常务会议题合法性审查172份，重大经济合同审查65份，规范性文件合法性审查32份。全年共出具合法性审查意见书77份，提出法律意见或建议300余条，参与区级领导大接访10余次。（张 静）

11月12日，省委政法委正厅级干部王萍（左一）到游仙区法治教育基地考察

【依法治区】2019年4月，区委成立全面依法治区委员会，由区委书记江彬兼任委员会主任，区委副书记、区长陈华斌，区人大常委会主任袁玉国，区委副书记何守君，区委常委、政法委书记肖龙明兼任副主任。区委全面依法治区委员会设宪法和法律实施、执法、司法和守法普法4个协调小组。区委依法治区办由区委办转设至区司法局，由司法局局长兼任区委依法治区办主任，下设秘书股。

【机制建设】机构改革后，游仙区在全市率先召开区委全面依法治区委员会2019年第一次会议，区委依法治区办主任第一次、第二次会议以及四个协调小组会议，安排部署年度重点工作。审议出台《区委依法治区委员会工作规则》《协调小组工作规则》《办公室工作细则》《联络员及四个协调小组工作制度》。组建4个督导组，在全区开展为期2个月的法治建设重点工作专项督察，公开通报20余个工作不力单位，倒逼工作落实。完善法治游仙考核机制，依法治区在全区目标体系中考核分值提升至13分。

【依法执政】完善党领导立法、保证执法、支持司法、带头守法工作制度。发挥党委在推进法治建设中的领导核心作用，支持本级人大、政府、政协、法院、检察院依法履行职能。执行《党政主要负责人履行推进法治建设第一责任人职责实施办法》，区委常委会会前讲纪学法20余次，邀请专家学者，利用“富乐大讲堂”等形式开展法治专题辅导。健全完善党政主要负责人年度述法制度，规范各部门、镇（街道）公开年度法治报告制度，将“关键少数”履职尽责情况纳入年终述职、政绩考核、考察使用，对履职不力的问责追责。将依法执政工作纳入班子研判重点内容，把法治思维、法治素养作为干部选拔任用的重要参考。

【依法行政】完善《游仙区人民政府工作规则》《重大行政决策听证》等制度，履行行政决策法定程序。深化“放管服”改革，推进市场监管、生态环境保护、文化市场、交通运输、农业等“五个领域”综合行政执法改革。强化公正文明执法，探索实践“先辅导再整改后执法”模式。加强政府诚信建设，严厉打击涉企犯罪活动，推动营商环境不断优化。强化法治监督，初步建立全省首个乡镇党政领导干部自然资源资产管理离任（任中）审计评价指标体系，“三有、三定、三审、一联”主要经验被四川省委办予以肯定推广；创新“两步骤八统一”方法对社会中介机构工程竣工结算报告开展审计核查方法被《四川日报》等宣传报道。

【公正司法】2019年，查处惩戒失信被执行人430余人次，涉案金额1300余万元。在全市率先将银行按揭贷款引入司法拍卖程序，提升涉案财产处置变现率。强化智慧司法建设，区法院网上立案受理案件3206件，区检察院建成“12309”检察服务中心，区公安以智慧安防、智慧实战、智慧法治、智慧政工、智慧勘鉴五个方面为突破口，实现警务资源高效集约应用和战斗力生成模式变革，区司法局不断深化“互联网+公共法律服务”，基本实现线上线下公共法律服务全覆盖。

【社会法治】2019年，调处各类矛盾纠纷2197件，坚持发展“枫桥经验”实现矛盾不上交试点工作受到司法部通报表扬。游仙区坚持“三治协同”奋力推进基层治理现代化经验入选2019年《法治四川蓝皮书》。落实“一村（社区）一法律顾问”，建成三级公共法律服务平台。深化“法律七进”，完善国家工作人员学习宪法法律的相关制度，严格执行宪法宣誓制度，开展2019年“12·4”国家宪法日和宪法宣传周系列活动。坚持“谁执法谁普法”，常态开展“法治周周行”“法治坝坝故事会”。组织开展2019年度法治文艺作品创作征集、评选活动。开设“法小仙”官方抖音号。

【示范创建】深入开展全国法治政府建设示范区、中国科技城法治示范区创建，筹办首届中国科技城法治创新大赛颁奖典礼，评选并颁发“法治创新奖”10个、“提名奖”19个，先后被中国新闻网、凤凰网、改革网等50余家媒体广泛报道。2019年游仙区获评全国“七五”普法先进县（市、区）、四川省第二批省级法治示范县（市、区）。（李春芳　何永春）

公　安

【机构概况】绵阳市公安局游仙区分局是主管游仙区公安、保卫工作的指挥机关。分局下设中层机构42个，其中有3个综合部门、13个执法勤务部门和26个派出所。

2018年度执法质量考评获优秀县级公安机关；出入境管理大队获四川省“三八红旗集体”；网安科通联合党支部和特战大队党支部获全省最强党支部荣誉称号；全省“净网2018”专项行动成绩突出集体；2019年度全省、县（市、区）公安微博运维成绩突出单位；2019第三届全省公安机关宣传舆论技能比武竞赛优秀奖；全市公安机关新中国成立70周年大庆安保维稳工作成绩突出集体，荣记三等功；2018年度全市公安政治工作先进集体；全市公安机关打击毒品违法犯罪“利剑”专项行动成绩突出集体；全市禁毒严打整治行动成绩突出集体。

【刑事工作】2019年，全区刑事案件发案1586件，同比下降4.7%；破获各类刑事案件786件，破案率53.1%。侵财案件破案率较2018年同期相比上升25.2%，抓获各类犯罪嫌疑人较2018年同期上升26.7%。破获毒品违法犯罪案件159件，其中刑事案件17件（含公安部目标案件1件），打击处理59人；行政案件142件，行政处罚436人；缴获毒品2894.77克。经济犯罪案件立案40件，涉案金额56938.14万元，破获经济案件26件，挽回经济损失974万元。抓获网上逃犯163人。

2019年，全区共审核批准刑事拘留166案345人；提请检察院批准逮捕164案270人，检察院批准逮捕125案206人；移送起诉218案388人；取保候审288人，监视居住3人；办理轻刑快处案件31件。审批行政处罚（局裁）282案436人；强制隔离戒毒90人，社区戒毒155人。行政应诉2件，其中胜诉1件，1件尚未判决；受理办结行政复议案件3件、刑事复议案件6件。全年无国家赔偿案件。办理信访案件124件，其中：局长接待件30件，公安部信访信息管理系统、四川省信访信息管理系统转送件33件，市长公开电话交办61件，办结率100%，初信初访化解率达100%以上，回访满意率达99%以上，实现新中国成立70周年大庆期间赴京去省“零上访”和信访案事件“案结事了、案结人和”的信访工作目标。

【人口管理】2019年，开展采集维护数据实有人口385572人、实有房屋115320间、出租房屋31655间。列管帮教重点人口1720人，执行监管对象52人，管控肇事肇祸精神障碍患者22人。推进社会治安防控体系建设，建成智慧平安小区12个、人脸识别监控探头100个，推动“慧眼工程”建设，安装监控探头500余个，加强实有人口智慧化管理。

【户政管理】2019年，受理各类户籍业务106843件。全区放宽异地身份证受理条件，简化办证手续，落实证件费用减免政策，惠及群众7945人次，减免办证费用15.89万元；夯实户籍标准化管理工作，依托“一标三实”工作，规范户籍地址，全年清理历

游仙区户政办理大厅

年死亡应销未销人员数据2991条，注销重错假户籍3143个，清理黑白照片、冻结下落不明人员户口5172个；增添智能自助化设备，缩短临时身份证制证时间，提供身份证照片多拍优选、便服等服务。

【出入境管理】2019年，全区临住境外人员1058人次、常住境外人员83人，涉外单位21家，查处涉外案件14起，处罚境外人员1人。全面摸清报备人员底数，精准报备管理。清理人员信息错误数据20人；应撤未撤数据69人；新增报备数据75人；清理重复数据260条；补充不完整信息955条；依法开展国家工作人员信息数据报备和报列法定不准出境人员相关工作。2019年办理各类出入境证件23894件。（谢志刚）

【社会治安管理】制定“4+3”基层基础工作建设规划，明确城市社区治理工作。完善“135”快反机制，构建治安防控体系游仙模式，打造“山湾警务联盟”，创新治安巡防和矛盾化解新模式。开展“枫桥式”派出所创建，打造“0123”治安防控体系、“山湾平安联盟”和“智慧山湾慧眼工程”乡村治理工作模式，实现“一所一策”“一所一亮点”。

△**“4+3”基层基础工作建设规划**：即《派出所高质量建设三年攻坚战总体规划（2019—2021）》《关于开展“六边六进”工作进一步加强公安基层基础工作的实施方案》《派出所等级评定“一网考”工作方案》《关于创建“枫桥式”优秀示范派出所的实施意见》和《人脸识别视频监控建设工作方案》《智慧小区建设方案》《“两车”防盗系统安装工作方案》。

【新中国成立70周年安保维稳】其间，共排查各类涉稳涉访重点人员3422人，调解矛盾纠纷537件，化解潜在矛盾冲突89件，法治训诫、教育35人，完成处置到市委、市政府和有关部门集访1件，排查整治安全隐患227处。

【全区公安工作会议】2019年9月19日下午，在区机关会议厅举行。江彬、陈华斌、袁玉国等区四套班子领导出席。江彬肯定游仙公安近年来工作取得的成绩，并指出这次全区公安工作会议是建区26年以来规格最高、最隆重的一次公安工作会议，全区公安机关要坚定不移走中国特色社会主义强警之路，推动公安工作现代化和公安队伍革命化、正规化、专业化、职业化建设，努力开创新时代全区公安工作新局面。会议对全区忠诚担当、特别能战斗的5个优秀警队和15名个人进行表彰。

【服务游仙经济发展】组建5个服务重点工程建设项目工作专班，直接服务省、市重点建设项目。化解银友汇通、星辰广场二期、E组团、万鸿颐养院等群体到区、市集访事件41起，疏导化解各类不安定因素和闹事苗头7起；全年共追回稳定问题突出的非法集资领域赃款800余万元，查封土地、房产、门面共4处，策应集资受损群体稳控工作；侦办完成佳成公司被合同诈骗等涉企违法犯罪案件。依法处置“久远幸福”等非法集资企业；打掉涉税犯罪团伙2个，破获启昂科技有限公司虚开增值税犯罪团伙2个，价税金额2.3亿元，涉及10余个省市、90余家下游企业。

【智慧实战】形成《绵阳市公安局游仙区分局智慧实战手册》和《绵阳市公安局游仙区分局禁毒缉毒工作执法手册》2本操作指南。开展智慧实战、现场勘查、执法办案、网络侦查、应急处置和舆情引导“五项比武”。分局首次组队代表绵阳区（县）公安机关参加省厅舆情引导比武取得成都平原赛区第二名。通过合成作战平台全年共研判案件412件，提供案件线索1449条，破获案件79件；全年通过研判线索直接抓获各类犯罪嫌疑人56人。

【治安防控体系游仙模式】推动城区智慧小区建设。全年建成专职社区警务室12个，配备专职社区民警12名，建成智慧平安小区12个，提升全区行业场所、重点单位、重点物品、重点部位治安防控信息化和智能化程度。创新治安巡防和矛盾纠纷化解新模式。以游仙镇“龙山义警队”为蓝本，组建群防队伍11支；在城区建成专职人民调解室4个，全年共参与调解980余件，成功率达98.3%。在农村，按“一村一警务辅助人员”配备力量强化治安防控工作。

【社会治理】制定基层基础工作建设规划。制定《派出所高质量建设三年攻坚战总体规划（2019—2021）》《关于开展“六边六进”工作进一步加强公安基层基础工作的实施方案》《派出所等级评定“一网考”工作方案》《关于创建“枫桥式”优秀示范派出所的实施意见》和《人脸识别视频监控建设工作方案》《智慧小区建设方案》《“两车”防盗系统安装工作方案》。完善“135”快反机制，分局建立完善“4桥2站”（大桥、1号桥、二桥、三桥，富乐车站、老108收费站）“135”快反工作机制，制定突发事件封控预案，强化联勤联防工作；开展“枫桥式派出所”创建工作，徐家派出所在创建枫桥式派出所中，利用电信“慧眼工程”，打造“0123”治安防控体系，形成“山湾平安联盟”和“智慧山湾慧眼工程”建设乡村治理工作模式。

【打击各类违法犯罪】2019年，侦破涉恶集团犯罪案件3件（“9•11”寻衅滋事案、“10•26”聚众斗殴案、“5•31”强迫交易案），抓获涉案人员32人；破九类涉恶案件8件，移送起诉55人。打击各类刑事犯罪，全年破案786件，破案率53.1%；抓获各类人员1250余人，其中刑拘353人，提请逮捕211人，取保候审288人，移送起诉398人；抓获各类逃犯137人，其中历年逃犯26名。破获“201•4•24”故意杀人案“11•11”故意杀人案、邓某等团伙系列婚姻诈骗案、“李某等电信诈骗案”省督案件。网安业务指挥调度系统录入线索报公安部采用并预警网约犯罪1条；牵头办理涉网行政案件252件；破获网络犯罪案件7件，抓获犯罪嫌疑人61人，涉案资金300万余元，涉案汽车1辆，手机、电脑36台，银行卡41张，关闭国内31个违法平台。其中，公安部督办案件2起，省厅督办案件6起。破获“10•29”特大组织淫秽表演案被全国扫黄打非办、公安部双挂牌，全年共破获毒品违法犯罪案件159件，其中刑事案件17件（包括公安部目标案件1件），行政案件142件；打击犯罪嫌疑人59人，移送起诉45人，处理涉毒违法人员436人。禁毒社会化工作办理模式受到国家禁毒办副主任、中国禁毒基金会秘书长李宪辉，省禁毒委副主任、省毒办主任、省公安厅党委副书记胡钢的认可。严格枪爆、危险品、寄递物流公共安全监管，加大全区3家民爆生产和使用企业、2家烟花批发企业的检查力度。全年共审批使用炸药402.3吨、雷管10.33万余发；查处道路违法行为2352起，处罚2352人；收缴烟花爆竹5112件，价值40余万元，查处烟花爆竹刑事案件2件、刑事处罚2人，行政案件16件、行政处罚16人；销毁收缴的各类枪支90支、雷管125发、管制刀具22把、大小钢

9月19日，游仙区公安工作会议暨新中国成立七十周年大庆安保誓师大会

珠3.2万颗、铅弹1.2万余颗、打气铜6个、瞄准镜8个、气瓶12个、火雷管125发；破获食药环案件12件，移送起诉17人。

【**规范化建设**】深化“最多跑一次”决策部署要求，最大化服务群众深化“只跑一次”制度。全年共签发出入境证件31430件，办理户口四项变动108842人次，二代证26704证，清理重错数据3143条，清理黑白照片5172条，清理不标准地址30016条。强化执法规范化建设，制定《执法质量考核评议实施办法》，深化“三中心”管理使用，巡查督促整改不规范执法611起，其中应当立案未立案8起，办案区违规行为10起，接收行政机关移交涉嫌犯罪案件线索14起，接收并分流提请逮捕169件，移送审查起诉案件216件，全年未发生检察机关通知立案情况，未出现无犯罪事实不诉、事实不清证据不足不诉案件。开展中国（绵阳）科技城“法治示范警队创建”工作，区级验收合格16个。

【**结对帮扶**】分局8名党委成员和11个机关警种部门，帮扶刘家镇桃子园、魏家桥、旦家庙等3个村9户26人脱贫，挤出办公经费14万元，帮助困难户解决住房、生产生活设施。捐款10440元，购买慰问品价值1.3万元，医疗救助1.3万元。帮助5户群众改造危房、住上新居，1位老人入住敬老院，1户群众申请到大病医疗补助，2户群众发展家禽饲养售卖产业。（邓　珊）

检　察

【**机构概况**】2019年12月，根据省委编办批复，游仙区人民检察院内设机构由14个改革为5个：办公室、政治部、第一检察部、第二检察部、第三检察部。截至2019年年末，在编干警42人。2019年，游仙区人民检察院集体和个人获得市级以上荣誉25项。获评“全国文明单位”荣誉称号，获评全省检察系统先进集体，多项检察业务名列全市第一，获评全市检察机关绩效考评一等奖。

【**扫黑除恶**】全年办理提请审查批捕恶势力犯罪案件3件15人，批准、决定逮捕3件9人，不批准逮捕6人；办理移送审查起诉恶势力犯罪案件3件24人，追诉漏罪1件2人；其中，彭某恶势力犯罪集团全部作出有罪判决，13名被告人认罪伏法。强化程序意识和证据意识，提前介入并引导侦查4次，对侦查机关移送的涉恶案件依法不认定为恶势力犯罪案件1件，依法认定为恶势力犯罪案件3件。针对办案中发现的社会治安薄弱环节，发出检察建议1件。

【**“三大攻坚”战**】参与防范化解重大风险攻坚战，依法批准、决定逮捕非法吸收公众存款、集资诈骗、组织、领导传销活动等涉众型经济犯罪1件2人，提起公诉2件8人（含上年未结案件1件6人），涉案金额3100万余元，协调配合相关部门追赃挽损。以“党建+脱贫攻坚”模式，持续资助、指导8户建档贫困户发展养殖业并全面脱贫；17名符合救助条件的“事实孤儿”纳入救助计划，对确有困难的8名刑事被害人家庭发放司法救助金4.61万元。打击非法采矿、盗砍滥伐等各类破坏环境资源犯罪，提起公诉2件2人。

【**护航民营发展**】出台服务保障民营经济健康发展6条措施意见，联手组建重大矛盾纠纷及案件协调小组，化解处置企业内部及与周边村社之间各类矛盾纠纷15件。批准、决定逮捕制售伪劣商品、非法经营、强迫交易、合同诈骗、虚开增值税发票、串通招投标等破坏市场经济秩序犯罪8件12人，提起公诉8件20人（含上年未结案件1件3人）；批准、决定逮捕破坏生产经营、侵占、挪用企业资金等侵犯企业财产犯罪1件1人，提起公诉2件2人（含直接起诉案件1件1人），为国家和企业挽回经济损失658万余元。全年，依法不批捕46件99人，不起诉26件48人。打造“枫桥经验”检察院模式，建成“12309”检察服务中心；落实“群众来信件件有回复”制度，做到7日内程序回复、3个月内办理过程或结果答复，依法妥善处理群众信访29件次，无涉检赴省进京非正常访发生。

【**刑事检察**】全年共受理提请审查批捕各类刑事犯罪案件211件321人，批准、决定逮捕167件224人，受理移送审查起诉338件576人，提起公诉263件355人。稳步推进“两法衔接”信息共享平台建设和应用，建议行政执法机关移送涉嫌犯罪案件3件。把监督贯穿于办案全过程，监督公安机关规范办案16件次；针对法院确有错误的刑事判决，提出抗诉2件，法院全部改判。加强刑事执行和监管活动监督，对社区矫正工作中的违法情形发出纠正违法通知书15份，纠正脱管漏管7人，监督收监执行2人；提出羁押必要性审查建议，变更强制措施11人。深化财产刑执行专项监督，监督法院执行没收财产300万元，罚金20万元，没收赃款35.3万元，退出超额执行的罚金3.6万余元，解除超范围冻结账户3个。受理移送审查起诉职务犯罪4件6人，提起公诉3件5人，有罪判决率100%。

【民事行政检察】全年办结民事行政检察监督案件20件，其中对认为确有错误的民事生效判决提出再审检察建议2件；对民事审判活动、民事执行以及行政非诉执行活动提出监督意见10件，受建议方全部采纳并纠正；加强对不支持监督案件的释法说理，做好服判息诉工作，办理支持农民工起诉案件6件；保障老年人合法权益，办理支持追索赡养费起诉案件1件。注意从办案中分析行业性、区域性问题，针对部分涉林行政处罚案件未执行情况，通过检察建议督促行政主管部门制定破坏森林资源案件补植复绿办法。

【公益诉讼检察】全年共办理行政公益诉讼和刑事附带民事公益诉讼案件35件。提起刑事附带民事公益诉讼挽回国家矿产资源损失200余万元，恢复森林植被38.11亩，补种树木4635株。清查全区民政低保发放专户1万余人、网络餐饮外卖500余家、零售药店200余家、执业药师1400余人，巡查城区及乡镇卫生院等医疗机构医疗固体废物贮存转运情况。发出诉前检察建议，督促相关行政机关追回违规发放的低保资金2.87万元，整顿网络外卖近百家，查处零售药店执业药师违法挂证不在岗5件5人，督促相关行政机关督查医疗机构及时清理存放超期的医疗废物2件，督促乡镇修复被毁坏的林地6.02亩，治理高边坡地质灾害近3000平方米，恢复水源地生态植被20余亩。

【未成年人检察】打击性侵、拐卖等侵害未成年人犯罪，批准、决定逮捕8件8人，提起公诉11件11人。不批准逮捕未成年犯罪嫌疑人2件2人，不起诉4件7人，决定附条件不起诉2件2人。开展中高考期间校园周边环境集中整治专项行动；建立快速救助性侵被害未成年人绿色通道；对全区355名儿童主任和妇女主任进行集中法治培训；检察长带领8名检察官担任中小学法治副校长，开展“法治进校园”活动13场，1.4万余名师生接受教育。

【深化改革】落实司法责任制，执行入额领导干部直接办案规定，制定检察官职权清单，完善司法办案内部监督办法。适用认罪认罚从宽制度，共办理案件116件158人，不起诉19件29人，起诉后50.5%的案件适用速裁程序审理，提出的量刑建议采纳率为96%。推进智慧检察建设，全年共办理检验鉴定、文证审查等案件62件，纠错2件。

【检察干部培训】聚焦业务素质能力提升，实施分层分类培训，组织32人次参加知名法学高校和国家检察官学院开设的各类培训班。（王　敏）

法　院

【机构概况】2019年，区法院贯彻落实中央关于深化司法体制改革的决策部署，着力构建以审判为中心、设置科学合理、职能划分明确、运行高效顺畅，符合审判机关特点和审判权运行规律的人民法院内设机构职能体系。制定《绵阳市游仙区人民法院内设机构改革方案》　按照基层人民法院内设机构设置数量相关规定。截至2019年年末，区法院政法专项编制73名，设置内设机构8个，分别是：综合办公室、政治部（督察室）、立案庭（诉讼服务中心）、刑事审判庭（未成年人案件审判庭）、民事审判庭、行政审判庭（综合审判庭）、执行局、审判管理办公室（研究室）。全年共审执结案件6610件，同比上升19.8%。

【刑事审判】2019年，审结刑事案件272件，判处罪犯380人。其中，审结抢劫、故意伤害、强奸等暴力犯罪案件19件20人；审结诈骗、盗窃等财产类犯罪案件144件199人，依法打击突发性犯罪；开展打击毒品犯罪专项审判，审结毒品类案件24件26人；推进扫黑除恶专项斗争，审结聚众斗殴、强迫交易等九类案件16件46人；审结绵阳市计量测试所原所长李某犯贪污罪、受贿罪、为亲友非法牟利罪，绵阳市涪城区金峰镇分水村原党支部书记李某犯贪污罪等职务犯罪案件3件5人；审结龙江水务公司非法采矿等环境资源类案件6件。推进刑事案件庭审实质化改革，执行非法证据排除规则，适用庭审实质化程序审理案件17件。加强未成年人审判，从轻、减轻处罚4人，回访帮教3人。

【民商事审判】2019年，审结民商事案件3804件，涉案标的金额7.48亿元。其中，审结劳动争议、婚姻家庭、赡养继承等案件621件，保障民生权益；审结借款、融资租赁、保险等合同纠纷案件393件；审结土地承包、侵权纠纷等案件99件。加强妇女儿童权益保障，结合案件审理开展法治教育8次，遏制家庭暴力。推进民商事案件“三分式”审理模式改革，繁简分流审理速裁案件2377件。

【行政审判】依法履行司法审查职责，审结行政案件50件。注重行政争议实质化解，加强行政案件协调工作，7件案件经协调后撤诉。组织行政执法部门干部观摩案件庭审100余人次，向相关行政部门提出司法建议5条。妥善审理涉一环路东沿线征收、开元塑料厂生活区排危等行政案件，保障重点项目建设。加强对行政机关负责人出庭应诉考核，行政机关负责人出庭率达100%。

【案件执行】2019年执结案件2370件，执行到位金额1.3亿元。创新执行措施，强化“执行+警务”联动机制，查询财产信息400余次，运用“执行天眼”查找200余人次，发出律师调查令45件，悬赏执行14案18人，采用司法拍卖按揭贷款机制拍卖标的物5件，网格员协助执行600余件。强化失信惩戒，曝光“老赖”400余人次，限制高消费1100余人次，罚款15.6万元，司法拘留73人，移送公安追究刑事责任6件，判处拒执罪1人。开展执行大会战、夏季雷霆、涉金融、涉农民工工资等专项执行活动，执结321案，执行到位3400余万元。

【服务经济】出台《关于充分发挥审判职能服务保障民营企业发展的若干意见》《企业法律风险防范规则60条》等制度，妥善处理通力电梯、紫金城、红星美凯龙等重点案件，48小时内完成新希望集团民事案件995头生猪保全财产的处置工作。

【诉讼服务】推进网上诉讼服务中心实体化运行，通过“诉讼服务网”和“四川微法院”网上立案3178件，与全省法院同步建成电子档案查询体系，实现省内法院电子档案数据资源互联互通。

【司法救助】强化司法救助，对确有困难的当事人依法缓、减、免收诉讼费146万余元，司法救助14人，涉及资金32.5万元。

【延伸审判职能】加强法治宣传教育，打造全市青少年法治教育基地，接待参观交流1500余人次，开展“法律七进”法治宣传20余次，发放宣传资料、赠阅法律书籍3000余册。提升法治宣传影响力，中央电视台《道德观察》和《法治在线》采编典型案例3期，四川电视台采编典型案例2期，推送法院手机报2期，编印《游仙审判》，荣获全省“学法用法示范机关”称号。

【司法改革】深化新型审判权力运行机制，细化司法人员权力清单，强化合议庭、法官办案主体地位。落实院庭长办案制度，院领导带头办理重大疑难复杂案

法院庭审现场

件，院庭长办案数量占比达到40.6%。完善审委会工作机制，全年讨论案件28件。强化院庭长监督管理职责，纳入“四类案件”监管225件，常态化开展案件评查、庭审评查和裁判文书评查，促进审判质效持续提升，全年案件结案率达97.5%、结收比达100.7%、法官人均结案数244.8件，1人被评为全省庭审标兵，1人被评为全省办案标兵，1件行政案件被评为全市“十佳庭审”。

【诉源治理】出台《进一步完善矛盾纠纷多元化解机制深入推进“诉源治理”的实施方案》，将万人起诉率、委托调撤率等指标纳入目标考核，构建“党政领导、法院主导、部门协作”的工作格局，承办全市诉源治理推进会并作经验交流。发挥主导作用，邀请人民调解、行业调解、律师调解等调解人员每天3人轮流入驻法院诉讼服务中心，最大限度凝聚社会治理各方力量化解涉诉矛盾纠纷，全年委托、邀请调解案件128件，司法确认调解协议35件。依托3个人民法庭，整合当地相关部门和组织力量开展纠纷排查和分流处置。妥善做好银友汇通、丰泰集团、开元塑料、久远幸福等案件稳控工作，为党委政府提供法律意见，完成维护新中国成立70周年等重要节点社会稳定工作。

【基层党建】建立集中政治学习和升国旗制度，开展“不忘初心、牢记使命”主题教育。通过全市基层党建“3+2”书记项目AAA级示范党组织验收，省直机关党建研讨班专题调研区法院党

11月1日，全市法院行装工作会暨司法巡查问题整改动员会在游仙区法院召开

建工作，党建工作经验被《人民法院报》《四川政法》推广。落实意识形态主体责任，强化“两微一端”管控，执行《司法机关内部人员过问案件的记录和责任追究规定》、“三非”工作机制等廉洁制度。建立“以案促改”长效机制，开展严重违纪违法案“以案促改”、政法领域“四不”问题等专项整治。深化作风建设，开展审务督察12次，做好市中院司法巡查反馈意见的整改落实。

【队伍建设】完成法院内设机构改革，构建以审判为中心、符合审判权运行规律的内设机构体系。加强队伍建设，鲜明重实干、勇担当的选人用人导向，遴选员额法官1人、选调干警1人，充实办案一线。以实战、实用、实效为导向抓实分级分类培训，组织参加各类培训52人次，8篇调研文章、案例在省级以上刊物发表，5篇获全国性奖项。情景诗朗诵《传承》参加全省法院文艺会演，微电影《无处可逃》荣获中宣部第三届社会主义核心价值观主题微电影三等奖、全省优秀网络视听作品奖。

【接受监督】2019年，办理“两代表一委员”意见建议5件，走访省人大代表2人次，邀请代表、委员评查庭审、参与调解、见证执行25人次。深化司法公开，通过裁判文书网公开裁判文书6279份，通过互联网直播庭审977件，满足群众知情权、参与权和监督权。

【帮扶工作】对口帮扶魏城镇黄莲村7户贫困户，2019年实现全部脱贫摘帽，并通过验收。（叶佩林）

司法行政

【机构概况】绵阳市游仙区司法局（简称区司法局）是区人民政

府主管司法行政的职能部门。机构改革前人员编制数54个，其中政法专项编制52个，工勤编制2个；局机关内设股室8个，区司法局派出基层司法所25个。2019年3月机构改革后，原区司法局、区政府法制办公室的职责整合，重新组建绵阳市游仙区司法局，作为区政府工作部门。经区委编办批准核定编制数58个，其中政法专项编制54个，工勤编制4个；区司法局设办公室、法治调研股、法治督察和执法监督股、行政法律事务股、普法与依法治理股、人民参与和促进法治股、社区矫正与安置帮教股（挂社区矫正执法大队牌子）、法律服务监督管理股（挂区法律援助中心牌子）、计财装备与信息化股、政治处10个股室，并设置25个基层司法所作为区司法局的派出机构。主要职责：担负统筹法治建设，推进行政执法、刑事执行、法治宣传、公共法律服务等职能。

2019年，全区共13个司法所被评为“省级规范化司法所”。区人民调解委员会被司法部通报表扬为“坚持发展‘枫桥经验’实现矛盾不上交试点工作表现突出集体”，小枧沟镇司法所荣获“全国模范司法所”。区司法局被评为四川省政法系统先进集体、四川省“七五”普法中期先进集体。新桥镇调委会荣获“四川省五星级人民调解委员会”。

【法治宣传】命名表彰区级法治示范点63个，法律“七进”示范点44个。开展“法治周周行”活动20余场。选聘46所学校兼职法治副校长。创作的《法治游仙赋》朗诵节目获第三届平安中国看四川“三微”比赛活动优秀微视频作品奖。举办“游仙区2019年法治书画摄影作品展”，展出优秀作品40件。开设“法小仙”官方抖音号，制作和转发短视频40个。

【法律服务】深化法律服务人才“双百工程”，全区共有注册律所1家，市区共管律所9家，服务承诺签约律所7家，引进各类法律服务人才300余人。规范公共法律服务工作站25个，建设公共法律服务工作室202个；实现“一村（居）一法律顾问”全覆盖。提供法律援助12672人次，办理法律援助案件361件，提供刑事法律帮助156人次，办理公证5568件。开展“法治体检”活动，走访企业和在建工地221家，涉及农民工用工5688人，提供法律咨询2396人次。

6月24日，游仙区举行社区戒毒指导站揭牌暨三方共建“弘爱行动”启动仪式

【人民调解】坚持发展“枫桥经验”，完善基层人民调解组织346个，规范建设人民调解室142个，配备专兼职人民调解员1769名，全年各级人民调解组织共调处各类矛盾纠纷2197件。选聘专职人民调解员17名，共调解矛盾纠纷993件，占全年矛盾纠纷调解总数的45.57%，协议涉及金额1464余万元。

【刑罚执行】全年走访社区矫正对象304人次，社区矫正对象日常手机定位率保持在95%以上，开展警示教育25场次，签订社区矫正对象“扫黑除恶”承诺书260余份。推动社区矫正对象分类教育，开展分类教育8场，参与社区矫正对象360人次；制定出台《游仙区外出务工社区矫正对象异地矫正制度》，理顺管理机制。2019年全区累计监管社区矫正对象1552人，解除矫正1356人。其中，新接收社区矫正对象139人，解除社区矫正对象133人，全年办理调查评估案件109件。

【安置帮教】2019年，管理5年内刑满释放人员1290人，新接收刑满释放人员260人，刑满释放人员衔接率、重点帮教对象接送率、特赦人员衔接率均达到100%。全年协调救助帮扶7名刑释人员。完成中华人民共和国成立70周年特赦工作，特赦社区矫正对象8人。（李春芳 何永春）

军事

人民武装

【工作概况】2019年，人民武装工作坚持稳中求进总基调，聚焦备战打仗，紧抓国防动员“主责主业”，突出安全管理，坚持抓思想建设重在教育入心、抓班子建设重在团结和谐、抓战备训练重在紧贴实战、抓经常性基础性工作重在制度落实，完成年度工作任务。

【军事训练】在分区统筹下，组织应急民兵连完成12天的基地化轮训。采取随队训练方式完成专武干部训练任务并组织20名专武干部参加军分区集训。结合民兵调整改革和征兵工作，组织专武干部开展业务培训共计6天，同步完成民兵分队集结点验，以抢险救灾、反恐维稳为主要内容开展综合演练。采取集中驻训、乡镇组训、派教帮训、岗位自训、参观见学等多种方式，组织基干民兵专业分队按大纲要求完成军事训练任务。6月底至7月初，各乡镇民兵应急排组织民兵开展集中训练，11月，军事科科长宋伟带1名民兵干部和1名基干民兵参加省军区军事比武，石马镇武装部副部长杨亮在军用文书拟制中取得第二名。

【国防后备力量建设】贯彻落实国防后备力量建设“十三五”规划和省、市民兵调整改革实施方案。2—5月，召开民兵调整改革任务部署会，联合区政府出台《游仙区民兵调整改革实施方案》，先后3次组织实力会审，在石马镇召开民兵集合点验暨基层武装部规范化建设现场会，完成以普通民兵规模压减、基干民兵结构优化为主线的民兵调整改革任务。全区分7个片区完成集

7月2日，白蝉镇召开2019年应急排开训动员部署会

结点验，接受军分区、省军区两级抽考，总评成绩良好。

【征兵工作】2019年3月，在全市率先完成兵役登记工作，大学生比例达到80%，未发生一起廉洁问题举报。全年出现2例非责任退兵问题，退兵比例在规定标准内。

【干部队伍建设】专题学习习近平主席在中央军委党的建设会议上讲话精神，定制学习计划，组织学习教育，按时参加各级组织的专题学习教育，组织缺课的同志进行补课，确保一人不漏全员参加。利用周五组织生活时间在党小组中集中展开讨论，查找人武部各级党组织在加强党的领导和党的建设方面存在的薄弱环节。

【安全稳定工作】围绕调整改革后的新常态新要求，推进人武部正规化建设。落实一日生活制度，加强人员动态管理，健全完善和严格坚持点名、考勤制度，并在每周一的部交班会上进行通报讲评，落实外来人员管理制度，建立盘查登记制度。坚持日、周情况报告，重大突发情况多级同时报告制度。

【综合保障】采购发放职工冬季服装，定期进行设施安全检查，完成军车号牌更换。组织干部职工年度体检工作，完成文职人员保障卡更换；完成阅览室改造、办公楼杂物库搭建和营房设施维修；协调区财政局完成民兵事业费调研报告；开展公务用车维护保养。组织干部职工学习法规，按照各级财务规定办理业务，建设项目、经费使用和各项开支坚持集体决策、依法行事。

【帮扶工作】2019年，组织干部职工7次共80人(次)到朝真乡进行扶贫帮困，为贫困户捐赠衣物120余件，开展新调整贫困户帮扶措施调研工作，看望慰问贫困党员和退伍军人。2019年投入扶贫资金6.1万元，对口帮扶的朝真乡龙文村8户贫困户实现脱贫。（刘翠珍）

农业与农村

概述

【概况】2019年，全区农业农村工作以组织建设为基础，高质量发展为目标，改革突破为支撑，现代农业产业园区建设、山湾农庄建设和农村人居环境整治为抓手，全面推进乡村振兴战略，全年实现农林牧渔业总产值53.62亿元，同比增长2.5%；农村居民人均可支配收入达到18933元，同比增长10.3%。全区粮食播种面积达57.73万亩，粮食产量达到23.89万吨，较2018年粮食总产量23.87万吨增加0.02万吨，同比增长0.08%，油料作物播面26.59万亩，总产量4.69万吨。完成“三项惠农补贴”，其中耕地地力保护补贴86608户，资金3634.94万元；种粮大户补308户，资金210.95万元；稻谷补贴53854户，资金755.63万元。新建高标准农田2.4万亩（其中高效节水0.5万亩）。“两区”作物总面积70.66万亩，占地面积40.43万亩。

【宜居乡村建设】2019年，全区各地因地制宜推进“厕所革命”，场镇达标公厕17座，达标率62.9%，村部公厕100%达到卫生公厕要求，新改建无害化卫生厕所约8.6万户、占比79.6%；分类施策推进粪污综合治理，以中小规模养殖场(户)标准化升级改造为重点，落实“两分离、两配套、三间时”制度，推广干清粪、微生物发酵等清洁养殖技术，推行“产业化龙头企业+养殖农户”利益联结机制，依托畜禽粪污资源化利用整体推进项目，协同推进农作物有机肥替代化肥行动。粪污资源化利用的行政村比例达100%，畜禽粪污资源化利用率达到87%；控制农业用水总量，减少化肥和农药使用量，基本实现农作物秸秆、农田残膜资源化利用。农作物秸秆综合利用达95.5%，废旧农膜回收利用率达到80%。推进村容村貌提升，争取中央财政补助资金1080万元，对魏城镇铁炉村、刘家镇曾家垭村，开展新夯土技术项目实施，项目进度已完成70%；发放农村生活垃圾治理宣传画和宣传手册2万余份，出动宣传车300辆次，印发“致广大村民的一封信”0.5万余份，宣传人居环境知识；以“三清两改一提升”为重点，推进全区村组道路、入户道路建设，通车硬化路率达到97%；推进旧村改造合村庄绿化工程，全区完成农村危房改造175户，土坯房改造3281户，配套农民健身工程项目130余处，村道绿化美化60余公里，河岸绿化40余公里，人工造林6000余亩，湿地有效保护2万余亩，古树保护认养率达85%；挂牌历史建筑4处，被列为三线建设遗址保护名录3个，申报国家级传统村落5个、省级传统村落6个，主要农作物实现病虫害统防统治覆盖率48%、绿色防控覆盖率32%、森林覆盖率达到30.85%，全区70%的行政村建成“美丽四川·宜居乡村”达标村。

粮油作物种植业

【经济作物】2019年，全区蔬菜生产面积（含复种面积）达10.21万亩，蔬菜总产量达到19.3万吨。优质水果面积约3.34万亩，产量达1.63万吨；中药材种植面积0.46万亩，产量达0.25吨。

【种子生产及管理】2019年总体备案率达94%。召开新《种子法》及配套规章贯彻培训会、《四川省农作物种子管理条例》宣贯培训会、“第三次全国农作物种质资源普查与收集行动”培训会、农作物种子生产经营网上备案宣传培训会等会议，区内所有种子生产经营人员共计900余人次参加。全年共进行市场抽检水稻、玉米、油菜、蔬菜样品共30个，抽检合格率为96.7%，其中水稻抽检7个样品，玉米抽检11个样品，油菜抽检9个样品，蔬菜抽检3个样品；并对抽检的27个品种及所有水稻制种、油菜制种生产的组合进行转基因成分检测，均未检测出转基因成分；共进行委托生产备案11个，备案率100%；委托代销备案201个，备案率100%；经营小袋包装126个，备案率70%；备案品种共计512个，其中水稻161个、玉米201个、油菜115个、小麦35个，备案率100%。

【蚕桑产业】2019年全区共发蚕种113299张，生产鲜蚕茧4508.87吨，产值1.89亿元。户平均蚕茧收入5858.6元，人均蚕茧收入2015.5元。2019年，游仙区养蚕、产茧量继续排在全市第一、全省前10位。

农业机械与管理

【农机购补资金】2019年农机购补申请546台，中央补助资金525.904万元，受益农户375户。兑付467.555万元，兑付农机购置补贴70余万元。通过社会保障卡“一卡通”监管平台发放农机购置补贴补贴资金207.828万元。

【农机监理】开展农机购置补贴专项清理“回头看”及整改工作，对补贴数量较多、单台补贴额在2万元及以上进行重点抽查，市级核查2个乡镇，入户20户，核查机个27台（套）；区乡两级共入户核查122户，核查机具133台（套），涉及补贴201.837万元；全年共计公布、公示政策规定6条、工作动态8条、购机信息10次。拖拉机和联合收割机年度检审工作，年检率达到80%，开展农机安全执法监督检查，全年安全检查51次，农机作业场所30余处，全年无农机死亡事故发生。

【农机驾驶培训】规范培训考试，细化监管，全年共举办农机驾驶培训5期，培训农机驾驶员60余人次。

畜牧业

【概况】2019年，生猪出栏约16.3万头，牛出栏5798头，羊出栏28997只，家禽出栏713万羽，蛋产量9515吨，牧业产值约18亿元，畜牧业产值、增加值占农业总产值及增加值提高比例0.5%。农民畜牧业人均可支配收入占农民可支配收入比重提高0.5%，畜牧业助农人均增收70元以上。

【兽医兽药工作】2019年，游仙区办理新增兽药经营许可证36家，完成兽药二维码追溯系统注册44家，动物诊疗许可证2家，执业兽医备案2件；完成一般程序案件3件，其中将人药用于动物案2件、经营劣兽药案1件，处罚金及没收违法所得共计720元。养殖环节病死猪无害化处理5245只，屠宰环节病死猪无害化处理442只，完成辖区生猪定点屠宰资格审核清理工作。

【动物防疫】2019年，全区强化日常监管。对高致病性禽流感、口蹄疫、小反刍兽疫等4种动物疫病强制免疫的群体免疫密度达到95%以上，免疫抗体合格率保持在70%以上。产地检疫率以乡镇为单位达到100%，定点屠宰场生猪屠宰检疫率达到100%，消毒面达100%。

【规模养殖小区】2019年，全区

6月28日，游仙区召开草地贪夜蛾应急防控现场会

新改扩建畜禽标准化养殖场（小区）6个。规模养殖小区达46个。创建部级示范场3个、省级示范场3个、市级示范场8个。农民畜牧业人均可支配收入占农民可支配收入比重提高0.5%，畜牧业助农人均增收70元以上。

【非洲猪瘟防控】2019年，全面开展非洲猪瘟疫情排查工作。发放张贴非洲猪瘟防控明白纸、告知书、宣传彩图2万余份，通过广播、视频等多种形式宣传非洲猪瘟防控知识，并利用各种会议、培训讲堂等开展宣讲74场次，累计培训人数1.3万余人次；全区各级各部门共出动执法人员2万余人次，加强对餐饮企业、冻库、重要交通卡点等各个防控环节进行监督执法检查，累计排查生猪养殖场和屠宰场9000场次，排查生猪132万余头次，检查运行车辆40余万辆次。加强全区养殖场周边环境、无害化处理点位、防控人员、冻库、环境、餐饮等环境监测采样，共计采样2500余份，对防控工作提供有效参考，加大非洲猪瘟执法案件查处力度，共计办案8件，其中简易程序2件、一般程序6件；罚款金额共计4160元。全年无重大动物疫情发生。

水 产

【概况】2019年，全区水产养殖面积45060亩，完成水产品产量13200吨，比2018年同期增长3.286%；渔业经济总产值4.06亿元，比2018年同期增长5.345%；渔政执法案件办结率90%以上；渔业船舶登记、检验率95%以上；水产业助农增收80元以上。改扩建标准化健康养殖池10处，扩建水产休闲食品加工生产线1处、水产科研中心1处，新建标准化健康养殖池2处、循环水养殖系统1处；新申请水产品无公害产地及产品认证1处共4个产品；新申请办理大鲵养殖场1处。

现代农业建设

【概况】参照省委、省政府“10+3”产业体系，对照市委、市政府“6+10”产业规划，结合游仙区现代农业产业基础，按照区委区政府“花果桑田种药菜”产业发展要求，提出游仙区“7+1”现代农业园区建设规划，并组织培育实施。建产业、搞服务、配加工、创品牌、培主体、重质量、拓市场、惠农民，全方位推进游仙区“7+1”现代农业产业园区建设。到2023年，力争培育建成7个农业园区。即培育建设1个国家级现代农业园区；2个省级现代农业园区（水稻制种现代农业园区、蔬菜现代农业园区）；3个市级现代农业园区（葡萄+青梅水果现代农业园区、稻渔共生现代农业园区、道地中药材现代农业园区）；1个区级现代农业园区（花舞游仙现代农旅产业园区）。在每个园区内融入游仙生猪（家禽）种养循环“1”元素，保证园区产业发展生命力和可持续性。科学编制园区建设规划，组装园区产业要素，制定建设方略。各园区按产业发展阶段性需求稳步推进。游仙区“葡萄+青梅”现代农业产业园区通过市级现代农业产业园区认定。

【农村产权制度改革】2019年，出台《绵阳市游仙区农村集体产权制度改革实施方案》，成立农村集体产权制度改革工作领导小组，实行双组长制。共组织培训19场次，培训人员达2180余人次。印发《游仙区农村集体产权制度改革十问》3万余份。安排专项资金355万元，建立农村“三资”管理系统、打造“阳光监督平台”，该经验在省委改革办《四川改革专报》第44期刊发，作为绵阳市全面深化改革经验推广。落实专项资金176万元用于农村集体产权制度改革的清产核资、成员身份确认，成员证、股权证印制等工作，清理农村集体资产12.69亿元，负债总额1.79亿元，所有者权益总额10.9亿元，完成农村土地承包经营权确权登记51.58万亩（二轮土地家庭承包耕地面积为36.7万亩），颁证9.06万本，颁证率95.8%；明确农村土地所有权91424.05公顷；明确农村房屋所有权2000余万平方米（户均220平方米）；明确农村集体建设用地使用权118.93公顷；林权登记39.8万亩，颁证8.93万本，颁证率100%；农村宅基地使用权登记2315.12公顷，8.95万户，确权登记率95%；完成小型农田水利13129处确权登记颁证，颁证率100%。确认集体经济组织成员322707人。建立农村产权流转交易中心和农村产权流转交易乡镇审核服务站22个、村（社区）级信息收集点234个。以全省首批村集体经济发展试点为契机，在乡镇和村开展试点探索，完成宅基地复耕587亩，试点镇的村集体经济收入平均达150余万元。

【农产品质量安全】2019年，在全区22个乡镇的50多家生产企业和专业合作社开展农产品质量安全知识活动。全年配合省、市例行监督抽检蔬菜、水果、畜产品、水产品7次，共计抽检样品64个，合格率99.9%以上；饲料产品质量合格达标率100%，动物源性食品的兽药残留抽检合格达标率100%，重大动物疫病免疫抗体合格率100%，畜禽屠宰监管率达100%，兽药规范化管理率达100%，农药生产经营单位检查检查率100%。

【“三品一标”】新申报、续展、复查换证认证9个（其中绿色食品新申报1个，续展1个；无公害农产品新申报2个，复查换证5个；无公害畜产品新申报1个），无公害农产品复查换证率80%；2019年应兑付获得“三品一标”认证的8家企业26个产品16.6万元。建立无公害农产品、绿色食品标准化基地6个。

【农村能源建设】2019年，游仙区投入资金1158.6万元。在忠兴镇安乐村村、梓棉镇红庙村新建2019年新村集中供气工程，总投资93.6万元。新建成凯沃盛大型沼气工程，总投资1065万元。

【新型农业经营主体】2019年，游仙区新培育新发展家庭农场28家，省级示范场5家；新发展农民专业合作社22家。至2019年年末已有家庭农场293家，农民专业合作社425家，新建改建完善农业生产性服务中心（站）3个，培育省级农民合作社3家。

【山湾农庄建设】2019年，全区建成山湾农庄40个，其中区级示范山湾农庄10个，分类推进产业带动型、环境宜居型、生态康养型、农旅休闲型、文化传承型等特色山湾农庄。将基层党组织等各级各类组织及农村群众有效组织动员起来，参与、支持山湾农庄建设，激活人、地、钱三大要素，推进街子、柏林、云凤宅基地“三权分置”改革，宣传推介山湾农庄，已吸引10余家企业到山湾农庄所在镇村投资兴业。在农业产业项目推介会上签约山湾农庄建设合作项目，拟投资1.16亿元，开展山湾农庄建设及运营管理。推进房子、院子、林子、路子、票子“五子登科”，

10月29日，区委书记江彬（左三）调研“川菜硅谷”·蔬菜产业园项目选址和建设工作

提升改造庭院89个，打造主题文化庭院21个。在房前屋后、村道两侧、闲置空地等广泛种植花卉树木，打造和提升生态景观，新发展产业基地面积1000余亩，各山湾农庄均已完成集体产权制度改革，完成清产核资、股权量化等。

5月15日，游仙区召开农业产业项目招商推介会

【游仙区首届农业产业项目招商推介会】2019年5月15日在桃花岛酒店举行，区领导陈华斌、唐兴万、陈勇、林檬、赵长兴出席，全区各相关部门、乡镇主要负责人，以及156家企业客商代表参加。游仙区共签约大型产业项目8个，总投资额8.4亿元。游仙区农业产业以“一带、两河、四片”都市休闲观光农业空间布局为发展主轴，重点依托“花舞游仙、中药材、优质蔬菜（制种）”七大方面构建现代农业产业发展体系。

自然资源管理

林业

【概况】2019年，全区实现林地保有量40.07万亩，完成年度森林资源“双增长”目标，净增森林面积0.14%，森林覆盖率达30.89%，较2018年增长0.14%。

【绿化游仙行动】推进创建国家森林城市工作，向上级争取营造林项目补助资金，以中央、省、市营造林补助资金314万元为杠杆，全年完成营造林面积4.4万亩，其中完成人工造林0.6万亩，未成林造林地抚育管护0.2万亩，完成森林精准提升面积3.6万亩。“3·12”植树活动新造林1000亩，义务植树参与人数达30万人次，栽植树木60万余株，新增道路绿化75公里，其中国省道路绿化5公里、县级公路绿化10公里、乡村公路绿化60公里。完成河流水系绿化5公里，饮用水源地植被保护与恢复建设0.3万亩。

【退耕还林】全年完成2.58万亩退耕还林成果的巩固，完成比例达100%。管护集体和个人公益林6.98万亩。

【林业有害生物防治】开展林业有害生物监测，人工药物防治1万亩，灯光诱蛾防治5万亩，无公害防治率100%；实施苗木检疫1265亩，检疫苗木130万株，木材调运检疫1987立方米，种苗产地检疫率和木材调运检疫率达100%。2019年未发生较大森林病虫害灾情。

【林木采伐和森林防灭火】全年办理林木采伐许可证1076份，未发现超限额发证的采伐现象，未发生较大以上森林火灾。

【森林公安工作】2019年，全区开展“缉枪治爆、火案查处、扫黑除恶、图斑案件、打击破坏野生动物、迎大庆保平安、昆仑”等专项行动，共出动警力700余人次，出动警车350余台次，立刑事案件8件，破11件，采取刑事强制措施15人，办理林业行政案件53件，行政罚款41.5万元，打击处理各类违法犯罪人员68人，调解涉林纠纷12件，保护森林资源安全。

【现代林业产业发展】2019年，完成游仙区省级现代林业产业示范园区总体规划设计。区规划建设总投资115537.68万元。建设地点涉及11个乡镇45个村。按照“一核多元”的总体布局，规划期内将新建54910亩的“绵阳市游仙区省级林业产业示范园区”，其中核心区5532亩，辐射区49378亩。按产业特色划分：特色经济果林产业8305亩，涉及3个乡镇5个村（社区）；木本油料产业10994亩，涉及4个乡镇6个村；木质原料产业18760亩，涉及7个乡镇17个村；林木种苗花卉产业占地4146亩，涉及3个乡镇11个村；森林生态旅游、康养及生态文明教育产业6493亩，涉及10个乡镇24个村；林产业加工及仓储产业占地230亩，涉及3乡镇3村（社区）；共计六大产业以及相应的配套基础设施建设。东林世界月季博览园和街子国际兰花公园分别获得省级花卉种植示范基地和示范园区建设项目补助资金150万元。（王　君）

水利

【机构概况】绵阳市游仙区水利建设发展中心（以下简称区水利中心）是绵阳市游仙区人民政府直属正科级事业单位，加挂绵阳市游仙区河湖保护中心牌子，类别为公益一类。主要职责：承担水利事业发展和水利建设等具体事务性工作。区水利建设发展中心事业编制16名。其中：主任1名，副主任2名；中层正职职数6名，中层副职职数3名。内设机构6个，分别是：综合股（党委办公室）、规划建设股、河湖保护与水资源股、运行管理股、应急管理股、计划财务股。经费渠道为实行“收支统筹，全额保障”预算管理办法。区农村供水总站、区惠泽堰管理所、区天星堰管理所由区水利建设发展中心管理。区武都引水工程建设管理局与区水利建设发展中心合署办公。

2019年，被绵阳市人民政府评为第三次全国农业普查先进集体。被四川省绵阳武都引水工程建设管理局评为2019年度武引灌区管理工作先进单位、2019年度武引灌区供水工作先进单位、2019年度武引灌区工程维护管理先进单位、2019年度水旱灾害防御减灾工作先进单位、2019年度末级渠系建设工作先进单位。被四川省水利厅评为四川省第一批节水型建设达标县（区）。

【水利项目建设】2019年，完成7座水库的除险加固，实现保护下游群众1.45万人，保护农田0.689万亩，恢复和改善灌溉面积0.345万亩，新增粮食生产能力3.99万公斤；在6个乡镇18个行政村，完成新建泵房15座，新建及改造过滤系统管理房20座，新建蓄水池5座（单座容积200立方米），铺设各级干、支管道401.63公里，毛管1056.73公里，发展高效节水灌面0.79万亩，新增供水能力21.5万立方米，新增节水能力93.49万立方米，新增粮食生产能力12.71万公斤，新增经济作物产值265.73万元，节地77.7亩，省工5206个；新建水井40口、改（扩）建水井33口、维修集中供水站6座，35处小集中供水工程，解决17个乡镇53个行政村的人口饮水问题；综合治理东林镇白羊沟小流域，完成坡改梯13.72平方公里，栽植经果林80.44平方公里，封禁治理93.69平方公里，保土耕作687.15平方公里；整治塘堰5座，修建蓄水池3口，沉沙凼30个，排灌沟渠4.5公里，作业道路3.5公里，治理水土流失面积为8.75平方公里。

【水土保持】依法对部分生产建设项目进行水土保持补偿费的征收，完成《游仙区水土保持规划（2015—2030年）》编制工作。完成辖区内生产建设项目的水土保持方案审查工作，完成项目批复6个；完成长江经济带生产建设项目水土保持工作的监督检查工作。共检查出未批先建项目12个，对未批先建的2个企业和3个项目进行约谈，督促整改4个项目，发出整改通知书5份。完成2019年省级水利发展资金水保项目方案编制，投入资金418万元，综合治理建华乡石垭村水土流失面积8.12平方公里。

【河湖长制】2019年，区级河长开展巡查75次，发现交办问题7起，整改7起。开展河湖管理保护大排查，共梳理出问题26条，已完成整改14条，剩余12条正在整改中。市总河长会议暗访反馈问题1条，已完成整改。全年集中开展整治电、毒、炸鱼等非法捕捞专项执法行动38次，开展联合执法6次，查处非法捕捞7起，没收电捕鱼器10台（套），地笼网15个，办理渔政案件7件，办结率100%。编制完成9条主要河流“一河（湖）一策”管理保护方案。通过广播、电视、微信公众号、游仙发布等宣传载体，加大对河长制湖长制工作的宣传力度。利用“世界水日　中国水周”，设立宣传点27个，累计发放宣传资料3万余份，张贴和发放倡议书8000余份，增强群众节水、管水、护水意识。全年共印发简报21期。召开农业面源污染防治工作培训会议35次，培训人次1500余人次。开展“清四乱”专项行动，发现并整改问题16处。

【防汛度汛】修订2019年游仙区防汛总体预案，编制完成全区12座小（一）型水库的《防汛抢险应急预案》、《水库大坝安全管理应急预案》和《水库调度规程》，指导乡镇编制完成全区96座小（二）型水库“三个预案”的编审工作。按照“按需定额储备、讲究实效、专物专用”的原则，通过仓库储备一部分、协议储备一部分的方式，进一步充实防汛物资，储备编织袋3000条、铅丝10吨、砂石料5万立方米、救生衣210件、冲锋舟1艘；组织抢险队伍232支、抢险人员4600人。新建和维护自动监测水位雨量站19处、自动监测雨量站51处、简易监测雨量站99处、视频站3处、片区会商室3处、无线广播预警53处。加强宣传培训。5月12日，在铁牛广场开展防灾减灾宣传工作；5月16日，在东津酒店组织召开全区小型水库安全管理暨防汛工作培训会，对全区108座小型水库所在乡镇分管领导、经办人员、管理人员170余人进行专题培训。开展应急演练。5月至6月期间，在“涪江”“芙蓉溪”等沿线重点乡镇开展防汛应急演练20余次，参加人员2000余人。执行24小时防汛值班制度，规范镇乡防汛制度及值班带班表、值班记录。防汛期间，区防指电话查岗6次，区委区政府主要领导、分管领导进行明察暗访10余人次。区纪委监察委对全区防汛工作进行暗访督查2次，并针对全区普遍存在的现象进行全区通报限时整改。

【春灌供水】开展渠系清淤排障工作，完成渠道清淤排障1150公里（其中武引斗渠以上渠道352公里）。维修整治2018年“7·11”洪灾损毁渠道234处25公里，渠道平台治理10公里，完成维修和更换放水口闸45处、闸房门16道，对提灌站设备检修、维护和高压线路清障等工作。全年灌区总供水量4832.3万立方米（其中农业供水3759.3万立方米，城市供水水源1073万立方米），水稻栽插22.5万亩，实现满栽满插目标任务。

【水资源管理】制定《游仙区2019年用水总量控制计划》《游仙区下达2019年取用水计划的通知》，强化水资源管理“三条红线”。用水总量年度、万元国内生产总值用水量降幅、万元国内生产总值用水量降幅、万元工业增加值用水量降幅、农田灌溉水有效利用系数均达到全年度目标。清理、规范取水许可，完善初步核查名录清单，形成阶段性核查成果清单，完成取水户登记255个。在“世界水日”“中国水周”，开展水法、水污染防治法、水土保持法等法律法规宣传教育。全年，共印发宣传资料3000余份，出动宣传展板7块，挂图20余幅，悬挂标语12幅，出动宣传车8台次，参加宣传人数30人次，接待咨询群众3000余人次。

【扫黑除恶暨治“四乱”】召开扫黑除恶专项斗争工作专题会议，制定《全区水利系统扫黑除恶专项斗争乱点乱象整治专项行动方案》。深入基层单位开展扫黑除恶知识宣讲活动6次，共发放宣传资料4次，“应知应会”知识考试3次，向社会公布张贴举报电话、微信群等方式，发动广大群众提供举报涉水领域黑恶势力和保护伞线索。与区河长办、环保、住建、农业等单位配合，清理乱点乱象，开展联合执法5次，对堂宏集团“职工之家”在芙蓉溪经济试验区段擅自改变河道及占用河道管理范围，影响河势稳定及防洪安全等问题，提出整改清单，令其限期提供涉河建设相关审批资料、恢复河道岸线，拆除占用河道非法建筑物；对石马镇两处砂石加工厂占用河道管理范围的问题，令其撤除河道管理范围的违规建筑，恢复河道岸线。

【结对帮扶】开展结队帮扶，分5个对口帮扶小组深入贫困村，实地了解各贫困户实际情况，因户施策，制定详细的脱贫计划、方案。通过走访、慰问、谈心谈话、召开会议等方式，推动扶智、扶志。配合乡镇落实低保、残疾等兜底保障政策，落实危房改造补贴、“家庭医生”争取签约服务，实施生活扶贫、产业扶贫、金融扶贫等措施。安排农村饮水安全项目资金45.45万元，解决饮水困难的92户贫困户的安全饮水问题，受益人口276人。全区水利脱贫攻坚任务全面完成。（王文举）

国土资源

【工作概况】2019年，游仙区国土资源管理工作紧紧围绕地灾防治、项目保障、民生保障、执法监察、从严治党五个方面的工作重点，强化矩阵管理，突出工作实绩，全面完成年度各项目标任务，为全区经济社会发展提供保障。

【地灾防治】2019年，全区防灾治灾能力持续加强。超前谋划防灾工作，落实防灾责任。安排部署辖区地灾防治工作，分析研判地灾形势，编制地质灾害防治预案，与各园区、镇乡签订《地质灾害防治工作目标责任书》，层层落实防灾责任，逐一设立警示牌，逐户发放避险明白卡。加强专业技术队伍建设，落实检查和督导。确定九〇九建设工程有限公司为辖区地灾技术服务单位，建立1支专业的汛期驻守和技术服务队伍，在汛前、汛中和汛后参与巡查、排查，识别地质结构和受威胁程度，并提出处理意见。成立对部门联动的地灾检查督导领导小组，从2019年4月下旬开始分3个小组对辖区内水旱、地质灾害防治工作情况进行检查督导。加强隐患排查，确保安全度汛。汛前排查地质灾害点142处（其中崩塌19个、滑坡点104个、不稳定斜坡19个），排查销号67处，新增3处，实际纳入全区重点防治灾害点78处，涉及威胁754户3609人生命财产安全。针对排查出的问题分别采取监测预警、应急排危、开展工程治理方式进行处置。2019年已对上争取地灾资金631.9万元，完成避险搬迁12户，完成仙海小学、魏城郑家沟等5处地灾隐患点的进场施工，争取2020年汛前全面完工。加强宣传培训，提升群众避灾能力。聘请九〇九地质队专家授课，在魏城、刘家、忠兴等镇开办4期地质灾害防治宣传培训班向老百姓宣传地灾防治知识，以及地灾发生时的安全撤离措施，受众达500余人次，开展地质灾害应急演练5次，提升辖区应对地质灾害应急的水平和能力。

【用地保障】开展土地利用总体规划调整(修改）工作。2019年调整建设用地指标5.88公顷；调入新增建设用地指标124.33公顷。完成5个重点建设项目用地的规划审查和1个项目的用地预审初审。开展永久基本农田储备区划定工作，划定储备基本农田343.47公顷。开展土地报征和出让工作。完成8个批次2432.652亩乡镇建设用地报征；报省厅征地项目3个批次，780亩土地；完成2个城市批次33.228亩国有建设用地的批后实施工作，出让工业用地3宗19.5261亩，收取土地出让金

3月14日，游仙区召开乡镇党政主要领导自然资源资产和生态环境保护离任（任中）审计评价指标体系审定会

3828.56万元，审批征占用林地12个项目，13.73公顷林地，保障全区基础设施、民生项目和省、市、区重点项目用地。开展历史遗留废弃工矿地复垦利用项目实施工作，复垦面积403亩；开展农村建设用地整理试点工作，在街子镇、柏林镇、云凤镇试点，拆除土坯房4个村，198余户，整理土地242亩；实施土地整理项目（凤凰乡5个村），建设规模871.41公顷、总投资1802.49万元，新增耕地40.81公顷；开展城乡建设用地增减挂钩项目核查工作，将魏城镇莲花村、金华村作为试点。

9月5日，绵阳市自然资源和规划局党委书记、局长淳道怀调研街子镇宅基地"三权分置"改革工作

【国土资源执法监察】2019年，全区开展"大棚房"问题清理整治行动、清理违规建别墅等专项行动。清理出"大棚房"问题10个，32.44亩，实施整改11个，35.4亩土地；清理违法违规私建"住宅式"墓地1宗，20平方米；清理专庙宇道观宗教场所241个。开展土地动态巡查工作，全年动态巡查700余次，发现并制止土地违法行为98件，发出《责令停止土地（矿产）违法行为通知书》19份，立案查处土地矿产违法案件17件，没收地上建筑物113628.3平方米，拆除地上建筑物4698平方米，收缴罚款178.2万元，按规定移送没收的地上建筑物给相关部门12件；核查卫片执法图斑土地矿产疑似图斑351个，370.48公顷土地，涉嫌违法图斑12个，立案查处10个46.8亩土地；核查森林疑似违法图斑168个，207.59公顷林地，涉嫌违法图斑42个；推动闲置土地清理和国家土地例行督察发现问题整改工作，处置到位的闲置土地7宗，432.37亩，国家土地例行督察发现问题整改，整改到位4宗，404.32亩土地。

【第三次全国国土调查】推进第三次全国土地调查工作，成立"三调"工作机构，建立区、镇、村、社四级联动机制，建立日报和周报工作制度，召开8次全区性专题工作会。组织内业外业技术人员74人，历时2个月，完成辖区内24个乡镇3个街道办的275个村及社区、13.2万个重点图斑、1017.53平方公里土地全域矢量化工作；9月5日通过省级第9次核查，差错率为1%；10月10日，国家级核查一检结果差错率为0.32%，对涉及的2786个图斑进行整改。12月17日向国家第二次提交整改成果。

【民生保障工作】2019年，实行上门办件服务，为行动不便的群众上门服务办件9件；执行一次性告知制度，全年受理不动产登记业务8810件，受理查询关联等业务2968件，上门服务9件次，解决历史遗留问题2批次；规范征地程序，执行征地补偿标准，落实征地社会保障，主动、规范公开征地信息。2019年，无违规征地和拖欠、截留、挪用征地补偿费等行为发生；化解涉地涉房遗留问题，全年受理群众来信来访124件，其中接待群众来访17批、85人次，纳入领导包案21件，处理网上信访73件，行政调解成功23件。信访办结率为99%。（王　君）

工业产业

概　述

【机构概况】游仙区工业和信息化局(以下简称区工信局)成立于2011年，原名“游仙区经济和商务局”，2011年更名为“游仙区工业和信息化局”。区工信局是绵阳市游仙区人民政府工作部门，为正科级。主要职责：负责全区产业园区建设发展的指导和服务工作；负责监测、分析全区工业经济运行情况及治乱减负工作；负责全区企业技术改造和技术创新体系建设推进工作等；经区委编办批准核定编制12名，设局长1名、副局长2名、总经济师1名，内设股室10个。

2019年，紧紧围绕市委、市政府下达的工业经济工作目标和建设更高质量“五个游仙”的总要求，推动工业经济转型发展，完成规模工业总产值425亿元，同比增长19.4%，实现规模工业增加值增速11.3%。新增规模以上工业企业13户。高端装备制造、节能环保、电子信息和先进材料等重点产业集聚发展，产值占规模工业总产值达58%。

【“两新”产业】2019年“两新”产业产值占规上工业总产值比重达57%。对高速成长的创新型中小企业，加大扶持力度，帮助企业争取扶持资金和政策，鼓励企业研发有市场前景的新技术、新产品、新工艺。出台奖扶政策，区财政预算资金1亿元，用于产业项目招引孵化、技改扩能等方面的扶持。

【园区规划建设】实施产业集群化战略，强化土地集约利用，形成“一区三组团”空间布局。以石马镇为主体的游仙高新区北区，重点发展智能制造产业；以小枧沟镇为主体的游仙高新区南区，重点发展资源循环利用、光电产业，建设节能环保产业园；以新桥镇为主体的游仙高新区北区，重点发展新材料产业，建设先进材料中小微企业产业园，逐步形成“园区有主业、三区有特色”产业发展格局。（全　乔）

【信息化建设】完善信息基础设施支撑体系，结合三大运营商5G联动发展，完成100G波分设备替换升级，可实现5G大颗粒业务承载和5G基站的建设。支持通信企业开展5G网络规模组网及5G业务商业化应用等技术攻关。落成绵阳科学城物资部基站（覆盖科学城五区）、绵阳游仙检察院基站（覆盖海悦银河城和东津路交通要道）和绵阳开元酒店基站（覆盖绵阳三医院）的5G建设。开展产业创新能力建设，实施智能装备和产品项目建设。重点发展智能电梯、智能装备等整机成套装备，加强智能控制、工业互联网等技术在智能装备中的集成应用。推进兴事发年产16万樘智能家居自动生产线项目，西南自动化研究所基于物联网的离散制造过程智能管控平台项目，推动工业企业与物联网、人工智能等技术深度融合，向高端化发展。（黄三三）

【民营经济发展】制定《关于充分发挥审判职能服务保障民营经济健康发展的实施意见》，提出《服务民营企业九条措施》和《民营企业诉讼风险点及防控》措施提示。2019年民营经济增加值增长率8.8%。全年减税降费约3.2亿元，为东材科技、铜鑫铜业、开元磁材等6户企业争取直购电优惠电费近3000万元；开展“银担保”合作，推广“园保贷”项目。全年为全区中小企业提供融资担保200余笔，全区企业贷款余额达到100亿元。

【企业培育】2019年，全区纳入“四上”企业培育的有77户，科技型中小企业1326家，国家评价入库的科技型中小企业66家。2019年培育升规入统科技型企业11家，位居全市前列。组织青年企业家参加清华大学、北京大学高级研修班，技能培训企业高级人才110余人次。举办各类培训班17期，技能培训2343人、创业培训750人。组织13名大学生参加四川省第二届“天府杯”创业大赛，扶持12名困难家庭高校毕业生创业。（蒋远梅）

【加工制造】2019年，游仙区共有加工制造规模以上工业企业21户，形成以科莱电梯、中科西奥为依托的电梯产业园区和以川金机械、万欣测控公司为龙头的汽车零部件产业。全年机械加工企业累计实现工业总产值44.6亿元，占全区规模以上工业总产值的10.5%。

【建设、建材】2019年，游仙区有规模以上建设、建材企业9户，2019年全区建设、建材产业实现产值近13.3亿元。（全 乔）

【电子信息】2019年，全区有规模以上电子信息规模工业企业17户，全区电子信息产业实现规模以上工业总产37.12亿元。（黄三三）

【化工】2019年，游仙区有规模以上化工企业3户，建设以雅化集团为依托的特色化工产业园，2019年全区化工产业实现产值近10亿元。（全 乔）

【粮油工业】2019年，粮油食品行业有规模工业企业6户，实现产值22.2亿元，同比增长12%；其中：仙特米业粮油仓储加工搬迁项目开工建设，众福食品米粉丝项目竣工投产。（梁 波）

【“散乱污”整治】支持节能环保产业、高新技术产业发展，加大对新增“散乱污”企业排查整治，实施“动态清零”。对已完成整治的“散乱污”企业适时开展“回头看”督查，巩固整治成果。全年共排查出新增“散乱污”企业9户，完成整治9户。（胡阳君）

【企业安全管理】组织开展化工医药和危险化学品领域安全生产专项整治行动，组织工业园区和各乡镇（街道）对辖区化工医药企业进行摸底排查。对太极制药和槐仁医药进行检查，对槐仁医药医用氧气的管理的储存和使用着重进行检查。检查发现一般隐患4条，要求立即整改。重点加强有项目建设的20余个工业企业项目建设的安全大检查，共查处项目建设隐患10余处，并当场提出整改要求。（荣 云）

【诺思（绵阳）开工仪式】2019年1月30日，绵阳市重点项目暨诺思（绵阳）开工仪式在游仙区举行，省重点项目办、省经信厅、省科技厅领导，市委常委、科技城党工委副书记、管委会常务副主任、市国资委党委书记罗宗志，市政协副主席郭兴林，市级相关部门负责人及游仙区主要领导江彬、陈华斌、袁玉国、姜曦等出席开工仪式。

【绵阳市制造业智能化发展专题推进会】2019年3月28日，由绵阳市经信局主办，游仙区承办的绵阳市制造业智能化发展专题推进会在桃花岛酒店举行。会议表彰2018年度智能制造发展先进单位和个人；对2018年四川省和绵阳市智能制造系统解决方案供应商授牌；兵装集团58所与雅化绵阳分公司、鼎鑫智能与永贵科技公司、高达科技与四川东材科技公司分别签订合作协议；西门子公司专家以《离散行业的数字化企业之路》为题作专题讲座。

【2019年中国覆铜板行业高层论坛】2019年5月11日，2019年中国覆铜板行业高层论坛在游仙区举行。来自政府部门、国内覆铜板行业，以及上游原材料、下游PCB行业的300多名代表参加会议。与会专家和代表从宏观和行

业的角度，对覆铜板行业在2019年及未来发展趋势进行研判交流。

【调研民营企业营商环境与高质量发展】2019年8月28日，中国社会科学院工业经济研究所研究员、产业组织研究室副主任郭朝先一行6人赴游仙调研民营企业营商环境与高质量发展，专家组围绕营造公平竞争环境、减轻企业税费负担、缓解融资难融资贵、构建新型政商关系四个方面开展调研。

【2018年度全市工业和信息化工作先进集体和优秀企业】2019年11月26日，绵阳市政府表扬2018年度全市工业和信息化工作先进集体和优秀企业，游仙区31家企业被表扬为优秀企业，其中：四川中物材料有限公司技术中心被新认定为省级企业技术中心、四川兴事发门窗有限责任公司特种门窗工程技术研究中心被新认定为省级工程技术研究中心；四川湖山电器有限责任公司、四川开元创亿生物科技有限公司、四川海格恒通专网科技有限公司、四川杰邦科技有限公司、四川东材科技集团股份有限公司、绵阳开元磁性材料有限公司首次纳入市级单项冠军培育企业名录库；四川杰邦的“反光瓷砖”获得2018年度中国设计红星奖。（王　文）

【国有企业】2019年，全区有国有控股工业企业3家。太极集团四川绵阳制药有限公司、绵阳市游仙粮油购销有限公司、四川湖山电器股份有限公司，区属国有工业企业1家——绵阳游仙武引自来水有限公司。

【经济运行监控】2019年实现规模工业总产值425.7亿元，同比增长19.4%，实现规上工业增加值增速11.3%；新增规模以上工业企业13家，总数达131家，全区工业总量实现较好较快增长。

【技改项目建设】2019年，全区共计实施重点工业技改项目34个（包括省级重点项目4个），总投资357亿元，年度计划投资38.6亿元，其中竣工投产项目11个,新开工项目10个，续建项目13个。市级下达游仙区全年工业投资目标增速12%，技改投资增速10%，区发改局下达固投目标65亿元。2019年全年工业投资完成49.3亿元，同比下降7.1%；技改完成49.5亿元，同比增速38.9%。（李　瑜）

诺思（绵阳）项目建设现场

民营企业

【概况】2019年，全区民营经济增加值为222.76亿元，同比增长8.8%，全市排位第3。

【减税降费】落实四川省72条便民办税服务举措，开展纳税人走访工作，点对点、面对面对纳税人进行减税降费税法宣传，首个24小时税银超市首日服务人次达到50余人。全年共走访纳税人1万余户，回复企业涉税问题418条，政策讲解3.98万余人。通过微信群、QQ、短信平台向纳税人发布温馨提示5000余条次。全区292户制造业和15户交通运输业税率分别下降3%和1%，减免税收1.09亿元，其中：小微企业普惠性减税1863.46万元、个人所得税专项附加扣除602.57万元、深化增值税改革8440.35万元。

【用工成本】用好失业保险资金帮助暂时经营困难企业渡过难关，受理18家企业补贴申请，涉及员工1304人，金额达1032.7万元。落实企业稳岗补贴优惠政策，发放稳岗补贴50余万元，惠及职工2000余人。落实鼓励用人单位吸纳就业给予社保补贴和岗位补贴2万元；实施大学生创业就业奖励，执行社保降费减负政策，全区企业社会保险减征2000万元以上。

【金融支持】出台《游仙区财政金融互动促进民营经济健康发展实施细则》，区政府出资800万元，对符合条件的企业进行一次性奖补。协助企业对上争取工业类、科技类项目92个，到位资金7600余万元，为工业企业申请应急转贷5500万元。

【律师调查令】首创“律师调查令”制度。在全市范围内首推由法院委托律师，全面查核被执行人财产线索的“律师调查令”制度，将转移、隐匿财产和逃避、规避、抗拒执行的被执行人纳入失信名单。加大商业案件侦查、起诉力度，为企业提供相关法律咨询。出台措施保障服务。游仙法院研究制定《关于充分发挥审判职能服务保障民营经济健康发展的实施意见》，提出《服务民营企业九条措施》和《民营企业诉讼风险点及防控》措施提示，助力民营企业健康发展。

【游仙区民营经济健康发展大会】2019年1月25日，游仙区民营经济健康发展大会召开。促成5对企业签订战略合作协议，制作“产学研、协同创新”专家服务团队手册，精准对接企业科学技术需求。（蒋远梅）

节能环保

【概况】截至2019年年末，全区有节能环保产业规模以上工业企业9户，产业实现规模工业总产值131.62亿元，同比增长25%，占全部规模工业总产值36%。

【省级循环经济示范园】形成以保和富山为龙头的节能环保产业园，保和富山节能环保产业园被国家发改委、财政部确定为第四批城市“矿产”示范基地，被列入四川省百名重点建设项目，旗下中国金属资源利用有限公司在香港主板上市。2019年循环经济示范园实现规模工业总产值79亿元。（胡阳君）

食品医药

【概况】2019年，全区有规模以上食品、医药企业9户，实现规模以上工业总产值22.81亿元，占全区规模以上工业总产值的5.4%。

【食品行业】2019年，食品行业有规模工业企业7户，实现产值16.25亿元，同比增长12%。

【医药行业】2019年，医药行业有规模工业企业2户，实现产值6.59亿元，同比增长18%。

【饲料行业】2019年，饲料行业有规模工业企业4户，实现产值29.56亿元，同比增长10%；培植以金太阳饲料为龙头的饲料行业，将能源、资源、资金等生产要素向企业倾斜，做好龙头企业的协调服务工作，鼓励带动饲料行业中的中小型企业加速发展。（梁 波）

东材科技

新材料

【概况】2019年，游仙区有规模以上材料生产企业13户，形成以东材科技、开元磁材等企业为龙头的游仙高新区南区新材料产业园。2019年，全区材料产业实现产值57.3亿元，占全区规模以上工业总产值的13.5%。

【新材料产业园】2019年，东材新材料产业园年实现工业总产值24.6亿元，依托国家绝缘材料工程技术研究中心、国家级企业技术中心、博士后科研工作站，组建四川省发电与输变电设备绝缘材料工程实验室、国家认可实验室，拥有94项发明专利和5个国家级新产品，主持参与制定国家标准、行业标准近60项，在行业竞争中处于“标准领先”的优势地位，先后承担“863”等国家级科技项目16项、省市级科技项目50余项，综合研发实力和创新能力位于同行业之首。（全 乔）

商贸

概 述

【机构概况】游仙区商务局成立于2015年，是区政府职能工作部门之一，原名“游仙区商务旅游局”，2019年更名为“游仙区商务局”。主要职责：研究拟订全区国内外贸易、对外经济合作相关政策，参与研究外商投资相关政策。拟订全区商务发展规划、年度计划并组织实施。承担全区服务业发展工作中组织实施的协调职责。承担组织实施重要消费品市场调控和重要生产资料流通管理的责任等。经区委编办批准核定行政编制8名，设局长1名、副局长2名、内设股室5个。

游仙区电子商务发展中心（挂绵阳市游仙区现代服务业发展中心牌子）成立于2015年，是区委、区政府全额拨款事业单位。主要职责：负责电子商务、“互联网+”、物酒、会展等的现代服务业方面法律、法规和方针、政策的宣传。参与拟定现代服务业发展规划;开展现代服务业发展的调查研究，为政府制定促进现代服务业发展的政策、措施提供建议。负责现代服务业领域的技术交流、信息咨询、专业培训等服务工作。承担参加博(展)览会的具体事务性和服务工作，牵头主办或参与全区举办的各种重要会展活动。经区委编办批准核定编制11名，设主任1名、副主任1名。

【2019年绵阳市激情仲夏暨游仙区第五届啤酒节】7月25日—8月4日在游仙区科技馆外广场举行，活动由绵阳市商务局、绵阳市游仙区人民政府主办，绵阳市游仙区商务局、绵阳市游仙经济试验区承办，绵阳市餐饮饭店业协会协办。活动展区占地面积3000平方米，活动持续11天，接待游客12.5万人次，实现旅游收入和意向协议750万元。

【争创先进】2019年获评“2018年度全市商务工作先进单位商务综合考核一等奖”“2018年度服务业工作先进单位”“2018年度服务业固定资产投资及项目建设工作先进单位”。区级：2018年度重点单项工作先进单位、县域经济发展工作先进单位一等奖、“项目突破年”工作先进单位、“两新”产业和工业经济工作先进单位一等奖、金融工作先进单位一等奖、安全和质量品牌工作先进单位一等奖、党风廉政建设工作先进单位一等奖等。

服务业发展

【概况】2019年，游仙区服务业发展围绕市委“一核两翼、区协同”的战略布局，贯彻落实区六届四次党代会精神要求，推进“工作落实年、项目开工年、环境提升年”三大活动，服务业发展水平不断提升。全年服务业增加值总量完成191.81亿元，实现增速9.6%，高于全市0.2个百分点，并列全市第3位。其他营利性服务业（规上企业）增速实现68.7%，超出目标任务28.7个百分点，位列全市第4位；批发业完成17.7%，超出目标任务3.7个百分点，位列全市第7位；零售业完成17.2%，超出目标任务1.2个百分点，位列全市第1位；住宿业完成13.6%，差目标任务0.9个百分点，位列全市第2位，餐饮业完成16.1%，差目标任务1.4个百分点，并列全市第7位；固定资产投资完成10.42亿元，完成全年目的任务115.74%；向上争取完成1134.44万元，完成目标任务141.8%，完成规上服务业企业净增10户，限上商贸流通企业净增12户。

【电子商务】2019年，出台《2019年电商工作要点》《2019年商务扶贫实施方案》等文件。全年电子商务交易规模732.73亿元，完成全年目标任务的101.77%，网络零售额达20.75亿元，完成全年目标任务的122.06%。推动电商产业提档升级，申报为“省级电子商务产业示范县”。仙特米业、宏林玫瑰、稻珍乡农业等12家农业企业通过自建、第三方平台、微信线上销售农产品。京东游仙特色馆开馆运营以来，线上店已通过京东审核、批准入驻的有15家，产品39种。培育刘家镇信义刘家上货馆、魏城商贸中心2个重点电商项目，打造贫困村自主品牌及特色农产品。建成仰望科技、优鲜奇季、一米菜园、仟家居“618”等20个社区新零售体验中心。金循环、科莱电梯“物联网”、仰望科技等本土电商平台，明瞳、川富农夫等电商企业，全年销售收入超过3000万元。

【批发零售】全区社消零总量完成107亿元，实现增速11.5%，并列全市第1位。从一、二产业企业剥离销售、服务等业务，培育入库为服务业企业，开拓增长新路径。组织相关商贸、文化、旅游企业开展促销活动。“五一”、国庆等节庆期间消费累计实现11.2亿元（含电商）。为家福来、美乐等重点企业组织专场促销活动8场。绵阳辰迅商贸有限公司、绵阳市仰望电子商务有限公司、绵阳黑晶科技有限公司等企业参加2019全球跨境电商成都大会；组织普洛克玛商贸公司等企业参加126广交会；组织绵阳紫东食品有限公司、四川兴事发门窗有限责任公司、四川致鑫金属材料有限公司等12家企业参加绵阳企业进出口联盟平台推介及外贸综合业务知识培训。推进“个转企”，加大“个转企”培育力度。2019年向41户企业兑现2017年、2018年“个转企”奖励资金14.4万元。2019年新增入库规上限上企业已经通过审核24个以上，净增数达到17个以上。商贸限上企业总数将突破100户，规上企业达到50户，重点指标企业突破20户。

【餐饮业】全区餐饮企业含个体户共2767家，覆盖所有镇、街道，2019年实现营业收入29.6亿元，同比增速16.1%。2019年，支持传统餐饮业提质增效，以海上海、开元酒店、森林雨、杨肥肠等餐饮企业为重点，着力打造（特色餐饮）美食商业街（芙蓉汉城）。

【进出口贸易】全年实现进出口总额3.02亿元，完成市级目标的119.84%。深度融入成都“蓉欧+”，与青白江区政府确定《2018—2022年五年合作计划》，并与相关部门确立合作机制。与梓潼县商务和经济合作局对接区域协作

7月25日，2019年绵阳市激情仲夏暨游仙区第五届啤酒节开幕

商务发展事宜，组织游仙区四川浩东食品科技有限公司、绵阳紫东食品有限公司、高达科技等企业参加埃塞俄比亚驻重庆总领事到绵阳市推介活动，推动绵阳对外开放和融入“一带一路”建设。组织企业参加进口博览会，全区共有15个企业参加第二届进口博览会，展会期间，美乐、家福来、艾诺百汇、高达科技、义联食品等企业分别与美国、澳大利亚、法国、韩国、日本、新加坡等国家和地区签订2520万美元订单，累计成交额超过首届的342%。主要交易商品类别有日化用品、工业零部件、医疗器械及医药保健、家用电器、食品等，与10个国家和地区有成交。（张 宸）

供销合作商业

【概况】2019年，全区供销系统实现销售额6.68亿元，同比增长17.6%；实现农产品购进额4.58亿元，同比增长17.8%；电子商务销售额2356万元，同比增长61.3%。发展基层社、专合社、资金互助社及其联合社、农业社会组织服务中心20个；社属企业开展土地托管服务7.2万亩，增加3万亩；完成建设农村综合服务社18个；完成培育招引科技型中小企业2户；完成村级供销社建设1个。

【机构】经区委编办批准，区供销联社核定编制10名（基本编制9名、动态编制1名）。其中主任1名，副主任2名；中层职数3名，中层副职数1名。设有内设机构3个，分别为：办公室、综合业务股、财务股。

区供销联社在2019年度荣获绵阳市供销社综合改革先进单位、绵阳市供销系统安全生产先进单位、绵阳市供销系统统计工作先进单位。

【供销综合改革】开展构建供销社双线运行体制机制试点，建立以联合社为主导的行业指导体系和以社有企业为支撑的经营服务体系，形成双线运行的体制机制。完善县级联合社机构及“三会”制度筹备。成立社有资产管理委员会，组建绵阳市游仙农合联资产经营管理有限公司，制定社有资产保值增值指标体系，社有资产监督管理办法。

【农村产权交易体系建设】2019年，完成全区农村产权流转交易前期平台建设。区交易中心共办理农村产权流转交易鉴证115宗，交易鉴证金额突破1.59亿元。其中：土地经营权交易鉴证84宗、流转面积18011.175亩、金额1.48亿元；林权交易鉴证15宗、流转面积6583.46亩，金额1145.402万元；小型水利交易鉴证3宗，金额19.665万元；进行农村集体资产流转交易21宗，流转交易金额4200万元。

【行业协会服务】2019年以绵阳农机行业协会为平台，开展大型农机远程、联合、集中分时作业，带动农业专业化生产、社会化服务、规模化经营。2019年，开展拖拉机、收割机驾驶员培训5期320人次、免费开展农业生产技术培训3期350人次。提供无人机200台次、无人机飞手40人积极开展飞防飞播，联合收割机等跨区作业500余台次，开展土地托管服务，服务面积10万亩，并免费为30户贫困户抢收抢种。

【抵押融资工作】市供销社与市财政科粮农业担保公司合作，各出资1000万元，共同建立2000万元专项用于农村产权融资担保的保证金，与邮储银行合作，开发“惠农产权贷”专项金融产品，邮储银行对保证金放大10倍开展抵押融资。截至2019年年末，交易中心收集意向融资客户45户，现场实地考察融资客户15户，已办结融资业务3笔、贷款290万元。

社属企业

【企业选介】绵阳市鲜绿果蔬有限责任公司：系区供销社下属合股企业，为国家级农业产业化重点龙头企业。公司年组织、培育各种种苗1200万苗；年储藏保鲜蔬菜、水果2.55万吨，年运销各类水果、蔬菜4万余吨，销售花卉200万株，联结农户2万余户，带动基地8万亩，2019年购销总额15847万元。

绵阳市合鑫商贸有限公司：区供销社下属合股企业，经营农业生产资料和日常消费品，2019年购销总额5920万元。

绵阳兴辉商贸有限公司：区供销社下属合股企业。主要经营农业生产资料，2019年购销总额3240万元。

绵阳久大商贸有限公司：区供销社下属合股企业。主要经营农业生产资料，2019年购销总额2217万元。

绵阳果老源农作物种植专业合作社：区供销社参股企业，该公司主要发展青梅、猕猴桃、白枇杷等种植业，年购销总额10829余万元。

粮油商业

【概况】游仙区内有粮食加工企业6家，其中国有企业1家、私营企业5家。培育龙头企业2家，省级龙头企业1家，市级龙头企业1家。2019年工业产值4.3亿元，年加工能力2.97万吨，生产成品粮油产品8.64万吨。规划110亩土地用于建设游仙区仙特粮油加工产业园占地。对辖区内3家政策粮食存储企业，6个储粮库点进行粮食库存数量和质量大清查。处置2018年超标稻谷1645吨，收购2019年超标稻谷2989吨。制定《绵阳市游仙区粮食供给应急预案》，监测和控制游仙辖区粮油市场，保持粮油市场价格基本稳定。2019年4月，游仙区组织龙头企业参加“天府菜油、香飘九州”全国推广系列活动。5月承办绵阳市2019年粮食科技活动周。6月12日，组织3家企业参加中国第二届粮食交易大会。10月16日，开展2019年世界粮食日宣传活动。

【粮食调控】组织实施救灾物资的储备、轮换和日常管理，完成区储备粮轮换，区级储备粮4062吨，稻谷2065吨，小麦1997吨。开展粮油收购工作，夏粮收购期间，游仙区纳入统计的粮食加工企业共收购小麦18270吨，2019年夏粮收购小麦品质大部分地区在3—4级，部分未受影响地区小麦品质基本达3级以上，较2018年提升一个等级，收购价格2.22-2.26元/公斤，较2018年同期下跌0.04元/公斤。（冯 纲）

游仙

YOUXIAN

旅游

概述

【概况】2019年，全域旅游保持健康快速发展，旅游各项工作取得新进展。2019年度实现旅游总收入85.93亿元，同比增长13.1%，接待游客1077.9万人次。

【酒店业、旅行社】区内有星级酒店4家（富乐山九洲国际酒店5星级、开元酒店4星级、东津酒店2星级、九龙宾馆2星级）；星级乡村酒店5家（5星2家、3星2家、2星1家）；星级农家乐11家（5星1家、4星4家、3星4家、2星2家）；旅行社及服务网点共48家（总社2家）。

【景区、景点】区内有承载三国蜀汉文化的富乐山、唐代四大名楼之一的越王楼、全国唯一的诗仙李白和诗圣杜甫合祀的李杜祠、全国唯一的“两弹一星”博物馆。有蕴含科技文化的中华科学家公园、科技馆、娱乐风洞。截至2019年，全区有国家A级旅游景区3个(其中AAAA级2个、AA级1个)，中国传统文化村落5个、国家级文保单位4个、星级酒店4家（其中五星级1家）、星级乡村酒店6家、星级农家乐11家、省级乡村旅游特色乡镇和精品村寨各1个、省级乡村旅游示范镇2个、省级乡村旅游示范村1个、省级森林康养基地3个、省级示范休闲农庄3个、游仙区乡村旅游特色乡镇4个和精品村寨6个、AAAA级旅游特色商品购物点1个、特色旅游名小吃8个、特色旅游商品5个系列共计20余种。

（唐 军）

【旅游经济指标】2019年，全区实现旅游总收入85.93亿元，同比增长13.1%；接待游客1077.9万人次，完成市上下达的目标任务；完成文化、体育和娱乐行业全国第四次经济普查工作，累计普查行业单位369户，实现行业单位普查全覆盖。

【文旅融合发展】出台《游仙区关于加快文化和旅游发展三年行动的实施意见》。全区文化旅游项目总量壮大，共有文化旅游项目55个，总投资额达到322.8亿元，入库旅游项目31个，申报纳入国家旅游项目库项目3个，申报全省文化旅游重点项目清单22个，申报国家和全省文化产业发展项目库3个，9个文化产业项目新进入绵阳市文化产业重点项目库。创建“天府旅游名县”和“全域旅游示范区”。

【旅游推介】以“仙韵游仙”为主题，组织辖区内文旅企业在阆中、遂宁、广元等城市开展文旅地推活动。开通抖音、今日头条、微博官方账号，对《相约游仙》微信公众号进行改造升级，基本形成“两微一抖一头条”的

6月15日，绵阳市副市长丁国旗到游仙区调研文化旅游发展情况

全网营销平台。全年发布视频、图片、文字等文旅资讯300余条，提高游仙旅游知名度。全年围绕休闲观光、农事体验、文体康养、民俗民风等，举办游仙区第六届乡村旅游节暨2019葡萄音乐节、“诗画游仙”主题摄影大赛、“川仙杯”全国钓鱼邀请赛等旅游主题活动26场次。

旅游景点

【富乐山公园】地处游仙区境内，为AA级景区。原名东山，又称旗山。据宋《方舆胜览》记载：东汉建安十六年（211）冬，昭烈入蜀，刘璋延至此山，望蜀之全胜，饮酒乐甚，刘备欢曰：“富哉！今日之乐乎！”山因之得名。富乐山公园环境幽美，古迹众多，被誉为“绵州第一山”。主要有汉皇园、益州园、绵州碑林、富乐园、富乐堂涪城会馆、桃源洞、冷源洞、玄德湖、明镜湖、碧云岩等十大景观。景区营造依山就势，顺乎自然，山水成趣，赏乐并举，融“三国”文化和人文景观于一体；步移景异，园中有园。既具有皇家园林的豪华气派，又不失江南山水园林的清秀典雅。

【绵阳国际兰花主题公园】位于街子镇九洞村，占地1000余亩。以兰花为主题，集休闲观光、种植采摘、农事体验、娱乐餐饮、户外运动于一体。由金水桥、兰花广场、兰博园、菊花园、湿地公园、开心农场等景观构成，核心景观兰博园是绵阳地区最具风格的生态型温室，为半圆钢膜纯白半圆球体，犹如花中明珠。园区有上百种大花蕙兰供游客植物观赏和采购,已建成全国最大的兰花观赏基地，同时配套有兰花生态主题餐厅，可容纳800余人就餐。最具特色建筑—冰雪城堡，是由真冰真雪修建而成，近万平方米的盛夏“冰”屋，有雪上飞碟、冰雪攀岩、狗拉雪橇等17个游乐项目，在炎炎夏日中感受冰的乐趣。在这里春的繁花、夏日冰雪、秋采鲜果、冬赏兰花，一年四季皆是景。

【太乙仙山植物园】位于游仙区小枧沟镇洪发村，占地面积4200亩。以植物收集、保存与迁地保育为主，融合科普观赏、旅游休闲于一体，主要景观有上万平方米的花卉博览园、大瀑布仙境、各类植物专类园、野生苗木基因库、孔雀观赏园、鳄鱼观赏园等，育有数量最多，品种最齐全的杜鹃主题园是园区的标志。涵盖科普、亲子互动、特色产品销售、康养、教育等九大特色体验。是北纬31°花木品种最多的植物园，获得“绵阳市珍稀植物保护科普休闲观光示范基地称号”。（杨　波）

财政税务

财政管理

【机构概况】绵阳市游仙区财政局为区政府工作部门。主要职能：参与拟订各项宏观经济分析预测和全区宏观经济政策的制定；提出运用财税政策实施宏观调控和综合平衡社会财力的建议，制订构建地方公共财政体系的制度；指导全区财政工作；按照管理权限管理全区税政事项，协调国地税，负责税收任务分解、考核工作等。区财政局下属5个副科级单位（国资办、支付中心、化债办、财监局、财政评审中心），内设15个股室。加挂绵阳市游仙区国有资产监督管理办公室（以下简称区国资办）、绵阳市游仙区金融工作办公室（以下简称区金融办）牌子。（陈 伟）

【PPP项目建设】推进政府和民间资本合作（PPP）模式。实施PPP项目3个，科学城快速通道项目、经开区二期基础设施项目、魏城工业园建设项目，争取省级财政政府与社会资本综合补助及融资成本补助资金344万元。全年向上争取省市小城镇建设、城镇污水处理及城乡垃圾三年推进项目、农村危房改造、既有住宅电梯增设、农村人畜饮水安全等项目共计资金3897.19万元。

收支情况

【一般公共预算】2019年全区地方一般公共预算收入年初预算安排为105000万元，全年实际完成104937万元，比2018年的96067万元，增长9.23%，首次突破10亿元大关。其中税收收入完成87127万元，占一般公共预算收83.03%，收入质量全市前列；2019年全区一般公共预算支出预算为296331万元，全年实际完成公共财政支出296331万元，比2018年的241661万元增长22.62%。（何亚军）

【债务债券】全年共争取新增债券资金124707万元，其中：一般债券4707万元；专项债券120000万元；通过再融资债券偿还到期债券还本2.11亿元，通过本级预算偿还到期债券还本2744万元，通过本级预算安排债券付息1.14亿元。（陈 健）

【保障民生支出】2019年，全区下达教育民生资金总额3333.8万元，安排各类文化资金429.79万元。增加基层医疗卫生机构人员经费300余万元，总额达2534万元；执行基层医疗卫生机构实施基本药物制度，支持基层医疗卫生服务体系建设。下达中央、省、市专项补助实施基本药物制度资金863.51万元；促进基本公共卫生服务均等化，下达基本公共卫生服务项目资金2845.8万元；支持强化重大公共卫生服务项目，突出重点，提升效益。共下达410.93万元。完成全区纳入惠民惠农财政补贴资金社会保障卡“一卡通”发放工作，推进2017年省级、市级扶持村集体经济发展试点工作，并配合组织部、农业农村局对2019年新增的村扶项目进行前期的调查、评审和上报工作，争取上级资金720万元。

【预算和三公经费】推进部门预算和“三公”经费预算公开，全区除涉密单位外，完成所有财政拨款预算单位预决算和“三公”经费预决算信息公开。

【政府采购】全区完成政府采购项目198个，采购预算金额14618.15万元，实际中标（成交）金额13724.9万元，节约财政性资金893.25万元，节约率为8.67%。通过公开招标方式项目采购金额9026.74万元，占总采购金额的65.76%，响应采购方式以公开招标方式优先的原则。

【财政评审】全年共计完成各类评审项目308个，审定金额144065.8万元，审减金额14885.9万元，审减率9.37%。（凌志军　陆成刚）

税　务

【机构概况】国家税务总局绵阳市游仙区税务局组建于2018年7月，受上级税务局和同级地方人民政府领导，实行以上级税务局管理为主的垂直管理体制，内设办公室、法制股、税政一股、税政二股、社会保险费和非税收入股、收入核算股、纳税服务股、征收管理股、税收风险管理股、财务管理股、人事教育股、机关党委、纪检组13个股室和1个信息中心（事业编）；另有派出机构10个：第一税务分局（专司税费征收和发票业务）、第二税务分局（专司重点税源征管）、第三税务分局（专司房地产、建安行业税源征管）和涪江、富乐、游仙、小枧沟、石马、新桥、魏城税务分局，主要负责游仙辖区境内税费收入的征收管理工作。

2019年累计入库各项收入287139万元，比上年同期235205万元增收51934万元，增幅22.08%。其中税收收入232846万元，比上年同期220390万元增收12456万元，增幅5.65%；县级税收收入87305万元，比上年同期79361万元增加7944万元，增幅10.01%，完成区财政县级税收收入任务87200万元的100.12%。

【减税降费】全年，减免税费2.94亿元，惠及全区15304户纳税人、受惠覆盖面达95%。其中2019年落实本年度新出台减税政策1.64亿元。

【税费收入】全年累计组织各项税费收入287139万元，同比2018年增加51934万元、增长22.08%（全市下降0.5%）。其中，入库税收232846万元，同比2018年增加12456万元、增长5.65%（全市增长0.9%），是全市4个20亿元以上收入唯一实现正增长的单位，收入规模跃居全市第三；组织社会保险费收入42688万元，占年度计划的103.6%。完成县级税收收入87305万元，同比2018年增加7944万元、逆势增长10.01%（全市增长1.8%），占区政府下达年度计划任务的100.12%，税收收入占全区一般公共预算收入83.15%（全市平均水平61.1%），确保全区一般公共预算收入增长9.3%、突破10亿。

【优化税收营商环境】合并和改造升级原国税地税办税服务大厅，添置网上办税、自助办税设备，打造全市首家24小时“税银超市”，推动办税缴费、发票领取等业务“24小时”全时开放自助。坚持“马上办、限时办、延时办、跑一次、不跑路”，探索实行“预审、咨询、分流导税”“错峰办税”“非执法服务外包”“容缺办理”“领导值班”等办税缴费举措。综合业务办毕时间压缩在8分钟内、提速达30%以上，在全省240个办税服务厅中被评为“全省十佳办税服务厅”，全省纳税人服务满意度排名由2018年第65名上升至第46名。

【办税服务】合并改建涵盖综合申报、社保征收、发票管理等3类、17个窗口、34名干部职工在岗纳税服务的845平方米新大厅；走访民营企业，达起征点个体户在内的共5600余户纳税人，解决涉税问题12个，收集意见建议8条、采纳3条。深化“税银互动”，全年为27户小微企业争取贷款1320万元。投入9万余元慰问扶贫资金，帮扶100余户困难群众；协助解决“依山丽景”“富乐风景线”历史遗留问题，为78户业主办理不动产权证书；为6127个家庭减免契税4333.73万元。

【基础征管】开展“金三”系统并库工作，完成登记、认定、核定和未申报4类、14546条疑点数据清理。建立分行业、税种、企业的税源管理台账。强化成品油消费税管理，清理2户成品油生产企业发票开具授权。完成2018年度辖区4066户企业应汇算清缴企业所得税，补缴入库税款11971.54万元，汇算清缴面、准确率均达100%。

【风险管理】完成梳理税控指报告，变更任务派发机制和指标更替程序，简并指标32条、新增4条，扩充基础概括10项，年内发布与处置各类风险提示92期，完成风险处置任务10批、1059户次，入库税款1494.99万元。完成“美瑞纺织”破产债权申报等工作。完成绵中英才、西科大城市学院等3家企业风险评查，审理受让假发票大要案1件，核查增值税异常发票146份、挽回税款10万余元；协助办理发票虚开案件1件，入库税款2.04万元。评定4672户纳税人2018年度纳税信用等级，A、B、C级纳税人达到2430户，推动纳税信用等级评定转化增值，为纳税人争取31笔、3180万元无抵押贷款。

【税收改革】深化增值税改革，全年落实1643户小规模纳税人免征政策、减免税款1132.39万元；为18户出口实绩企业办理出口退税281.57万元；落实增值税增量留抵退税，共为6户纳税人办理增值税留抵退税2049.19万元；推进个人所得税综合改革，共15553人享受专项附加扣除，少缴工薪所得应纳个税804.42万元。落实“双创”“西开”、小微企业、高新技术等优惠政策、减免税收50949万元。

【24小时税银超市】对接区社保局、区行政审批局、信用联社等部门和金税、中税等多家公司，整合相关征管服务软件功能，将12台各类自助终端设备（增值税发票申领机4台，定额发票申领机4台，发票认证、社保、综合业务机3台，配置建行社保自助机1台，信用社自助存取款机1台）和2部慧缴费智能POS机功能集聚，建成占地面积约50平方米、配备1台大功率空调的税银超市，纳税人、缴费人凭二代有效身份证即可办理自助申领增值税普通发票和增值税专用发票、社保费缴纳、存取转款等多元化业务，实现24小时“全时开放、全程自助”。

金融

概述

【概况】2019年年末，全区银行机构8家、保险业9家、融资性担保2家、小额贷款1家、基金管理公司1家，银行金融机构营业网点达到73个，从业人员690余人，全区金融机构各项贷款余额达到234.2亿元，同比新增4.2亿元，增长2%，全区各项存款余额达到274.54亿元，同比减少12.46亿元，增长-4%。全区金融资产规模、机构种类数量、金融活跃程度、资金吸附能力等均居全市前列。

【融资平台建设】2019年举办银企融资对接活动3次，通过乡村振兴融资服务平台为企业提供一站式咨询服务。全年发放财政奖补资金33万元。建立企业上市资源库，有香港上市公司1家，主板上市子公司3家，新三板上市企业1家，天府股权交易中心挂牌企业50家。产业投资基金1家，累计投资9000余万元。全年发行各类债券10亿元。

【打击和处置非法集资】依法推进非法集资案件处置工作，开展“e租宝”“芝麻信用”涉案人信息核实登记。全区累计立、破非法吸收公众存款案9件，累计抓获涉案嫌疑人77人，依法移送起诉72人，法院判决5起12人，累计追赃323万元。

【深化金融领域改革】制定《游仙区构建绿色金融体系实施意见》，深化金融体制机制改革。全区绿色信贷占比达到80%，绿色信贷年均增速高于各项贷款平均增速6个百分点，绿色“新三板”挂牌企业1家、天府（四川）联合股权交易中心挂牌企业50家，为20余户企业办理高新技术企业环境污染责任保险等绿色保险业务。

银行业

【游仙区农村信用合作联社】2019年年末，游仙农信联社有营业网点48个，在岗员工392人，各项贷款余额65.36亿元，各项存款余额121.59亿元，业务规模全区第一，全年实现财务收入6.44亿元，拨备前利润达到1.59亿元。荣获2019年度全区金融工作一等奖、财税工作一等奖等。

【工行游仙支行】2019年年末，工商银行游仙支行有营业网点3个，人员43人，存款余额43.24亿元，贷款余额59.49亿元，获“中银协千佳文明示范单位”“工总行精神文明先进单位”“四川省模范职工小家”称号。

【农行游仙支行】截至2019年年末，农行游仙支行辖7个网点，员工112人，贷款总额34.90亿元，存款总额38.81亿元。荣获游仙区“金融工作二等奖”“财税工作二等奖”，被省分行授予“2019年度先进集体”“2019年度信贷管理综合评价A类行”。

【中行游仙支行】中国银行在游仙辖区有4个网点支行，职工38人。截至2019年年末，各项贷款余额5.36亿元，各项存款余额16.81亿元。

【建行游仙支行】中国建设银行在游仙辖区有网点3个，员工25人。截至2019年末，贷款余额为10.3亿元，存款余额为17.3亿元。

【商行游仙支行】绵阳市商业银行游仙支行辖4个网点支行，员工46人。截至2019年年末，各项贷款余额44.7亿元，各项存款余额28.4亿元。2019年被授予市级文明单位荣誉称号,区级“青年文明号”荣誉称号，被游仙区委、区政府授予“支持地方经济工作发展一等奖”及“财税金融工作二等奖”双项殊荣。2020年游仙支行行长被授予市级“三八红旗手”荣誉称号。

【邮储银行游仙支行】邮储银行在游仙辖内有银行网点3个，员工29人，截至2019年年末，贷款余额14亿元，存款余额7.5亿元。荣获2019年度全区金融工作二等奖。

【遂宁银行绵阳分行】遂宁银行绵阳分行在游仙区辖内仅有绵阳科学城支行一个网点，员工5人。截至2019年年末，遂宁银行绵阳分行在游仙区辖内贷款余额878.27万元，存款余额8891.09万元。

地方准金融机构

【概况】截至2019年12月，游仙区2家融资性担保公司在保余额3.6亿元，全年累计担保额0.3亿元，共计为全区100多家企业、300多户个体工商户提供融资担保。全年共组织开展两类公司现场检查3次，未发现违规经营现象。

【游仙国汇科技小额贷款公司】国汇科技小额贷款公司于2009年9月8日挂牌营业，注册资本2.16亿元。截至2019年年末有员工13人，公司资产总额33295万元，负债总额694万元，实现营业收入454万元，实现利润19万元。贷款余额为38261.42万元，在贷客户211户，主要投向“三农”、个体工商户和中小微企业。其中“三农”贷款占24.1%、个体工商户贷款40.14%、中小微企业贷款占35.75%。公司从成立至2019年累计发放贷款2036笔33.52亿元，累计收回1769笔29.7亿元。

【绵阳市中信融资性担保公司】中信融资担保公司注册资本金5000万元，职工7名，2019年新增担保贷款9410万元，年末在保余额21525万元，资本金放大倍数为5倍，公司总资产5860万元，营业收入166万元。

保险业

【概况】按照“政府引导，市场运作，群众自愿”原则，做好惠民保险推广和涉农保险理赔服务，推广城乡居民地震巨灾保险。全区实现保费收入4.98余元，同比增长12%，增速排名全市第三。其中：政策性农险保费收入3158万元，城乡居民住房地震保险保费收入160万元，覆盖率19%，农村小额人身保险实现保费收入497万元，参保10万人，覆盖面达到33%。

【人保财险游仙支公司】是全区规模最大的财产保险公司，主营车辆保险、财产保险、责任保险、意外伤害保险、信用保险、短期健康保险、保证保险等业务。内设10个部门，其中1个经理室、1个综合部、1个营业大厅，7个业务部门；营销服务部10个，在职员工29人，营销员和农保员332人。2019年实现保费收入9239万元，简单赔付率为79.92 %，实现利润753万元，任务目标完成排名全市前列。其中商业险保费收入7766万元；政策性农险保费收入 1473万元。荣获四川省文明单位，优秀科技金融服务机构、2017—2019年连续荣获游仙区金融工作一等奖和财税工作一等奖。

【国寿游仙支公司】属县级支公司，是全区规模最大寿险公司，内设综合管理部、营销发展部、收展发展部、个险培训部、机构业务部、客户服务中心六个部门，员工及营销员623人。2019年实现保费收入11698万元，业务关键指标同期增幅排名全市系统前列，连续七年荣获A类公司，2017—2019年被游仙区委区政府授予金融工作“一等奖”。开办业务涵盖政保业务、个人营销业务、法人业务及员工福利计划，产品涵盖意外、健康、养老、子女教育、投资理财等。

【国寿科学城支公司】属县级支公司，是全区规模仅次于国寿游仙支公司的寿险公司，属于城区专业化支公司，根据公司的管理制度，专业化支公司不设下属部门，内容涵盖综合管理、营销发展、个险培训等工作。员工及营销员356人，2019年实现保费收入15098万元，业务关键指标同期增幅排名全市系统前列，2019年被游仙区委区政府授予金融工作“二等奖”。开办业务涵盖个人营销业务、法人业务及员工福利计划，产品涵盖意外、健康、养老、子女教育、投资理财等。

【中航安盟财产保险有限公司绵阳中心支公司】2017年3月成立，落户游仙沈家坝东津路，公司内设5个部门，截至2019年年底共开设分支机构3个：安县支公司、三台支公司、平武支公司，在职员工28人。2019年实现保费收入2738.25万元，全险种综合赔付率为70.6%。其中商业险保费收入约1136.72万元；政策性农险保费收入约1601.53万元。2017—2019年被游仙区委区政府授予金融工作“二等奖”。

【中国平安财产保险股份有限公司绵阳中心支公司科学城营销服务部】2009年3月成立，2016年5月落户游仙区游仙东路，公司内设5个部门，在职员工10人。2019年实现保费收入4656万元，其中车险保费收入为4195万元，赔付率60.5%。荣获游仙区2019年度保费收入统计工作一等奖、财税工作二等奖、金融工作二等奖。

【中国人寿财险游仙区支公司】成立于2013年，内设1个经理室、1个综合部、1个营业大厅，6个业务部门，在职员工28人。2019年实现保费收入1905.14万元，综合赔付率81.82%，其中商业险保费收入1205.82万元；政策性农险保费收入83.31万元。

【中华联合财产保险股份有限公司游仙支公司】成立于2004年1月，位于绵阳市游仙区东津路47号，现有员工9人。2019年保费收入1467万元，支付赔款900余万元。

【永诚财产保险股份有限公司绵阳中心支公司】2013年1月31日成立，公司坐落于绵阳市游仙区游仙东路37号，主要经营范围：财产损失险、责任保险、保证保险业务员，短期健康保险和意外伤害保险业务，经中国银保监会批准的其他业务。公司在职员工14人。2019年实现保费收入1272.18万元。

【人保财险科学城支公司】内设5个部门，其中1个经理室、1个综合部、1个重要客户部，1个客户经理部、1个车商业务部。在职员工15人。2019年实现保费收入1751.46万元，简单赔付率为39.08%，实现利润290.29万元。其中车险保费收入1638.52万元；非车险保费收入112.94万元。荣获游仙区2019年度保费收入统计工作二等奖。（帅爱国）

经济综合管理

审 计

【机构概况】游仙区审计局成立于1993年，是区政府职能工作部门之一。主要职责：贯彻执行国家有关审计工作的方针政策和法律法规；向区委审计委员会提出年度区级预算执行和其他财政支出情况审计报告等。经区委编办批准核定行政编制15名。其中，局长1名，副局长2名，总审计师1名；内设股室8个，下属事业单位2个：游仙区投资审计服务中心、游仙区审计事务与信息服务中心。2019年2月，区委审计委员会办公室设在区审计局，办公室主任由区审计局局长兼任。

2019年，游仙区完成署、厅、市、区安排的各项审计项目36个（其中：计划内审计项目20个、上级审计机关和领导交办审计项目16个），共发现审计问题89个，共查出主要问题金额13，050万元,审计发现非金额计量问题86个，其中：管理不规范金额13，048万元、违规金额1万元。提出审计建议128条，撰写审计要情、专报21期，移送问题线索11件。

【预算执行审计】2019年，完成2018年度区本级财政预算执行和其他财政收支审计、2018年度区本级财政决算审签、2019年稳增长审计等6个审计项目。审计发现问题35个，审计对财政局及相关责任部门提出工作建议15条，出具审计报告6个、审计决定1个，撰写审计要情3份。审计滞留应上缴国库资金3307万元。

【专项资金审计】2019年，交叉

5月24日，游仙区召开2019年审计工作会议

完成2018年三台县政府性债务和隐形债务专项审计调查、乡村振兴战略实施情况专项审计调查，出具审计专报2份，移送处理书1份。

【重点项目审计调查】组织开展2015—2017年区原新型农村合作医疗基金审计调查和惠民惠农财政补贴资金社会保障卡“一卡通”审计调查等16个区内重点项目的审计配合工作，查出问题26个，规范资金2700万元。

【经济责任审计】2019年，完成游仙区民政局、太平镇、许州镇（梓潼县）共3个单位、5个领导的任期经济责任审计工作和游仙区太平镇、梓潼县许州镇自然资源资产审计项目2个。查出管理不规范资金5,692万元，查出应由被审计领导承担领导责任的问题62个，提出审计建议33条，出具审计报告7份、移送处理书2份。

【稳增长政策跟踪审计】每季度开展“稳增长、促改革、调结构、惠民生、防风险”政策措施落实情况跟踪审计，开展四川省省级供销综合改革及发展专项资金等3项资金专项审计调查，审计发现问题45个，提出审计建议16条，出具审计报告4个，移送处理书1份。

【固定资产投资审计】完成工程竣工结算审计项目7个，送审金额为7420.01万元，审定金额为6213.32万元，审减金额为1206.70万元，平均审减率16.26%，发现项目未按规定在指定媒介上发布招标公告、建设单位审核把关不严、工程量计算错误、新增项目组价不合理、部分项目施工单位存在高估冒算等14个问题；完成跟踪审计项目3个、决算审计项目1个，审计发现参建单位监管不到位、未严格执行履行招标文件及合同约定、会计核算不规范等11个问题，通过审计，查处的主要问题金额共29.9万元，节约财政资金近亿元；完成审计核查项目14个，发现部分政府投资项目存在进度款支付未严格按照合同要求执行及违反项目基本建设程序在施工前未招标等20个问题，对6个相关问题线索移交相关职能部门调查处理。

【三级联审】2019年度，完成对11个区级部门、3个乡镇、1个试验区、1家国有企业的财经纪律执行情况的审计工作。

【投资审计示范建设】修订出台《游仙区政府投资建设项目审计监督管理办法》《绵阳市游仙区社会中介机构参与政府投资建设项目审计监督办法（试行）》2份文件，强化投资审计监督。探索跟踪审计常态化模式，对全区145个项目的建设过程进行全程动态监督，通过项目信息审核，确立审计监督的重点领域、重点项目和重点资金，发现疑点或异常后及时通知被审计单位。制定《游仙区政府投资建设项目参建单位负面清单（试行）》，建立“建设单位履职负面清单”16项，“招投标负面清单”18项，“监理、设计、地勘单位负面清单”25项，“造价咨询审核单位负面清单”32项。对2018年1月1日至2019年3月31日期间入库工程造价咨询公司，进行随机抽取14个项目进行审核且出具审核报告。

【信息宣传】2019年，上报信息138篇，在“学习强国”平台刊载报道信息2篇；在《现代审计》、《四川日报》、四川审计工作动态、“四川审计”微信公众号等省级刊物上刊载审计工作信息6篇；在《绵阳要情》《政务要情》《绵阳日报》等刊载工作信息5篇。

【乡镇党政主要领导自然资源资产离任（任中）审计】建成全国首个《乡镇党政主要领导自然资源资产离任（任中）审计评价指标体系（试行）》，体系设定贯彻执行生态文明建设方针政策和决策部署方面等6个一级指标、制度建立情况等47个二级指标、责任分工是否明确等71个三级指标，按照百分制量化考核土地资源管理保护、项目资金使用等情况，对测评单位进行梯级评比。制发审计实施方案，针对不同工作内容和进展阶段，制定“单项+多项”“离任+任中”“报表审计+现场取证”等5种动态审计方式。在朝真乡运用指标体系开展审计指标体系试点实践工作，被“学习强国”平台、《四川日报》《绵阳日报》《绵阳要情》刊载报道。

【内部审计机构建设】成立内部审计指导与审计执行督查股，采取“三定三建”措施［定专（兼）职人员，建机构职能和人员职责；定内审事项，建规则标准和操作程序；定考核机制，建各项制度和推动落实整改］，指导全区内审机构规范化建设。加强内审干部业务培训，召开游仙

区内部审计工作推进会2次，牵头举办2019年游仙区内部审计人员能力培训，抽调单位内审人员参与项目审计6人。（张 高）

统 计

【机构概况】游仙区统计局成立于1996年，是区政府职能工作部门之一。主要职责：贯彻执行国家统计工作的方针、政策和法律、法规及统计制度、统计标准，拟订全区统计制度和规划，监督检查统计法律、法规的实施；建立健全全区国民经济核算体系，组织实施全区国民经济核算制度等。经区委编办批准核定编制21名，其中机关行政编制8名，设局长1名，副局长2名，总统计师1名，内设股室6个；下属参公事业单位2个，分别为：游仙区普查中心，核定事业编制3名，其中设主任1名；游仙区经济社会调查队，核定参公事业编制9名，其中设队长1名，副队长2名。

区统计局2019年获评“四川省第三次全国农业普查先进集体”“四川农村年鉴（2018）先进单位（供稿单位）”。市级：获评绵阳市2018年度统计工作先进单位、2018年度县市区统计工作综合考评二等奖、第三次全国农业普查先进集体。区级：获评2018年团体献血先进单位二等奖。

【信息统计与发布】完成2018年GDP年报和民营经济年报，完成2019年统计公报。定期制作发行统计月度卡片、重要信息快报，完成统计年度和季度分析资料的撰写，出刊重要信息快报11期，统计月报11期。2019年，区统计局投入2.08万元为全区各乡镇（街道）安装维护统计信息专网。

【“四上”企业入库工作】完成调查单位年度申报审核确认工作。2019年全区新增“四上”企业52家，其中工业13家、建筑业9家、房地产4家、商贸业15家、服务业11家。

【基本单位名录库建设】完成调查单位年报工作，全区共验收通过305家法人单位的基本情况表。调查单位直报率达到100%。强制性差错0条，准强制差错为0条，核实性错误3条并有合理说明，达到国家统计局数据质量验收标准。完成名录库区划代码调整更新，维护一套表单位行政区划码49条，非一套表行政区划码229条。

【住户调查电子记账工作】推进住户调查电子记账，全年完成17个调查点电子记账工作，共计发放记账补助44.539万元。截至2019年12月，全区共有143户电子记账户，电子记账覆盖率84.12%，位居全市第一。

【常规报表】2019年，完成能源、农业、社会、科技和环境统计、劳动力调查统计报表任务，加强教育、科技、卫生、文化等方面的统计工作。加强对地区生产总值、工业增加值、固定资产投资、社会消费品零售总额、城镇居民可支配收入、农民人均纯收入等重要指标的监测和预警工作。2019年全区属规模以上工业总产值425.58亿元，同比增速19.4%，规模工业增加值同比增长11.3%；全社会固定资产投资同比增长19.1%；社会消费品零售总额完成107.44亿元，同比增长11.5%。

【民营经济调查】2019年，区统计局按照国家统计局安排，完成2019年绵阳市民营经济调查报表及汇总工作，全区27家企业参与调查。

【知识产权调查】2019年完成知识产权保护情况调查问卷，全区共4家重点企业按时完成报表工作，占绵阳市全部知识产权保护调查企业的16.7%。

【大小春面积调查】完成3个省级调查点大小春调查任务及20个地方调查点的大小春面积、产量调查，共计调查60个样方6892块的实地面积作物。

【第四次全国经济普查】根据国家、省、市安排部署，开展第四次全国经济普查工作。截至2019年4月30日，非一套表单位登记已上报4344户，抽中个体户已上报1933户。开展数据质量检查及“回头看”工作，通过检查表结果与普查表结果进行比对，3个抽中普查小区的普查单位错报率为0‰，主要经济指标错报率为0‰，检查合格。

【结对帮扶】开展“走基层、解难题、办实事、惠民生”活动，每月深入联系村进行调研，为困难群众改建厨房及洗手间，帮助人民群众形成良好的生活习惯；

4月18日，到乡镇指导“四经普”数据质量审核工作

打水井，解决用水问题；联系区级部门，为联系村解决项目扶贫资金。在2019年7月，区统计局4户帮扶户均已达到贫困退出标准，完成脱贫验收。（谢 瑶）

市场监督管理

【机构概况】绵阳市游仙区食品药品和工商质监管理局成立于2015年，挂绵阳市游仙区食品安全委员会办公室牌子，为区政府工作部门，2019年党政机构改革后更名为“绵阳市游仙区市场监督管理局”。下设参照公务员法管理的事业单位1个、其他事业单位1个。主要职责为：负责全区市场综合监督管理工作。贯彻执行国家有关市场监督管理方面的方针政策和法律法规，拟订全区有关市场监督管理的规范性文件并组织实施。组织实施质量品牌强区、食品药品安全、标准化和知识产权战略，拟订并组织实施全区质量提升、食品药品医疗器械化妆品安全、知识产权等规划，规范和维护市场秩序，营造诚实守信、公平竞争的市场环境等19项。经区委编办批准核定行政编制61名（基本编制55名、动态编制6名）、参公事业编制15名、事业编制6名、机关工勤人员编制6名，设局长1名、副局长2名、食品药品安全总监1名，内设股室15个，派出机构9个。

【净化市场环境】全年共抽检车用及非道路机械用油柴油10批次、车用汽油10批次，查处无照

10月24日，区市场监督管理局举办游仙区知识产权专题培训

经营煤炭案件1件。开展整治市场垄断、不正当竞争、制假售假等市场乱象，建立扫黑除恶线索摸排台账，动员经营者和市场开办者开展自查自纠，检举揭发“市霸”“菜霸”“行霸”行为，加大扫黑除恶宣传力度，发放扫黑除恶联系卡6000余张、宣传手册1000余本、宣传资料6000余份、告知书1万余份。

【市场监督监管】开展城区集贸市场综合整治工作，着力改善市场管理不规范、经营不守法、环境脏乱差等突出问题，创新实行“整治+约谈+指导”方式，共检查农贸市场200余个，发放宣传资料2000余份，开展市场经营主体集体约谈2次、问题商户重点约谈3次，分类指导市场功能分区、食品经营者“三防”设施建设等问题58个，规范快速检测室建设和农药残留量检测信息公示市场2个，下达整改通知书或指导意见100余份。

【非公有制经济组织】制发《游仙区非公有制经济组织开放式党组织生活载体与方法的工作方案》《关于向非公有制企业派驻党建工作指导员的意见》等文件，加强“小个专”党建工作指导，定期调阅《支部手册》，督促指导各党组织开展“三会一课”，进一步规范党员管理、党员教育等日常工作，帮助企业党组织筹建活动场所，更新活动设施，巩固阵地建设，每年为各基层党组织分别补助3000—5000元；宣传非公有制企业党建工作中的经验作法，“游仙区非公企业党组织把‘大讨论’延伸到精准扶贫”“开放式党组织生活‘百企帮百村’”“爱心消费·助力脱贫攻坚”等活动在省市媒体进行宣传报道。

【脱贫攻坚】2019年，企业参与脱贫攻坚资金累计30余万元，提供就业岗位80余个。创梦联合党支部被绵阳市委组织部表彰为“3+2”书记项目先进基层党组织。对口帮扶新桥镇桐籽村，组织帮扶走访活动10次，多渠道筹措资金14万元，完成隐患房屋改建2户、危房重建2户，为贫困户送鸡苗260只、饲料500公斤。协调解决贫困户就业、子女上学、沟渠硬化、蓄水塘堰精修等问题7个；协助联系村建立卫生室、文化室。（张 燚）

工商行政管理

【商事制度改革】优化审批流程，减少审批环节，压缩审批时限，开展简易注册登记，全面推行电子登记，实行工商登记“136工程”，实现最快1小时领取营业执照。2019年共办理各类登记业务5512件（其中新增个体3296户、注销1272户，专合社新设28户、注销7户，企业新设986户，注销571户），新增注册资本45.3264亿元；办理企业全程电子化登记703户，网上核名申请1149个，累计完成企业网上设立1107户。开展股权出质、动产抵押登记，帮助企业解决融资难题，共办理股权出质登记42件、注销35件，为企业融资17.9210亿元，设立动产抵押登记27件、担保数额2.11491亿元。

【年报与“双随机”工作】2019年，印发张贴《年报公告》《年报须知》4300余份、推送年报提示短信2万余条、电话通知1000余次，切实督促市场主体自觉履行年报公示义务，全区企业年报率达92.24%。开展“双随机、一公开”抽查工作，采取书面检查、实地核查的方式，对照抽查名单逐户走访检查，并依法对抽查情况予以公示，对抽查发现的违法行为进行查处。

【市场主体诚信建设】实施失信人联合惩戒机制，加强个人诚信体系建设，归集推送至区公共信用信息共享交换平台，在行政许可、享受奖补政策、政府采购、工程招投标、授予荣誉称号等方面，将信用情况作为重要考量因素，依法予以限制或禁入。2019年，向区公共信用信息共享交换平台归集行政相对人公共信用信息2600余条。

【市场安全综合执法】拓宽电话、信访、网络等投诉举报渠道，按时办结投诉举报，以“春雷行动2019”暨整治保健市场乱象百日行动为开篇轴，以专项整治行动为切入点，推动市场监管综合执法工作全面铺开，2019年共接受消费者咨询4000余人次，受理消费者投诉举报200余件，为消费者挽回经济损失100余万元，累计查处各类违法案件262件（其中大要案21件）。

6月12日，游仙区举行2019年社会信用体系建设活动周暨游仙区诚信示范街区启动仪式

质量技术监督

【标准化与计量认证】强化环境保护、安全防护、医疗卫生等领域强检计量器具监督检查，检查8家强制性产品认证企业，指导制定游仙区《再生铜精炼工艺技术规程》团体标准，实现游仙区团体标准“零的突破”。

【特种设备安全监察】组织游仙区50余家特种设备单位开展特种设备安全知识培训，开展特种设备安全现场宣传7场次，发出宣传资料3000余份，向140余家特种设备相关单位送达《关于进一步落实企业全员岗位安全生产责任制的指导意见》《特种设备使用单位安全主体责任告知书（承诺书）》。开展元旦、春节、“五一”、端午、中秋、国庆等重点节假日及全国两会、科博会、第三届“四川工匠杯” 职业技能大赛绵阳主赛场等特殊时段的特种设备安全检查及保障工作，全年，排查特种设备使用单位160家次，发现并整改安全隐患28项，下达《特种设备安全监察指令书》21份。

【质量品牌兴区建设】2019年，申请注册商标490件，全区累计有效商标注册量达2527件。牵头承办游仙区人大常委会质量品牌兴区战略推进情况专题调研活动，对游仙区“省知名品牌创建示范园区”的龙头企业科莱电梯公司、浩东食品科技公司等16家重点企业质量品牌发展工作进行问诊把脉和行政指导，组织3家企业参加首席质量官培训，举办质量品牌、商标专题培训各1期，指导、培育绵阳伦奇机器人有限公司、四川物科光学精密机械有限公司、绵阳市光联科技有限公司完成商标注册6件。制定《绵阳市游仙区关于持续深化质量提升行动深入推进质量品牌兴区战略工作方案》，组织召开质量品牌兴区工作联席会议，成立质量品牌兴区工作专班及专家组，发挥质量强区办牵头作用，牵头组织评定游仙区第二届政府质量奖，承办2019年绵阳市“质量月”活动启动仪式。

【国家知识产权强县工程示范区

11月7日，2019年绵阳市学校食品安全风险研判暨现场会在游仙召开

建设】制定《绵阳市游仙区深化国家知识产权强县工程示范区建设实施方案》，推进东林镇建设四川省首批知识产权特色小镇项目，召开项目建设动员培训会、工作推进会4次、专题培训4次、宣传咨询活动1次，制发《东林镇知识产权资助管理暂行办法》，落实完善以发明专利为重点的授权奖励政策，引导博图和创梦进行网络平台需求对接，收集企业信息，完善线下展示、平台设计方案，建设“立足东林、覆盖游仙”的知识产权公共服务平台。2019年11月，东林知识产权特色小镇建设项目通过省级专家组验收。指导科莱、兴事发、雅化、东材、盛宇新材料、聚合新材料6家企业申报获批2019年省级知识产权专项资金共计110万元，绵阳铜鑫铜业有限公司获评第21届中国专利奖优秀奖。2019年完成专利申请1861件（其中发明专利申请916件），专利授权1083件（其中发明专利授权338件），游仙区有效发明专利拥有量达到1791件，目标完成率为111.9%，企业专利实施项目新增产值达到17.6045亿元，目标完成率为110.3%。

食品药品监督管理

【食品安全监管】2019年，组织开展绵阳牡丹文化旅游节、高中考等重大活动食品安全保障20余次，非洲猪瘟疫病防控、农村假冒伪劣食品、校园及周边食品安全、网络食品安全等专项检查10余次，行政约谈美团、饿了么等网络订餐分支机构2次，检查食品生产经营单位3000余户次，发现食品安全隐患300余条，下达责令整改通知书200余份。加大食品安全监督抽检力度，食品安全监督抽检（含快检）550批次。深入推进明厨亮灶和量化分级管理，着力实施学校食堂食品安全灭C行动，对全区公立学校食堂实施“明厨亮灶+互联网”建设，建立学校食堂网络监管平台，指导餐饮服务单位结合自身情况选择视频厨房、隔断厨房或透明厨房建设，推进餐饮单位明厨亮灶工程实施；对餐饮服务单位进行量化分级及动态等级评定。牵头承办2019年绵阳市学校及校园周边食品安全风险研判暨现场会。

【药品安全监管】以农村药品市场为重点，开展执业药师“挂证”、中药饮片、问题疫苗、血液制品、二类精神药品、无菌和植入性医疗器械等专项整治，发出责令整改通知书30余份。全年核查验收新办、变更、GSP认证、换证120余家，完成药品抽检70批次、医疗器械5批次、药品不良反应报告320例、医疗器械不良事件报告18例、妆品不良反应监测报告26例。（张　燚）

应急管理与安全生产

【机构概况】2019年2月，游仙区应急管理局挂牌成立，是绵阳市游仙区人民政府工作部门。加挂绵阳市游仙区安全生产委员会办公室牌子。主要职责：负责应急管理工作和安全生产综合监督管理工作，编制应急体系建设、安全生产和综合防灾减灾规划，推动应急避难设施建设，牵头建立统一的全区应急管理信息系统，负责组织、指导、协调安全生产类、自然灾害类突发事件应急救援、灾害救助工作，承担非煤矿山、危险化学品、非药品类易制毒化学品和烟花爆竹生产经营单位安全生产监督管理责任，完成区委区政府交办的其他任务。区应急管理局下设办公室、应急指挥中心、火灾防治与水旱灾害救援股、防震减灾与地质灾害救援股（物资保障股）、安全生产综合协调股、危险化学品安全监管股、安全生产基础管理股7个内设机构。有行政编制7名。其中局长1名，副局长2名；中层正职职数7名，中层副职职数2名；机关工勤人员编制1名，事业人员编制13名。

2019年，全区共发生安全生产死亡事故9起，死亡10人，受伤2人（其中京昆高速5起，死亡6人、受伤2人，建筑施工3起，死亡3人），事故起数、死亡人数与2018年持平，未发生一起安全生产重特大事故。

【安全生产责任建设】2019年，组织召开各类安全生产工作会议10余次，主要领导带队开展安全检查6次；完善“党政同责、一岗双责、齐抓共管”的安全生产责任体系，层层签订安全生产目标责任书；制发《游仙区2019年安全生产工作重点任务分解表》《游仙区2019年安全生产监督检查计划》。

【安全生产清单管理】制定《关于认真做好安全生产清单制管理工作的通知》细化各方安全责任，在全区危化、烟花爆竹、非煤矿山、消防等十四大重点行业领域开展安全生产清单制管理工作。形成任务目标分解“一张表，逐一细化”，明确责任部门和具体责任人。全区共建立责任企业226个，其中发改7个、工信33个、交通11个、教育49个、商务3个、市场监管3个、危化32个、非煤矿山10个、文旅78个。

6月14日，游仙区举行安全生产“咨询日”活动

【防震减灾与地质灾害管理】制定《2019年范化解重大自然灾害风险工作计划》，排查出重点自然灾害隐患点10处。开展“5·12”全国防灾减灾日和“9·30”国际减灾日宣传活动。调整区防灾减灾成员单位，明确成员单位职责分工。做好灾情损失评估，会同区减灾委部门进行会商评估，做好防灾减灾救灾机制改革。2019年全区共因自然灾害造成全区78508人受灾，农作物受灾3777.62公顷，成灾面积2632.58公顷，绝收427.46公顷，农房倒损40户78间，造成直接经济损失3981.43万元。全区因灾造成生活困难群众需政府救助人数达10297人次，政府已完成救助

11月11日，游仙区举行人员密集场所消防应急演练

9月25日，游仙区在仙海湖开展水上应急演练

6097人，发放资金210万元。

【重点领域专项整治】开展“十大专项整治”、分重点行业和领域开展安全生产专项整治。组建检查组191个，检查企事业单位1400家，打击非法违法行为365起，整治违规违章行为86起，投入资金71.6万余元。

【安全监管监察执法】2019年度，全区列入监察计划的企业18家，按计划检查及抽查企业18家，检查共发现安全隐患74条，出具执法文书56份，其中，《现场检查记录》18份，《责令改正指令书》14份，《现场处置措施决定书》8份，《整改复查意见书》16份。执法检查63家，检查共发现安全隐患212条，出具执法文书178份。接到并核查、调查4起生产安全事故，对其中责任单位及责任人分别制发《行政处罚决定书》，处罚金额45万余元。对30家生产经营单位及个人在生产过程中的违法违规行为进行立案查处，共处罚款10万余元。对违法的生产经营单位相关责任人进行询问102人次，制作询问笔录102份。

【安全文化建设】开展第十八个“安全生产月”宣传活动，宣传普及安全生产知识的。宣传月期间，共发放宣传单7.8万余份、宣传手册1.65万余本、宣传扇子2000个、宣传环保袋3000个、悬挂宣传气球25个、横幅230余幅，播放警示录像10余部，群发短消息9000余条，现场参与活动的群众达3万余人。编撰应急救援与安全生产知识宣传海报，宣传地震逃生、日常减灾、烟花爆竹燃放等安全知识，全年印制5期《应急动态安全生产月专刊》。（伍开源）

城乡建设与管理

概述

【机构概况】区住房与城乡建设局共有在编职工55人，其中：公务员10名，工勤1名，参公20名，事业编制24名。局机关内设机构12个：办公室（监察室）、政策法规股、住房保障和房屋征收股、房地产开发和房屋交易管理股、物业管理股建筑管理股、工程质量监管股、公用事业股、村镇建设股、安全管理股、市容管理股（城乡环境综合治理办公室）、财务股。有与局机关合署办公的正科级事业单位1个（游仙区重点工程建设中心），股级事业单位2个（游仙区城建监察大队、游仙区建设工程质量监督站）。

【城乡住房建设】朝阳厂片区棚改项目签订安置协议1676户，签约面积9.4万平方米，协议补偿金额60900万元。东兴路8号棚改项目签订安置协议674户，补偿金额34245万元。发放租赁补贴98户（任务40户），拨付资金19.24万元。实施2019年农村危房改造任务175户（含民生目标任务93户）全部开工。新（改）建乡镇（街道）公厕任务16座全部完成。农村土坯房改造任务4050户完成4080户。2018年农村危房改造任务80户，已验收合格并拨付资金。处置开塑生活区2幢D级危房排危工作。

【建筑行业管理】2019年，全区建筑业总产值170亿元。2019年，兑现2018年建筑企业发展奖励资金41万元。参加项目开标监督28次，完成招投标统计报12次，处理招投标投诉2起。办理工程项目的初步设计审查26项。施工许可审查42件。全年安全监管项目22个，发出整改通知书71份，停工通知书25份，强制培训通知书16份，约谈施工企业12家，监理企业8家，处罚无证施工、违反施工现场管理规定等违法行为8起，处罚企业8家，处罚金额16万元。（谭全华）

城乡规划管理

【规划编制】2019年，推进规划编制和报批工作，完成凤凰、朝真、云凤等10个乡镇的总体规划暨场镇控制性详细规划编制；完成《科技城集中发展区石马滨江片区控制性详细规划及城市设计》编制并取得市政府批复；启动石马镇七姓坝片区控制性详细规划，协助石马镇编制《石马镇特色小镇规划》。

【重点项目保障】完成624拆迁安置统建房项目、九院二所相关项目、魏城镇中心幼儿园、年产1000吨高频高介电陶瓷粉料及陶瓷微型基片&SMD-Y CAP产业化项目、“933”拆迁安置统建房项目、光电显示器减震组件和流道布项目、年产10万吨再生铜项目、如意观项目、浙江五洲新春工业园项目、光联科技项目、桑林坝统建房项目、小枧镇人民检察院办案和专业技术用房项目等相关规划手续的办理工作，为游仙区产业园重点项目进行技术咨询。

【规划管理和全区农房图集推广工作】2019年，规划审查项目221件，共办理规划“一书三证”141件次，办理乡村建设规划许可证49件，农房图集采用率达100%。

市政基础设施建设

【市政工程建设】2019年城建攻坚项目共计24个，项目总投资63.75亿元。2019年计划投资8.14亿元（确保完成投资6.395亿元）。其中新建项目9个，续建项目6个，储备项目9个，城建攻坚项目累计完成投资约8.4亿元，完成比例约131.35%。一环路南、北段东延线和二环路四期拆迁已累计到位拆迁资金5.35亿元，一环路南段东延线已完成红线范围内100%拆迁任务；一环路北段东延线完成99%的拆迁任务。二环路四期工程项目100%完成拆迁任务。完成“芙蓉花溪”乡村振兴综合项目建设（环线公路、骑行步道）拆迁任务的30%。（蒲雪峰）

【项目争取】全年向上争取资金13289.50万元,完成率118.88%。争取新桥镇小城镇建设资金500万元；国家传统村落（4个）保护项目资金1080万元；城镇污水三推项目资金234万元；新增污水设施建设债券资金800万元；2019年农村危房改造补助资金300万元。中核24公司棚改资金1104万元，2019年棚户区中央补助资金1963万元。棚改项目专项债2亿元。老旧小区治理补助资金1184万元，老旧小区加装电梯补助资金330万元，重点项目资金2298万元。跟踪中央项目（中核建绵阳退养中心-棚户区项目基础设施配套第二期）资金1336万元，均通过省市发改、住建部门审核。

【“放管服”工作】推进窗口服务工作，简化行政审批手续，实施项目建设许可预审制度，支持重要的市政工程、民生工程、重大招商引资项目的预审，提高行政审批效率。全年共办理市长（区长）信箱、网格舆情、市长公开电话、“12319”信访共计900余件，办结完成率100%，办结满意率98%。按规定完成行权平台录入、项目认领等事项。一体化平台录入办结业务量31451件。协调市国土局、市规划局完成沈家坝“依山丽景”等4个居民小区国有土地使用权证的办证工作。调解沈家坝历史遗留问题，完成辖区内“芙蓉世纪阳光”“怡和家园”等的涉房维稳工作。（卓雪玉　何军）

新型城镇化建设

【概况】争取资金加强重点镇建设，“百镇建设行动”辐射带动县域小城镇完成建设投资7.99亿元。吸引企业资本和社会资金参与城镇建设，对城镇土地、空间、有形资产、无形资源进行市场化运作。

【特色小镇（商业街区）建设】打造东宣镇红色传承幼教体验商业街、云凤镇渔文化商业街、玉河镇状元文化商业街3个街区。启动梓棉镇富乐梓源商业街、建华乡果蔬农副特色产品街、石板镇工匠精神文化体验街等4个街区规划建设。（张江立）

房产管理

【产权登记】2019年，办理各类房产业务登记共计5863件，一体化平台录入办结业务量31451件；办理购买商品房契税补贴、农村户口购房补贴1200余户，补贴金额800余万元；办理各类住房信息查询2000余件次。

【物业管理】加强对辖区内物业公司进行行业管理、对城市规划区内的乡镇、街道在物业管理上进行政策指导，做好辖区内物业服务企业资质年审的初审和上报工作，对物业小区的管理服务、环境卫生、安全防范等方面进行

检查指导。（夏功孝）

城市建设管理维护

【概况】2019年，完成市政维护196件、“12319”平台438件、惠东公司日常巡查315件。修复破损道路约3600平方米，更换雨水篦子、窨井井盖930余个，清掏市政管网8100米；按照绿化规范修剪柳树850棵、女贞树387棵、香樟树305棵，总投资约350万元。实施游仙区驿亭路等15条道路树池美化工程。涉及3161棵树池，共计面积约5581平方米。加强特殊行业监管，不定时“拉网式”检查全区CNG加气站、液化气公司和管道燃气公司，确保无重大安全责任事故。组织实施五里堆排水沟整治工程。加强供气、供水行业监管，截至12月底，共排查出一般隐患18处，重大隐患1处，整改完成19处，整改合格率100%。（赵隽茹）

【施工质量安全监管】全年质量监督在建项目26个，竣工验收8个项目，办理竣工验收备案登记20件。对全区受监督项目检查、巡查90余次，发送质量整改通知书5份，现场提出整改意见100余条，在建项目质量安全均在受控状态，受监工程项目质量安全受检率达100%。共处理信访投诉12件。（杨建军）

【依法行政】开展涉房维稳工作，市级涉房维稳项目芙蓉世纪阳光、紫金城项目得到基本稳控；开展“七五”普法和依法治区工作，维护行政权力清单平台正常运行。办理“三会”提案、议案共计41件（住建局主办30件、协办11件），其中：市人大代表建议4件（主办2件、协办2件），办结完成率100%，办结满意率100%；市政协提案2件（协办件）办结完成率100%，办结满意率100%；区人大建议19件（主办14件、协办5件），办结完成率100%，办结满意率100%；区政协提案16件（主办14件、协办2件），办结完成率100%，办结满意率100%。

城乡环境综合治理

【乡镇污水处理】2019年，新建污水处理设施项目（6个乡镇）、完成新建污水管网项目（9个乡镇）。除小枧沟镇、石马镇、游仙镇并入城市污水管网外，其余19个乡镇中共建成污水处理厂（站）25个。2019年年底全区乡镇污水处理率约75%，污泥无害化处理率达到90%以上。（张江立）

【垃圾处理】建成农村垃圾压缩中转站14座，采购自卸挂桶电动三轮车220辆，农村生活垃圾分类收集设施（垃圾桶）1万个，修建垃圾分类收集亭240个，关停19处非正规垃圾堆放点，农村生活垃圾有效治理率达100%。开展三江首座、三汇绿岛等9个点的首批生活垃圾分类治理试点工作；新、改建公厕42座，完成率100%，全年完成整治存量垃圾、杂物8200立方米，闲置地块管理有序。全年共拆除违章建筑物、彩钢棚（房）18处1200立方米，加固存在安全隐患的松动彩钢棚（房）、蔬菜大棚和农用薄膜等35处2.3万立方米，整治存量垃圾、杂物8200立方米。厕所革命完成42

座，占任务数100%。（李 伟）

【示范创建】2019年省级农村土坯房建设试点工作在魏城镇铁炉村、刘家镇曾家垭村有序开展。区住建局获评“四川省加快推进新型城镇化工作先进集体”（川人社发〔2019〕3号）。游仙区获评绵阳市2018年度保障性安居工程工作先进单位、城市基础设施建设工作先进单位、建筑业发展工作先进单位。（杨建军 李 伟）

城市管理执法

【机构概况】绵阳市游仙区综合行政执法局成立于2019年，是游仙区人民政府组成部门，原名“绵阳市城市管理行政执法局游仙区分局”，2019年机构后更名为“绵阳市游仙区综合行政执法局”。因综合行政执法体制改革，延用原绵阳市城市管理行政执法局游仙区分局编制40名，设局长1名、副局长3名，内设6个股室；设置派出机构3个。主要负责游仙区属地管理中除市城管执法局直接管辖区以外的城市规划区内的城市管理和综合执法工作；牵头扬尘治理工作和依法查处国有土地上各类违法建设，负责统筹、协调、指导、督促、检查各类违法建设的处理等职责。

2019年，获评绵阳市城市管理和执法工作先进单位、数字城管工作二级平台先进单位、绵阳市三八红旗集体、绵阳市2018年度建设文明城市工作先进单位、十佳志愿服务组织、首届中国科技城法治创新大赛“法治创新提名奖”。（向 林）

【市容秩序整治】2019年，开展“国卫复审专项整治”“市容秩序集中整治”“文明城市建设集中整治”“校园周边专项整治”等各类集中整治110余次，开具各类文书1200多份，清理街面占道游商8670余人次，规范跨门经营商家4500余户，扣押各类违规物品2456件，拆除广告布幅1017幅，处置占道堆放行为58起，约谈违规行为人173人次，协助处置暴力抗法案件6起。开展互联网租赁自行车乱象专项整治22次，对辖区内乱停放的共享单车进行规范；异地转运调度10392辆。

【违法建设整治】成立法治宣传队，对违法建设当事人实行“进家入户”宣传，设置100个宣传专栏，发布整治工作动态，印制宣传资料1万份。联合整治紫阳村、小岛清水湾、绵梓路沿线等重点整治区域和典型违法建设。拆除金桥花园、国侨美食广场、桑林坝、游仙星辰广场、小岛清水湾等典型违法建设。对体量较大、群众反映强烈的富乐小区、一号桥、绵梓路、科学城隧道旁富乐锦城售房部、老龙山非法占地建设等违法建设进行拆除。全区累计拆除整治违法建设22宗，4553平方米。

【餐饮油烟整治】加强中央环保督查案件、省环保督查案件“回头看”工作，对所涉及的10个案件建立专卷，按照整改方案要求进行明察暗访58次；受理处理省环保督查信访件2件，对城区875家机关企事业单位食堂、大中小型餐饮企业油烟净化器使用情况进行检查，对发现不正常使用油烟净化设施的餐饮企业，责令整改，综合整改率100%；完善餐饮业油烟整治动态管理台账，加强餐饮企业日常巡查，确保餐饮商家油烟设施按时清洁、正常使用；加强油烟投诉处理和日常管理，共处理油烟投诉84起，开展油烟专项巡查40次，累计发放整改通知书210份；开展芙蓉汉城、沈家坝北街、富乐山周边等重点区域油烟专项执法整治行

8月19日，江彬主持召开违建别墅清查整治工作研判会

动，确保国控点周边餐饮企业油烟达标排放。

【扬尘污染治理】宣传《中华人民共和国大气污染防治法》《绵阳市城市市容和环境卫生管理条例》等法律法规200余次；设置道路扬尘控制执法检查点，对未密闭运输、无证运输、不按规定行驶和倾倒、冒装撒漏、带泥上路的运输车辆进行检查，共开展专项整治52次，纠正违规倾倒7次，约谈工地负责人26人次，行政处罚1起。

【市容市政管理】全年审批办理临时占道申请395件，店招31件，建筑垃圾处置许可1件。开展非机动车停放点位现场勘察5次，配合划定非机动车停车点位154处；为整治机动车占用人行道尤其是占用盲道现象，开展U型杆、阻车桩现场勘察布点，按计划设置U型杆22根、11根阻车桩和人行道隔离护栏66副（共计132米）；加强投诉处理，累计处理市政投诉13起，发放整改通知12份；户外广告店招投诉2次，发放整改通知2份。

【推进依法行政】履行推进法治建设第一责任人职责，开展"会前讲纪说法"，组织学习《四川省环保条例》《行政处罚自由裁量权实施标准》等新颁布的相关法律法规；开展法治下乡活动，宣传《绵阳市城市市容和环境卫生管理条例》，发放相关资料5800份。《大城小事》参加首届中国科技城法治创新大赛活动获得"法治创新提名奖"。打造老龙山法治示范广场，投资近10万元在广场内建设法治主题文化标牌、法治文化墙、法治宣传栏、法治廊亭和法治立方体雕塑等设施。

【数字城管】2019年，受理市住建委数字中心派遣案卷21472件，处置21347件，处置率99.42%。巡查上报案卷19084件,处置19081件，处置率99.98%；视频上报案卷1422件，处置1410件，处置率99.16%；"12319"热线案卷共810件，处置700件，处置率86.42%；市长信箱22件，处置22件，处置率100%；"12345"市长热线86件，处置86件，处置率100%；网上举报39件，处置39件，处置率100%。

【女子志愿服务】发挥女子城管志愿服务队作用，运用"说、劝、引、帮"等柔性方式，开展文明劝导、城管进社区等志愿服务活动32次。将城市管理典型做法、取得的成效向外界宣传，在《绵阳日报》、中国新闻网等各级媒体宣传报道56条信息。开展"城管进社区""城管进小区""志愿服务"等活动，组织党员干部进社区小区25次、引导干部职工做好人好事31次。

住房公积金管理

【概况】绵阳市住房公积金管理中心游仙管理部系公益一类事业单位，主要职责：完成市住房公积金管理中心下达的各项工作任务；负责单位日常管理和协调本辖区各部门工作；负责本辖区住房公积金年度归集、使用计划编制执行；负责本辖区住房公积金归集、提取业务管理、审批工作；负责本辖区住房公积金个人住房贷款的初审及贷后管理工作；按时统计、汇总、报送各类报表；受市中心委托开设、管理住房公积金专用账户，对住房公积金业务进行会计处理；宣传住房公积金政策并提供咨询。管理部有干部职工11名。2019年，全区住房公积金的单位有317个，缴存职工有10494人，缴存总额134276.5191万元，归集余额67798.94万元；累计提取21657人次，提取金额66477.5776万元，累计发放贷款3808户，贷款总额98324.52万元，存量贷款2455户、贷款余额59091.37万元。全年新增非公有制企业缴存单位47个，缴存职工372人。

【住房公积金归集】2019年，新增缴存职工326人，共有缴存职工10494人，全年归集24763.00万元，同比增加3220.9万元，增长114.95%。

【住房公积金提取】2019年，办理住房公积金提取3408人次，提取金额14051.9万元。

【住房公积金贷款】2019年，发放贷款25184.6万元，同比增加14251.1万元，增长130.34%。

【政策宣传与服务】印发住房公积金缴存管理、提取转移、贷款、失信行为处理、农民工缴存公积金、"金闪借"、公积金信用贷、公积金业务"同城通办"、住房公积金网上营业厅等各项宣传资料；采用户外LED、车载LED、户外展台巡展、专项培训等多种方法到镇（乡）、进企业、入社区100余次，现场政策咨询600余人次。

【公积金缴存基数调整】根据《关于调整2019年住房公积金缴存比例和基数的通知》精神，将2019年度住房公积金缴存基数进行调整，最低缴存基数由原来的1380元调到1650元；由原来的最高基数上限17406元调整到18881元。

【公积金惠企】阶段性适当降低企业住房公积金缴存比例，生产经营困难的企业可在1%—4%范围内申请降低比例缴存住房公积金，或者申请暂缓缴存住房公积金。扩大住房公积金缴存比例浮动区间，企业可根据自身生产经营情况在5%—12%范围内自主确定住房公积金缴存比例。实行差异化配缴住房公积金，经企业职工代表大会或工会讨论通过，没有职工代表大会或工会的，经全体职工2/3以上同意，可在5%—12%的住房公积金缴存比例范围内，自行确定企业内各类职工实行不同缴存比例缴存住房公积金，缴存比例不超过3类。

【同城通办】优化窗口岗位设置，全面推行综合柜员制，窗口业务实现一柜通办。推广住房公积金“同城通办”业务，主城区缴存职工可就近选择直属部、涪城管理部、游仙管理部任一网点办理公积金业务，推广使用住房公积金网上营业厅，推进公积金业务办理电子化、信息化进程，实现全部业务全程网上办理。推广“绵阳公积金”微信公众号、住房公积金网上营业厅、“12329”公积金服务热线，将公积金政策、服务事项、资料清单、办理流程、承诺事项推送至群众手中。（田文佳）

交通运输

概　述

【机构概况】游仙区交通运输局内设9个股（室）：办公室、党委办、综合规划股、建设和质量监督股、公路管理股、安全法规股、运输管理股、财务股、水运管理股。下设4个参公管理事业单位（运管所、公管所、路政大队、海事处，其中，运管所、公管所为副科级参公管理事业单位）和1个副科级事业单位（区重点公路建设服务中心）。

2019年获评绵阳市交通建设攻坚大会战投资工作优秀单位、运输管理工作先进单位、高速公路建设征地拆迁工作先进单位、春运工作达标单位、2019年运输管理先进单位。

【公路建设】截至2019年年末，全区公路通车总里程达到2288.871公里，其中，国道72.523公里，省道120.149公里，县道141.219公里，乡道244.834公里，专用公路16.004公里，村道1694.142公里。公路密度224.9公里/百平方公里，44.7公里/万人。境内高速公路37.6公里，一级公路59.742公里，三级公路87.633公里，四级公路2103.896公里。每百平方公里公路密度224.9公里。

【养护管理】公路养护总里程1850.37公里，其中县道153.923公里，县道优良率90%，互通公路的乡镇占乡镇总数的100%，259个村通达率100%，公路绿化85%。

【提案办理】办理市“12345”热线和市、区信访部门交办的信访件及群众投诉共62件（含转“12328”），办理区党代表、人大代表、政协委员建议、提案12件，各项回复率为100%。

建设项目

【国省干线公路】省道205绕城改线（游仙段）二期工程全长7.4公里，路线为南一环段至欧家坝，道路宽度24.5米，按一级公路标准建设，总投资4.1亿元（其中征地拆迁安置资金2亿元）。2019年6月已建成通车。三期工程全长13.57公里，按一级公路标准建设，总投资8.9亿元（其中，征地拆迁安置资金6亿元），涉及拆迁乡镇有游仙经济试验区、游仙镇、石马镇、东林镇，完成130户农房和15家企业拆迁。截至2019年12月底，路基、桥梁主体已完成。

【九绵高速】九绵高速游仙段全长5.8公里（其中主线1.9公里，汉龙代建东林镇张家坪互通1.3公里，游仙互通2.6公里），占地864.02亩（其中主线124.21亩，张家坪互通624.49亩，游仙互通115.32亩），游仙区境内总投资5.4亿元(其中征地拆迁投资1亿元）。筹集到位征地拆迁资金8522万元，2017年年底红线内农房24户已全部完成拆迁，完成青苗及附作物、林木的补偿工作；截至2019年12月底，完成424人社保安置工作，完成工程路基、桥梁主体。

【国道108线游仙段改线工程】 国道108线绵阳市城区过境段改线工程起于游仙区魏城镇关帝村，经仙海二环路，在小枧沟镇五星村接省道205线（在建）。游仙区境内新建约2.61公里，按一级公路标准建设，道路宽度25.5米，总投资约2.2亿元(其中征地拆迁投资1.2亿元），该项目由绵阳交发集团负责建设，游仙区负责征地拆迁安置工作。施工单位2019年9月已经对魏城段道路进行放线。截至2019年12月底，魏城镇已签订房屋拆迁协议40户,倒房24栋，小枧镇启动相关拆迁工作。

【绵苍高速】 绵苍高速起于魏城镇附近，经梓潼县至广元市剑阁县，止于苍溪县茶店乡，游仙区境内长8.2公里，征地面积约700亩。截至2019年12月底，投资人招标已完成，已签订征地拆迁工作协议。

【G5成绵高速扩容】 G5成绵高速扩容起于魏城镇附近，止于成都绕城，全长127.7公里，其中游仙区境内主线约15.5公里，征地面积约2800亩，途经信义镇、魏城镇。截至2019年12月底，完成投资人招标，签订征地拆迁工作协议，完线路影像资料锁定工作。

【中绵路改善提升工程】 全长18.9公里（改建段3.6公里、原路维修及利用段15.3公里），改建段3.6公里采用三级公路标准，路基宽7.5米，路面宽6.米，水泥混凝土路面，计划总投资1914万元。2018年3月开工建设，已于2019年完工。

【中玉路（玉河镇—梓棉镇）产业化道路】 全长8.016公里，拟建为四级公路，水泥混凝土路面，路基宽6.5米，路面宽6.0米。计划总投资8837万元，已完成路基及桥涵施工。

【朝真乡止语产业化道路工程】 全长5.636公里，拟建为四级公路，水泥混凝土路面，其中：止语山庄停车场路基宽度路基宽6.5米，路面宽6.0米；止语山庄与主线交叉口至梓潼卧龙界处路基宽度5.5米，路面宽4.5米，计划总投资3481万元。

【危桥改造】 危桥改造项目11

2019年在建工程——九绵高速张家坪互通

座，涉及玉河、柏林、忠兴、凤凰、太平、游仙、观太、新桥8个乡镇，计划总投资834万元，其中柏林桥、通大桥、观音桥、二朗桥已于2019年5月完工；高升桥、永安桥、老鹰桥、团结桥主体工程已全部完成，继续进行桥面系及附属工程施工，火箭桥T梁制作完成；道碑观桥、青年桥施工项目开工建设。

【国省道及市直管县道灾害防治】按照上级下达任务（2019年完成绵梓路3处、绵盐路1处），计划总投资493万元，2019年均已完工。

【普通国道公路网命名编号调整工程】对国道108线游仙区境内线百米桩、里程碑、标识标牌规范化调整。总投资42万元，2019年9月底全面完工。

【国道108路面中修工程】项目共分为两期。第一期游仙区国道108线2019年度养护工程项目（沉抗桥至芙蓉溪一桥）起点为沉抗桥，终点为芙蓉溪一桥，里程桩号K2061+000—K2073+000，全长12公里，截至2019年12月，该项目完成财政评审。第二期游仙区国道108线2020年普通国道养护工程提前实施项目（魏城镇关帝村至新桥镇锦屏村），起于游仙区魏城镇关帝村K2056+000处，止于游仙区新桥镇锦屏村K2061+000，路线全长5公里。该项目已完成施工图设计，后续进行施工图设计文件评审，计划2020年7月开工建设。

运输管理

【城乡公交建设】实施公交优先策略，新建成魏城公交综合服务站、立宇国际家具城广场公交站（港湾式）；新开通“立宇国际家具城广场至西科大西山校区”的87路和五里梁—飞机场—火车客站的49路公交线路；将“东晨宜家美至游仙老龙山广场”的80路公交线路终点站延迁到立宇国际家具城广场；将“东街至松桠镇普照寺村”的65路公交线路改为经五里堡游仙政务中心、小枧场镇绕行；将“游仙老龙山至游仙经济开发区”的93路普通公交车更换成中高级大客车，增加班次密度。

【道路运输】2019年，推进“放、管、服”改革和优化营商环境政策落实落地，取消“道路货物运输站(场)经营许可”和涉及道路运输行业的证明事项4个；不再为总质量4.5吨及以下的普通货物运输车辆配发道路运输证；实施货运车辆综检、安检、环检“三检合一”。全年新增普货运输经营业户136户、普通货运车辆140辆；新增危货运输车辆6辆；新增和更新驾驶培训教练车75辆、拓展驾培训练场地50亩；新增二、三类汽车维修业户共计12家;区内9所驾校执行落实“先培训后付费”等项综合改革，培训机动车驾驶员共13501人。依法受理并承办道路运输及道路运输相关服务业经营许可、备案共46件，办理运营车辆转籍过户110件,注销道路运输及道路运输相关服务经营户124户。

【执法监督】开展“打非治违”、打击非法营运、打黑除恶、“两客一危”整治和防风险除隐患保平安等专项行动和实施道路旅客运输“六严禁”，共检查道路运输及相关服务企业460家，纠正违法行为2起，查办道路运输违法一般处罚案件18件，督促整改问题隐患37起。对18家汽车维修企业2018年度质量信誉进行考评。开展运输环境治理，重点加强机动车维修污染防治尤其是危险废物的规范管理。开展法治进企业、车站，督促运输企业对从业人员开展安全生产教育培训和应急演练。春运期间，组织运输企业、车站和学雷锋志愿者开展“关爱农民工”和“温馨春运”的暖冬行动。完成2019年“春运”和“五一”、中秋节、中华人民共和国成立70周年大庆以及科博会期间道路客、货运输保安全保畅通工作任务。开展运输环境污染治理，重点督促机动车维修企业强化危险废弃物的规范管理,共检查道路运输及汽车维修等服务企业460家，对发现涉及环保的问题，督促企业进行整改完善。督促指导寄递物流主体责任单位加强安全防范和应急工作，全面落实寄递物流“三个100%”“三个印章”制度。2019年，全区道路运输行业未发生一般及以上安全责任事故。

【海事管理】2019年，全区有各类船舶306艘，其中营业性运输船舶17艘，20艘采砂作业船舶，游乐船艇146艘，其他船舶9艘。

同比2018年，采砂作业船舶减少25艘，游乐船艇增加60艘。2019年组织开展“水上交通隐患大排查”“安全生产月”“百日安全专项整治”“安全知识七进”“安全生产集中专项整治”“火灾防控隐患专项排查整治”“船舶防污染专项整治”等活动。出动检查64次，检查人员204人次，检查各类船舶180余艘，印发安全宣传资料4500份，纠正和消除隐患4起。开展水路运输企业年度核查，管辖内绵阳市好运旅游开发公司、绵阳市雷耀旅游开发有限公司、四川越王楼文化传播有限公司3家水运企业均通过年度核查。全年完成客运量6.14万人，同比增长9.6%，周转量完成85.91万人公里，同比增长9.3%。

【路政管理】2019年,开展路政宣传2次，清除非交通标牌36块，清障排障42处，清理公路垃圾300余立方米，处理违章建筑3处，处理路政赔补偿案件4起，收取公路(赔)补偿费22600元。全年，共处置打场晒粮3起，清障排障8次，维护路权2起。共处置污染公路货运车辆30台次，整治其他污染公路25起。组织安全生产法治培训2次，岗位练兵1次。开展扫黑除恶工作，向公路沿线群众讲解扫黑除恶重要性，发放宣传资料200余份，开展摸排工作10次。开展非洲猪瘟防控工作，共派出执法人员240人次，检查货运车辆1.3万台次。（田玉海　朱君）

科学技术

概 述

【机构概况】1993年游仙区科学技术委员会成立，2011年6月设立绵阳市游仙区科学技术局（以下简称区科技局），是区政府职能工作部门之一，挂绵阳市游仙区防震减灾办公室（副科级机构，简称区地震办）和绵阳市游仙区知识产权局（简称区知识产权局）牌子。2012年4月，区生产力促进中心与区地震办整合为绵阳市游仙区防震减灾局（副科级机构），挂区生产力促进中心牌子。2015年4月正式更名为“绵阳市游仙区科学技术和知识产权局”。2019年机改后更名为“游仙区科学技术局”。主要职责：组织编制全区科学技术发展的中长期规划和年度计划。统筹推进全区创新体系和科技体制改革，推进人才科技兴区战略建设，拟订相关规划和政策。贯彻执行国家、省、市基础研究规划、政策、标准，组织协调参与省、市、区重大基础研究和应用基础研究等。经区委编办批准核定行政编制6名。其中，局长1名，副局长2名，中层干部职数4名。机关工勤人员编制2名。内设股室4个，分别为：办公室，高新技术产业发展股，农村科技与社发科普股，成果转化与人才引智股。截至2019年年末，全区拥有各类企业工程技术中心（研发机构）达49家，其中国家级研发平台11家，省级研发平台24家，市级研发平台14家。科技孵化平台6家，孵化总面积12万余平方米，在孵企业达200余家。

2019年，区科技局获评“绵阳市科技创新工作先进单位”“绵阳市高新技术企业培育工作先进单位”。

【科技活动周】2019年5月22日，游仙区2019年“科技活动周”启动仪式“人工智能进校园”活动在五里路小学举行，活动时间为5月19日至26日，主题为“科技创新、强国富民”。

工业科技

【科技型中小企业招引和培育】2019年，实施科技型中小企业精准扶持计划，全区累计科技型中小企业1326家，国家评价入库的科技型中小企业66家，培育升规入统科技型企业11家。其中招引落地科学城办事处企业16家，包括高新技术企业7家。

【对上争取项目】2019年，争取到四川省科技计划项目64个，共计4029.1万元；市级科技项目

6月14日，梓潼县·游仙区2019年全国大众创业万众创新活动周启动仪式

33个，共计945万元，立项18个，立项经费达235万元；指导企业申报2020年省级科技项目54项，申请经费达4310万元。

【科技交流】组织辖区企业与九院、五八所、电子科技大学、四川大学等开展以“芯人才、芯产业、芯交流”为主题的游仙区科技企业“大联盟·小组团”系列科技交流活动2场次，深化院、地、企合作，在产学研技术服务、人才交流、项目建设等方面搭建平台，形成10余项合作意向。

【联合举办“双创”活动】2019年6月14日，游仙区与梓潼县以“区域协同 融合发展 汇聚双创活动 澎湃发展动力”为主题，联合举办2019年全国大众创业万众创新活动周梓潼分场活动。全区20家科技型企业进行自我技术推介，提出合作方向及人才需求，嘉泰工业设计有限公司等4家企业签订相关合作协议。

【扶持政策】2019年8月23日，区政府印发《绵阳市游仙区培育高新技术企业奖励扶持办法（试行）》，主要奖励扶持对象：工商注册和税收解缴关系均在游仙区的企业。奖励扶持分为4类：高企认定类奖励扶持；高企招引类奖励扶持；高企培育类奖励扶持；游仙区拟申报高新技术企业储备库认定奖励。

农业科技

【科技下乡】2019年1月18—25日，“四下乡—科技下乡”活动在柏林镇、魏城镇、玉河镇开展，发放核桃苗栽培技术、水稻玉米新品种介绍、安全用电等宣传资料2000余份，现场共接受农民朋友咨询600余人次。

【建立科技服务业培育名录库】2019年，根据服务业上规入统条件，分类指导企业开展相关申报工作。绵阳伦奇机器人、卓讯科技等3家企业纳入市上培育名库。

文化·广播影视

概　述

【机构概况】游仙区文化广播电视和旅游局（以下简称区文广旅局）内设股室7个，分别为：办公室、公共服务与文化艺术股、文化遗产保护管理股、产业规划发展股、市场监督管理股、资源开发与推广股（科技与标准化建设股）、广播电视发展与管理股;下设直属事业单位3个，分别为：区文化馆、区图书馆、区文化市场综合执法大队。主要职责：负责全区文化艺术、文物、非物质文化遗产、广播电视、文化旅游产业发展。2019年，区文广旅局获得各级表彰奖励46项。

【创先争优】区文广旅局获评第七届中国成都国际非物质文化遗产节绵阳分会场优秀组织奖（绵文广旅办〔2019〕40号）；蔡住获评绵阳市公共文化从业人员先进个人（绵府函〔2019〕123号）和第七届中国成都国际非物质文化遗产节绵阳分会场组织工作先进个人（绵文广旅办〔2019〕40号）；谢伶俐获评2019年绵阳市群文工作先进个人（绵文馆发〔2019〕23号）；甲么茶获评2019年绵阳市群文工作先进个人（绵文馆发〔2019〕23号）;谢菊蓉获评“优秀学会工作者”，（绵图情学〔2019〕10号）；贾嵘获评“优秀馆员”（绵图情学〔2019〕10号）。

文化遗产保护

【概况】截至2019年12月，游仙区各级不可移动文物保护单位（点）共有513处。其中，全国重点文物保护单位4处，分别是：汉平阳府君阙、碧水寺摩崖石刻、鱼泉寺、马鞍寺；四川省文物保护单位8处，分别是：李杜祠、宋哲元墓、白蝉朱家梁子崖墓群、魏城文风塔、绵阳圣水寺摩崖造像、石堂院石刻题记及摩崖造像、北山院摩崖造像及刻经、柏林王家旺天主教堂；绵阳市文物保护单位3处，分别是：“滴米遗迹”题刻、宋李氏节孝坊、东宣乐楼；游仙区文物保护单位17处。分别分布在游仙区城区和石马、柏林、魏城、东宣、玉河、太平、朝真、建华、观太等镇乡。文物类型覆盖古民宅、古建筑、古桥梁、古墓葬、石窟寺及石刻、近现代史迹及代表性建筑和革命文物等。

【文物管理】落实文物安全管理责任制，与各乡镇街道办事处签订《文物安全目标责任书》，乡镇人民政府成立文物保护工作领导小组，分别与各文保单位、行政村签订《文物安全目标责任书》。加强日常检查巡查，文物安全工作常态化，联合游仙区文化市场综合执法大队、游仙区消防大队开展文物安全巡查和执法检查。对辖区内区级以上文物保护单位档案资料进行充实完善，对国保单位、省保单位的名录及基础信息数据进行清理、核实、上报，对破损文物标志碑、文物展示牌进行更换修复。

【文物保护】2019年，投入文物隐患排查和消防安全资金13万元。其中，投入5万余元对省保单位石堂院石刻题记堡坎垮塌进行修建；投入4.5万元对圣水寺摩崖造像大殿柱子、挑梁、椽子断裂，局部垮塌，漏雨等安全隐患进行修缮并对电力线路进行重新敷设；投入1万余元为市保以上古建筑类文物保护单位新配置灭火器130余具、干粉灭火器箱32个；投入0.5万元为国家级重点文物保护单位马鞍寺的房屋捡漏、电力线路重新分组铺设；投入2万余元在省保单位柏林王家旺天主教堂建立微型消防站1个，组建10人义务消防队1支。马鞍寺消防工程设计方案获四川省文物局通过，经财评控制金额为487.6万元，已申报2020年度国家文物保护专项资金，批复资金485万元;鱼泉寺、马鞍寺防雷和安防工程方案已上报国家文物局，鱼泉寺消防已立项，项目资金总额300万元；飞龙村红军长征纪念馆、纪念广场展示提升项目方案已报送省文物局；鱼泉寺消防工程变更部分获得省文物局消防专家库专家评审通过；争取市级文物保护资金20万元用于东宣乐楼应急抢险加固。

【文博宣传与出版】联合全区各镇（乡）人民政府、街道办事处，以“5·18”国际博物馆日、“6·8”文化和自然遗产日为契机，进行文博宣传；出版发行《游仙文物》5000册，在文旅绵阳APP游仙文化版块开辟“文物古迹”专栏，宣传游仙文物；利用乡村旅游节、第七届中国（成都）国际非物质文化遗产节，开展文物普法宣传10余次，悬挂文物保护标语60余幅，发放文物保护宣传资料2000余份。

【文化艺术】推进文广旅系统新时代文明实践点建设，在区文化馆、区图书馆等公共文化服务场所挂牌成立——游仙区新时代文明实践点，依托游仙区“红色文艺轻骑兵”志愿服务队，开展“翰墨丹青寄深情　不忘初心向前进”美术书法作品展、“红领巾心中的祖国”少儿绘画作品展、“迎中秋·庆国庆”为祖国献礼主题读书会、“花开游仙　爱满家园”游仙区新时代文明实践系列活动之红色文艺轻骑兵走基层等系列群众文化活动30余场次；开展“芙蓉争妍　游仙区群众文艺大课堂”，免费培训舞蹈、美术、器乐、声乐、朗诵等80余次，160余课时，培训人员1.2万余人次。（谢菊蓉）

第七届中国（成都）国际非物质文化遗产节绵阳分会场（游仙馆）

“非遗”保护

【概况】2019年，游仙区有非物质文化遗产名录32项，分别为省级非物质文化遗产名录2项、市级非物质文化遗产名录8项、区级非物质文化遗产名录22项。游仙区有非遗代表性传承人25名，分别为市级“非遗”代表性传承人4名、区级“非遗”代表性传承人21名。

【“非遗”保护与传承】协助承办第七届中国（成都）非物质文

化遗产节绵阳分会场游仙区展馆展陈及游仙区主题日活动文艺专场；开展“非遗”项目《聋派指画》《赵门武术》走进七一剑南路小学免费教学活动；通过文化和自然遗产日活动，加强宣传游仙区非物质文化遗产。省级非遗项目《聋派指画》主要是用手指和手掌、手背蘸器代替毛笔作画，是中国传统国画的分支。省级非遗项目《太极五子衍宗丸》历经五代传承人，距今逾百年历史。是选用菟丝子、枸杞子、五味子、覆盆子和车前子五味道地药材，历经选材、炮制、配料、碾粉、筛粉、起母、泛丸、晾干、撞光等十二道工序而形成的传统丸药制作技艺。

【文化遗产保护】编制完善区级以上文物保护单位“四有”档案，编制完善全区483处文物保护点的文物基础信息表。检查文物保护单位（点）513处（次），发现安全隐患40余处，整改完成37处，2处正在整改。出版发行《游仙文物》5000余册，发放文物宣传保护资料2000余份。组织参加第七届中国成都国际非物质文化遗产节并承办游仙专场演出。开展“非遗”项目进校园宣传活动活动5场；开展2019年区级非物质文化遗产代表性项目及项目代表性传承人申报工作，梓棉《盐井竹编》、城区《翡翠凉粉制作技艺》2个“非遗”项目和《赵门武术》周祖刚、《太极五子衍宗丸》廖满琴等3个“非遗”项目代表性传承人申报成功；推荐《太极五子衍宗丸》申报2019年国家级“非遗”项目。（赵力军）

文化市场管理

【概况】2019年，游仙区文化、广电、新闻出版经营单位共计320家，从业人员2600余人。其中网吧67家，歌舞娱乐场所19家，电影院2家，印刷企业30家，出版物零售单位30家。

【文化市场管理】打击著作权领域违法行为，查办一般程序案件12件；开展“双随机一公开”检查4次，约谈企业8家；开展文化市场专项检查行动13次；开展日常巡查860人次，下发责令整改通知书3份，取缔通知书7份，取缔销售非法出版物摊点10家，收缴盗版图书300册、盗版光盘200张，处理举报投诉20起，纠正各类违法违规行为52个；开展“扫黑除恶”检查，出动检查人员100余次，检查文化企业200余次。（李 东）

【专项治理】全区共出动检查人员880人次，车辆320次，检查经营场所440家次，收缴侵权盗版及非法出版物420份，其中书刊类200余册、非法报刊80余册，淫秽和非法出版光碟1000余张，关闭淫秽网站3个，关停微信5个，取缔无证文化经营单位2家。开展“暑期互联上网服务营业场所专项整治活动”等专项行动，处理举报投诉20起，检查网吧300余家，立案查处网吧违规经营行为案件10件；开展《中高考期间噪音检查专项行动》等行动，检查娱乐场所70余家次；深入“扫黄打非”工作，对56家网吧、21家歌舞娱乐厅、30家出版物场所、景区等开展5次“扫黄打非”联合执法专项行动。开展“剑网2019”等专项行动，检查印刷企业、书店等出版物经营户100余家，收缴盗版图书300册，盗版光盘200张，取缔销售非法出版物摊点10余家，办理出版物违规案件4件。

农村文化

【概况】截至2019年年末，全区建设乡镇综合文化站22个、街道综合文化服务中心2个；完成村级文化活动室设施设备标准化建设222个、农家书屋建设222家。

【农村文化阵地】投入公共文化服务体系建设、农村文化建设、文化免费开放等项目资金500余万元，全区乡镇综合文化站（室）、农家书屋等农村文化公共文化服务项目全面实现对外免费开放，受益群众达22余万人次。按照政经类11%、科技类10%、医卫生活类10%、文化类40%、少儿类27%、其他类2%的比例为全区222个农家书屋各补充更新图书60册，按照每个书屋编目200册标准，对全区222个农家书屋现有图书进行编目加工。“云图书馆”平台系统在全区农家书屋实现全覆盖，图书编目率达63%。

【文化活动】开展送文艺下乡、进社区书画作品展活动，组织文艺小分队到各乡镇、社区、小学开展文艺演出活动100余场次，参与群众21余万人次。组织开展“放歌新时代 礼赞新中国——游仙区庆祝新中国成立70周年群众歌咏活动”、游仙区迎春群众文艺调演、“曾来德书李杜诗词”书法作品展、“迎新春 送文化 惠民利民乡村行”等“幸福游仙”系列群众文化活动。（张闰棋）

广播电影电视

【概况】2019年，投入750余万元，架设光缆主干线280余公里，安装有线电视用户2348户，新发展宽带用户2040户，完成辖区内广电网络双向改造。推进公共WiFi项目建设，投入25.2万元在全区热门景点、村委会、文化广场、人员密集区中选取32个点位免费覆盖公共WiFi，惠及群众3万余人。

【广播】建成全区有线同频共缆传输三级（区、镇、村）联控广播系统，建设广播点位2124处，安装喇叭4326只，广播网络干线120公里，游仙区农村范围广播无缝覆盖。2019年广播“村村响”，按每村每年1200元的标准安排运维专项资金26.4万元，通过单一来源采购方式，由省广电网络公司游仙分公司承担维护技术服务和广播设备日常运行维护。

【电影】截至2019年年末，辖区内共有2家影院：中环影院、泰得影院，中环影院有7个放映厅，791个座位；泰得影院有10个放映厅，1542个座位。全年共开展联合检查10余次。分管领导对影院负责人谈心谈话2次，组织影院工作人员开展《电影管理条例》等法律法规的培训1次。中环影院争取到2019年中央补助地方国家电影事业发展专项资金20.97万元。2019年，影院票房、观影人次较2018年增长5%。（杨 波）

【电视】建档立卡贫困户免收有线数字电视基本收视费，对尚未接通有线数字电视信号的建档立卡贫困户免费接通电视信号，配送数字电视机顶盒。全区解决建档立卡贫困户466户，保障贫困户享受基本有线数字电视服务。（李汶娣）

【“高清四川智慧广电”改革工作】推进“高清四川智慧广电”专项改革各项工作。实现数字广播电视户户通，为全民免费提供突发事件应急广播服务。出台优惠政策，减免贫困群众有线电视收视维护费。为全区467户贫困户免费发放机顶盒，免收467户贫困户2018—2020年有线电视收视费。

【农村公益电影放映】全区共建成农村公益电影固定放映厅13个，辖区222个行政村公益电影放映点实现全覆盖。召开农村公益电影放映工作会2次。全年保质保量完成上级下达的2664场放映任务。

教育·体育

教育

概述

【**机构概况**】经区委编办批准核定区教育和体育局有行政编制12名，其中，局长1名，副局长2名，总督学1名；内设股室9个，分别为办公室、人事股、教育股、体育股、学生卫生艺术股、计划基建财务股、学校后勤管理股、学校安全与信访工作股、监察审计股。下属事业单位6个，教师进修校、考试中心、教育技术装备站、教育系统会计核算中心、学生资助管理中心和青少年活动中心。

截至2019年年末，全区有幼儿园116所，在园幼儿15018人，有义务教育小学28所，初级中学8所，九年一贯制学校4所，十二年一贯制学校1所（民办学校），完全中学1所。在校小学生25548人，在校初中学生18568人，在校普通高中学生2595人，小学、初中入学率均达到100%；有特殊教育学校1所，在校学生120人，残疾儿童随班就读198人，送教上门51人，入学率达98.7%；有民办非学历培训学校57所，年接受短期培训达1.7万余人次。有中等职业学校4所，在校学生5900余人，在职教师422人，高中阶段入学率达到97.5%。2019年，游仙区公民、办中职学校招生3510人，招生人数稳居全市第一位。2019年高考，游仙职业技术学校应届生本科硬上线16人，是绵阳市中职学校高考本科上线人数最多的学校。

截至2019年年末，游仙区已创建“全国优秀文化传承学校”1所，“四川省艺术教育特色学校”2所，“四川省学生美育实践基地”1所，“绵阳市艺术教育特色学校”11所；“四川省优秀学生艺术团”1个，“绵阳市优秀学生艺术团”10个。

【**教育质量**】2019年，学生参加各级各类竞赛获国家、省、市、区级奖励2万余人次，中考升入绵阳中学、南山中学人数达1731人，比2018年增加140人，实现历史性突破。富乐实验中学中考考生上线绵阳中学、南山中学851人，上线率达42.8%，上省一级示范高中录取线1899人，上线率达95.5%；上市重点高中1988人，上线率达100%。富乐中学、游仙中学、富乐小学等7所学校被评为绵阳市义务教育先进学校。

【**学校建设**】2019年富乐二中、富乐二小、高新幼儿园、小枧幼儿园破土动工，新建学校将在2020年陆续建成并投入使用，建成后将新增720个学前教育学位，1500个小学教育学位，2400个中学教育学位。扩建游仙二小、石马小学、涪江小学，新增1500个学位。

【名校联办】2019年，游仙区职业技术学校创建为省级示范中职学校，全区有省级示范幼儿园1所，市级示范高中1所，市级示范初中、小学共16所，市级示范幼儿园11所。富乐实验中学联办绵阳市富乐国际学校，领办魏城镇初级中学、石马镇初级中学、刘家镇初级中学和小枧镇初级中学，游仙区慈济实验学校领办新桥镇博爱初中、忠兴镇香港马会初级中学，领办双方在教育资源共享、师资互动等方面合作，实现名学校引领一般学校共同发展。（王 娟　唐 建）

基础教育

【学前教育】推进公办幼儿园建设，新建小岛实验幼儿园，新增学位360个；开工新建魏城、高新幼儿园，将新增学位720个。改建小学附设园3所，民办转普惠12所，新增普惠学位1851个。

【幼教质量品牌创建】2019年修订完善《游仙区幼儿园办园水平综合评价实施方案》，开展多种形式培训活动，全年参培人数1105人次；教师参加各级各类比赛获得省级三等奖1个，市、区级奖项34个，论文获市、区级奖项76个；依托教科研研究，丰富园本课程，鼓励优质幼儿园积极申报国家级科研课题2个、省级课题2个、市区级课题各4个，开展市、区级小专题研究各1个、园级26个。

【普通高中教育】加强艺体特色高中建设，构建学校特色课程体系和相应的运行、管理机制。开元中学开设美术、音乐、体育、舞蹈、传媒等艺体专业培训班，参加美术、舞蹈、传媒等五大类艺体专业培训学生400余人。启动“高中阶段普及攻坚计划”，改扩建一批专用教室和艺体特色训练场馆。2019年392名学生参考，188人上本科线（重本上线18人），其中文化硬上线46人、艺体上线142人，刷新开元中学高考上线记录。2019获得绵阳市普通高中教育质量综合评价特等奖。

【特殊教育】依托特殊教育学校建立游仙区特殊教育资源中心，在7所学校建设随班就读资源教室。2019年369名残疾儿童正常入学,其中送教上门51名，入学率达98.7%。

职业教育

【游仙职业教育集团挂牌成立】2019年11月6日，游仙职业教育集团成立大会在游仙职业技术学校学术厅举行。来自全国各个地区的中高职院校和企业单位的70余位代表参加会议。会议审议通过《绵阳市游仙职业教育集团组织机构及成员名单》及《绵阳市游仙职业教育集团发展三年规划》。京东集团、北方国际教育集团、绵阳京东方科技有限公司等企业单位分别与绵阳市游仙职业技术学校签约。

【职教发展成果】游仙中职学校获得绵阳市职教成果展奖牌数第一，获得绵阳市职业技能大赛获团体二等奖，参赛队员有40余人次分获市级一、二、三等奖。面向社会公招5名专业课教师，组织近60名教师参加国家级、省级和市级职教师资培训、校长培训，选派30名年轻专业教师到企业实践锻炼，有27人次教师在国家、省级刊物上发表学术论文，有16名教师在国家、省市赛课或说课中获得等级奖。

【校地合作】2019年，深度实施产教融合、校企合作，游仙职业技术学校与四川师范大学、西财智库、绵阳职业技术学院等校地院地开展合作。与北方国际教育集团共建汽车运用与维修、烹饪专业，与北方钓鱼台烹饪学校共建烹饪专业，与北大青鸟集团共建计算机特色（UI设计、电子商务、程序设计）专业，与京东集团共同投资300余万元在校内建立京东商城电子商务专业实训室。各职业技术学校举办劳动预备役培训、技能品牌培训、扶贫培训、阳光工程培训等10余期，培训学员4500余人次。（唐 诚）

师资队伍建设

【概况】截至2019年年末，全区公办学校（园）教职工为2820人(含特岗教师131人），其中专任教师2682人，行政管理及工勤、教辅人员138人，拥有四川省中小学特级老师7名。退休教职工1283人，国企退休教职工132人，退养民师92人。

【师德师风建设】区教体局与学

11月6日，绵阳市游仙职业教育集团挂牌成立

校（园）签订《师德师风建设目标责任书》，明确校（园）长是本单位师德师风建设第一责任人。2019年，围绕师德师风开展大学习大讨论、“不忘初心、立德树人”主题师德演讲比赛、师德宣誓、师德承诺等活动。加强师德师风学习教育和督查力度，杜绝有偿补课、体罚或变相体罚学生等不良师德现象的发生，各学校（园）落实师德考核，师德考核不合格实行“一票否决”制。2019年第35个教师节，富乐实验中学等16个教育工作先进集体、廖聪寿等114名教育工作先进个人受到区委区政府表彰。2019年，游仙区慈济实验学校校长张鲲被教育部表彰为“全国优秀教育工作者”、被省教育工委和省教厅命名为“四川省中小学名校长”，柏林镇九年一贯制学校援藏教师洪绍斌被中共四川省委、四川省人民政府表扬为“2018年脱贫攻坚工作先进个人”，富乐实验中学王碧友、游仙职业技术学校陈兴贵分别被省教育工委、省教育厅联合授予“四川省教书育人名师”称号；区教体局、开元中学分别被中共四川省委、四川省人民政府表扬为“2018年度脱贫攻坚工作先进集体”，龚仙彦被绵阳市精神文明建设委员会评为“2018年度感动绵阳十大人物”；富乐实验中学校长廖聪寿、游仙区慈济实验学校校长张鲲分别被区委区政府表扬为2018—2019学年“突出贡献校长”。

【名师工作室】2019年，游仙区人才工作领导小组命名“周文全名师工作室”“李筱华名师工作室”2个工作室。

体育

【概况】2019年，全区中小学拥有400米标准田径场4个，200米塑胶环形跑道34个，小运动场14个，篮球场、排球场160余个，足球场40个，全区中小学拥有专职体育教师147人，全区体育教师学历达标率100%。游仙辖区现有225处村级（社区）体育健身设施，村级农民体育健身工程136个、体育场8个、室内体育馆5个、游泳池14个、有固定看台的球场5个、篮球馆3个、乒乓球、羽毛球馆10个，健身房3个，全民健身中心1个，覆盖城区市民“15分钟”健身圈基本形成，全区有社会体育指导员3160余人，可基本满足群众的体育健身需求。

【全民健身】截至2019年年末，全区有足球、篮球、羽毛球、围棋、轮滑、柔力球、武术、柔道等体育协会，会员上万人。2019年共举办20余个群众喜闻乐见的单项体育赛事活动，参与活动群众达1万余人；2019年全区增加23处村级体育健身设施，建成游仙区公共体育场1处。全区学校全年体育场对外免费开放达6.5万人次，引导广大群众参加体育锻炼，全区常年参加体育锻炼的人口比例达30.2%。群众体育项目获得1金2银（省级）。

【青少年竞技体育】七一剑南路小学轮滑队获得国家级比赛3金，省比赛1金10银1铜。学生宋佳蕊夺得全国第二届青年运动会女子乙组500米全能金牌，实现四川省“轮转冰”项目在全国综合性运动会上的历史突破。开元中学宋佳蕊、游仙区慈济实验学校谭一、刘章进入2019年四川省拟选招高水平运动员大名单。富乐中学蒋依然获得2019年全国中学生田径锦标赛女子400米冠军。开元中学举重队在2019年四川省青少年举重锦标赛上获得1金1银。游泳锦标赛富乐国际学校荣获初中组第一名、高中组第二名；在全市中小学生足球联赛总决赛上，新桥小学夺得混合组冠军，五里路小学夺得小学乙组亚军，富乐实验中学夺得初中甲组亚军、游仙慈济实验学校夺得初中乙组亚军。在全市校园篮球联赛上，富乐中学夺得初中男子组亚军。在全市排球联赛上，慈济实验学校夺得初中女子组第三名，开元中学获高中男子中甲组第二名、高中女子中乙组第三名。全市田径锦标赛富乐中学荣获初中组第二名；全市棋类锦标赛忠兴小学荣获小学甲、乙组第二名。

8月7日，游仙区召开第八届农民趣味体育运动会

【**学校体育**】按国家课程标准开齐开足体育课，开展阳光大课间活动，确保学生在校每天体育锻炼时间不少于1小时。2019年，万达学校、建华小学、忠兴中学、富乐中学、五里小学、小枧小学、徐家小学、新桥小学被教育部命名为“校园足球特色学校”建设单位。富乐中学、富乐小学被教育部命名为“校园篮球特色学校”，全年组织5次区级青少年体育比赛、区级校园三大球比赛。万达学校、五里路小学、新桥小学的足球，富乐中学、富乐小学、开元中学的篮球，慈济中学、五里路小学的排球，剑南路小学的轮滑，富乐国际学校的游泳，富乐中学的田径，富乐中学、富乐小学、慈济实验学校的健美操，徐家小学、富乐小学的花式跳绳，新桥小学的空竹，忠兴小学的棋类项目形成校园体育特色项目，“一校一品”的特色校园体育逐渐形成。

【**游仙区第八届农民趣味体育运动会**】2019年8月7日，游仙区庆祝新中国成立70周年暨“全民健身日”系列活动启动仪式与游仙区第八届农民趣味运动会在徐家小学举行，村（社区）共派出12支队伍参加比赛，比赛设置愚公移山、抢种抢收、抗旱保苗、巧手脱粒、颗粒归仓5个项目。最终，清辉村、白鹤村、鸿禧村、徐家社区、柳塔村、和阳村、建效村、竹林村分别获得团体总分1—8名，响水村、安乐村、书房村、宣化村获得体育道德风尚奖。（代志斌）

卫生与健康

概述

【机构概况】绵阳市游仙区卫生健康局成立于2015年，是区政府职能工作部门之一，原名“绵阳市游仙区卫生和计划生育局”，2019年机改后更名为“绵阳市游仙区卫生健康局”。主要职责是：组织拟订全区卫生健康政策,牵头推进全区深化医药卫生体制改革。制定并组织落实全区疾病预防控制规划、免疫规划以及严重危害人民健康的艾滋病等重大传染病、寄生虫病、地方病等公共卫生问题的干预措施,贯彻落实国家应对人口老龄化政策措施。贯彻落实国家药物政策和国家基本药物制度等。负责职责范围内的职业卫生、放射卫生、环境卫生、学校卫生、公共场所卫生、饮用水卫生等公共卫生的监督管理工作等。经区委编办批准核定行政编制12名，设局长1名、副局长2名，内设股室分别为：办公室、医政医管股（中医药股）、公共卫生股（卫生应急办公室）、爱国卫生股、政策法规与综合监管股、老龄与健康服务发展股、人口监测与妇幼健康股、信息与统计股规划与财务股、人事股。（李佾）

【家庭医生】开发全省首个家庭医生人工智能机器人。游仙区与成都博诚智医软件技术有限公司联合开发全省首台家庭医生人工智能机器人，在游仙区经济试验区社区卫生服务中心、玉河镇中心卫生院2个基层医疗机构试点投放使用，为高血压、糖尿病、孕产妇3类群体1000余名居民提供导诊分诊、健康咨询、智能签约等5项服务，拓展居民签约方

5月18日，游仙区举行“5·19”世界家庭医生日宣传活动启动仪式

5月24日，游仙区卫生健康局为贫困户捐赠建房帮扶金5000元

式和渠道。

【健康扶贫】全区16个贫困村均新、改建1个标准化村卫生室，配备合格村医，对全区贫困村医疗卫生服务全覆盖，为全区所有建档立卡贫困人口实行“一对一”家庭医生签约服务，建立健康档案，全面落实计生奖扶特扶政策和重大疾病救治政策，对建档立卡贫困户全面实行“九免三补助”，开通贫困人口“先诊疗后付费”绿色通道。

【医疗设备捐赠】中国初级卫生保健基金会对游仙区区域精准扶贫项目二次签约仪式在北京举行。为游仙区医疗卫生单位捐赠医疗设备231台(件)，总价值2549.3万元，争取中国初保基金会捐赠医用冷敷贴1.3万盒、智能空气消毒净化机50台(套)，价值107.275万元。

【基本药物制度】实施基本药物制度和卫生耗材“零加成”销售，降低门诊和住院人均费，为群众减少负担1500余万元。下达乡镇卫生院、社区卫生服务中心2019年基层医疗机构、村卫生室实施基本药物制度中央、省、市、区级补助资金预算指标共847.97万元。

【对口支援】派出5名医务人员参与援彝援藏，对口支援“传帮带”。派出3名直属单位干部到红原工作，公立医院派出21名医务人员对口支援服务辖区医疗服务薄弱地区。

【无偿献血】全年，组织开展团体无偿献血活动20次，团体献血人数906人，累计采血量近271150万毫升，全区共计无偿献血4706人次。开展第16个“世界献血日”活动。（罗成勇　邹锐　陈先恩）

疾控、防疫

【传染病防控】2019年共报告法定传染病20种6359例，报告发病率1328.87/10万，比2018年同期（2475例）上升156.93%；处置传染病预警信息250条。2019年现场处置传染病报告病例及群体突发事件47起，共整理分析并撰写调查处置报告34期。全区全年无突发公共卫生事件发生，未出现传染病暴发疫情。

【卫生应急处置演练】2019年12月26日，区疾控中心、区卫生和计生监督执法大队、区人民医院、区中医医院、绵阳睿达精神

4月3日，副区长李万庆（一排左一）与中国初级卫生保健基金会副理事长兼秘书长周庆年签订捐赠协议

病院在东宣镇飞龙山红色文化教育基地开展2019年卫生应急救援拉练。现场进行防护服穿脱、双人心肺复苏、高坠伤救援、心理危机干预的现场演练；区卫生和计生监督执法大队全程监督演练过程，市卫健委应急办主任胡文辉现场进行点评。

【精神障碍患者管理】2019年，全区登记在册患者2186人，检出率5.01‰；在管患者2078人，管理率95.06%；服药率82.02%，病情稳定率89.11%；复核在管患者及筛查疑似患者1400人，新确诊患者139人；全年共开展督导2次、考核2次、开展社区精神康复活动26次，受众3000余人；精神卫生综合管理小组及关爱帮扶小组覆盖率100%。

【慢病监测】2019年，全区共报告死亡2954例，报告粗死亡率617.44/10万；死亡漏报3.21%，填卡率95%，及时率100%，多死因链填写完整率>60%；报告恶性肿瘤新发病例402例，死亡288例，死亡/发病比0.71（0.6—0.8）；心脑血管2463例，报告发病率556.54/10万，报告率97.55%，随访2623人，卡片填写完整率、准确率、及时率均>95%，审核率100%；儿童伤害监测覆盖121所幼儿园、中小学校，覆盖率100%，覆盖学生48153名，共报告儿童伤害71例，伤害发生率154.6/10万。

【免疫规划】2019年，区疾控中心开展为期3个月的免疫规划工作专项整治行动，以“家长课堂”为载体，回应关切、畅通咨询反馈渠道，落实专人24小时负责收集和回应群众意见，邀请家长代表、人大代表、政协委员及基层接种人员参与第二类疫苗遴选，保证疫苗采购的阳光透明及公平公正，实现免疫规划工作全面规范；全年共报告接种11类国家免疫规划疫苗76582剂次，较2018年同期报告接种下降6984剂次，2019年国家免疫规划类疫苗累计报告接种率达到99.70%，其中基础免疫规划疫苗报告接种率和加强免疫规划疫苗报告接种率分别为99.74%和99.63%。全区疫苗针对传染病发病持续下降，无疫苗针对传染病的暴发流行。

【艾滋病防治】区疾控中心设立综合防治管理办公室和治疗管理办公室，建立健全“三线”管理制度，执行月例会、月报、定期联合督导制度，强化与预防艾滋病母婴传播管理办公室联系。全年全区医疗机构共完成艾滋病检测149011人次，检测人数占全区常住人口（461601人）的32.28%（目标为25%）。初筛阳性352例，确证阳性126例，确证阳性率为0.085%。应检测的528人中完成艾滋病感染者和病人CD4细胞检测513人，检测比例为97.16%（目标为90%）。完成感染者和病人阴性配偶HIV抗体检测64人（64/64），完成率为100%（目标为85%）。接受抗病毒治疗505人，完成率为94.57%（505/534，目标为90%）。

【结核病防治】2019年，网络报告辖区学校学生结核病患者7例（无教师），按要求规范处置6例，1例为新生未到校，居家治疗；完成症状筛查 636人，完成PPD筛查609人，完成胸片筛查624人，未发现1例活动性肺结核患者。全年全区大疫情报告辖区可疑肺结核病患者378例，其中转诊到位131例，追踪到位77例，其他方式到位162例，住院1例；未到位7例，其中死亡5例、其他1例、外出1例；总体到位率达98.15%。全年辖区各学校、托幼机构未发现集聚性疫情，散发疫情大幅度下降。

【卫生监测】全年农村饮用水检测覆盖全区24个乡镇(包括仙海区、松垭镇)，共采集水样96份，合格64份，合格率66.7%；城市饮用水监测共设置监测点20个，采集水样40份，合格率100%；全年共监测医疗机构四轮次308家，采集样品1870份，合格1860份，样品合格率99.46%；监测辖区内各级各类大中小学校97所，抽样检测97家，全部合格94家；共采集样品1788份，合格1770份，合格率98.99%；全年对托幼机构进行二轮次229家消毒效果监测，合格率为93.01%。

【健康体检】开展从业人员健康体检及执业健康体检工作,全年免费为辖区内食品、餐饮、公卫行业从业人员办理健康证1.5万余个；推进学校体检工作，完成辖区各学校学生健康体检任务，体检学生42805人，发出体检分析报告40余份。（何 浩）

妇幼保健

【概况】2019年全区机构内住院分娩产妇数4801人，HIV抗体检测率、咨询率100%，孕期检出HIV抗体阳性孕妇3人，知情选择终止妊娠2人，结案1人，管理艾滋病感染孕产妇及所生儿童6人，干预措施实施率100%。梅毒感染产妇22人，治疗22人，治疗率100%（目标任务≥90%）；梅毒感染产妇所生儿童22人，接受预防性治疗儿童22人，预防性治疗率100%（目标任务≥90%）。乙肝表面抗原阳性产妇261人，分娩活产婴儿261人，乙肝免疫球蛋白及时注射率100%。

【预防母婴传播工作】调整游仙区预防艾滋病母婴传播管理办公室，实行领导和专职人员分片包干，责任到人。印发《游仙区预防艾滋病、梅毒和乙肝母婴传播工作实施方案》《游仙区预防艾滋病、梅毒和乙肝母婴传播监督指导方案》《游仙区预防艾滋病、梅毒和乙肝母婴传播信息管理方案》（2019年版）及《游仙区2019年乙肝暴露儿童免疫效果监测经费分配方案》。《关于进一步加强育龄妇女孕情监测及艾滋病、梅毒和乙肝检测工作的通知》。辖区32家医疗机构均设立预防母婴传播工作组，设立预防母婴传播工作联络员。加强培训督导，召开辖区培训7次，对辖区32个机构包括乡镇党委政府分管领导、卫计办主任、乡镇卫生院分管领导、防艾人员、村妇女主任、乡村医生等共计1257人开展面对面培训；每季度对辖区25个乡镇（街道）、32家医疗卫生机构预防母婴传播工作进行专项督导与考核，督导与考核覆盖率100%。梳理重点人群，建立感染育龄妇女及男性单阳家庭育龄妇女台账，进行专案管理，管理率达到100%。

【妇女“两癌”检查项目】印发《游仙区2019年农村妇女“两癌”检查项目实施方案》；印发“两癌”筛查宣传折页5000份；在李杜祠社区及院内开展宫颈癌健康知识讲座；在区委党校为市级相关单位女干部职工及涪城、游仙妇女群众代表进行“关爱女性健康　构建幸福家庭”知识讲座，普及“两癌”自检、预防与防治措施及日常保健知识。举办“两癌”检查项目技术操作培训班2期，培训管理人员和技术人员共计145人。2019年，宫颈癌检查5146人次，任务完成率102.92%；乳腺癌检查1064人，任务完成率106.4%。阴道镜检查170人；宫颈组织病理学检查123人。

【孕产妇保健】举办新进人员岗前培训1次、基公项目孕产妇、0—6岁儿童健康管理培训、整改、提高3次，培训人员229人次；开展片区督导2次、绩效考核与指导4次。紧盯重点环节早孕建卡、住院分娩、产后访视、新生儿访视，重点人群高危孕产妇、高危儿、体弱儿、流动孕产妇、流动儿童的筛查和管理，规范孕产妇、儿童健康管理服务，2019年度基本公卫市级绩效考核，游仙妇幼持续稳居全市第一。代表绵阳市在四川省进行经验交流。全区产妇数4291人，孕产妇系统管理4238人，系统管理率97.90%；筛查并管理高危孕产妇1818例，高危产妇发生率33.14%。孕产妇死亡率为0。

【0-6岁儿童保健】全区0—6岁儿童26116人，保健管理25818人，保健管理率98.86%。5岁以下儿童死亡14人，死亡率3.23‰，婴儿死亡6人，死亡率1.39‰，较2018年下降18.71%。

【托幼机构卫生保健】推进《四川省3岁以下婴幼儿托育机构指南(试行)》实施，下发关于做好游仙区0—6岁儿童眼保健和视力检查有关工作的通知。举办托幼机构卫生保健管理培训1次，培训人员148人。开展综合评估及业务指导41家、健康知识讲座9家、卫生保健工作调查113家。开展新设立托幼机构卫生评价1家。2019年有保教人员114人（专职20人、兼职94人），保教人员1771人，取得健康合格证1571人，健康持证率88.71%。在园儿童15592人，健康体检15284人，健康体检率98.02%。新入园儿童3286人，入园体检3270人，入园体检率99.51%。

【叶酸项目】培训32个机构86名工作人员，培训后考核合格率100%，统一印制《给准妈妈的一封信》《国家妇幼惠民政策有哪些》宣传折页1万份，全年机构活产数4857人，死胎、死产2人，出生缺陷49人，出生缺陷率100.88/万。服用叶酸人数3143人。

【自愿免费婚检】开展免费婚前医学检查工作，2019年结婚登记3352对，免费婚检3215对，婚检率95.91%（目标≥95%）。免费孕前优生健康检查工作，全年在22个乡镇和3个社区开展优生优育知识培训50场，优生优育健康指导3252人次，覆盖率达85.9%。全年全区孕优检查任务为3428人，实际完成孕前优生健康检查4200人，其中男性1980人，女性2220人，完成率达122.5%。

【新生儿疾病筛查】推进新生儿疾病筛查及听力筛查工作，全区新生儿疾病筛查4855例，筛查率99.96%；新生儿听力筛查4475人，筛查率92.14%；培训18个机构20名工作人员，考核合格率100%；辖区18家机构42名采血人员参加市级新生儿遗传代谢病筛查技术培训班，取得培训合格证书。

【医联体建设】2019年1月21日，区妇幼保健院与华西二院合作的远程视频交互式会诊系统和网络门诊正式上线，医院联盟运营模式跨向“互联网+医疗”模式，为危重症患者提供绿色转诊通道。2019年开展远程会诊9例，华西专家到院开展手术3例，医院派出3批人员共计12人前往华西二院相关科室进修学习，安排4位重点科室负责人参加华西二院业务短训。与华西二院妇科第二党支部共建新时代文明实践点，邀请20余人的专家团队在院开展义诊、健康讲座和学术交流活动，让群众近距离享受到高品质医疗服务。全年接受医联体成员单位短期进修6人次；双向转诊250人次；业务培训2200余人次；特殊检查150人次；专家下沉业务指导30余次；协助处理急危重症手术3次。

健康教育

【四川省健康促进区创建】2019年12月5日，四川省健康促进区技术评估专家组一行5人对游仙区健康促进区创建情况开展现场评估。专家组对游仙区创建工作给予肯定，推荐迎接国家考评。

【爱国卫生月活动】区爱卫办下发《绵阳市游仙区爱国卫生运动委员会办公室关于开展第31个爱国卫生月活动的通知》，各医疗单位选取在城区人流较为密集的区域，摆摊设点，向过往群众宣传讲解病媒生物防治、卫生保健、疾病预防、食品安全、环境保护、计生政策等知识，营造全民参与、共建共享的氛围。经统计，全区通过游仙区政务网、“游仙发布”微信公众号、“直播游仙”APP等新媒体平台宣传爱国卫生知识400余次，共悬挂宣传横幅近60条，发放健康教育宣传资料3万余份。

【卫生创建】推进国家卫生乡镇、省市级卫生先进单位、无吸烟单位、省市级卫生乡镇、卫生村的建设。2019年6月观太镇创建为“国家卫生乡镇”；魏城镇、石马镇等15个乡镇获“省级卫生乡镇”荣誉称号；魏城镇青林村、新桥镇岳家村、忠兴镇明月村等159个村获“省级卫生村”荣誉称号。

【病媒生物防治】制发《绵阳市游仙区病媒生物防制行动方案的通知》，按照“谁主管、谁负责”的原则，建立健全专业队伍与群防群治相结合的病媒生物防制机制。对各单位的病媒生物防制专（兼）职人员进行专项培训，区疾控中心完成本年度病媒生物密度监测工作，指派专人对全区病媒生物防制设施建设情况进行督查，全年共督促建设毒饵站2600余个，指导街道和社区进行环境消毒，及时清理污染水体。（曾 勇）

人口与计划生育

【人口概况】全区已婚育龄妇女79376人，出生人口3688人，出生率为8.14‰，与2018年同比减少169人，一孩出生2272人，一孩率61.6%，二孩出生1405人，二孩率38.1%，多孩11人，死亡人口2878人，死亡率为6.35‰，人口自增率1.79‰，政策生育符合率99.95%，出生人口男女性别比为109.31∶100。

【计划生育扶助】2019年，落实农村部分计划生育家庭奖励扶助对象共22826人；计划生育家庭特别扶助对象1123人，独生子女父母奖励对象共37930人。全年共发放计生奖扶、特扶资金共计3332.2万元，全区纳入特别扶助制度的计生特殊家庭共671户。开展端午、国庆期间计生特殊家庭走访联系“送温暖”活动，为每户送上200元慰问金，全年共开展2次走访联系，发放慰问金26.42万元。对1户患重大疾病且死亡的计生特殊困难家庭发放帮扶资金1000元。宣传四川省计划生育特殊家庭住院护理补贴保险方案，全年共赔付67件，为有需求的特殊家庭获得住院护理补贴10.08万元。

【流动人口管理】推动流动人口基本公共卫生计生均等化服务工作,落实12类基本公共卫生服务项目。更新流动人口信息平台，开展流动人口婚育证明电子办证、验证工作。流动人口婚育证明电子查验率达99.09%，流动人口信息接收、反馈率达100%，重点信息提交率达90%。

【争先创优】游仙区卫健局获评绵阳市2018年医卫保障工作先进集体、2018年改善医疗服务行动先进集体、2018年卫生健康宣传工作先进集单位、2018年度全市卫生健康信息化工作先进单位、2018年度全市卫生健康统计工作先进单位。

游仙区人民医院

【概况】游仙区人民医院是区级二级乙等综合医疗机构，医院位于绵阳市东郊28公里的魏城镇，业务辐射半径30余公里，服务人口30余万人。是游仙区“八区三中心”卫生事业总体格局中的主要医疗中心，是游仙区卫生健康系统临床医疗中心、微创诊疗中心、急诊急救中心、医疗技术指导中心、医学继续教育中心、社会健康体检及机动车驾驶人体检中心；也是绵阳市白内障复明定点医院、爱婴医院，是医保、社保、商业保险各类保险定点医疗机构。

【医院规模】医院占地50余亩，业务用房2.5万余平方米,开放床位270张。2019年有职工205人，中高级职称专业技术人员50人，开设有普外科、肝胆科、泌尿科、肛肠科、骨科、眼科、耳鼻喉科、麻醉科、中医科、针灸科、康复科、儿科、妇科、产科、呼吸心血管内科、消化内分泌内科、皮肤科、内镜中心、检验科、B超、放射科、病理科等近30个学科。

【业务工作】医院常年开展腹腔镜疝修补术，腹腔镜下肝囊肿、胆囊、消化道穿孔、肠梗阻等手术，胃癌、结直肠癌、乳腺癌的根治性手术，白内障超声乳化、鼻肿瘤切除、乳突根治术，子宫癌根治术、阴道镜、宫腔镜手术治疗，直肠阴道瘘修补术，低温等离子前列腺电切术、肾切除手术，体外冲击波碎石，髋关节置换，椎体滑脱手术，椎间盘臭氧治疗，椎间盘热凝消融术，胃镜肠镜下的止血、异物取除、肿物切除等治疗，能自主开展乙肝定量和血气分析等诸多检查。2019年门急诊13.0869万人次，出院8446人次。

【人才培养】全年选送业务骨干到上级医院进修20人（妇产科、消化内科、呼吸内科、放射科、儿科、急诊、骨科、药剂、血透、重症监护、心血管内科），进修结业9人；选派业务骨干参加省市业务培训和学术交流30人次；担任区以上专业学术委员会委员12人。

【学科建设】2019年，完成消化内科、呼吸内科分设工作；妇产科分为产科组、妇科组；申报的市级重点专科中医针灸科通过验收并被正式命名为市级重点专科；与四川大家医学有限公司合作共建医学检验中心，于2019年8月投入使用。对内科、外科、中医科、放射科等科室投入相应医疗设备器具，科室诊疗手段增加。

【基础建设】2019年，游仙区人民医院外科综合楼建设项目完工并投入使用。医院新增床位149张，新增关节活动度测定、言语测定等20个治疗项目。

【获奖情况】2019年，被评为省级“无烟单位”、绵阳市“无偿献血先进单位”、游仙区医保定点机构“优秀单位”“最佳志愿服务组织”“青年文明号”。医院参加全国医院擂台赛申报的“县域医疗服务能力提升”“提高老年护理服务质量”“优化急诊急救服务”3个案例均荣获最具人气案例奖。

建华乡卫生院

【概况】游仙区建华乡卫生院始建于1973年，位于绵阳市城区东南部，东与观太、南与经开区、小枧沟镇、西与小枧沟镇、北与仙海区毗邻，距绵阳城区14公里。占地面积3648平方米，业务用房面积1440平方米，是一所集基本医疗和基本公共卫生服务为一体的公益性乡级卫生院，游仙区城镇职工医保、居民医保定点医院。承担着辖区7个行政村1个居民委员会共计0.88万余人的基本公共卫生服务和基本医疗服务工作。医院有职工19人，卫生技术人员17人，其中执业医师1人，执业助理医师3人，护师2人，护士5人，本科学历1人，大专学历12人。全乡7个村卫生室、有乡村医生5名，医院实行乡村卫生服务一体化管理。医院开设有内科、外科、妇科、儿科、口腔科、中医科、B超、心电、检验科、放射科等临床和医技科室，开放床位30张。

【基础医疗】开展分级诊疗，基层诊疗实惠化，通过与上级医院建立科院联盟，市级、区级专家对我院进行远程医疗、在线会诊，并定期到医院开展临床查房和理论教学等，建立双向转诊绿色通道，执行分级诊疗优惠政策。患者可在“家门口”享受上级医疗机构的医疗服务。2019年，医院门诊诊疗10767人次，住院1200余人次，未出现医疗事故及不良事件发生。

【公共卫生“无纸化”服务】开展基本公共卫生“无纸化”服务试点工作，建立可随时调阅，实时动态更新的电子健康档案。截止2019年底，已建立电子健康档案8768份，健康体检1553人，高血压随访3776人次，糖尿病随访1361人次，家庭医生签约6926人。医院成立村医、乡医、县级专科医生及其他卫生健康服务人员的家庭医生团队5个，根据签订协议，家庭医生采用不定时走村入户对辖区居民进行健康宣教、随访、体检等方式，使基本医疗和基本公共卫生信息互通和联动。

【人才培养】2019年，医院1名职工参加全科医师转岗培训，参与上级医院培训及接待兄弟单位学习150人次。（雷凤玲）

社会民生

城乡居民生活

【概况】2019年，游仙区居民收入稳步增长，生活水平不断提高，全体居民人均可支配收入31854元，同比增长9.4%；人均消费支出22415元，同比增长9.9%。

【城镇居民生活】2019年，游仙区城镇居民人均可支配收入43947元，同比增长8.8%。其中：工资性收入27728元，同比增长10.3%，经营净收入3856元，同比增长10.4%，财产性净收入3531元，同比增长5.9%，转移性净收入8832元，同比增长4.7%。全年城镇居民人均消费支出29492元，同比增长9.6%，其中：食品消费支出8863元，同比增长10.2%，衣着消费支出2432元，同比增长3.1%，居住消费支出5996元，同比增长14.3%，生活用品及服务消费支出2130元，同比增长9.5%，交通通信消费支出3420元，同比增长9.4%，教育文化娱乐服务消费支出3831元，同比增长10.8%，医疗保健消费支出1818元，同比增长4.9%，其他商品和服务消费支出1002元，同比增长1.1%。

【农村居民生活】2019年，游仙区农村居民人均可支配收入18933元，同比增长10.3%。其中：工资性收入8112元，同比增长12.9%，经营净收入6918元，同比增长9.8%，财产性净收入714元，同比增长1.1%，转移性净收入3189元，同比增长6.9%。全年农村居民人均消费支出14854元，同比增长9.9%，其中：食品消费支出5237元，同比增长4.6%，衣着消费支出977元，同比增长7.5%，居住消费支出2680元，同比增长10.0%，生活用品及服务消费支出892元，同比减少4.4%，交通通信消费支出2388元，同比增长13.0%，教育文化娱乐消费支出1148元，同比增长20.0%，医疗保健消费支出1218元，同比增长30.7%，其他商品和服务消费支出314元，同比增长1.4%。

社会福利

【概况】2019年，游仙区落实儿童福利、“两残”补贴、孤儿保障等福利政策，加快区社会福利院（儿童福利院）建设和改造，全年发放“两残”补贴568.493万元，发放孤儿基本生活费29.96万元。

【“两残”补贴】2019年，全区发放困难残疾人生活补助26768人次，发放资金240.936万元，发放残疾人重度护理补贴51388人次（其中一级23574人、二级27841人），发放资金327.557万元，两残补贴共计发放568.493万元。对两残享受人员进行资格审计，退出享受人员75人，追回资金21480元。

【孤儿保障】制定《关于进一步加强事实无人抚养儿童保障工作的实施意见》，对全区事实无人抚养儿童进行全面摸排。全区共有孤儿26人，其中，社会散居孤儿18人，集中供养孤儿8人。全年发放孤儿基本生活费29.96万元。

婚姻

【概况】2019年，全区共办理结婚登记3506对，办理离婚登记2010对，补发结婚证1651对，补发离婚证102人，查询婚姻登记档案800余人次。

【婚姻登记管理】2019年，对婚姻登记手续齐全的实行一次性办理，对于不符合条件的进行一次性告知。加强办公平台硬件设施建设和婚姻登记数据互联平台建设，实现婚姻登记信息与全省婚姻登记信息系统数据交换共享，为婚姻当事人、人民法院、人民检察院、公安等部门提供婚姻当事人的婚姻档案。

民族宗教

【概况】游仙区属于少数民族散居区，共有36个少数民族，近5000人。全区有佛教、道教、基督教、信众5万余人，约占全区人口总数的10.5%。有区级爱国宗教团体3个，分别是区佛教协会、区天主教爱国会、区基督教三自爱国运动委员会。有开放宗教活动场所12处。

【宗教工作】邀请国家宗教局研究中心综合研究部张弩主任、市委统战部民宗局副局长安兴讲课，常委会前讲纪说法解读新《宗教事务条例》。将宗教知识纳入区委党校秋季主体培训班课程，宗教工作纳入年度政治巡察、党建述职、目标任务考核体系。设立宗教文化墙，在柏林教堂打造“宗教中国化方向实践创新基地”，将社会主义核心价值观融入教义教规中。鼓励支持宗教界代表人士开展社会慈善服务、化解矛盾纠纷，6个佛教场所参与贫困户建房资金募集活动，11个开放场所参与脱贫攻坚行动。开展“宗教政策法规学习月”“中国特色社会主义宗教理论”活动，举办以“提升教职人员综合素质、提升宗教场所管理水平、提升宗教领域社会形象”为主要内容的“三大提升”主题活动，深入宗教场所和小庙开展安全隐患排查。聚焦规范财务管理，将场所财务管理纳入年底对宗教场所负责人的检查考核内容。加强教职人员管理，推进宗教活动场所规范化建设。在全区宗教场所设立“两室六员一队”（即：警务室、调解室；警员、调解员、安全员、法治宣传员、卫生防疫员、村居协理员；义务消防队），依法参与宗教事务管理和治理。

【民族工作】贯彻执行党的民族政策，夯实民族工作三级网络两级责任制，对东街社区民族服务站进行升级改造，申报东街社区为全国“民族团结示范社区”，开元中学为第四批全省民族团结示范单位。鼓励支持少数民族人口相对集中的街道、社区组建民族歌舞团队，开展“团结、和谐、友爱、互助”主题文艺会演等活动。“一三三”社区民族宗教工作法在全省社区统战工作现场会上作经验交流发言，被《四川统一战线》杂志采编报道。

移民工作

【概况】2019年，全区农村移民人口总数4458人，非农移民356人，分布于全区22个乡镇、1个经济试验区、2个街道办事处。全年共发放移民后期扶持直发直补资金280.86万元，移民养老保障资金70.99万元。

【项目建设】2019年，争取到位移民后扶项目资金545万元。主要用于：云凤镇圣灯村5组拆除并新建泵房及设备购买，50立方米蓄水池。魏城镇、新桥镇、云凤镇、忠兴镇、街子镇等12个镇乡河道清淤，新建渠道，道路建设和硬化，维修加固沿山沟渠、排洪道路、提灌站等工程。受益群众31698人，其中移民1923人。

【移民信访工作】建立县级领导包案制度。各移民乡镇成立以党政主要领导为组长的移民信访稳定工作领导小组，编制完成《移民稳定工作应急预案》和专门的移民网格化管理方案，建立好矛盾纠纷排查化解、重点人员摸排管控联动机制。建立信息研判机制，落实专人收集移民动态信息，召开5次专题会议研究部署移民维稳工作。进行法治谈话和移民政策宣讲达50人次。2019年，共收到信访3件，已化解2件。

救灾救济

【防震减灾与地质灾害管理】区减灾委制定《2019年范化解重大自然灾害风险工作计划》，排查出游仙区重点自然灾害隐患点10处。在“5·12”全国防灾减灾日和“9·30”国际减灾日开展宣传活动。调整区防灾减灾成员单位，明确减灾委员会成员单位的职责分工。2019年全区因自然灾害造成78508人受灾，农作物受灾3777.62公顷，成灾面积2632.58公顷，绝收427.46公顷，农房倒损40户78间，造成直接经济损失3981.43万元。全区因灾造成生活困难群众需政府救助人数达10297人次，政府救助6097人，发放救助资金210万元。

【临时生活救助】2019年，游仙区完善城乡居民社会救助体系，解决困难群众临时性生活困难。对因灾、突发事故、疾病、重大灾害、家庭变故等导致基本生活出现严重困难的家庭给予一次性救助，共有1460人得到临时生活救助，发放临时生活救助资金58.02万元。

殡葬

【概况】2019年，按照殡葬改革工作要求，加强殡葬改革宣传和服务质量提升，强化公墓和农村公益性公墓监管；落实省、市关于墓区“禁燃、禁烧”文件精神，推进节地生态安葬、惠民殡葬、安全祭祀等工作。解决符合惠民殡葬政策城乡低保户、城镇“三无”人员、农村五保户“一站式”减免对象共270人殡葬基本服务费12.6723万元。落实93.0844万元、共1747人绿色惠民殡葬资金的审核、发放工作。

【群众安全祭祀】抓好“安全责任、协同机制、隐患排查、服务水平”工作，开展以开展以“节地生态、绿色祭祀”为主题宣传活动。推进节地生态安葬，倡导移风易俗，强化行风建设，提高服务水平，实现文明祭祀、绿色祭扫。全区公墓一律禁止焚烧和燃放冥币、香蜡、烟花爆竹等丧葬用品行为，在公墓服务区设置鲜花供应点换取群众自带的冥币、香蜡、烟花爆竹等丧葬用品，或低价乃至无偿向群众提供鲜花、丝带等绿色文明环保祭祀用品。

【“节地生态葬”公益活动】2019年，全区推进“节地生态葬”公益活动，面向社会公示捐赠鲜花树草葬墓穴30个，清明节期间向社会捐赠鲜花树草葬墓穴3个。对区内公墓建设、用地情况、收费情况、宗教场所经营情况等进行摸底及清理。全年未发现未经批准擅自兴建公墓设施，未发现未经批准擅自修改公墓建设规划、扩大建设用地面积等现象。

【惠民殡葬】2019年，制定《游仙区全面推行绿色惠民殡葬政策实施细则(试行)》，每半年由殡仪馆与民政局结算惠民殡葬费用。针对低保等困难群众，实施惠民殡葬基本服务费减免“一站式”结算服务，落实惠民殡葬普惠制度。

【突出问题专项摸排】2019年，出台《关于印发绵阳市开展违法违规私建“住宅式”墓地等突出问题专项摸排工作方案的通知》，成立游仙区开展违法违规私建“住宅式”墓地等突出问题专项摸排工作领导小组，加强对违法违规私建“住宅式”墓地等突出问题专项摸排工作。

老龄工作

【概况】2019年，全区农村公办养老机构适老化改造项目在魏城、街子等5个乡镇养老服务中心实施，项目补助资金370万元，适老化改造床位370张；投入资金344.88万元，采取公开招标方式，分6个区域为全区11496名老人服务提供每人300元助医、助急、助浴和助行服务；在3个中心为试点地区老人提供服务4400余人次，服务金额70余万元；争取养老服务体系项目资金938万元，其中福彩公益金超过50%，全面完成项目建设；成立村（社）老年志愿服务队248个，登记志愿者3647人。

全区共有各类养老机构30个（敬老院22个、光荣院1个、社会福利中心1个、区社会福利院1个、民办养老机构5个），共有养老床位3937张，每千名老人拥有床位38张；建有区域性养老服务中心5个，社区养老服务中心3个，城乡社区老年人日间照料中心160个，农村幸福院45个，养老设施建成覆盖率达到72%。为城乡老年人提供居家养老服务覆盖率达到40%。

【高龄老人津贴】2019年，游仙区通过个人申请、乡镇核实、区民政局审批的方式，全年发放高龄补贴72031人次，发放资金479.9375万元。

【养老机构服务】2019年，成立由区民政局、区卫健局、区市场监管局、区应急管理局和区公安消防大队等单位参加的专项行动领导小组，联合下发《关于做好2019年养老机构服务质量建设专项行动工作的通知》文件，对全区29个养老机构进行督查，并形成“一院一策”整改通知；开展养老人才队伍建设，面向社会培训高级养老护理员80人。全年选送培训5批次46人次，分别参加省、市民政部门组织的专业培训。

【社区和居家养老试点工作】2019年，制定《社区和居家养老服务方案》，优选支援建立3个综合居家和社区养老服务中心，采取“四个五”模式（五个原则、五个阵地、五种力量、五种服务形式），招引培育专业社会组织，整体运营辖区内老年人日间照料中心，建立区域性综合养老服务中心，为辖区老人提供专业、方便、个性化、低于市场价格的社区和居家养老服务。社会组织通过培训专业人员，招引良心商家构建为老服务“商家联盟”，招引培育专业社会组织整体运营日间照料中心的方式，探索建立社区和居家养老服务模式。为老年人提供47项社区和居家养老服务，建立15分钟为老服务圈，根据老人身体和家庭经济状况，推行“免费”“优惠”“低价”“市场价”收费模式，从而为老年人提供周到、便捷、高效、体贴的专业化“点单式”养老服务。3个中心为试点地区老人提供服务4400余人次，服务金额70余万元。

【敬老月活动】2019年，组织参与市民政局组织的敬老月活动，制作报送宣传展板2张，选送参演节目2个，受到市上表彰最美老人、孝亲敬老楷模、优秀养老护理员各1名，制作宣传手册5000册，指导各乡镇（街道）开展五大类活动：开展“我和我的祖国”——庆祝中华人民共和国成立70周年老年人系列文化体育艺术活动；开展“温暖重阳”走访慰问老年人活动；开展人口老龄化国情教育“六进”活动；开展孝老爱亲公益志愿服务活动；开展老年维权优待系列活动。完成游仙区福利院消防验收，达到开展养老服务的基本条件。（吴曙东）

表6　2019年1—12月市级民生实事目标任务进度、资金拨付统计报表

序号	项目		任务数	完成数	完成比例%	区级牵头责任部门
1	巩固退耕还林成果	巩固前一轮退耕还林成果（万亩）	2.9	2.9	100	区自然资源局
		对集体和个人所有公益林进行全面有效管护并及时足额发放补偿资金（万亩）	6.98	6.98	100	
2	建设平安智慧小区、安全社区	建成平安智慧小区（个）	12	12	100	区公安分局
		建成安全社区（个）	2	2	100	区应急管理局
3	帮助城乡残疾人居家灵活就业、扶持农村困难残疾人发展生产	帮助城乡残疾人居家灵活就业（名）	2030	3250	110.0	区残联
		扶持农村困难残疾人发展生产（名）	656	656	100	

续表 6

序号	项目		任务数	完成数	完成比例%	区级牵头责任部门
4	为有需求的残疾人配发基本辅具（件）		370	1024	276.76	区残联
5	为家庭经济困难学生、残疾学生和困难残疾人家庭子女等提供帮扶资助	为家庭经济困难的职工子女上学提供帮扶（名）	40	73	182.51	区总工会
		资助困难家庭学生（名）	160	181	13.13	区总工会
		资助残疾学生和困难残疾人家庭子女上学（名）	9	9	100	区残联
6	向农村义务教育学校学生提供免费午餐（名）		9857	10080		
7	打造市级示范或特色学校少年宫（所）		1	1	100	区教体局
8	举办市级以上青少年体育比赛（场）		12		200	区教体局
9	发放青年创业贴息小额贷款和创业补助	发放青年创业贴息小额贷款（万元）	150	150	100	团区委
10	为困难群众提供法律援助服务	提升建设市县两级公共法律服务大厅(原法律援助受理厅)并保证规范运行（个）	1	1	100	区司法局
		为困难群众提供法律援助（人/次）	3800	9987	262.8	
11	开展被征地农民社保欠费清欠工作		完成2019年度清欠任务	1000	100	区人社局
12	发放社会保障卡（张）		21000	21000	100	区人社局
13	关爱青少年成长和支持青年创新创业	留守学生之家项目化运行（个）	20	20	100	团区委
		在全市开展未成年人公益电影展播（场）	15	15	100	
		青年创新创业培训（人）	200	200	100	
14	提升社会医疗服务水平	在已实行家庭医生电子化签约的区域，家庭医生电子化签约服务率占签约人数比例（%）	70	70	100	区卫健局
		向符合条件的退出乡村医生发放生活补助率（%）	100	100	100	

表 7　　2019年市级民生实事重点基础设施项目情况表

类别	项目性质	项目名称	项目简介	项目估算总投资（万元）	2019年计划完成投资（万元）	2019年工作进度
集中发展区项目	续建	科技城大道二期（游仙区段）	该项目起于科技城大道二期涪江大桥东侧，止于绵广高速科学城收费站。长度约3公里。同步建设缆线管廊、附属配套设施（含绿化）	63779	17994	完成2公里道路建设

街道·镇乡

涪江街道

【概况】游仙区涪江街道位于绵阳城区东北部，与涪城区、中物院、游仙经济试验区、富乐街道接壤，是游仙区政府所在地。街道辖区面积达6平方公里，辖8个社区居委会，7个社区党委，1个社区党总支，47个党支部，公办幼儿园2所，小学2所，普通中学1所，职教1所，文管所1个，国家三级甲等医院（绵阳市第三人民医院）1个，社区卫生服务站4个，小区92个，服务人口13万人，是游仙区政治、经济、文化中心。

表 8　　2019年涪江街道各社区基本情况表

序号	社区名称	面积（平方公里）	户数（户）	人口（人）	集体经济收入（万元）	人均纯收入（元）
1	东材社区	0.45	1787	5252	0	15000
2	韩家脊社区	1.2	4183	15059	0	7000
3	剑南路东段社区	1	4329	12349	0	20000
4	开元路社区	0.5	1658	6578	0	11000
5	开元路中街社区	1	4430	12829	0	5000
6	绵山路社区	1.5	3776	9819	2.496	20000
7	五里堆路社区	0.8	4224	14628	0	21600
8	治平路社区	2	3660	17000	0.72	15000

【主要经济指标】2019年，涪江街道限上企业社消零销售额完成7.5亿元，重点服务业销售完成2900万元，同比2018年增长26%；实现财税收入14.6亿元，同比2018年增长11%；社销零限上企业增加2家，限上服务业、科技型中小企业各增加1家；同时，电子商务、网络零售交易规模分别达到2亿元和1.5亿元，实现招商引资1.9亿元，固定资产投资1.5亿元，全年向上争取项目资金707万元，各项指标均超额完成年度目标任务。

【社会事业】2019年，清理退出低保户247户404人，累计发放低保资金187万元，低保人数由年初的482户693人减少到235户289人。为辖区80岁以上老人发放高龄补贴33.4万元，发放优抚金78.3万元。完成退役军人信息采集光荣牌悬挂工作。宣传残疾人事业及残疾人法律法规，营造扶残、助残的社会良好氛围。完成“量服”平台所有残疾人信息入库任务，截至12月底，手机录入率和APP使用率均是100%。走访慰问贫困残疾人147户，发放慰问物资折合人民币5.7万余元，发放居家灵活就业区级直补金5000元。辖区海上海酒店被市残联授牌为首批残疾人双创实训基地，重度听力残疾人刘顺东获评“绵阳市自立自强创业典型”。全年完成白内障复明手术4例，完成适配贫困残疾人辅助器具11件。加强退休人员管理服务，运用四川省协查认证平台为3100人次进行协查认证。组织498名下岗失业人员参加用工现场招聘会，开发公益性岗位11个。

【安全生产】2019年，对53家企事业单位生产企业进行专项检查，发出整改通知书16份，提出整改意见52条。举办和参加5次安全培训会，3次应急演练，处置5起地质建筑灾害隐患。

【综治信访】以“防风险、保安全、迎大庆”工作为重点，完成新中国成立70周年庆典准备工作。加强矛盾纠纷联动排查，化解各类矛盾纠纷128起，开展法律咨询220余次，做好23名社区矫正人员的管控，用法治手段化解信访矛盾5次，开展各种法治宣传10余场次，受益群众3000余人。在东材社区设立社区戒毒康复中心，开元路中街社区建设禁毒宣教中心。梳理31个年度重点信访件，上报涉黑涉恶人员甄别线索1个。

【城市管理】完成开塑生活区5、8号楼排危除险工作。推进东兴路8号棚改，新增签约4户。抓好小区管理，宣传贯彻《绵阳市物业管理条例》，监督指导小区业委会成立和选举工作。推进文明城市建设，开展文明劝导、占道经营等乱象整治，高标准完成迎检验收。抓好环境保护工作，组织开展环保专题宣传活动14次，制作悬挂横幅标语145幅，发放宣传资料1.5万余份，办黑板报、宣传专栏120期。持续做好河长制工作，组织志愿者开展“整治母亲河志愿者服务活动”“环保日专项整治行动”“推进生态游仙，保护河岸环境”等一系列志愿者服务活动，发动2000余名志愿者参与，清理河岸、河道垃圾160余吨。推进保障性住房工作，适时足额发放公共租赁住房补贴。

【“大掌柜+店小二”社区治理】坚持“资源统筹在社区、功能服务进小区、聊天互动在院落”理念，探索“大掌柜+店小二”社区治理模式。依托韩家脊爱心食堂，打造集娱乐保健、特色休闲、电子商务、餐饮购物为一体的“1921爱心列车”。整合利用小区闲置资源和各类社会资源，建成体现共享主题的三汇绿岛“共享小区”。投入60余万元改造三汇绿岛小区300平方米的闲置空余住房，建设全省首家社区培训学校——“爱社区大学堂”，作为开展社区干部培训、文体艺术培训、名优书记工作和科普培训的学校和基地。

【小区党建】开展小区党建分类治理，形成以银峰小区为代表的老旧小区同步治理、三江首座为代表的商业小区治理、东材为代表的改制小区治理示范模式。完成开元路中街社区温馨小区道路和老年活动中心的集中改造提升。开展以“三沉入、五查清、四谏言”为主要内容的机关干部“大沉访”活动。组织开展街道首届十佳“群众最喜欢美食”评

6月14日，市委常委、组织部部长岳勇（左三）到涪江街道韩家脊社区调研

选活动。完成14名“三化一型”社区专职工作者招聘和定岗定级工作。在韩家脊广场组织实施“绵阳社工周—我们在行动”系列活动。完成山东省潍坊市委组织部、宜宾市住建委局、遂宁市住建局、壤塘县委组织部、犍为县、德阳市罗江区委组织部、绵阳市委组织部等单位的参观学习接待任务；承接全省街道社区党组织书记加强城市基层党建工作培训示范班培训现场会；省委组织部、省民政厅、省委党校培训班，省委秘书长、政策研究室领导，市委书记刘超等到社区现场调研；迎接新华社对社区党建引领基层治理的专题采访。

【获奖情况】2019年涪江街道获得四川省禁毒社会化工作成效突出单位（川禁毒办发〔2019〕10号）、绵阳市退管服务工作先进集体（绵人社办〔2019〕82号）、文武平获得绵阳市残疾人事业发展30周年主题征文三等奖。（张小清）

富乐街道

【概况】富乐街道办事处是游仙区人民政府的派出机构，组建于2000年10月，由涪江河滩地开发建设而成，呈带状地形，辖区面积5.6平方公里。地理坐标为北纬31° 27′ —31° 28′ ，东经104° 45—104° 47′ 。东起沈家坝与小枧交界，西至芙蓉溪，北至朝阳厂，南至芙蓉溪左岸。富乐街道驻游仙区东津路20号，位于富乐山下、芙蓉溪畔，生态环境良好，辖区已成为游仙区政治、经济和文化的中心，辖区内有李杜祠、桃园三结义广场、中华科学家公园、富乐山景区等休闲场所。富乐街道辖区人口6万余人，21303户居民，共设5个城市社区居委会，分别是：李杜祠社区居委会、沈家坝东街社区居委会、沈家坝北街社区居委会、仙人路社区居委会、五八社区居委会，共计39个居民小组。

【主要经济指标】2019年固定资产投资年度完成数2.9亿元，完成率100%；对上争取项目、资金预期目标500万元，完成数513万元，预期目标完成率103%；旅游收入完成17.1亿元，完成率100.5%；引进到位境内省外资金金额0.1亿元，完成率100%；新增科技型中小企业任务数1户，完成率100%。限上社消零企业总额全年目标任务数91516万元，新增限上社消零企业4个，新增规上服务业企业2个，社消零企业完成率100%。限上社消零企业入库资料报送4个，入库2个，规上服务业企业入库2个。电子商务交易规模任务数是2亿元，全年实际完成2.1亿元，完成率105%。网络零售任务数1.5亿元，全年实际完成1.5亿元，完成率100%。新增电商应用企业任务数3家，实际完成3家，完成率100%，京东游仙馆上线企业任务数1个，实际完成1个，完成率100%，上线产品交易额任务数100万元，1—12月实际完成100万元，完成率100%。

【第四次全国经济普查】街道辖区企业数499户，非一套表单位数475户（其中企业285户、产业活动单位80户，行政事业单位74户、民间非营利组织36户），一套表单位数（四上企业）24户。个体经营户清查阶段1949户，正式登记阶段抽样717户（其中沈家坝北街社区704户，李杜祠社区大个体10户、沈家坝东街社区大个体3户）。

【文化建设】设置图书阅览室5个，藏书万余册；建成文体队伍30余支，举办文艺演出20余场，参与人数达1万余人次；开办合唱、葫芦丝等培训班，开展免费培训50余场次，培训文体骨干400余人；开展“三讲三赞”坝坝会、党员故事会、退役军人故事会等15场次，参加人数1万余人；征集130余条家风家训，建成“富乐人家　勤廉持家”家风家训文化广场；组织居民捐赠390余件老旧物件，建成城市乡愁记忆馆，组织居民、学生、租户参观达2000余人次。

【新中国成立70周年庆典】2019年，国庆期间组织5000余人“同升国旗同唱国歌”，建成70米“向祖国告白”红墙，3000余人到“红墙”打卡；承办“奋进新时代　聚力新征程”——游仙区庆祝新中国成立70周年社区嘉年华，1000余名居民参与微项目体验，“优视绵州”对其网络直播，观看量达到6.24万余人次。

【联合组织生活会】2019年6月27日，绵阳市游仙区富乐街道首届联合组织生活会在东津酒店举行，此次活动组织成都市青羊区西华门社区与李杜祠社区进行城市社区结对共建，游仙区刘家镇旦家庙、潘家庵、曾家垭村与东

表 9　　2019年富乐街道各社区基本情况表

序号	社区名称	面积（平方公里）	户数（户）	人口（人）	集体经济收入（万元）	人均纯收入（元）
1	仙人路社区	1.7	2513	10284	0	25000
2	李杜祠社区	1.3	6889	24000	0	30000
3	东街社区	0.9	5704	17112	3	25000
4	北街社区	0.6	5673	13200	5	8000
5	五八社区	1.1	524	1700	6.90	35000

街社区、李杜祠社区、北街社区、仙人路社区进行城乡社区结对共建，成都市温江区天府街道、武侯区玉林东路社区、青羊区西华门社区进行社区治理经验交流，富乐街道推出《游仙区富乐街道城市治理资源交易激励实施细则》，发布《游仙区富乐街道城市治理资源交易报告》。

【党群服务中心挂牌】2019年4月24日，由中共绵阳市游仙区委组织部、绵阳市游仙区民政局主办，游仙区富乐街道党工委、办事处承办的游仙区首届公益创投大赛暨党群服务中心挂牌仪式在富乐街道沈家坝东街社区富乐小区内举行。仪式上，区民政局、团区委、富乐街道发布购买社会服务民生项目。

【基层党建】市区级部门与社区共同成立社区大党委，每季度召开大党委会议，共同研究解决帮困扶贫、治安维护、文明创建等社区治理重点难点问题。在街道层面构建区域化党建联席会议制度，由街道党工委牵头，街道下属党组织、辖区各企事业单位等共同参与，构建区域化党建共同体工作机构，创新建立多方联动、横向互动的区域化党建组织体系。利用27个“双报到”单位党组织、900余名“双报到”党员帮助社区党组织加强制度建设和党建阵地建设，结成36个小区党建共建对子，促进机关党建与社区党建优势互补、经验互取、资源共享、共同发展。探索商住小区、自建房小区、老旧小区分类治理，推进“楼栋长+房东”自建房社区治理模式，867名房东参与社区治理，经验做法被《人民网新媒体智库》刊载，入选全国“2019城乡社区发展治理创新案例”；完成教师公寓、富乐小区等示范院落打造，建成便民服务代办点、流动人口服务站4个，在富乐小区建立社区食堂解决近20名老人就餐;引进“合家健康蔬菜配送”，线上线下配送蔬菜10余吨，服务居民群众6000余人次。全年微信公众号推送“主题教育微党课”100讲；表扬“学习强国”学习标兵10个；“送学”上门服务600余人；组织170余名党员干部开展主题教育知识竞赛。

【文明城市建设】2019年，评选出好人、名人、能人22名，掀起学习郭德明、杨林“见义勇为公民”先进事迹的热潮；开展社区“妇女之家”“儿童之家”示范

7月9日，游仙区富乐街道举行防灾避险应急演练

点创建，表彰“最美家庭”“好婆婆”“好媳妇”共127户，表彰“书香少年”15名；发起“认捐一瓶水 情暖文明城”倡议书，组织辖区爱心企事业单位和个人为户外劳动者捐赠资金8000余元、冰箱2台、矿泉水100余件；引入西南科技大学城市学院青年志愿者协会、西南科技大学逆流公益、西南财经大学天府学院“三下乡”志愿实践团队，开展“530课堂”“健康相伴、爱暖人心”“幸福社区”等志愿服务项目；组织团干、青年志愿者开展“文明劝导”“小手拉大手”等各类活动。

【扶贫救困】建立“一个同伴”之家，推选“同伴妈妈”，负责联系街道26个困难儿童，定期家访和开展关爱活动；开展妇女儿童解贫扶困活动，缓解21个家庭实际困难；为辖区4名困难家庭大学新生提供帮扶资助；为有就业愿望的妇女群众300余人开展“月嫂”“香月儿”刺绣、女红、西点制作等技能培训；完成中央财政、省财政专项资金救助困难职工5人次，资金2万余元；全年完成困难群众医疗救助、困难群众临时生活救助、特困供养、困难残疾人、重度残疾人等资金发放25.46万元。

【法治政府建设】建设李杜祠法治社区、机关法治小区、恒信花园法治小区，举办法治培训1期，参训人员80人次，开展普法宣传6次，开办法治宣传专栏2期，张贴宣传标语10幅，发放各类宣传资料5000多份，受教育群众3000余人；街道接待来访咨询群众30余人、提供法律援助4件；调解纠纷217件，其中正式卷宗65件，随手调152件；街道、社区全部与律师签订《法律服务协议》，律师每月在街道坐班进行法律咨询服务不少于8小时；协助区矫正大队进行社会调查评估案件7件，核实居住地变更、刑满释放人员居住地等人员情况8件。

【网格化服务】开展网格化服务管理工作，发现治安隐患493件次，受理各类民生、社情民意等1.6万余件。每月不定期到辖区7个快递物流点进行安全、物流寄递、实名登记等检查；每月开展网格员业务培训，网格员采集走访特殊人群1500余人次。

【环境综合治理】全年开展专项治理17次，出动人员100余人次，投入经费5万余元，清理卫生死角18处，清理生活垃圾、建筑垃圾共12处，各类垃圾共31车；清理和规范施工现场1处，治理扬尘污染1处，治理城区家禽饲养3户、小广告1.4万余处、乱堆放21处，规范各种车辆乱停乱放120余次，治理跨门经营180余次；增加垃圾桶57个，发放宣传资料5000余份，悬挂宣传标语20余条；开展专项整治“散乱污”企业“回头看”，防止已完成治理的4家企业死灰复燃；巡查垃圾禁烧，做到“不生火、不冒烟”；督促辖区13家新增餐饮业安装油烟净化器；露天烧烤5家引至室内并设置专业排烟设施；设置5名大气污染网格化监管网格员；对辖区污染源每月进行巡查，对辖区空气质量进行动态监管，巡河520余人次，更新《河长公示牌》2块，设置《河道管护公约》2块，发现问题65个，全部整改到位。

【退役人员管理】落实重点优抚对象政策，全年发放定期补助金、医疗补助、就业补助金等各项资金94.69万元，完成2305名军队退役人员和其他优抚对象信息采集和“光荣牌”悬挂，完成率100%。

【自然灾害防治】成立基干民兵队伍，组织应急排30人参加防洪抢险演习；建立应急抢险指挥部，组建防汛抢险队伍，编制《防汛突发地质灾害应急预案》，建立“一案两卡”（地质灾害防灾预案、明白卡、避险卡）建立隐患整治台账，确定7个隐患点的防灾监测人，隐患点设置公示牌，张贴撤离路线图；开展应急演练2次，参加居民1000余人次；开展安全生产专项治理大检查30余次；开展消防安全知识、森林防火知识培训4次；开展消防救援等演练3次。

【社会治安综合治理】排查出重点信访及不稳定因素30件；收到上级交办的信访事项7件，化解7件，化解率100%；市长热线受理39件，已回复39件；市长信箱11件，回复处理11件；在全国两会、庆祝新中国成立70周年、中共十九届四中全会期间实现零进京、零到省；制作扫黑除恶宣传栏6处、辖区LED显示屏宣传200余次，网格员走访宣传1339次，宣传群众2万余人次，开展“扫黑除恶广场宣传”等活动4次；核查办理省扫黑除恶专项斗争第4督导组交办一般线索1条；辖区在册邪教“观音法门”

人员2人，采取“四包一”的方式管控，每月走访1次；张贴打击和处置非法集资宣传画700余幅，发放宣传资料8000余份，LED显示屏滚动播放2000余次，排查企业及金融机构40余家。

【棚户区改造】完成两批次产权调换安置房分配工作，共签约户数204户；申报“朝阳新居”一期安置房266套水、电、气卡办理，完成199套已安置房水、电、燃气卡办理工作；完成“朝阳新居”一期排水沟、加装热水管、电梯等配套设施工程；完善货币安置、产权调换安置手续、安置房品迭结算、被征收人支付费用、补偿协议书、补偿结算清单、剩余房源信息、待安置人员信息、二期建房户型户数等；完成腾房搬迁交房钥匙637户，集中办理已交钥匙货币化安置户燃气退费637户，退费金额162405.54元；启动实施旧房拆除相关工作。

【老旧小区改造】完成4个老旧小区改造并通过验收，截至2019年年末，辖区共完成13个老旧小区改造和31个还未治理老旧小区的摸底工作，新申报6个老旧小区治理项目。

【民生保障】为辖区居民办理生育服务证151个，孕前免费优生优育检查150人，参加“两癌”筛查246人，完善流动人口信息录入，为62名计生家庭特别扶助对象发放特扶奖励金324960元，补发2018年提标金额42人62400元;组织23名志愿者参加无偿献血活动，献血量6600毫升；推进除“四害”工作，投放鼠药550袋、毒饵盒210个，室外消毒面积达1万平方米，投入资金3080元。

【获奖情况】省级：省级规范化司法所；四川省卫生单位。市级：绵阳市2018年度建设全国文明城市先进集体；全市人民调解工作先进集体。（纪凤仙）

游仙街道

【概况】游仙街道位于绵阳城区东（游仙区西部）城乡接合部，东邻小枧镇和仙海风景区，西邻石马镇，南邻富乐街道办与中物院科学城相连，北与新桥镇接壤，距市区中心（临园路）8公里。辖区内交通便捷，绵遂高速、108国道路穿境而过，一环路北段东延线、二环路、205省道正在建设中。游仙街道辖区面积约44.5平方公里，下辖游仙观、芙蓉、申家、吴家4个城市社区，龙王、麒麟、长明、望江、金山、文胜、石垭7个行政村，村（居）民小组60个。

1992年建镇，1999年与游仙区经济试验区合并，2003年与游仙区经济试验区分离。2016年11月，由四川省、绵阳市政府批准，撤销游仙镇，设游仙街道办事处，2018年11月30日，正式挂牌成立游仙街道办事处。因体制转换是一个较长时期，经游仙区民政局批准，保留“游仙镇”的牌子至2019年12月。

【主要经济指标】2019年，实现固定资产投资约11.79亿元，社消零总额1.81亿元，规上服务业1.03亿元，旅游业总额2.13亿元，新增科技型中小企业2家。

【项目拆迁】推进绵阳市二环路四期、一环路北段东延线、205省道三期、旅游环线等6个拆迁项目，拆迁面涉及8个村（社区），共计拆迁农房5户，安置

6月27日，区委副书记何守君（左三）到游仙镇调研非洲猪瘟防控工作

表 10　　2019年游仙街道各行政村（社区）基本情况表

序号	村（社区）	面积（平方公里）	户数（户）	人口（人）	集体经济收入（万元）	人均纯收入（元）
1	龙王村	3.65	350	1286	9.05	17500
2	麒麟村	4.3	436	1621	0.273	12000
3	长明村	4.72	553	1902	44.83	18030
4	文胜村	7.33	447	1346	170.37	18500
5	石垭村	3.7	520	1568	41.1	19000
6	望江村	4.5	334	1140	8.64	18000
7	金山村	4.3	466	1437	8.24	14000
8	芙蓉社区	4.00	1057	1769	18.79	15000
9	申家社区	3.80	268	959	20	17000
10	游仙观社区	2.50	2860	3850	—	—
11	吴家社区	2.50	443	1321	174.1	18000

19人，青苗、附着物、山林、林果拆迁面积达750余亩。

【乡村经济】规划建成“爱的家园”为主旨的城市农业休闲综合体。试点建立村集体经济发展规划指导帮扶机制，成立“专家智囊团”服务村级集体经济项目，打造“犁在印盒”水果品牌，望江村“山湾农庄”被区政府评选为“游仙区十大山湾农庄”。

【项目建设】实施长明小区二期5000平方米统规统建房及附属配套工程。长明、麒麟远距离生产生活配套用房基本完工。完成申家、长明拆迁安置公墓建设。推进石垭统规统建房二期3万平方米房建及附属工程，205省道金山村、龙王村等拆迁群众宅基地场平及配套工程建设。九院二所院外7500平方米科研团队办公用房项目落地实施。

【基础设施】争取公共运行维护项目27个，争取项目资金345万元。东游路、仙建路道路维修，金山村2.5公里道路扩宽工程全面竣工。

【城乡环境治理】对芙蓉溪流域排污口治理，对摸排发现的8处污水排污口进行整治，完成整治5处，针对文胜、石垭、吴家三处工程量较大的排污口按区级部门相关要求采用蓄水沟进行临时治理，对蓄水沟定时进行抽水，争取市、区相关部门支持、逐步完善城区、人口密集区污水处理设施及管网接入主干管项目。对辖区进行“散乱污”企业巡查管控，对2家“散乱污”企业（宏盛商混站内陶瓷加工厂、昆宝利废品回收厂）实施“两断三清”措施。

【社会事业】2019年，新增计划生育奖励扶助对象56人，特别扶助对象5人。2019年奖扶享受对象781人，完成2020年新增计划生育奖励扶助对象录入73人，特别扶助对象录入7人。全年累计发放农村低保金279户398人13.9万元，城镇低保金累计134户147人5.8万元，因政策原因核减2户2人，对1户1人员进行申报。

【社会治理】开展信访积案化解百日攻坚行动，争取上级支持，解决仙鹤湖饮用水源保护地涉及300余名拆迁群众遗留社保问题。2019年共接待群众来访35批次2100人，办理、回复信访件、市长热线118件，网络问政32件，调解各类矛盾纠纷58件。化解汪六伍、芙蓉社区小区遗留问题等安全稳定事件，组织和参与对重点人员的稳控，实现在重要敏感时段“零到省”“零进京”。

【基层党建】成立绵阳市首个大型商业综合体商圈党支部—红星美凯龙商圈党支部，探索商圈党建“联心服务”工作法，经验被绵阳组工动态刊载。试点推行“党建+服务队+第三方评价+信用积分”管理模式，按照宣传发动、组织实施、监督评议、激励提升四个环节，引进“一凡公益”组织开展第三方测评，建立信用积分制度并设立信用积分超市。全年收集干部作风方面的意见和建议22条。针对党风廉政建设社会评价反馈的镇机关部门存在有相互推诿的问题，镇纪委集体约谈镇机关8个部门负责人。2019年，镇纪委接待群众来访13批次，收到群众来信转办件4件并全部调查回复。查办案件4件，给予4名党员党内警告处分。

围绕“不忘初心、牢记使

命”主题教育，开展集中学习研讨，举办干部素质提升班2期，开展党委班子集中学习19次，开展讲党课30次，覆盖党员群众1500余人次。确定加强村干部队伍建设、防范化解重大风险、推进人居环境整治等9个调研专题，组成11个调研组深入一线找问题、查原因、定措施。形成《推进基层民主协商工作调研报告》《关于创新游仙镇党组织设置和管理的几点思考》《游仙镇人大工作的思考》等调研报告9篇。发放征求意见表70余份，对收集到的意见建议进行梳理汇总，收集意见建议15件。

【获奖情况】游仙镇获得2019年度全市森林防火工作先进单位、2018年“人民满意窗口”单位。（史湘荣）

石马镇

【概况】石马镇位于绵阳城北，涪江东岸，东靠游仙镇，南接中国工程物理研究院（科学城），北邻江油龙凤镇，西隔涪江与西南科技大学相望，辖区面积32平方公里，是中国（绵阳）科技城集中发展区的北翼、全国重点镇。石马镇区域交通十分便利，是绵广、绵遂、绵九高速的交会点，拥有2个高速路出口（绵广高速科学城出口、绵九高速张家坪出口），城际铁路、宝成复线贯穿全境，距绵阳市中心9公里，距绵阳南郊机场15公里。全镇辖7个行政村3个社区居委会，总人口3万余人。石马镇先后获得全国重点镇、四川省第二批“百镇建设”试点镇、四川省生态乡镇、四川省安全社区、四川省生产性服务业功能示范区、四川省依法行政示范单位、四川省“平安农机”示范镇、四川省小企业创业示范基地、四川省第二批特色小镇9个省部级殊荣。

表11　　2019年石马镇各行政村（社区）基本情况表

序号	村（社区）	面积（平方公里）	户数（户）	人口（人）	集体经济收入（万元）	人均纯收入（元）
1	中科社区	2.2	638	2172	7.2896	19830
2	涪江村	3.5	595	1903	7.5686	19300
3	横山村	2.5	416	1486	106.483	19260
4	紫府村	4	780	2593	130.6	19187
5	翠屏社区	2.8	778	4200	—	18000
6	甘泉社区	1.6	1548	5200	17.56	20312
7	解放村	2	436	1850	24.36	19481
8	文峰村	2.5	423	1440	3.6	17323
9	百胜村	5.6	578	2300	—	18340
10	天林村	3.8	690	2289	35.5918	17986

【主要经济指标】2019年全镇实现工业总产值94亿元，同比增长4.5%；固定资产投资17亿元（其中工业投资5.5亿元），招商引资到位资金12亿元，财税收入1.24亿元，同比增长11%；农民人均纯收入增长7.8%。

【产业发展】川西北物流园一期落成，二期建设有序推进。湖山电器二期、聚合新材料、东兴绝缘3个工业项目建成达产。新入规上工业企业2户，招引科技型企业5户，新增社消零和规上服务业入库7户。规上社消零完成1200万元，外贸交易实现2000万元。

【特色小镇建设】2019年，投入300余万元启动石马坝及七姓坝片区控规修编，完成场镇店招店牌改造和望江街及玉泉街示范街道改造。特色小镇建设工程一期（EPC）完成总承包商招标。

【项目建设】争取棚改项目、污水整治等专项资金3.05亿元。科学城快速通道道路绿化亮化进入扫尾阶段。火车货站临街商铺整治和场镇公厕、停车场建设完成，翠屏小区、中科二期基础设施建设进入扫尾。新（改）建村社道路15公里。

【拆迁安置】2019年，完成230余户、25家企业拆迁，保障推进省道205线、二环路四期、某重大装置项目配套专用道路等项目建设。二环路三期中石化加

8月29日，石马镇解放小区召开"三讲三赞"坝坝会

油站拆除遗留问题历时8年破解，湖山一期地块扫尾拆迁跨度6年完成攻坚。

【社会事业】2019年，7户23名困难群众脱贫。集体产权制度改革试点有序推进，完成79个单位农村集体资产清产核资。按时足额兑付各种优抚、抚恤、定期定量补助。

【综合治理】全年组织环境污染日常和专项检查100余次，处理回复水、土壤、大气及环保信访等问题20件，启动"生猪保卫战"，全镇未发生重大动物疫情，完成农村户厕改造工作223户，新建农村公厕2座，新建储液池6个，配套抽运一体机8台，投放垃圾桶600余个，基本实现"户收集、村运输、镇处理"的农村垃圾治理模式，彻底整治央督、省督问题企业3家，完成市、区督办整改问题48项、48家散乱污企业整治。

【获奖情况】市级：绵阳市退管服务工作先进集体、绵阳市无偿献血先进单位、铁路护路先进集体。区级：小额人身保险工作先进单位、新中国成立70周年歌咏比赛二等奖。在区委区政府2019年度考核评优中，项目建设、财税、工业和民营经济、新型城镇化和基础设施建设、征地拆迁安置、生态环境建设、党风廉政建设等12项单项工作获得全区一等奖；园区发展和科技城集中区建设、营商环境建设、民生工程和脱贫攻坚等7项单项工作获得全区二等奖；20名干部被评为单项工作"先进个人"。（陈灏纹）

东林镇

【概况】东林镇位于绵阳城北18公里处，东邻新桥镇，东南与游仙镇相邻，南面与石马镇接壤，西南邻涪江与涪城区青义镇、龙门镇隔江相望，西面邻涪江与涪城九岭镇隔江相望，北面与云凤镇为邻，东北与江油市东兴镇为邻，属浅丘地带，地势西低东高、南低北高，辖区面积28.34平方公里，属浅丘地貌，耕地面积930.7公顷，林地面积896.7公顷。全镇总人口12569人，下辖1个社区居委会、9个行政村、65个农业合作社。宝成铁路穿境而过，中环线、新东路、东游路贯穿全境，绵广、绵遂、绵九3条高速公路交会。

【项目建设】争取上级项目资金，完成村道窄路加宽工程5.7公里。推进产业园市政道路及基础配套设施项目建设，累计完成建安投资约4.7亿元。完成九绵高速、省道205线及园区基础设施建设用地范围内的农房拆迁任务，拆迁农户1277户。九绵高速加快建设，108国道科学城出口公铁立交桥完成招标，中绵路改造、科学城大道东林延伸段规划完成。

【社会事业】2019年，共发放低保救助金146520元、各类优抚金732930元，新型农村合作医疗参保率达到100%。登记新增就业人员137人，新增公益性岗位2人。义务教育政策不打折扣，2018—2019学年，东林小学被区教体局

表 12　　2019年东林镇各行政村基本情况表

序号	村名	面积（平方公里）	户数（户）	人口（人）	集体经济收入（万元）	人均纯收入（元）
1	东林社区	2.57	140	1144	—	—
2	石锣村	3.39	417	1242	81.5764	18707
3	飞凤村	2.89	327	1477	14.3597	18719
4	天坪村	3.75	485	974	79.134	18706
5	狮庵村	2.99	253	765	26.2124	18724
6	五显村	2.98	325	1032	14.5	18809
7	团树村	2.37	771	783	17.7558	18724
8	金子山村	2.79	312	1004	24.3971	18760
9	张家坪村	4.2	454	1418	83.241	18734
10	光明院村	2.69	228	797	23.0689	18727

评为教育质量综合评价小学C组一等奖、年度综合目标考核特等奖。开展居住环境、生活条件等“补短强基”行动，争取到团树村村道加宽项目，新建公厕2座，完成危房改造1户，新建农房8户。完成辖区8户贫困户脱贫任务。

【融合发展产业园】2019年，加快推进产业园市政道路及基础配套设施项目，累计完成建安投资约4.7亿元，一诺高分子材料、智聆传感科技等5家企业签订入驻协议，计划投资15.1亿元。

【知识产权特色小镇建设】深化四川省知识产权特色小镇建设，完成知识产权公共服务平台初期建设，引入第三方平台公司绵阳博图知识产权代理事务所提供知识产权咨询服务，针对优势企业、优势产业，开展专利导航工作，知识产权公共服务体系初步形成。规上企业盛宇新材料开展高价值专利评议分析，申报到2019年四川省知识产权专项资金，获批专利质押项目，浩东食品技改项目进入申报阶段。

【东林牧歌·世界月季博览园】东林牧歌.世界月季博览园位于东林镇天坪村与光明院村交界处，园区占地面积1100亩，以月季花为主题，汇集50多个国家约300个品种的月季，有树上花海、七彩花田、森林康养区等核心景观区，开发有水晶钵音乐疗法体验、茶道展演、月季旗袍、花田瑜伽、月季陶艺等文创产品。它以月季花为媒，集休闲观光、餐饮娱乐、亲子互动、森林康养、国学禅修和科普教育等功能为一体。先后被评为“绵阳市森林康养试点示范基地”“绵阳市市花（月季）种植示范基地”。

【绵阳市第二届花卉（月季）生态旅游节暨绵阳市花摄影大赛】2019年4月26日，由东林镇、绵阳市花卉林木行业协会主办，四川童话农业科技有限公司承办的绵阳市第二届花卉（月季）生态旅游节开幕式暨绵阳市花摄影大赛启动仪式在游仙东林牧歌世界月季博览园隆重举行。市政协副主席田荣华、省社科院文化旅游中心主任卢加强、市林业局局长王理效、市工商联党组书记易先云、市文广旅局副局长傅邦杰等领导出席活动，活动以“五彩月季花，炫美科技城”为主题，吸引万余名游客观赏拍照。

【获奖情况】市级：绵阳市文明乡镇、绵阳市农村小额保险工作先进单位。区级：组织建设、作风建设、征地拆迁、安全和质量品牌等工作被评为“一等奖”。（杨　庆）

小枧沟镇

【概况】小枧沟镇位于绵阳城市东南部，地处美丽的涪江东岸，距绵阳市中心城区仅7公里。辖区面积54平方公里，辖6个行政村、8个城市社区，44个村民小组、55个居民小组，总人口4.6万人，其中，农业人口7055人，外来人口14880人。山林面1500公顷，耕地面积776公顷。

【主要经济指标】2019年全镇实现财税收入4600万元，同比增长12.2%。辖区实现固定资产投资79亿元，工业总产值161.24亿

表13　　2019年小枧沟镇各行政村（社区）基本情况表

序号	村（社区）	面积（平方公里）	户数（户）	人口（人）	集体经济收入（万元）	人均纯收入（元）
1	利民社区	3.89	1305	3065	18	14000
2	洪发村	3.83	484	1283	0	18360
3	玉龙村	3	538	1315	15	25224
4	八龙村	3.1	620	1465	0.51	17960
5	三星社区	6	1133	2506	10	19868
6	五星村	3.6	544	1305	6	21600
7	紫阳第一社区	5.4	1180	7192	40	12500
8	河沟村	3.5	663	1593	0	15913
9	大河社区	2.7	953	2300	6	12000
10	登仙村	5.67	448	1043	0.6	19702
11	新华社区	3.8	2354	9055	95	12300
12	思源社区	1.8	771	2086	65	15060
13	一心社区	3.19	1123	2651	20	15435
14	紫阳社区	0.96	343	9681	10	20185

元，旅游收入2.5亿元。农村信用社存款规模7.85亿元，贷款规模1.1亿元，人均存款位居全区第二。

【项目建设】配合高新区、中铁四局和凯越集团，实施小枧场镇改造项目和高新区二期基础设施建设项目。安国寺街道路改造、安国寺桥扩建基本完成，笔架路、彩虹城市运动公园、学院路、创智路、东环路B、康健路、成才路施工建设有序推进。推进拟拍卖土地和城南新区剩余土地交地工作，完成思源195亩和利民、大河68亩的交地工作，完成大河ABK地块、三星IE等地块的交地任务，绵州水郡、丽都花园城、阑台府、三江樾等大型楼盘先后开盘，富乐二中、富乐二小进场开建。完成省道205线二期拆迁工作，道路建设基本竣工全线通车，完成省道205线一、二环立交主线段加宽工程农户拆迁工作，高压线路迁改竣工。启动建小路拆迁建设，辖区交通骨干路网进一步完善。镇财政投入300余万元，新（扩）建道路7.8公里，新建（修）沟渠9公里，整治塘堰3口。

【农业农村发展】推进农村集体产权制度改革工作，全镇6个村全部完成土地确权，“三资”清理、清产核资、成员资格认定工作。发展农旅经济，举办绵阳第五届牡丹文化旅游节，川西北野生动物园建设有序推进。培育新型职业农民800余名，建成玉龙村柑橘基地和返乡农民工创业基地1个，玉龙村山湾农庄获评全区示范山湾农庄，建设经验在全区作交流发言。

【社会事业】解决省道205线建设征地拆迁涉及人员社保安置问题，一环路等重点项目建设损毁道路、沟渠恢复等问题。开展结对帮扶，实施挂图作战，5户10名贫困人员达到“两不愁、三保障”标准，全镇建档立卡贫困户全部脱贫。累计发放低保、临救、退伍及伤残军人家属抚恤金、计生奖特扶等惠民补助资金170余万元，334人纳入最低生活保障和特困人员救助供养范围，720名残疾人享受到“量体裁衣”式服务。城镇居民医疗保险参保缴费2.23万人，大病医疗救助37人次，退役军人和优抚对象信息采集录入系统1440人，新增就业300余人，城镇失业率控制在4%以下。率先在全市建立退役军人服务站，打造退役军人开展活动和优抚政策宣传阵地。思源、一心、新华社区老年日间照料中心建成投入使用，新华社区纳入全区首批“社区和居家养老示范点”。

【社会治理】规范建设社区戒毒（康复）工作站，加强吸毒人员动态管控。会同区级相关部门对辖区乱搭乱建、阻工断道等违法行为开展集中专项整治，发出停工、整改、拆除通知书56份，拆除违法建筑4600平方米。开展道路交通、建筑施工等安全检查59次，发现并整改隐患40余起，全年无重大安全事故发生。组织开展矛盾纠纷大排查、大化解，妥善解决拆迁、移民等群体的合理诉求，在庆祝新中国成立70周年、中共十九届四中全会以及行政区划调整改革期间无进京赴省上访，信访积案零库存。

【基层党建】开展“不忘初心、牢记使命”主题教育，学习传达各级会议精神23场次，组织中心组学习活动4次，撰写调研报告15篇。完成网络舆情应对和处理，开展宗教场所集中清理整治。构建大党建大群团工作格局，形成“一建两带三服务”党工共建模式。农民工暨八大群体入会工作经验在全省推广，镇总工会被评为“四川省‘十佳’模范职工之家”。整顿软弱涣散党组织2个，新建登玉联合党总支1个，新设二级党委2个、党总支部6个，选优配强村级党组织干部队伍。推进落实五星村壮大集体经济项目1个。实施干部素质提升工程，开展干部履职能力、规矩纪律、“三资”管理等应知应会知识培训。2019年，全镇党政纪立案13件13人，给予党政纪处分13人。

【生态文明建设】开展“小手牵大手，共建美好家园”“健步走+清洁乡村”等志愿活动，推行秸秆禁烧、烟花爆竹禁燃禁放，推进污染防治“三大战役”。对紫阳片区、绵盐路沿线、农贸市场、安置小区等重点部的环境卫生进行彻底整治。实行农村垃圾集中清运，配备垃圾清运车15辆、垃圾桶1000个。全面落实河（湖）长制，对惠泽堰、连心水库等重点水源地加强保护，清理河道20余公里，打捞塘堰、河道、水库漂浮物10余吨。聘请护林员加强护林工作。

【获奖情况】小枧沟镇总工会荣获“四川省十佳模范职工之家”称号。小枧沟司法所获“全国模范司法所”称号。（喻 潇）

新桥镇

【概况】新桥镇位于中国（绵阳）科技城东北部，芙蓉溪中游，属浅丘地貌，距离城中心9公里，东与魏城镇接壤，南与沉抗镇毗邻，西与游仙镇相接，北与东林、云凤镇交界。辖区面积35.75平方公里，辖11个村、2个社区居委会（桩子社区、新桥社区），辖双桥、桐籽、大包、同福、三角、两河、玉泉、铜铃、民主、新跃、东华11个行政村，82个村民小组，总人口18285人，其中农业人口14459人，非农业人口3826人。

【主要经济指标】2019年，完成工业总产值54亿元，实现财政收入5144.7万元，固定资产投资6亿元，实现服务业增加值620万元、限上企业（包括个体）社消零0.5亿元；电子商务交易规模2亿元，网络零售0.5亿元；完成科技型企业招引5户，工业技改投资5亿元，到位招商引资资金2亿元；农业生产总值3.3亿元，农民人均纯收入达到19479元；实现粮食总产量2.2万吨；新招引农业业主3个，新成立家庭农场1个、农业公司1个、专业合作社1个，流转土地300余亩；2019年累计发放农村耕地地力补贴145万余元，农机补贴3万余元，水稻补贴25万余元，林业补贴5万元。

【项目建设】2019年，投资10.8亿元的游仙区先进材料中小微企业产业园，完成园区规划招标、项目立项审批，一期48.7亩土地11月挂牌出让。投资3.8亿元的粮食加工仓储项目于10月30日开工建设；绵阳众福食品米粉丝及红酱制品生产项目，一期建设内容完工；总投资500万元省级小城镇建设专项资金项目开工；“芙蓉花溪”旅游环线（新桥段）项目拆迁工作、场镇污水管道改造有序推进；积水科技一期生产线进行试运营；华岗建辅一期建成。

【农业产业】山水禾农庄由四川森丰农林开发有限公司投资1.5亿元分批建设，位于新桥镇新跃村，面积达3000余亩，农庄已开设特色水果采摘园、体验式开心农场、植物科普园及山地自行车环游绿道；朝越蓝莓庄园位于新桥镇玉泉村，距仙海风景区800米，种植蓝莓500余亩，包括布里吉塔、莱格西、密斯提、奥尼尔等10余个蓝莓品种。

【优质企业】雅化集团绵阳实业有限公司是国家定点专业民爆器材生产企业，是雅化集团的全资子公司，始建于1958年，面积1000余亩，注册资本17710万元，公司是集科研、生产、配送及爆破服务为一体的综合性企业，拥有“国家级企业技术中

表 14　　2019年新桥镇各行政村基本情况表

序号	村名	面积(平方公里)	户数(户)	人口(人)	集体经济收入(万元)	人均纯收入(元)
1	双桥村	3.28	699	1725	0.18	19302
2	桐籽村	2.97	348	951	0.83	19001
3	大包村	2.96	368	1012	0	19464
4	同福村	2.77	424	1231	5.7	22751
5	三角村	3.23	295	790	0	19897
6	两河村	2.32	261	684	0	19069
7	玉泉村	4.03	675	1733	0.26	19108
8	铜铃村	2.87	436	1228	0	19748
9	新跃村	4.69	609	1927	4.2	19776
10	民主村	3.93	718	2007	0.2	19460
11	东华村	1.96	277	779	0	18724

心”下设的起爆器材研究所和装备自动化研究所，拥有全国生产企业唯一一家“国家认可实验室”，是国家高新技术企业、省级专利实施与优势培育企业、省级安全文化示范企业，是ISO 9001、OHSAS 18001、ISO 14001三体系认证企业。

四川金太阳畜牧饲料集团有限公司成立于1994年年底，以研发、生产和销售畜禽添加剂预混合饲料、浓缩饲料、配合饲料、水产饲料为主的大型企业，集团公司下辖7家子公司，是四川省农业产业化经营重点龙头企业，ISO 9001国际质量管理体系认证企业，集团连续14年荣获省级重合同守信用企业，省级质量信誉AAA级企业。面积160余亩，现有资产1.8亿元，销售网点遍布全国20多个省、市、自治区，年销售收入10多亿元,金太阳品牌价值3.02亿元。

绵阳众福食品有限公司前身是1992年始创的天成米粉厂，经过近20年来的发展成长，于2012年2月注册为绵阳众福食品有限公司。面积70亩，公司旗下拥有“众服”“天存”“绵韧”3个品牌，日产粉丝达60吨，占据“米粉之乡”—绵阳近七成的市场份额，产品远销新疆、福州、北京、南京等70多个国内大中城市，公司所拥有的“绵阳米粉丝”制作技艺被列入“非物质文化遗产”名录。

绵阳杨肥肠食品科技有限公司位于新桥镇川陕路西段47号，创建于2015年，面积8062.43平方米，总投资3000万元，集科研、生产、销售、电子商务平台、餐饮为一体的多元化公司。拥有现代化的生产设备和一支高技术、高素质的生产管理队伍。该公司先后获得“绵阳名火锅”“食品卫生先进单位”“四川省著名商标”“消费者满意单位”“食品安全示范店”等省市级荣誉。是绵阳同行业中率先通过ISO 9001：2000国际质量认证的火锅底料生产厂家之一。

【基础设施建设】硬化道路3.44公里、新建道路1.6公里、拓宽4.7公里，精修塘堰18口，沟渠2774米，改造提灌站1处，新建蓄水池1口、堡坎105米、车行桥、人行桥2处，改造拦河坝2处，修复古桥1处，河堤加高、加宽600余米，河道清淤800余米、排洪沟500余米，安装路灯30余盏，新建污水处理站1处。

【社会治理】定期对辖区复杂场所、人员密集场所开展联合集中整治工作。核查上级交办的黑恶线索1条，排查黑恶线索1条；完成54户移民房屋处漏工作，镇内未发生重大信访稳定问题，镇内无重大安全事故发生；开展“三讲三赞”坝坝会进农家、进企业专场20余场。

【民生工作】全年累计发放低保资金127万元、优抚金136万余元，拨付救灾资金12.6万元。政策内生育率100%；农村计生奖扶金享受率100%，九年义务教育覆盖率100%，城镇医疗保险续缴率100%，农村各险种参保率99%以上，五保集中供养率100%，残疾人个性化“量服”服务方案落实率达100%，失业率控制在3%以下。新建日间照料中心2处并投入使用，完成敬老院适老化改造升级；发放离职村干部补贴3.2万元、高龄老人补贴18万元；发放农村计生奖扶金116.64万元、特扶金31.97万元；完成240名城乡残疾人居家灵活就业，扶持91名残疾人发展生产，为109名贫困残疾人适配基本辅助器具，规范录入率100%；为贫困残疾人发放鸡苗805只，后续扶持资金7000元；放映公益电影103场，采集老物件32件；全镇农村土地确权颁证工作已颁证3136户；18户39人退出贫困户、1个村退出贫困村。

【环境治理】制定村规民约和人居环境维护公约。在镇、村、社三级设立红黑榜，每月定期评比。“红黑榜”评比机制经验在市、区两级推广交流。建立食用农产品生产经营企业和农民专业合作社的农产品生产投入品记录制度，辖区所属“散乱污”企业全部实现整改销号；建立工业企业污水排入生活污水处理厂排查制度，镇内11家工业企业污水排放实施动态监测，确保污水达标排放。

【获奖情况】省级：新桥镇人民调解委员会，被四川省司法厅授予“四川省五星级调解委员会”。市级：新桥镇人民政府获2019年绵阳市信访人民满意窗口、2019年首届中国科技城法治创新大赛“法治创新提名奖”、绵阳市2019年实施乡村振兴战略先进镇；新桥镇同福村获2019年实施乡村振兴战略示范村。获得区级一等奖9个，区级二等奖15个。（唐振鋆）

云凤镇

【概况】云凤镇位于游仙区北部，属浅丘地带，辖区面积29平方公里，北与江油市的东兴、大堰等镇乡接壤，南与游仙区忠兴、东林、新桥、街子等镇乡相连。总耕地面积14759亩，全镇总人口11015人。辖8个行政村、1个社区、74个村民小组。距绵阳城区26公里，境内有安梓路、中环线、云新路3条主要干道。水利设施完善，江绵支渠、仙卫分渠、云忠、云新斗渠及大型金子山提灌站为工农业生产提供水利保证。辖区内圣灯山、插旗山闻名遐迩，至今仍流传着“圣灯照九沟，插旗斩牛头”的传说。截至2019年12月，全镇共有正式在编干部21人，其中公务员12人，事业编制4人，工勤5人。镇人民政府位于云凤镇行政街2号。2019年12月31日，乡镇行政区划调整后原云凤镇被撤销，成建制划入新组建的新桥镇。

【主要经济指标】2019年，完成固定资产投资1.35亿元，工业投资5760万元，招商引资国内省外到位资金1300万元，税收80万元，对上争取662万元，招引科技型中小企业1户。

【农业产业发展】调整土地利用总体规划，涉及川仙渔村项目50亩建设用地规划局部调整获得批复；打造集生态旅游、文化创意、科研教学、垂钓游览、休闲娱乐等功能于一体的生态田园观光旅游特色小镇。2019年8月24日至25日，举办“中国·绵阳‘川仙杯’第三届全国钓鱼邀请赛”。2018年云凤镇柏荣村被四川省水产局批准纳入“美丽渔村”项目建设，2018—2020年每年投入资金100万元，共计投入300万元，打造健康水产养殖，提升云凤镇全国休闲渔业小镇的形象；加快培植新的特色种养

表15　2019年云凤镇各行政村基本情况表

序号	村名	面积（平方公里）	户数（户）	人口（人）	集体经济收入（万元）	人均纯收入（元）
1	新荣村	2	563	1630	0.5	12000
2	龙包村	5	640	2033	0.1	14000
3	泉水村	4	402	1095	0	13000
4	侯家沟村	4	405	1266	6	11000
5	圣灯村	2	201	695	0.5	15000
6	柏荣村	3	425	1348	6.5	15000
7	龙骨村	4	408	1308	0	14000
8	插旗村	3	430	1292	0.45	13000

殖，土地流转共计达到4433亩，发展特色水产养殖、藤椒、油牡丹、特色蔬菜、羊肚菌、水果种植等特色产业。年产值达2200万元。

【**基础设施建设**】开展农村人居环境整治工作，编制《集中式饮用水水源保护区划定调整技术报告》，重新制定一级水源地保护区，设立二级水源地保护区。在全镇重要地点投放垃圾箱9个，为各村、社区发放垃圾桶385个，垃圾清运车4辆，在各社配备专职保洁人员。总投资258万元的污水处理厂已完成，主管网及外排管网共计2.9公里建设完成，场镇污水收集管网项目，一期工程完成设计和立项，总投资140万元。处理新云路道路损毁1处，处理中环线道路损毁2处，新建道路3.3公里，完成龙包村、泉水村、龙骨村道路加宽工作。完成武引江绵支渠和仙卫分支渠以及云忠、云新、云东斗渠清淤，精修塘堰18口。柏荣村、侯家沟村千亿斤粮食建设项目完成前期设计和财评并开工建设，投入建设资金达496万元。

【**社会事业**】2019年，全镇建档立卡贫困户按照“一超六有”标准，全部实现脱贫摘帽。化解移民合理诉求共性问题3件，个性问题7件，对涉及36户、172人的移民安置点后山滑坡进行整治。移民房屋处漏完工28户，补助金额近40万元。移民集中安置点滑坡治理和排污沟建设已动工。开展农村低保清理工作，共清理不符合政策的低保户1户，新增符合政策的低保户6家。

【**中国·绵阳第三届“川仙杯”全国钓鱼邀请赛**】2019年8月25日，中国·绵阳第三届“川仙杯”全国钓鱼邀请赛在游仙区云凤镇举行。区领导王宗华、林檬、徐丽娟出席活动开幕式。来自全国各地的280多位钓鱼高手同台竞技。本届比赛为4.5米手竿钓自然水域混合鱼重量赛，比赛时长4小时。选手们在4口标准垂钓竞技池分8个区进行比赛，按照分区积分方式计算成绩，奖励总成绩前60名。最终，来自广安的选手王杰在4小时内钓鱼41.2公斤，获得一等奖，并获奖金4万元。云凤镇“川仙渔村”已建成四川省标准垂钓竞技池4口，国家标准钓鱼竞技基地约10万平方米，每年举办池钓、库钓等各类赛事200余场次。

【**获奖情况**】2019年云凤镇获得四川省森林防火先进集体、绵阳市“1+2+N”创新项目实践先进集体。（石寒梅子）

街子镇

【**概况**】街子镇位于绵阳市东北部,芙蓉溪中游，距主城区17公里，与新桥镇、忠兴镇、云凤镇相邻，南接绵梓公路，胜忠公路纵贯南北，云胜公路横穿东西。地理坐标:北纬31°34′58.06″，东经104°50′27.09″。辖区面积25平方公里,辖复兴、岳家、石庙、高庙、回龙、意安、王猛、小堡、九洞9个行政村，78个村民小组和1个社区居民委员会。总人口13501人，其中农业人口12 904人。人口自然增长率4.3‰。山林面积498.41公顷，耕地面积917.93公顷，其中，水田688.27公顷。

【**主要经济指标**】2019年完成固定资产投资2.9亿元、社会消费品零售总额840万元、电子商务交易2亿元、网络零售0.4亿元；完成招商引资8000万元，亿元以下项目1个，重点项目1个，储备、包装项目1个；规上服务业入库数1个，社消零入库数1个；发展科技型中小企业数1家；京东游仙馆上线企业1家；完成工业投资2000万元、技改投资1500万元。实现旅游经营收入6.6亿元，同比增长13%。

【**项目建设**】争取到“芙蓉花溪旅游环线”建设、场镇雨污水管网改造等项目资金1.23亿元，完成“芙蓉花溪旅游环线”主辅路及附属设施建设5.71公里，场镇雨污水管网改造完成1/2，新（扩）建村组道路2.32公里，整治输水渠2.12公里，精修塘堰7口，新建提灌站1座，推进新引进的观复园（台商）主题酒庄项目落地。

【**社会民生**】2019年，落实全面二孩政策，政策内生育率100%；计划生育特别扶助享受率达100%。实施素质教育，全镇小学适龄儿童入学率达100%。推进全民参保，城乡低保、社保、医保实现应保尽保。完成惠农补贴“一卡统”清核工作。发放医疗救助资金20余万元，解决临时救助2.61万元，发放农村最低生活保障金43.67万元、城镇低保

表16　　2019年街子镇各行政村基本情况表

序号	村名	面积（平方公里）	户数（户）	人口（人）	集体经济收入（万元）	人均纯收入（元）
1	复兴村	2.01	506	1367	1.2	21981
2	岳家村	2.26	517	1671	6.72	22915
3	石庙村	3.78	527	1666	—	20849
4	高庙村	4.68	435	1325	—	21945
5	回龙村	2.86	444	1327	3.0	21346
6	意安村	2.83	322	1027	—	21653
7	王猛村	2.52	537	1859	—	21749
8	小堡村	1.84	375	1219	—	20396
9	九洞村	1.92	419	1327	8.0	22687

2.81万元、特困人员40.41万元、高龄补助12.59万元、优抚补助102.17万元、困难残疾人生活补贴7.97万元、重度残疾人重度护理补贴9.81万元。完成全镇4户10人的脱贫任务。原址重（改）建30户，异地新建8户，发放危房改造补助资金2.61万元，场镇污水管网改造项目有序推进。

【环境整治】打造“生态、宜居、美丽”新名片，围绕“垃圾治理、污水处理、厕所革命和村容村貌提升”，形成“党委抓统筹、干部抓落实、群众齐参与”的工作格局，经验做法被区委组织部专项刊发，并得到区委书记肯定性批示。建立生活垃圾治理、生活污水处理和激励约束机制，实行农村生活垃圾“定时清扫、定时保洁、定点投放、定时清运”和“户分类、村收集、镇转运、区处理”。评选星级文明户2000余户、人居环境治理示范户150户。街子镇作为先进典型在全市农村人居环境整治工作推进大会上作交流发言。

【农村改革】农村宅基地“三权分置”改革工作持续推进，完成113户一户多宅及土坯房改造，共清理还耕土地约187亩，完成88个集体股份经济联合社、股份经济合作社的赋码登记工作，岳家、九洞、回龙等6个村股份经济合作联合社与仙龙向山、佳旺实业、禾康农业等9家企业达成集体建设用地合作使用协议。

【乡村旅游】坚持推进以“芙蓉溪畔，街子人家”为主题的乡村旅游景区建设，重点以绵阳国际兰花园、月畔湾花木乐园为核心，主打采摘、美食、体验、亲子等节假日休闲游。举办绵阳国际兰花园开展“五一”向日葵花海节、国庆节兰花展、网红草、恐龙节、海狮节、亲子厨房等活动，全年实现旅游经营收入6.6亿元，同比增长13%。

【游仙区第六届赏花节暨街子镇“芙蓉花溪葵花节”活动】2019年7月13日，在街子镇岳家村葵花花田举行，副区长林檬出席活动。数名优秀基层文艺人才前来助阵，通过节目将游仙区经济建设、乡村旅游、精神文明建

7月13日，游仙区第六届赏花节暨街子镇芙蓉花溪葵花节在街子镇岳家村拉开帷幕

设、地域文化、对外开放政策和招商引资环境展示给各地群众。

【获奖情况】省级：街子镇岳家村获“四川省乡村旅游示范村”、张金获“四川省经济和信息化领域先进个人”（川人社发〔2019〕14号）。市级：街子镇获“绵阳市农村工作先进乡镇”、街子镇小堡村获“绵阳市文明村”、街子镇岳家村、九洞村获“绵阳市乡村振兴示范村”（绵委〔2020〕50号）。（易芝兰）

建华乡

【概况】建华乡位于绵阳市城区东南部，东与观太乡，南与经开区、小枧沟镇，西与小枧沟镇，北与仙海区毗邻，距绵阳城区14公里。辖区面积37平方公里（其中场镇1.5平方公里），森林覆盖率46%。辖7个行政村、1个社区居委会、61个村民小组、2个居民小组，总户数3824户，人口8780人。建华乡有耕地面积862公顷，林地1496公顷，硬化道路61.1公里，有水库9个，塘堰87口，硬化沟渠46.6公里。开通14路、31路、84路3条公交线路。

【主要经济指标】2019年完成固定资产投资8130万元，超额完成任务1.6%；完成财税任务47.8万元，占总任务的102.4%；人均可支配收入达到16006元，同比增长0.6%。

【项目建设】2019年，投入520余万元，累计建设项目7个。投入400万元建设石埡村水土保持综合治理项目。适老化改造项目9月开工建设。建华乡涉及危房改造户7户，开工率100%，旧房拆除15户，拆除率39.6%。硬化村社道路4.2公里；修建排灌沟渠1.88公里，整修山坪塘1口，建设村级基础服务设施1处、面积145平方米。与全兴种业合作，在天池村、石碾村扩大种植规模，增加农户收益。

【社会民生】开展困难群众救助、自然灾害救助、特殊群体帮扶，发放各类补贴、帮扶救助资金350余万元。开展脱贫攻坚工作，帮扶干部和部门向贫困户注入生产发展资金和物资等20余万元。开展助学、助残、支农等扶贫志愿者行动10余人次。落实义务教育阶段建档立卡贫困户寄宿制学生2人生活补助，落实2名贫困户子女免费营养餐补助。引导贫困户到区内定点医院进行治疗，确保贫困户自费比例不超过10%。24户贫困户已100%参加居民医疗保险，农村家庭医生签约服务率达到100%，2019年6月全部通过验收，实现脱贫。

【乡村振兴】新建村道3.2公里，硬化社道路8.6公里，对4.5公里道路进行修复提升。推进农村产权制度改革工作，支持新型农业经营主体发展多种形式适度规模经营。形成以石埡村、天池村、石碾村为核心的规模化品牌农产品。“红雨龙溪”山湾农庄建设初见成效，“天池源小龙虾养殖基地”成规模发展,全年接待游客7000余人、客商20余户，创收200余万元。

【依法行政】完善领导干部和公务员学法用法治度，搭建干部职工学法平台，加强法治宣传。开展矛盾纠纷“大调解”工作，深入推进“扫黑除恶”工作，稳步处置瀑电移民、若原企业等历史遗留问题。完善矛盾纠纷多元化解机制，打击“黄、赌、毒”

表 17　　2019年建华乡各行政村（社区）基本情况表

序号	村（社）名	面积（平方公里）	户数（户）	人口（人）	集体经济收入（万元）	人均纯收入（元）
1	建华社区	1	375	1120	3	14400
2	石埡子村	6.7	607	1469	0.8	17200
3	天池村	6.3	554	1374	7.2	17005
4	高屋村	3.6	435	1091	0	12700
5	太平村	3.6	452	1094	1.3	17340
6	雨凤村	3.19	1123	2651	0.35	15435
7	石碾村	3.7	317	862	0	17000
8	极乐村	4.7	506	1246	0.7	17200

行为，依法打击邪教、非法传销、非法集资行为。开展交通文明劝导，联合交警、公安派出所开展交通执法检查，联合工商食药质监部门、安全监督部门针对食品药品、餐馆坝坝宴，烟花爆竹、加油站等重点领域和点位进行全面排查，2019年未出现传染病暴发疫情和重大公共卫生事件。2019年11月通过市级验收考核，建成绵阳市级安全社区。（任 玲）

忠兴镇

【概况】忠兴场始建于明代，原名白家坝，清咸丰九年（1859），改名忠兴场，取“效忠国家，祝愿兴旺”之意。民国建镇，为绵阳县四大古镇之一。

忠兴镇位于绵阳市游仙区东北部，距游仙区政府21公里，镇境东北连太平镇，东南衔魏城，南靠街子镇，西接云凤镇，北邻凤凰乡。全镇辖区面积47.5平方公里，辖13个行政村、1个社区居委会、102个村民小组、5个居民小组，全镇总户数7567户，其中农业户5982户，场镇户1585户；总人口19729人，其中农业人口17541人、场镇常住人口2188人。山林面积821.6公顷，耕地面积1502公顷。

【主要经济指标】2019年，全镇实现规上工业总产值1.45亿元，实现固定资产投资2.01亿元，完成年度目标任务的134%；招商引资4180万元，完成年度目标任务的52.3%，技改投资3800万元，完成年度目标任务的69.1%；限上企业社消零完成1225.7万元，完成年度目标任务103%，电子商务实现交易规模总产值2亿元，完成率100%。发展科技型中小企业1家，完成全年任务数的100%。

【企业提档升级】建立企业服务专班，保障企业用水、用电、用气需求，完成场镇规划总体修编工作。完成投资3800万元的紫东二期项目，实现年产值1.5亿元，新增就业100余人；指导“散乱污”企业完成技改升级1家；完成土地流转4600余亩，建成双龙村晶福猕猴桃、鲤鱼村金龙家庭农场等20余户农业产业项目。

【重点项目】争取到全省第三批特色小镇项目，计划投入资金1200万元，围绕产业发展和民生需求，完善提升交通、水利等基础设施建设，打造全省颐养特色小镇。依托芙蓉花溪旅游环线项目，完善场镇污水管网建设和生态步道修建，配套基本公共服务设施。落实移民项目资金54万余元，精修塘堰3口，修建文化活动广场3处，修建机耕道300余米，对双建村团结提灌站进行技改。争取“金土地”项目资金1200万元，对通兴、曲阳、光明3个村基础设施进行改善。落实水稻制种项目资金400余万元，对龙珠村、安乐村、涌泉村、曲阳村、鲤鱼村、双龙村、双建村的基础设施进行改善。

表 18　　2019年忠兴镇各行政村基本情况表

序号	村名	面积（平方公里）	户数（户）	人口（人）	集体经济收入（万元）	人均纯收入（元）
1	明月村	2.51	613	1690	1	18405
2	涌泉村	4.6	401	1150	1.1	17510
3	龙角村	3.5	558	1583	1.3	18053
4	金玉村	8	577	1622	1.5	17430
5	曲阳村	3.7	601	1799	1.2	17330
6	双龙村	3.8	427	1243	0.2	16970
7	双建村	3.6	449	1348	1.5	17221
8	光明村	4.3	334	995	0.1	16780
9	通兴村	2.48	399	1274	0	18055
10	九龙村	4	419	1261	1	17644
11	鲤鱼村	4.17	413	1229	0.15	17145
12	龙珠村	3.8	398	1199	1.23	17195
13	安乐村	3.87	393	1148	0.4	17020

【社会民生】2019年，发放最低生活保障金72.5万元；特困供养资金44.3万元；各类临时生活救助金6.5万余元；各类残疾人补贴资金28.5万元；各类计生奖扶资金133.4万元。发放高龄津贴22.1万元、530余人；发放医疗救助21.8万元、65人次；发放精简职工补助3.36万元；发放重点优抚资金135.3万元、237人次。城乡医保参保1.73万人,完成小额保险5100人，理赔118人。发放农户稻谷补贴4114户10613亩，51万余元；耕地地力保护补贴5475户2.2万亩，243.4万元。开展涉林惠民资金清理补发工作，补发退耕还林资金2925元、生态效益林补偿资金10312元。

【基础设施】投资120万元建成垃圾压缩中转站1处，建成垃圾集中收集箱放置点13处；修建场镇雨污水管网支管网1.5公里，入户管网接入300余户，累计接入3公里；占地15亩的公交枢纽站已向市国土部门申请办理供地手续；维修破损道村道4.6公里，新拓宽村道2.4公里，新建田间作业道、机耕道、入户路硬化8.7公里。投资50万元完成农民体育健身场所的建设和设备的购买。投资70万元改善敬老院养老设施。

【脱贫攻坚】2019年，投入40余万元解决贫困户生产生活问题60个，其中硬化道路500余米、院坝330余平方米，修建厕所、厨房14处，自来水入户6户、打井1户，修建牛圈、鸡围等5处，2019年6月实现全面脱贫。

【环境治理】开展人居环境综合治理，新增三轮垃圾运输车6辆，治理非正规垃圾填埋场1处，依托新建成的垃圾压缩中转站，确保生活垃圾日产日运日清，全年清运垃圾4000余吨。实行环保“日巡查、月通报、季评比、年考核”制度，全面开展污染源普查工作，查处环境污染问题16个，下发整改通知书16份；加大重点区域秸秆禁烧的督促检查力度和密度，督查秸秆焚烧现象4起，抓好芙蓉溪水碾滩饮用水源保护，重新划定保护范围，开展水源地环境整治8次。

【动植物疫情防控】建立生猪网格化台账，微信、车载喇叭、村广播、卡点宣传不间断，进村入户宣传、粘贴非洲猪瘟防控公告120份,发放宣传单6000余份；设立区级卡点1处，村级卡点13处，对过往运输车辆排查和人车消毒，累计在镇村主要道路喷洒消毒药130余件，铺洒石灰46吨。加强对养殖散户和屠宰点的管理，督促餐馆建立台账管理泔水，禁止泔水养猪。

【河（湖）长制】实施“河（湖）长制”河道管护工作模式，加大对辖区内大小芙蓉溪、水库等的管理和保护。打击饮用水水源地保护区非法养殖、非法捕钓鱼类等破坏水生态环境的行为。更新河长制公示牌，安排保洁员开展常态化清理70余人次，清理垃圾18吨。汛期集中清理垃圾约67吨，购置油锯等设备2套，人工60余人次，机械车辆31车次。

【依法治理】开展“七五”普法和法律“七进”法治宣传教育活动，借助QQ、微信、公众号、横幅、LED屏等载体多管齐下开展宣传。镇村两级“雪亮工程”视频监控平台已全部投入使用。围绕基层组织建设、农村“三资”清理、场镇治安整治、群众信访举报等方面，开展扫黑除恶，开展村（社区）“两委”换届“回头看”和软弱涣散党组织集中整顿。

【安全生产】实施安全工作“月检、月会、月报告”制度，常态化开展“安全生产月”活动及安全生产十大整治行动。加强道路交通、企业生产、塘堰水库、食品卫生等安全工作，整合全镇烟花爆竹经销商，实现烟花爆竹联合经营。全年联合开展企业安全生产、食品卫生安全等相关检查50余次，组织道路交通安全检查46次，劝导、查处各类交通违法行为80余起。（姜建云）

凤凰乡

【概况】凤凰乡位于北纬31°40′38′′，东经104°51′18′′。东与区内太平乡相邻，西与江油市大埝乡接壤，南与忠兴镇毗邻，北与江油市大埝乡、贯山乡相连，距游仙城区29公里，距江油城区13公里。辖区面积27平方公里，下辖9个行政村，1个社区居委会、75个农业合作社、1个居民小组。全镇总户数3326户，其中农业户3181户，总人口9549人，其中农业人口9263人。耕地面积1497.67公顷，其中水

表19　2019年凤凰乡各行政村基本情况表

序号	村名	面积（平方公里）	户数（户）	人口（人）	集体经济收入（万元）	人均纯收入（元）
1	木龙村	3.99	457	1371	1	16650
2	永清村	2.3	207	640	0.2	16460
3	五里村	2.8	266	767	0	16150
4	凤凰村	3	422	1259	0.07	16320
5	花庙村	3.5	383	1115	1	16250
6	钱库村	3	404	1182	0	16360
7	乜家村	5.2	597	1642	7.5	16250
8	紫气村	5.4	305	849	0.4	16360
9	马鞍村	2.1	140	438	0.48	16350

田1013.41公顷，森林覆盖率43.5%。

【主要经济指标】2019年，全乡固定资产投资任务为6000万元，完成8900余万元，完成目标任务的148%；农民增收目标15087元，增长9.4%，完成15117元，实现增长9.4%；招商引资目标任务400万元，完成400万元，完成目标任务的100%；向上争取项目资金400万元，完成540万元，完成目标任务的135%；科技型中小企业目标1家，完成1家，完成目标任务的100%；电子商务交易规模500万元、网络零售500万元，完成交易规模500万元、网络零售500万元，完成目标任务100%，新增电商企业1家，完成率100%。

【项目建设】2019年4月23日，投资488万元的千亿斤粮食项目在五里村、永清村、木龙村、钱库村开工建设；2019年3月完成148万元产粮大县项目；投资300万元的火箭桥改造项目完成招标；争取到总投资1500万元土地整理项目，涉及全乡4个村；总投2000多万元凤贯路改造提升工程进入规划设计阶段。

【农业产业】2019年举办第六届红萝卜采收节，木龙观红萝卜全年销售收入达400余万元；绵阳市艺圃农林科技有限公司的“富乐凤凰鸡”上线销售，年销售额15余万元，种植面积近200亩的阡陌农业，年销售额20余万元；引进康先森农业科技有限公司发展“稻虾共养”产业150亩，小龙虾销售收入50多万元；花庙村集资创建金茧蚕桑专业合作社，发展蚕桑、中药材、生态水稻等特色种养殖业，年产值达100余万元。

【社会民生】全年发放城镇低保金额0.4万元，农村低保金额10.5万元。发放计生特扶补贴19.72万元，失独家庭慰问金0.48元，发放高龄补贴5.28万元、256人，发放临时困难救助金1.26万元、28人，发放困难群众医疗救助金1.76万元、6人，“三无”低保金19.62万元，军人优抚资金44.64万元，义务兵家属优待金7.22万元。截至2019年年末，全乡14户37人以及贫困村马鞍村通过区级脱贫验收。

【环境整治】落实乡、村、社各级河长97名，组建小芙蓉溪凤凰段河道管护协会，建立河道治理常态化管理机制。落实专门人员对芙蓉溪凤凰河段进行河道维护清理，定期对场镇水源保护地开展清洁整治。

【社会治理】全年组织开展安全教育培训4次，开展安全生产执法检查20余次。开展安全宣传月大型宣传活动，加强隐患排查，实施建账销号管理制度。完善矛盾纠纷“大调解”体系，开展矛盾多元化调解，化解历史信访积案，全年无一例进京到省市非访案件发生。（姜建云）

太平镇

【概况】太平镇地处中国科技城东北部，东与柏林、朝真、魏城相邻，南与忠兴，西与凤凰相连，北与江油市义新、战旗、梓潼黎雅接壤。县道太义线沿穿境而过，胜黎公路横贯南北。太平场镇距绵阳市区37公里，行政区域面积54.7平方公里，辖10个行政村、1个居委会，106个村民小组，4个居民小组。全镇总户数5604户，其中农业户口5285户，总人口15109人，其中农业人口14139人。境内林地面积1815公顷，耕地面积2580.7公顷，其中水田1167.78公顷。小型石河埝2处，小（二）型水库5座，塘堰936口，提灌站80处。

表 20　　2019年太平镇各行政村基本情况表

序号	村名	面积（平方公里）	户数（户）	人口（人）	集体经济收入（万元）	人均纯收入（元）
1	芦桥村	5.26	604	1613	0	16540
2	南山村	5.4	651	1741	18	16440
3	福林村	7.5	683	1944	5.75	16340
4	涪水村	4.6	486	1518	0.5	16350
5	黑獅村	5.6	627	1697	0.15	16330
6	酒店村	7.84	627	1701	1.5	16180
7	永安村	7.8	618	1584	0.28	16350
8	佛祖村	5.4	501	1324	0.24	16180
9	蚕丝村	5.4	302	548	0.55	16010
10	水龙村	1.49	186	469	0.5	16520

【主要经济指标】2019年，全镇实现生产总值3.12亿元；农业生产总值1.35亿元；招商引资1200万元；固定投资1.2亿元，固定资产投资年度预期目标任务完成率180%以上，人均年可支配收入1.76万元。

【产业发展】2019年，总投资1.5亿元的3000亩凯沃盛现代循环农业产业园全面建成并正式投产，年出栏仔猪16.5万头；计划总投资15亿的现代环保家居产业园，一期投资8000万元建成44亩标准化厂房。总投资近4000万元的通京昆高速的产业路项目完成前期所有手续。

【项目建设】2019年全镇群众筹资120万元，争取财政奖扶资金来源260万元。道路扩宽4.5公里，修建芦桥村集中点污水管道574米，“7·11”地质灾害搬迁重建全面完成，重建水龙桥、高升桥改造项目正在施工中；硬化沟渠17公里，清淤沟渠15公里，精修新建塘库堰12口。场镇污水管网维修项目正在组织实施。农村宅基地“三权分置”改革工作顺利推进，摸排出土坯房877户，2019年拆除86户农户土坯房，危房改造17户。

【脱贫攻坚】2019年全镇贫困户实行危房改造户2户4人，修建改善厕所、厨房等12处，饮水安全改造工程10户，实现建档立卡贫困户28户71人脱贫，累计实现238户、376人建档立卡贫困户脱贫。

【安全生产】落实“党政同责、一岗双责、齐抓共管”的安全生产责任体系，强化道路交通、学校、企业等安全检查和隐患排查治理工作，开展安全生产大检查，对辖区内学校、市场、加油站等重点场所进行50余次全面检查，发现40件安全隐患，并及时整改和消除事故隐患；对餐饮场所开展食品安全卫生检查120次，对发现的问题及时整改；对全镇10个地质灾害监测点深入开展监测、巡查；开展道路交通安全专项整治24次，地质灾害暨防汛应急演练1次；推动辖区内烟花爆竹合作联办，成立2家合作公司共同经营销售。

【依法治理】全镇扫黑除恶专项斗争、依法治理和“七五”普法等工作有序推进，综治平安创建、禁毒、反邪教等工作有序开展。2019年，全镇接待群众来访10余批50人次，群众反映问题10件，解决问题8件。累计悬挂横幅100余条，印发宣传册1000余份，发放宣传单3000余份。

【社会民生】2019年，全镇医保参保人数13181人，参保率达98%以上；城乡居民养老保险覆盖人数11190人。全镇有农村低保203户300人，城镇低保23户24人，共发放低保金69.4万元。全年发放大病医疗救助8.2万元、临时救助2.2万元，重点优抚对象和60岁退伍老兵生活补助金117万元；发放高龄补贴金15万元、重度残疾人护理补贴12.4万元、困难残疾人生活补贴11万元；发放奖特扶资金90余万元，办理　孩证108个，申报办理二孩26个；补办独生子女光荣证121个；组织妇女孕前优生健康检查160人；省级卫生村2个、市级卫生创建。完善文化体育设施建设，10个村委会建有农家书屋。（姜建云）

柏林镇

【概况】柏林镇位于游仙区东北部，东临朝真乡、徐家镇和梓潼县的卧龙乡，南接魏城镇，西靠太平镇，北与朝真乡接壤，柏林镇人民政府驻柏林社区兴民街1号，距绵阳城区32公里。1941年置柏林乡，1958年改公社，1983年复置乡，1992年建镇。辖区面积42平方公里，辖10个行政村、1个社区居委会、4个居民组、76个村民小组。全镇总户数5170户，人口14845人，其中农业人口13419人，耕地面积17287亩，其中田10490亩。

【主要经济指标】2019年全镇粮食总产量达到10000吨；油料总产量实现3000吨；生猪出栏1万头；小家禽出栏38万羽；蚕茧收入实现200万元；完成固定资产投资1.5亿元，工业投资完成1000万元。农村居民人均可支配收入达到19122元、同比增长15%。

【项目建设】推进招商引资项目建设，康丰源智能化养殖园区一期20万羽蛋鸡项目建成投产；晓雅山色民宿项目开门营业；梦想田园项目完成规划编制，进行土地流转。农田水利基础设施不断完善，新改造道路10.5公里(其中村组、生产道路10公里、道路加宽0.5公里)，硬化沟渠40公里，精修塘堰10口。

【产业发展】2019年，葡萄、柑橘等水果种植面积5000万余亩，青花椒种植面积1000余亩，苹果育苗基地1000亩，洛水葡萄产业园建成市级现代农业园区。新型经营主体逐步增加，以山湾农庄建设为抓手，建成市级以上龙头企业2家、专业合作社28家、家庭农场25家，“三品一标”农产品2个。润沁春葡萄产业园建成洛水明珠·菩提庄园主题公园；寨子山山湾农庄获评全区“十大山湾农庄”，洛水村创建为省级乡村振兴示范村，先后举办葡萄音乐节、冬至民俗文化节等系列活动，洛水葡萄被中央电视台CCTV-4中文国际频道《中国新闻》栏目宣传报道。

【环境治理】开展环境整治，完成“厕所革命”示范村建设1个，改造户用厕所216户，新建公厕1处，推行垃圾分类管理，落实村居保洁员82名、新增垃圾桶500余个、垃圾清运车13辆，开展“清洁乡村”行动30余次。探索腐熟还田、有机葡萄秸秆堆肥、粗纤维饲料加工、种植覆盖保水防草等秸秆综合利用方式，富乐国兴秸秆纤维丝厂建成营运，处理秸秆20余吨。落实河（湖）长制，坚持镇、村、社、三级巡河制度，建立巡河台账，提高河长制APP使用率，强化监督检查，全年开展河道巡查600余次，清理河道5公里，集中整治问题7个。

【社会事业】2019年，完成改造农村危房6户。开展健康快车行动和专家坐诊服务，下村入户开展义务健康就诊、免费体检、随访3000余人次，艾滋病筛查

表 21　　2019年柏林镇各行政村基本情况表

序号	村名	面积(平方公里)	户数(户)	人口(人)	集体经济收入(万元)	人均纯收入(元)
1	柏林村	4.5	590	1910	2.4	19320
2	金坛村	3.2	290	816	1.8	19230
3	洛水村	6	815	2292	9.6	19990
4	四云村	4.1	366	1012	1.9	19001
5	明水村	4.3	512	1510	1.5	19157
6	五德村	4.2	445	1308	1.6	18662
7	孟津村	3.5	406	1188	3.2	18680
8	金马村	4.5	512	1552	7.5	19120
9	高唐村	3.5	265	890	1.9	19010
10	柏桃村	4.2	285	941	1.6	18950

1800人次。大病医疗救助25人，拨付救助金11余万元。发放耕地地力保护补贴面积17801亩，补贴资金180万元；完成政策性农业保险和小额保险工作。

【基层党建】开展“不忘初心、牢记使命”主题教育，组织“周五集中学”学习会、“初心微讲台”学习50场次，举办“三讲三赞”坝坝会11场次，学习强国APP覆盖率达90%，区级联系领导讲专题党课2期，意识形态工作得到加强。专题研究党建工作12次，党政班子成员讲党课18场次，组织党委中心组集中学习2次，开展软弱涣散基层党组织整顿工作，合建村级党组织4个，完成2个村的书记主任“一肩挑”，先后打造乡村振习所、廉政文化院示范阵地。定期走访慰问老党员、老干部和困难党员。培养优秀返乡青年、复退军人、致富带头人入党，发展预备党员7名，转正6名，培养后备干部11名。召开民主生活会对照18个方面的问题，找差距补短板。查处党员违纪案件7件。规范“村财镇管”，做好阳光监督平台信息录入，落实“三务公开”，强化“三公”经费监管。

【乡村旅游】柏林镇有百年天主教堂、洛水古堰、洛水寺、柏桃寺、高唐古崖墓、柏林古柏等历史文化古迹。以百年教堂、新村聚居点和现代农业园区为依托的绵阳近郊旅游线路初步形成，推进“游、玩、吃、购、住”等旅游配套设施。

【获奖情况】省级：柏林镇五德村、金马村、高唐村获“省级卫生村”称号。市级：柏林镇获“绵阳市卫生单位”称号、柏林镇四云村、孟津村、柏桃村获“绵阳市卫生村”称号。（梁　艳）

朝真乡

【概况】朝真乡地处三县交界处，乡人民政府驻朝兴街59号，距绵阳城区45公里，与江油市、梓潼县接壤。辖区面积37.8平方公里，辖9个行政村、1个社区、2个居民小组、75个村民小组。全乡总户数3674户，其中，农业户3498户；总人口10961人，其中，农业人口10484人。山林面积1333公顷；耕地面积1400公顷，其中田800公顷、地600公顷。朝真乡地处高丘地带，平均海拔510.7米，土壤以酸粘为主，无霜期300天以上，日照充足，年降雨约900毫米。武引工程涪梓干渠、红岩分干渠、魏城分支渠、柏梓斗渠贯穿全境，70个社受益。粮食作物以水稻、小麦、玉米为主；油料作物以油菜、花生为主；经济作物以水果、蔬菜为主；养殖业以畜禽、水产、养蜂为主。

【主要经济指标】2019年，实现固定资产投资10060.8万元；农业招商引资到位5000万元；城乡居民医疗保险参保率98%，城乡居民养老保险参保率100%，小额意外保险参保率100%。农村经济总收入45.53万元；农民人均纯收入17926元，同比增长9.2%。全年劳务输出就业人员5229人，年创劳务收入6274.8万元。

【基础设施建设】加宽崇林村、青龙村、小沟村村道窄路10.5公里，龙文村村道窄路加宽1.3公里正在施工中，总投入182.5余万元；硬化龙文村、小沟村和青

8月23日，朝真乡花果山山湾农庄水果采摘节开幕

龙村断头路3887米，硬化农毛渠876米，新安装排灌涵管37处，新建机耕桥2座，整治硬化河道1740米。投入资金900余万元建设国家级水稻制种基地，12月止语山庄产业化道路竣工通车。

【特色产业】发展生态芦笋、辣椒等优质蔬菜600余亩，栽种九叶青花椒1000余亩，引进丑柑、青枧、不知火等优质水果1500亩，打造林果基地，发展水稻制种面积达5000余亩，建设产业基地，年产值2318万元。打造龙文村花果山山湾农庄，发展一批庭院经济、"农家乐"经济，推进农民专业合作社和家庭农场建设，有农民专业合作社9家、家庭农场13家，其中市级专业合作社2家，省级专业合作社1家，带动培育种养殖大户35户，农村实用技术培训和新型农民培训2180人次。

【乡村旅游】依托止语公司、花果山山湾农庄组织乡村旅游活动，举办采摘节、亲子活动、拓展训练40余场次，开展垂钓、赏花等活动30次，实现月均营业额近40万元，吸引游客5万人次，助农增收80余万元，指导辖区创业青年、企业建立电子商务平台2个，开拓互联网营销渠道。

【社会事业】全乡有幼儿园1所，小学1所，在校学生共计169人，幼儿园35人，教职工25人,适龄小学入学率达100%，全年发放留守儿童关爱基金8910元。乡内有综合文化站1处，图书室11个，藏书3万余册；体育场地8处，1个社区，7个村安装有健身器材。拥有村卫生站9个，卫生院2所（分院1所），床位46张，敬老院1所，城乡居民医疗保险参保率98%，城乡居民养老保险参保率100%，小额意外保险参保率100%。2019年医疗保险报销62.51万元，大病医疗救助33人，拨付救助金4.4余万元。

【民生工作】全年计生奖扶566人，发放资金共22.64万元，计生特扶21人，发放资金共9.1万元，参加国家免费孕前优生健康检查45人。为退役、现役军人家庭发放光荣牌308个。慰问困难群众318人，发放慰问金2.08万元；为130人重度残疾人提供重残补贴9.8余万元，为100人低保残疾人提供困难残疾补贴10.8万元；为困难群众提供临时救助33人次，发放临时救助金2.4万元，发放低保、五保、高龄、优抚等各类民政资金1558人次、193.48万元。发放耕地地力保护补贴面积11477.39亩，补贴资金126.22万元；发放稻谷补贴面积5555.3亩，补贴资金28.482万元。

【脱贫攻坚】争取项目资金硬化沟渠、道路、塘堰，结对区人武部、区审计局、区委巡察办定点帮扶，将23万元帮扶资金用于8户危房贫困户新建房屋、打水井，走访贫困户1000余次，物质、现金帮扶共计8.72万元，为3人落实村级公益性岗位，为14户20人贫困户申请最低生活保障，医疗、养老保险购买率达100%。全乡19户36人建卡贫困户、1个贫困村于2019年6月实现脱贫目标。开展非建档立卡困难群众摸排工作，建立台账2户。

【环境治理】在花果山山湾农庄建设农户污水净化系统，新建公厕1处，在全乡推行垃圾分类管理，落实10个村（居）保洁员90名，垃圾桶800余个，垃圾车

表 22　　2019年朝真乡各行政村（社区）基本情况表

序号	村名	面积（平方公里）	户数（户）	人口（人）	集体经济收入（万元）	人均纯收入（元）
1	龙文村	5.2	445	1334	1.8	18045
2	崇林村	6.3	625	1998	1.65	17459
3	龙江村	4.1	357	1161	9.549	17568
4	朝真村	3.2	287	856	1.1398	17987
5	金竹村	3.4	313	976	0.8281	17521
6	石龙村	3.2	280	880	0.0736	17991
7	青荣村	3.1	276	953	0.663	17643
8	青龙村	4.7	404	1250	1.2012	18016
9	小沟村	3.8	306	975	1.1959	17974
10	朝真社区	0.8	281	311	0.36	19056

11辆，集中垃圾箱8个，开展“清洁乡村”志愿服务活动50余次。在青龙村开展“厕所革命”示范村建设，改造户用厕所187个，新建公厕1处。坚持每天下村巡查秸秆禁烧2次，广播宣传2次，发动网格员构建禁烧网络体系，完善考核办法，逗硬奖惩。落实河（湖）长制，坚持乡、村、社、三级巡河制度，建立巡河台账，提高河长制APP使用率，强化监督检查，2019年开展河道巡查1000余次，清理河道6公里，集中整治问题5个。

【社会治理】加强道路交通安全巡查，落实交通劝导员11名开展安全宣传、劝导工作，开展道路安全检查20次；开展烟花爆竹、食品药品等安全监督检查5次，开展森林防火宣传和巡查，做好防汛抗旱各项工作。抓好动植物疫情防控，设置动物疫情防控检查卡点4处，落实专人24小时开展进出车辆登记、消毒和无害化处理工作，到各村社摸排养殖户数及养殖数，落实畜禽防疫工作。抓好草地贪夜蛾疫情监控防治，设置监测点11处，发放宣传资料3000余份。全年协调处理大小矛盾纠纷360余件，化解2起重大矛盾，无进京到省非访事件。

【“花果山山湾农庄”采摘节】2019年8月22日开幕，活动由中国银行股份有限公司绵阳市分行、绵阳盛东文化传播有限公司主办，中共游仙区朝真乡委员会、游仙区朝真乡人民政府承办。区委组织部常务副部长杨鹏为山湾农庄授牌；区农业农村局党委书记、局长吴先强，区文广旅游局局长王庆为金朝电商服务站、朝山宝电商交易中心授牌；金朝电商服务站、朝山宝电商交易中心负责人分别与定点企业、农户代表签约，龙文村集体经济组织与水稻制种基地党员代表签订壮大集体经济合作协议。

【获奖情况】朝真乡石龙村获评四川省传统村落。（江佳倩）

魏城镇

【概况】魏城镇地处游仙区中心腹地，距中国（绵阳）科技城20公里。全镇辖区面积97平方公里，城镇面积2.3平方公里，辖24个行政村、2个社区居委会、213个村民小组。全镇总人口4.75万人，其中农业人口2.45万人、城镇人口2.3万人。耕地面积2185公顷，植被面积31290公顷，森林面积2680公顷，森林覆盖率达32%。被中央文明委、住建部等7部委评为“全国文明村镇”、“全国重点镇”、“全国小城镇建设示范镇”、“全国村镇建设先进集体”、四川省“百镇建设示范行动”试点镇等荣誉称号。

【主要经济指标】2019年，全镇实现固定资产投资4.45亿元、完成全年任务的108%，工业投资1.40亿元,社会消费品零售总额0.68亿元，电子商务交易额1.1亿元，规上服务业0.11亿元。农业以水稻、玉米、小麦、油菜为主，粮食总产量19406吨，年末生猪出栏36200头。全年招引6个项目，协议资金26亿，招引科技型企业5家。

【工业园建设】魏城工业园基础设施建设PPP项目按照财政部规定的程序完成政府采购，依法确定项目的社会资本方，完成项目签约。2019年已组建SPV公司，完成项目融资的申报工作。新引进崇豪建材、厚点新材料、安拓新型材料等工业企业3家，新增投资规模1.1亿元。

【项目建设】2019年，国美香水湾商贸综合体主体工程完成建设并投入使用。签约锦绣魏都·财富广场、魏城水都房地产项目，协议资金20余亿元。区人民医院外科大楼、桂花桥全面投入使用；桂花书院、魏城中心小学幼儿园、游仙区光荣院、魏城镇铁炉村“三格式、一体式”生活污水处理等项目建设工作有序推进。

【产业发展】打造金炉谷山湾农庄，进行整体规划设计，探索多形态股份合作、管理和经营，集中群众闲置土地、林地、农房，入股企业或村集体经济组织经营管理。完成猕猴桃与青梅种植基地、芦笋与药材种植基地、生猪养殖基地的包装打造；创新资产经营型、产业带动型、股权分红型、土地整合型4种模式壮大村级集体经济。

【魏城河治理】开展魏城河专项整治工作，争取到魏城河清淤和防洪工程治理项目，清淤工程于5月完成。魏城河防洪治理生态河堤建设工程项目开工建设。

表 23　2019年魏城镇各行政村基本情况表

序号	村名	面积（平方公里）	户数（户）	人口（人）	集体经济收入（万元）	人均纯收入（元）
1	红岩村	4	547	1457	–	17200
2	六合村	3.2	477	1515	–	16380
3	牌坊村	3.5	555	1710	–	17140
4	油房村	4.4	508	1789	1．5945	16360
5	七里村	2.78	390	1351	–	17220
6	先锋村	4.5	660	1752	–	17170
7	关帝村	2.1	642	1921	–	17640
8	箭杆岭村	2.5	523	1567	–	17140
9	陆山村	4.8	175	550	–	16180
10	黄莲村	3.4	528	1693	–	16620
11	文昌宫村	5.4	452	1453	–	17210
12	金华村	2.8	438	1431	–	18410
13	绣山村	4.1	470	1515	–	17240
14	青杠村	5.8	625	2023	–	16700
15	荣发村	3.5	509	1566	–	17010
16	铁炉村	3.6	360	1060	–	16820
17	玉珠村	4.5	560	1824	–	17020
18	花庙村	1.5	353	1011	–	17640
19	郑家沟村	2.5	520	1464	0.16	17150
20	青林村	5.6	510	1512	–	16780
21	莲花村	2.9	447	1652	–	17130
22	群益村	10.5	638	2097	–	16910
23	圣水村	5.2	368	1166	–	17150
24	莲池寺村	1.6	222	716	–	17500

【旅游发展】镇内省保文物4处、区保文物4处、非物质文化2个、中国传统村落2个、省级传统村落1处。结合镇内“八景六绝”资源，形成品美食、赏美景、探古迹于一体的精品旅游路线。举办游仙区（魏城）第三届乡村文化艺术节暨名优特商贸博览会，交易额600余万元。利用辖区自然优势、历史文化、特色产业吸引游客30余万人，旅游收入1.21亿元。

【社会民生】落实党政领导、机关干部和村（社区）干部包户包人脱贫责任制，争取到10万元扶贫捐款，对20户贫困户危房改造新建给予补助。2019年6月，68户122人和玉珠、陆山2个贫困村完成脱贫摘帽任务。全年发放重大疾病患者、高龄老人、五保供养等救助补助资金171.2万元，临时生活救助资金8.5万元，退役军人抚恤金271.19万元，自然灾害生活救助10.6万元，残疾人困补和重补61万余元，低保资金256万元，地力保护、退耕还林、农机等各项补贴846.7余万元。

【纪检综治】开展扫黑除恶专项斗争，查处私账公报等基层“微腐败”3件，故意伤害、寻衅滋事、开设赌场等“黑恶”事件7起。全年收到来信来访11件（其中区纪委转办6件），已办结11件，纪律审查调查4件7人，其中给予1人开除党籍处分，1人党内严重警告处分，5人警告处分。

【基层党建】开展“不忘初心、牢记使命”主题教育、“周五集中学与讲”“微党课”“微讲台”“三讲三赞”“周三工余大走访”“五重守初心”主题党日活动等100余次，以农民夜校、法治道德讲堂等载体，聚焦党建、魏城工业园建设、社会保障等问题，镇村两级开展现场集体学习讨论240余次、网络平台学习教育670余次。面向社会公开选拔6名后备力量进行培训，实行镇选村用共管，完成对关帝、郑家沟、青林等8个村的党组织合建联建工作。

【获奖情况】市级：2019年，魏城镇获绵阳市人民调解工作先进集体、市食品安全示范乡镇、市文化旅游发展先进集体、市征兵工作先进单位、市“扫黄打非”工作先进集体。魏城镇人民调解委员会陈邦福调解工作室获“绵阳市坚持和发展‘枫桥经验’先进集体”；魏城镇桂花社区被评为“市十佳志愿服务项目”。区级：获2019年全区考核一等奖11个，二等奖13个。（魏巍　樊诗敏）

石板镇

【概况】石板镇位于中国科技城东部，距城区34公里，辖区面积52平方公里，辖15个行政村、1个社区居委会、112个村民小组，全镇总人口12865人。有1个党委，21个基层党组织，844名共产党员。耕地面积2.2万亩，林地面积2.3万亩。辖区共有广济、杆柏等16个行政村（社区），有丝绸厂、机械制造厂、阻火材料厂、橡塑厂、电子厂等10余家企业。农业主产水稻、小麦、玉米、油菜籽，养生猪、家禽。

表24　2019年石板镇各行政村（社区）基本情况表

序号	村名	面积（平方公里）	户数（户）	人口（人）	集体经济收入（万元）	人均纯收入（元）
1	广济村	3.8	474	1332	4.636	18517
2	杆柏村	4.3	426	1169	0	18351
3	铧厂村	3.24	532	1516	0	18030
4	园坝村	3.8	502	1530	0	18756
5	柏桠村	2.8	277	795	0	18034
6	白马村	3.5	506	1390	1.985	18715
7	乐安村	2.4	268	731	0	17901
8	红光村	3.7	327	949	0	18253
9	大垭村	3.2	557	1696	0.95	18022
10	柳树村	4.5	423	1308	0.05	18274
11	联合村	4.53	369	1003	0	18308
12	观音村	5.3	401	1079	0	18314
13	华胜村	3.6	328	912	0	18111
14	森柏村	4.5	461	1283	0	18381
15	陡坡村	3.5	274	797	0.39	18128
16	石板社区	0.98	803	1700	0	18985

【主要经济指标】全镇完成社会固定资产投资1.28亿元，超额完成目标任务。6家规上企业累计完成工业产值3.8亿元，技改完成0.21亿元，实现利润189万元，工业企业上缴税收36.7万元，实现工业产值36048万元。

【项目建设】以沿镇域北部黄金河上游及石观路形成旅游拓展轴线、小永路连线为农业生产轴线，建立生态旅游片区、现代农业发展片区、工业拓展片区、经济作物种植片区。推进国兴秸秆纤维丝加工、绵阳向科油脂科技有限公司等企业建设进度，争取各级支持，完善企业生产要素保障，协调企业贷款融资。中国久远高新技术装备公司投资1500万元，占地650亩的装备调试试验场落户红光村。

【产业发展】壮大优质粮油、蚕桑、林果、蔬菜制种等特色产业。播种面积4.2万余亩，粮食作物约3万亩，经济作物1万余亩，蔬菜2000亩，种植油菜8000余亩；培育扶持小家禽畜水产养殖业，持续增加农民收入。推进山湾农庄建设，实施“名优特新”产业发展路径。“山湾农庄”建设创新做法获区委书记肯定性批示并在全区推广，石板镇董家湾山湾农庄被确定为“区级示范山湾农庄”。

【民生工作】争取化债资金170万，用于广济街污水管网改建及相关附属设施修复工程项目；投资100万元的杆柏村藤椒产业化道路和总投资100万元的铧厂村种养殖产业化道路将有效提升产业布局，壮大产业经济发展；整合项目资金对全镇3处地质灾害点分别进行排危处理。完成6个村5500亩高标准农田建设项目申报和设计工作，计划投资1000万元。瀑电移民调概项目（移民广场建设）稳步推进，移民后扶项目4个，完成沟渠新建硬化8000米、塘堰整治9口；争取上级财政农业产业化配套道路建设项目90万元，计划建设产业化道路3.5公里；全镇范围内签订蔬菜制种项目面积1100亩。筹备森柏村绵阳市备用水源地建设事宜。

【社会事业】2019年完成贫困户14户31人、贫困村乐安村的精准识别和脱贫退出工作，实现全镇全面脱贫；科教事业加快发展，2019年石板九年一贯制学校2名学生考入绵阳中学、南山中学，在全区农村同类学校中名列第一。

【社会治理】成立以党委书记任组长的信访工作领导小组，下设信访办公室。各村委会成立以村支部书记、主任为组长的信访工作领导小组。全年查办案件7件。加强重点人员排查，建立风险台账，梳理重点人群6个、重点群体2个。完善群众来访接待制度，全年调解信访纠纷事件22件，调解率100%，未出现进京上访及非正常上访案件。（彭雪娇）

表25　2019年观太镇各行政村（社区）基本情况表

序号	村名	面积（平方公里）	户数（户）	人口（人）	集体经济收入（万元）	人均纯收入（元）
1	观音桥社区	1.25	275	641	3.1	20156
2	卢家坪村	6.8	1088	3065	0.15	18022
3	简家店村	4.5	726	2144	0	18280
4	巩家沟村	2.86	472	1462	0	17623
5	二郎桥村	4.6	583	1541	0	18011
6	双柏树村	3.8	449	1211	0	17010
7	罗家沟村	3.5	318	832	0.05	17664
8	朱洪寺村	3.62	394	995	21.2	17032
9	段家桥村	4.2	637	1773	1.2	18212

观太镇

【概况】观太镇地处游仙区东南边陲，距绵阳城区23公里，东与梓棉镇、中太镇接壤，南与永明镇、松垭镇连界，西与建华镇、沉抗镇毗邻，北与石板镇、刘家镇相连，辖区面积38平方公里，辖8个行政村（卢家坪村、简家店村、巩家沟村、二郎桥村、双柏树村、罗家沟村、朱洪寺村、段家桥村），1个居委会（观音桥社区），102个村民小组。人口14621人，其中农业人口11582人，耕地面积14343亩，其中田6041亩、地8302亩。镇村道路全部建成水泥路面，25路公交车通往境内各个行政村，拥有林地面积2.13万亩。

【主要经济指标】2019年，蚕茧销量40万余公斤，实现售茧收入500万余元，突破季出栏生猪3000头，实现季售生猪收入400万元，家禽出栏5.4万余羽，完成固定资产投资6000万元；引进科技型中小企业1家；建成以“段桥观米”为代言的优质粮油基地5000亩，继续优化生态粮油保护区10平方公里，打造林果产业园1000亩、蔬菜基地500亩。土地流转1000余亩，发展优质粮油10000亩，粮食总产量11000吨。农民人均纯收入17235元。

【基础设施建设】2019年，全镇硬化农毛渠3.5公里、塘堰精修6口、蓄水池建设1口、管道节水灌面1600亩；段家桥村、巩家沟村、朱洪寺村千亿斤粮食项目稳步推进；全镇农村电影院、日间照料中心、文化广场、图书室、农民夜校等阵地运行正常；通过国家级卫生乡镇初评。

【社会事业】2019年，组织开展丰富多彩的文化活动30余次；召开计生专题业务培训会议12次，完成孕前优检率100%；完成贫困人口脱贫19户、39人；开展各类检查500余次，劝导1200余人次，巡查发现道路安全隐患3处，整改3处，处置非法经营及违规经营1起，组织干部群众17公里的观太河道清洁160余人次，拆除沿河小型养殖棚2处；化解积案1起，问题整改3项，缓解矛盾20余起，全年实现农产品质量安全、农机安全、沼气安全监管零事故。

【民生工作】按时发放农村低保金、城镇低保金13376元/月、五保金、高龄补贴、义务兵家属优待金、优抚资金等惠民资金，发放自临时生活救助金4.25万元；每月定期开展饮用水源地巡查，增加饮用水源净化设备设施，确保水质安全；开展农村就业培训9次、380余人，帮助实现失业再就业10人。（彭海波）

徐家镇

【概况】徐家镇位于游仙区东大门，紧邻梓潼县石牛镇，南接游仙区东宣镇，西靠游仙区魏城镇，北连梓潼县卧龙镇和游仙区柏林镇，西距绵阳城区34公里，东至梓潼县城16公里，全镇辖区面积47.5平方公里，耕地面积22289亩。属四川盆地中亚热带季风湿润气候区，年降水量为968毫米，日照时数1360小时，无霜期275天，平均气温为16.5℃。徐家镇辖11个行政村，1个社区居委会，118个村民小组和5个居民小组，场镇面积2.1平方公里，全镇人口1.8万余人。徐家镇水利资源丰富，武引渠系控灌全镇70%以上耕地，境内小（一）型水库1座、小（二）型水库4座、石河堰6道，塘堰275口，电力提灌站27处。森林资源丰富，全镇拥有天然林面积1.7万亩，森林覆盖率达32%。

【主要经济指标】2019年，完成地区生产总值2.9亿元，同比增长7.2%；完成固定资产投资2.7亿元，同比增长8.3%；完成向上争取630万元，同比增长67%；农民人均纯收入18475元，同比增长8.3%。

【产业发展】实施产量大县奖励资金项目、省级幸福美丽新村等项目4个，完成投资1240余万元。推进“西部城市生态后厨”基地建设，围绕“绵梓产业带”“刘柏路产业带”，重点发展酿酒葡萄种植基地、优质瓜果、小龙虾养殖、乡村旅游等主导产业，新发展“湘珍珠”葡萄220亩、“阳光玫瑰”葡萄220亩、小龙虾繁育基地310亩、荷花基地200亩、“春见”柑橘种植基地500亩；挖掘生态农业旅游资源优势，打造城市近郊周末休闲目的地，初步建成“良栖·山湾农庄”、“黄家湾.山湾农庄”。其中“黄家湾.山湾农庄”被评选为全区示范山湾农庄，全年接待游客超过15万人次。

【项目建设】完成竹柳路、宣化村、白鹤村等村道加宽项目（5公里）；硬化道路6公里、维修整治渠系12公里、精修塘堰4口，改造农村危旧房1户。清理道路周边、田间地头、房前屋后垃圾点，共出动人员700余人

表 26　　2019年徐家镇各行政村基本情况表

序号	村名	面积（平方公里）	户数（户）	人口（人）	集体经济收入（万元）	人均纯收入（元）
1	宣化村	3.7	422	1534	0	13911
2	书房村	5.1	421	1251	0	12740
3	安乐村	4.0	485	1707	0	17812
4	白鹤村	4.5	487	1362	2.2	16878
5	和阳村	5.7	716	2436	0	16955
6	鸿禧村	4.0	394	1394	2.3	16376
7	响水村	7.1	607	2090	0	15822
8	竹林村	3.0	262	825	0	15934
9	柳塔村	3.4	484	1371	0	11950
10	清辉村	3.0	436	1430	0.8	16731
11	建效村	2.8	245	847	0	14816

次，车辆50余台次，清理卫生死角、柴草堆、粪堆、垃圾堆186处，共清运垃圾1107吨；开展人居环境整治、厕所革命、精品示范村建设三大工程，在白鹤村试点推进整村卫生改厕工程。发放大型垃圾箱1个、垃圾桶44个。建立镇、村、社三级“河长制”组织体系，对徐家沟河和全镇范围内所有水库、武引灌渠落实责任人，全年开展巡河1000余次，发现整改问题166个。全面禁止焚烧秸秆和肥水养殖行为，开展“散乱污”企业整治和“三大战役”行动。建设完成投资700万元的污水处理厂、投资300万元的垃圾中转站建成并投入运行。

【社会民生】开展精准扶贫工作，实现16户43人脱贫，响水村实现贫困村摘帽。惠民政策全面落实，发放低保金31.09万元、五保供养金32.9万元、优抚金84.6万元、高龄津贴12.8万元；发放临时救助资金38人次2.38万元；发放大病医疗救助27户12.2万元；发放残疾人“两项补贴”18余万元；发放耕地地力保护补贴219.91万元、农机购置补贴15.42万元、稻谷补贴50.45万元。劳保就业有序开展，开展就业技能培训6期，培训300人次，输转城乡劳动力180人，创劳务收入150余万元，新增就业人数200人。推进妇幼健康检查项目城乡居民全覆盖和重大疾病防控工作，做好计生奖特扶对象审核和走访慰问工作，发放计生“三金”83.59万元、发放慰问金0.7万元。

【社会治理】2019年，处理群众信访9件次，调处各类矛盾纠纷23件，全年未有进京到省上访，未发生安全生产事故，未发生汛期和森林防火安全事故。开展非洲猪瘟等动植物疫病防控工作。推进“七五”普法工作，雪亮工程建成并投入使用。

【获奖情况】国家级：2019年白鹤村获得“全国乡村治理示范村”荣誉称号。省级：获得2019年四川省卫生乡镇（街道）、四川省第三批“扫黄打非”示范网格等省级荣誉。市级：获得市级文明村、绵阳市人居环境整治十佳村、市级法治示范村、市级乡村振兴示范村等荣誉称号。区级：获得乡村振兴战略先进乡镇、乡村振兴战略示范村、人大“代表之家”先进单位、河长制“一等奖”、地震保险先进单位等10项区级荣誉。（魏 巍 李 洋）

东宣镇

【概况】东宣镇地处绵阳市游仙区东部，东临梓潼县双峰乡，南靠刘家镇，西与魏城镇相邻，北至徐家镇，距绵阳城区38公里。全镇辖区面积36.3平方公里，场镇面积1.5平方公里，辖9个行政村，1个社区居委会，65个农业合作社，总人口10817人。耕地面积11855亩，其中田5820亩、地6035亩。辖区内地势北高南低，浅丘地貌，境内飞龙山海拔703米，是市级党性教育基地、爱国主义教育基地。镇内有国家级文物保护单位鱼泉寺，始建于明正统元年(1436-)，保存至今已有600余年历史。辖区内溪沟交错，水源丰富，徐家沟河、魏柳河、武引东刘斗渠穿行而过，属涪江水系。属亚热带季风湿润气候，年平均气温16.5℃，年平均无霜期280天以上，年平均降水量900毫米，年平均日照1298小时。粮食以水稻、小麦、玉米、红薯为主，经济作物以油菜、花生、蚕桑、蜜柚、西瓜、芦笋、羊肚菌、藤椒、青菜、臭黄荆为主，养殖业以生猪、小家禽、水产为主，文风柚、健康藤椒、翡翠凉粉、鱼泉芦笋、羊肚菌等产业逐步形成品牌和规模。

【项目建设】2019年，完成红色飞龙山4公里道路拓宽项目，完成七一村五社2.1公里水泥断头路建设。完成飞龙村农机购置补贴结余资金项目，完成4、9村产粮大县项目，1、7、8村千亿斤粮食项目，1、3村高标准农田项目扫尾工作，精修塘堰9口。争取到中小河流治理项目，整理从三五石河堰至下游河道环境；争取到住建“三推”项目资金150万元，完成场镇文风街人行道、污水管网、排洪沟整治工程，启动场镇文风街十字路口至文风桥头、东岳街（敬老院）至桥头污水管网整治，改造场镇臭水沟，形成十字骨架污水管网路。完成东宣污水处理厂建设。

【产业发展】推动藤椒、羊肚菌等特色农业产业项目扩大规模生产。培养新型职业农民，扶持农业产业项目发展带头人，鼓励兴建家庭农场、专业大户、专业合作社等农业经营主体。支持“国

表 27　　2019年东宣镇各行政村（社区）基本情况表

序号	村名	面积（平方公里）	户数（户）	人口（人）	集体经济收入（万元）	人均纯收入（元）
1	星光村	5.8	589	1809	–	16318
2	七一村	3.7	365	1129	–	16318
3	文风村	3.5	324	996	–	16319
4	李河沟村	3.6	329	1067	–	16317
5	鱼泉村	5	506	1593	–	16319
6	健康村	4.6	415	1171	–	16316
7	新合村	2.7	281	866	–	16317
8	飞龙村	3.9	283	901	–	16318
9	永乐村	3.1	303	950	–	16318
10	东宣社区	0.4	196	335	–	16320

春生态种植基地”发展，稳固芦笋、羊肚菌、秋葵等特色农产品规模，鼓励合作社创新研发，推进大马士革玫瑰种植加工“流水线”产品发展，加大高含量精油高产花蕾新品种玫瑰的推广力度，吸纳农户扩大玫瑰种植面积。

【红色旅游】打造“红色飞龙山”红色文化品牌，试点打造红色山湾农庄。引进四川汇丰文旅、绵阳龙创文化等公司业主，打造农庄林木、重走红军路等旅游设施项目。吸引群众自愿投入，参与农房红色文化风貌提升，在道路沿途树立红色文化雕塑16处，绘制红色文化墙3处，展示红色标语22处。开发公祭教育、拓展集训、旅游食宿等配套功能，“追忆一段红色历史，重温一次入党誓词，瞻慕一片红军碑林，聆听一堂红色党课，体验一回红军生活”的“五个一”特色旅游线路不断完善。2019年3月，组建飞龙山红军纪念馆筹建组，分赴走访广元、梓潼等3个县市、10个乡镇及相关单位，沿线1000余公里，拜访老红军、老革命、英烈后代等210余人，募集红军遗物50余件、整理珍贵文献30余万字、编制《瞻思飞龙山奋进新时代》等红色文化读本，推出“红色飞龙山”系列文化创意产品，探索红色飞龙山文化旅游新业态。2019年7月1日飞龙山红军纪念馆开馆。结合“飞龙山红色教育实训基地”“仙游东方·童话小镇”等场地，开展红色研学、亲子教育、儿童游乐等项目。2019年7月，红色飞龙山被评为“77123部队红色教育基地”；2019年10月，红色飞龙山被评为“77集团军‘两路四地’红色教育基地”。

【社会事业】2019年年末，东宣场镇有街道3条，自来水厂1座，生产能力50吨/日，城镇居民自来水普及率100%。新建污水处理厂1座。有天然气用户944户。有群众自发组织的艺术团体3个；电影院1座；文化站1个、图书室10个、藏书7000册；体育场地9处，东宣社区、星光村、李河沟村、健康村和鱼泉村安装有健身器材。有幼儿园1所，小学1所，在校学生共计160余人，教职工15人。适龄中、小学入学率达100%。有村卫生站9个，卫生院1所，床位20张；敬老院1所；新型农村合作医疗参保率100%。

【脱贫攻坚】对接四川中烟绵阳卷烟厂协调解决140万元扶贫项目资金落地实施。产业扶贫项目、经果林项目、基础设施扶贫项目开工建设。协调辖区企业、合作社、项目工地等吸纳贫困人员就近就业450人次，拓宽贫困人员增收渠道。结合联系村工作，采取结对帮扶的方式，分步开展“改住房、改水电、改环境”“送物资、送技术、送岗位”等工作，基本实现贫困户的“两不愁、三保障”。截至2019年6月30日，东宣镇47名区级建档立卡贫困户全部脱贫。

【生态环境治理】清查畜禽养殖场，整治违规养殖1处。加强饮用水源地监管和治理，定期开展水质监测。开展秸秆禁烧、农村垃圾池、垃圾填埋场整治等工作，完成东宣非正规垃圾填埋场整治工作，集中开展人居环境治理、大环境清扫工作。

【社会治理】开展“七五”普法、依法治理工作。深化平安创建和治安防控体系建设，加强网格化基层管理工作，结合“防风险、保安全、迎大庆”专项行动，整合辖区治保、巡防、人民调解等职能，以“山湾”为最小单位，协调政、警、民“联盟互动”，建立“社（湾）-村-镇”梯级联动机制，创建“山湾平安联盟”和“智慧山湾‘0123’技防体系”，吸引群众参与4300余人次，化解各类矛盾纠纷43起，辖区全年无恶性、重大、群体性事件发生。

【基层党建】开展“不忘初心、牢记使命”主题教育，开展“周五集中学习”“初心微讲台”、主题党日活动、专题党课、“三讲三赞”坝坝会等活动100余次，先后邀请市、区相关部门领导和党史研究专家、教授为辖区党员干部讲专题党课。推进农民工党建，2019年吸引13名优秀农民工党员返乡创业就业。在“仙游东方童话小镇”打造红色讲习所，全年承办红色党课、职业培训、文化宣教等各类活动100余场次。将七一村、文风村两个党支部合并为栖凤党总支部，李河沟村、永乐村两个党支部合并为李乐党总支部，考察选派1名镇干部担任栖凤党总支部书记，推进3个村书记、主任“一肩挑”。立案审查党员违纪案件4件4人，交叉案件审理3件3人。推进红色飞龙山打造，累计接待市内外3万余名党员干部群众参观学习。开展宗教治理，摸排辖区7处小庙，“规范管理”2处，“改作他用”5处。

【获奖情况】东宣镇星光村被绵阳市委宣传部评为“绵阳市最美乡村”。（魏巍　李鑫）

刘家镇

【概况】刘家镇行政区域面积43.2平方公里，位于北纬31.25′30″—31.29′24″，东经104.59′14″—105.04′27″，之间。距绵阳城区（游仙城区）42.2公里，镇东与玉河镇和梓潼县双峰乡接壤，南与梓棉镇交界，西接观太、石板两镇，北与东宣镇连接。刘家镇辖11个行政村、1个社区居委会，2019年全镇人口18623人、6700余户。其中农业人口15617人。场镇常住人口0.3万余人，耕地面积1466公顷，植被面积1356公顷，森林面积1700公顷，森林覆盖率达78%。

【主要经济指标】2019年，完成财税收入90.1万元、占全年任务的145.3%，固定资产投资8000万元、占全年任务的100%，电商交易规模8000万元占全年任务的100%，招引科技型企业1户，占全年任务的100%，农民人均可支配收入持续增长。

【产业发展】建设电商平台体验店，完成玉米、小麦无公害认证和信义刘皇叔商标注册（生产许可证已被市市场监管局受理）。蚕桑产业实现新增收入100余万元，新增桑园面积300余亩。引进黑水鸡、金龟刺猬、小龙虾、青蛙、油牡丹等，生态特色产业蓬勃发展，实现年产值800余万元。

【项目建设】实施高标准农田、四川最美古村落、现代夯土技术

表28　2019年刘家镇各行政村（社区）基本情况表

序号	村名	面积（平方公里）	户数（户）	人口（人）	集体经济收入（万元）	人均纯收入（元）
1	刘家社区	2.8	2764	4658	–	19960
2	桃子园村	4.19	507	1507	–	18623
3	龙王沟村	2.97	325	1086	–	18100
4	魏家桥村	3.3	527	1543	–	18600
5	旦家庙村	3.6	462	1563	–	18991
6	毛水寺村	3.5	425	1369	–	18330
7	踏水桥村	3.28	427	1280	–	18120
8	阮家堰村	4.87	528	1728	–	18200
9	三合村	4.37	359	1175	–	18536
10	潘家庵村	3.26	502	1548	–	18830
11	曾家垭村	3.69	415	1405	–	18623
12	张家堰村	2.94	443	1286	–	18200

试点、河道改造提升、场镇街道亮化等项目。争取传统村落建设项目资金270万元、刘家到绵阳第二快速通道项目资金110万元、场镇街道建设和提升项目资金200万元、街道路灯建设及相关建设资金50万元、村道建设及加宽资金100万元，刘家场镇段河道整治项目资金1000万元，桃子园村、龙王沟村、魏家桥村、旦家庙村土地整理项目资金2300万元。截至2019年年底，大部分项目竣工并完成验收。推进农村经济股份合作改革试点项目工程，争取壮大集体经济项目80万元，建设聚生产—加工—包装—销售为一体的刘皇叔生态大米加工厂。

【社会民生】投资80万元打造敬老院养老服务体系建设，桃子园村、三合村等老年人日间照料中心投入使用。为全镇400余名老人购买助餐、助浴、助洁、助急、助医等居家养老服务。全年共发放农村居民低保金89.9万元、城镇低保保障金18.24万元，特困供养金72.1万元，定恤定补、优待金159.1万元，发放临时救助108户共4.4万元，新增灵活就业5人、就业困难对象再就业2人、享受农村计划生育家庭奖励扶助421人、特别扶助13人，共发放奖特扶扶助金16.72万元。落实15名残疾人居家灵活就业(创业)直补，发放残疾人辅具243具，贯彻落实义务教育法和“两免一补”政策，实施中小学生免费午餐政策。精准锁定贫困户34户72人，因户施策做好医疗救助、产业扶持、贫困户租房和建房等工作，通过区级脱贫验收。

【信义刘家建设】按季度组织辖区党员干部群众参观学习信义文化教育实践基地，定期评选表彰十大信义刘家人，树立信义典范。推进契约精神的落实，以“重信义、遵契约”为主线，通过开展深化“信义刘家”建设、推行第三方监督指导、实施契约履行制度“三大工程”，深化政府、企业、农村等重点领域契约精神体系建设，引导全镇树立良好的社会风气。召开专题工作会议，逐一梳理当前在基层工作中出现频率较高、影响严重的问题，通过现场“把脉”，共同研究思考，将产业发展、生态环境、精神文明、移风易俗、纠纷调解等重点纳入村（居）规民约修订内容，成立红白理事会，组建我爱我家暖心公益基金，调动群众参与镇村事业发展，提高村（居）民自治能力。

【“六家工作法”】创新开展“进家门、听家声、讲家理、解家难、帮家富、做家人”的“六家工作法”，结合镇村干部下基层活动，通过走村入户宣讲政策和会议精神、搜集民意、调研农业产业发展等，解决镇村社干部习惯坐在会议室、守在办公室、忙在表册上、干在家里头的问题，让干部群众联系更加紧密。

【获奖情况】省级：2019年被评为四川省级卫生乡镇，龙王沟村、魏家桥村、踏水桥村被评为四川省卫生村。市级：森林防火先进单位。区级：红十字会系统先进单位、区级河长制优秀单位，桃子园村被评为区级法治示范村，刘家社区被评为区级文明社会，曾家垭村被评为区级文明村。（郑　路）

梓棉镇

【概况】梓棉镇位于游仙区东南部，距城区56公里，东接玉河镇，西与三台县中太镇接壤，南邻白蝉镇，北连刘家镇，属亚热带湿润季风气候。辖区面积29.8平方公里，辖10个行政村、1个场镇社区居委会、76个农业生产合作社，总人口12725人，总耕地面积13935亩，以生产水稻、小麦、油菜等经济作物为主，境内山清水秀，交通便利，是典型的丘区农业镇。梓棉境内地貌为低丘陵地形，境内最高海拔653米，山势迂回盘旋，山峦起伏，沟谷交错。气候属中亚热带湿润季风气候类型，气候温和，雨量充沛，四季分明。年平均气温17.5℃，无霜期280天，年平均降水量830毫米。

【主要经济指标】全年完成社会固定资产投资6500万元，完成全年目标任务的103.8%；完成旅游收入500万元，完成全年目标任务的112.4%；完成财税收入55万元，完成目标任务的110%，完成向上争取资金450.6万元，完成目标任务106.8%。

【农村经济】推动建设国家级星创小镇、书香梓棉文化小镇；深化农业供给侧结构性改革，推进农业产业化，推广“公司+合作社+农户”的发展模式，创特色品牌，打造农业龙头企业；围绕

表 29　　2019年梓棉镇各行政村（社区）基本情况表

序号	村名	面积（平方公里）	户数（户）	人口（人）	集体经济收入（万元）	人均纯收入（元）
1	湖广村	2.6	387	1217	0.25	15494
2	葫芦村	2.7	455	1238	5	14746
3	黎明村	2.8	383	1197	0.3	15363
4	光辉村	4.2	845	2345	1.3	15517
5	极乐斋村	2.6	381	1040	0.3	16208
6	鹤鸣村	2.2	298	889	1	16039
7	合兴村	3.7	325	824	0.6	16811
8	严家桥村	2.9	326	1028	0.8	16553
9	红庙村	2.1	301	860	0.5	16704
10	盐井坝村	2.8	425	1176	0.5	16125
11	梓棉社区	1.2	291	915	3	16239

“互联网+”功能，拓宽梓棉农产品销售市场，实现更大附加值；运用“都市农业”发展思维和特色小镇建设思路，打造以“耕读”文化为统领的旅游小镇。

【项目建设】硬化农村道路3公里、道路加宽6.6公里、新建蓄水池3口，中玉路等项目完成路基基础工作。完成垃圾中转站、污水处理站、污水管网等项目建设并投入使用。

【山湾农庄建设】探索整合返乡能人、社会精英、传统蚕桑产业业主、本土大户和农场主资源，推进山湾农庄建设。在老盐井家庭农场、福寿（佛手）山庄等开展试点工作，引进葡萄避雨栽培技术、核桃林粮、林菌混种技术、林养结合技术、鱼鸭精确套养技术，提高土地利用率和产出率。探索农事休闲项目建设，初步形成葡萄采摘、垂钓、露营、亲子农时体验等乡村休闲体验项目，利用空闲农房开展共享小院、乡村小憩活动，初步具备吃、住、玩、体验为一体的游客接待能力。

【脱贫攻坚】成立以镇党委书记为总指挥长的脱贫攻坚指挥部，建立包村干部定期走访制度，坚持把扶贫脱贫作为第一民生工程，制定具体帮扶措施，所有贫困户纳入低保兜底保障，每名机关干部联系一户贫困户，实行一户一策、一户一档，帮扶住房困难的8户贫困户完成重建房屋，全面完成20户47人脱贫攻坚任务，实现贫困村摘帽发展，全年累计投入帮扶资金38.8万元。

【生态环境建设】推进以农村生活污水、垃圾及畜禽养殖污染、小流域、秸秆禁烧等污染综合整治，加大饮用水源监控力度，禁止肥水养鱼。加强森林资源管护，加强国土、村建等法律法规宣传，健全完善镇村社联合巡查防控机制，严查严管严惩未经审批且新占耕地的违章违法建筑，重点整治违规建房、违规圈地进行种养、乱搭乱建、乱栽乱种等乱象。

【社会民生】规范低保评审程序，落实低保政策，实现应保尽保应退尽退；城乡居民社会养老保险参保覆盖率为100%，城乡居民社会养老保险待遇发放实现100%，城乡居民医疗保险参保覆盖率为100%，完成全民参保登记工作。及时足额发放低保、高龄老人补贴、独生子女奖励金、城乡居民社会养老保险待遇、大病医疗救助、临时生活困难救助金等各种民生资金。做好辖区社会保障卡“一卡通”清查办理工作，实现辖区应享受国家惠民惠农财政补贴资金人员办卡工作全覆盖。做好非洲猪瘟防控工作，成立工作领导小组，建立健全日常排查制度，建立区域协同联防联控机制，在区县交界处设立检查点4个，24小时轮流值班，防止疫情地区生猪及产品流入，落实餐厨剩余物收集、运输和处置全链条监管。

【游仙区“书香文化旅游节”活动】3月22日至28日在梓棉镇举行。活动以“忠孝文化”为主题，有国学讲坛、经典诵读、汉服走秀、书画展览等传统文化，看变脸采莲船、腰鼓等“非遗”民俗表演，品“菜花火锅”、

"天鹅汤"等特色美食。活动情况在《绵阳日报》《绵阳晚报》、绵阳旅游、游仙发布、今日游仙等平台播报。活动期间累计接待游客2万余人，实现旅游收入30余万元，带动当地农副产品销售。（左海艳）

白蝉镇

【概况】白蝉镇位于游仙区东南部，距绵阳城区68公里，区内与玉河、梓棉镇相邻，区外与三台县柳池、长乐镇接壤。辖区面积25.68平方公里，场镇面积0.55平方公里。辖8个行政村，72个村民小组，1个社区居委会，3个居民小组。2019年，总人口9746人，其中农业人口8945人、非农业人口801人，耕地面积12500亩（含退耕还林2500亩）。森林面积15843亩，森林覆盖率51.1%。

【主要经济指标】2019年，国内生产总值333787.94万元（其中：工业生产总值10887.53万元，农业生产总值22900.41万元），农民人均纯收入16210元，完成固定资产投资8450万元，完成招商引资832万元，村村通水泥路，98%的社通水泥路。

【产业发展】2019年，正大蛋业投资750万元，在白蝉镇王家寨子村一社建设"天泉农业科技有限公司蛋鸡养殖基地"，占地20亩，日产良种鸡蛋20吨，年产值3600万元，可实现年利润600万元，为当地20余名群众带来年人均3万元的务工收入。"诗意蚕乡农业科技有限责任公司"投资600万元，在白蝉镇陡嘴子村五社建设吊白鸭养殖场，占地面积35亩，年出栏50万只，年产值1500万元，可实现利润110万元，为当地8名群众带来年人均3.6万元的务工收入。绵阳英智农业开发有限责任公司，在白蝉镇明月寺村种植羊肚菌64亩，出售干羊肚菌1200多公斤，实现产值60多万元，为当地群众带来15万元的务工收入。四川省圣迪乐生态食品股份有限公司在王家寨子村建起"青年鸡养殖场"，四川桑果白兰地有限公司在明月寺村发展藤椒种植，四川农业农发公司在老鹰窝村发展龙虾养殖。

【农村经济】全年养蚕达1.24万张，产茧44.5万公斤，蚕茧收入1780万元；桑兔养殖10万只，产值510万元；桑禽养殖12万只，产值600万元；桑药、桑果、桑菜、桑粮种植均在500亩以上，产值660万元；有序组织外出务人员，全年外出务工人员4950人，务工收入19800万元；大力发展畜禽产业和水产产业，全年生猪出栏0.88万头，肉牛出栏1360只，小家禽出栏23.08万羽，水产品产量80吨；全年种植水稻4610亩，玉米2700亩，花生1300亩，小麦3600亩，油菜4080亩。

【项目建设】争取资金89万元，修建完成林果场至白蝉寺村二社2公里水泥路。明月寺村争取道路加宽项目，采取"群众集资+国家项目补助"方式，投资47.8万元，对2.2公里村道路进行加宽1.5米，厚度达18厘米，加宽后村道宽度达5米。圣谕祠村争取道路加宽项目，采取"群众集资+国家项目补助"方式，投资60余万元，对该村二社、四社、七社、八社、九社5个社道路4.1公里加宽1.5米，厚度达18厘米，加宽后村道宽度达5米。王家寨子村在区扶贫办支持下，投

表 30　2019年白蝉镇行政村基本情况表

序号	村名	面积（平方公里）	户数（户）	人口（人）	集体经济收入（万元）	人均纯收入（元）
1	石华山村	2.82	409	1107	0.15	16218
2	陡嘴子村	1.78	274	718	0.6	16206
3	明月寺村	3.05	344	946	0.12	16214
4	一碗水村	2.38	263	698	0	16206
5	圣谕祠村	3.5	397	1068	4.76	16217
6	老鹰窝村	4.33	622	1793	0.6	16229
7	王家寨子村	2.71	312	889	1.87	16210
8	白蝉寺村	5.11	680	1746	9.52	16229

资30余万元，修建产业园区水泥路630余米。白蝉寺村争取沟渠硬化项目，投资37万元，对二社380米排洪沟进行硬化。

【环境治理】全镇8个村和1个社区居委会，全面实现物业化管理模式，铲除垃圾收集点82个。全镇垃圾实现农户垃圾分类，村清运员每天清运垃圾至镇垃圾中转站，镇统一将垃圾运往垃圾中转站集中处理。投资15万元，对原垃圾填埋场进行无害化处理。实施河（湖）长制工作，镇村河长定期巡河，发现问题及时处理。对饮用水源地清溪河打捞水葫芦10吨，清捡漂浮垃圾3吨，确保水质清洁。加大秸秆禁烧与综合利用工作力度，发放秸秆禁烧宣传资料3500余份，禁止秸秆燃烧和生活垃圾废弃物露天焚烧，全镇未发现一例焚烧现象。投资250余万元的污水处理厂正式启用。

【社会民生】2019年城乡居民基本医疗保险参保率达98.3%，共8468人。城乡居民养老保险参保率达98%，共6346人；开展家庭医生签约服务，签约服务率达98%；加大孕前优检工作，兑现农村计划生育家庭奖扶、特扶、独生子女父母奖励金；落实残疾人居家灵活就业补助15人7500元，落实残疾人自主创业补助申报1人。7月15—18日经市扶贫办验收，全镇29户69人贫困户，区级贫困村白蝉寺村达到脱贫标准。

【非洲猪瘟防控】2019年，6月10日，第二轮非洲猪瘟防控工作启动，白蝉镇与三台柳池镇、中太镇、长乐镇接壤的4个行政村设立8个临时检测点，每个检测点安排2人24小时值守，到9月中旬结束，共检查消毒车辆1.68万余次，发放宣传资料3500余份，确保无外地生猪及猪肉制品进入白蝉辖区。对2户养殖户40余头有非洲猪瘟疫情感染的猪进行无害化处理。

【社会治理】2019年，共开展大型隐患排查8次、安全检查12次，发现并整改隐患4起；加强烟花爆竹、森林伐木与防火、道路交通、建筑施工等专项治理2次；镇矛调中心和村（社区）调委员会共调解案例101件，对30名重点人员实行台账制管理、动态更新。无进京赴省到市上访案例。做好为期3年的“扫黑除恶”专项行动，强化宣传，发放宣传资料3000份，悬挂标语20幅，书写固定标语9幅，设置举报箱10个。

【乡镇行政区划调整】2019年，根据绵阳市人民政府《关于同意游仙区调整部分乡镇行政区划的批复》文件精神，撤销玉河镇、梓棉镇和白蝉镇，设立盐泉镇，以原玉河镇、原梓棉镇和原白蝉镇所属行政区域为盐泉镇行政区域，盐泉镇人民政府驻五圣街18号。12月30日，盐泉镇召开干部送任大会，会上区领导宣布市人民政府关于3个镇行政区划调整的批复文件，宣布盐泉镇领导班子组成人员，并对盐泉镇进行授牌授印。（钱孝福　胡晓春）

玉河镇

【概况】玉河，古盐泉县治所，北宋状元苏易简故里，具有深厚的历史文化底蕴。位于游仙区东南角，距离绵阳市区约53公里。镇境东依三台县龙树镇，南连白蝉乡，西接刘家镇、梓棉镇，北临梓潼县观义镇，并与梓潼县的双峰乡、交泰乡和三台县的柳池镇、白雀乡共计9个乡镇接壤，素有“脚踏三县、鸡鸣九乡”之称，属于游仙区东南角典型的区域性商贸中心。全镇共有23600人，辖11个村、1个社区居民委员会，村居民小组119个。辖区面积54.6平方公里，其中耕地1.9万亩，林地2.8万亩。系浅丘地貌，气候温和，雨量充沛。26公里的魏柳河（当地人称之为清溪河）自北向南纵贯镇境，地下有丰富的盐卤资源，水利资源丰富，森林覆盖率达43.6%。

【主要经济指标】2019年全镇工业总产值5500万元；固定资产投资5000万元；招商引资到位资金500万元；农民人均纯收入达到11542元。

【农村经济】2019年，全镇蚕桑、水稻制种、生猪及小家禽畜养殖等传统优势产业实现较好较快发展。实施“党建引领、家燕归巢”返乡人才创业计划，建立返乡农民工创业示范基地2个。共和村的瓜蒌和榨菜的套种面积达1000亩以上，年总产值200余万元，小龙虾养殖面积近200亩，2020年即可见到效益；白庙

玉河拳击

子村鹌鹑养殖基地存栏量达6万只，月产蛋达500公斤、产值18万元，道碑观村中峰养殖合作社吸引周边5个乡镇上百户养殖户入会，纯正蜂蜜每公斤售价100元以上，省市主管部门领导多次到玉河调研指导。上方寺村的钙果种植、雨台山村的蔬菜种植、天宝寨村的藤椒种植等种养产业不断发展。健全土地林地流转服务中心，全年流转土地7000多亩。农村土地承包经营权确认登记颁证工作有序推进。落实耕地地力保护补贴205.11万元，农机购置补贴和农业政策性保险等强农惠农政策，累计发放惠农资金13.47万元。

表 31　　2019年玉河镇各行政村基本情况表

序号	村名	面积(平方公里)	户数(户)	人口(人)	集体经济收入(万元)	人均纯收入(元)
1	共和村	4.6	505	1918	0.4	20855
2	白庙子村	4.3	540	1852	0.3	13958
3	天宝寨村	4.7	560	1731	1	12969
4	牛心山村	4.1	383	1125	1	19137
5	长林寺村	6.3	671	1925	1.2	13439
6	四房湾村	4.3	375	1125	1	21849
7	上方寺村	5.0	577	1645	1	16316
8	花竹林村	4.6	584	1416	0.2	16624
9	黄连庙村	5.4	543	1943	0.5	12115
10	雨台山村	6.1	822	2542	2	10813
11	道碑观村	5.2	537	1679	1	14377

【项目建设】2019年，争取财政、农业、土地整理和群众自筹资金共计2000余万元用于改善农田水路林等基础设施。玉河跨河大桥项目于10月立项启动实施；玉中路项目在2019年年底全面完成道路拓展、沿途杆管线的迁出、涉及占地占田等协调处置工作；投资260万元的雨台山村百亩观光农业产业园项目建设有序推进；投资800万元的状元文化商业街区一期完成招投标并进场施工。国家传统村落保护、省级美丽乡村等500余万元的财政奖补资金已到位。

【环保综治】巩固“河长制”成效，在中央环保督察期间实现“零投诉”。强化安全生产监管，近年来未发生一起特重大安全生产事故。加强校园周边环境和劳动密集型单位消防安全专项整治，开展“安全驾驶、文明驾驶”承诺活动，全年无一例安全责任事故发生。推行“红袖标”“网格化”和专项治理管理模式，做好社区矫正人员的监管教育和关心照顾工作。抓好信访突出问题专项治理，信访工作责任制全面落实，信访批次、人次总量较同期有所下降，排查化解矛盾纠纷25件。

【民生工作】落实国家涉农补贴、民政优抚、计生奖特扶、困难残疾补助等惠农惠民政策，实施全民参保计划，城乡低保、五保实现应保尽保，用好老年日照中心，做好“一卡通”清理。通过“多样帮扶、产业反哺、自身‘造血’、社会捐助”扶贫模式，到2019年6月，全面完成4个区级精准脱贫村、399户694人的精准脱贫。加强未成年人思想道德建设，落实留守儿童主任工作。玉河博爱学校被授予绵阳市最美乡村学校，2019年中考国重上线19人（其中绵中、南山2人），省重上线35人，荣获2018年度全区义务教育学校综合评估特等奖。完善医疗公共卫生建设体系，开展重度精神病管理、慢性病管理。2019年4月，全区家庭医生签约服务现场会在玉河举行，玉河卫生院荣获“2018年全国最满意乡镇卫生院”称号。

【文明建设】完善各村居的“村规民约”，3月承办全区村规民约修订工作观摩会。表扬一批“优秀家风家训传承家庭”“星级文明示范户”“最美家庭”。2019年，上方寺村创建为市级文明村社区，和道碑观村创建为区级文明村。全镇共有市级文明村3个、区级文明村（社区）4个、省市卫生村8个。（左海艳）

人物和先进

游仙区主要机构及负责人名录

（2019年1月至2019年12月）

中共绵阳市游仙区第六届委员会

书　记　江　彬

副书记　陈华斌　何守君

常　委　杨守贵

　　　　陈晓霖（女）

　　　　王　兵

　　　　唐兴万

　　　　肖龙明

　　　　姚　军

　　　　陈　政

　　　　蒋浩宏

　　　　邓海涛

　　　　余　菁（女）(2019.05-2019.12)

绵阳市游仙区第六届人民代表大会常务委员会

主　任　袁玉国

副主任　王宗华

　　　　陈　勇

　　　　冯忠卫

　　　　徐丽娟（女）

绵阳市游仙区第六届人民政府

区　长　陈华斌

副区长　杨守贵

　　　　李彦君

　　　　张明东

　　　　林　檬

　　　　张　欣（女）

　　　　李万庆

　　　　曾和荣（2019.07以前）

　　　　余　菁（女）(2019.05-2019.12)

政协第六届绵阳市游仙区委员会

主　席　姜　曦

副主席　赵长兴

　　　　代锦芳（女）

　　　　高红梅（女）

　　　　尚金玲（女）

绵阳市游仙区人民法院

院　长　杨小平

绵阳市游仙区人民检察院
检察长　张　涛

绵阳市游仙区高新技术产业园区
党工委书记　蔡顺利
党工委副书记、管委会主任
罗鉴明
党工委委员、管委会副主任
刘　辉
王　政
李晓升
党工委委员
郭少林（2019.02以前）

区纪委
书　记　王　兵
副书记　张映海
王子勇（2019.02以前）
田　容（女）（2019.06以后）

区监委
主　任　王　兵
副主任　张映海
王子勇（2019.02以前）
田　容（女）（2019.06以后）

区委办公室
主　任　薛清泉

区委组织部
部　长　唐兴万
常务副部长　杨　鹏

区委宣传部
部　长　陈晓霖（女）
常务副部长　刘庆甫（2019.02以前）
廖中建（2019.02以后）

区委统战部
部　长　陈　政
常务副部长　邓　蓉（女）

区委政法委
书　记　肖龙明
常务副书记　杨庆斌（2019.02以前）
刘庆甫（2019.02以后）

区委巡察办
主　任　余国栋（2019.02以前）
杜树林（2019.02以后）

区委编办
主　任　岳　灿

区直机关工委（2019.02以前）
书　记　唐兴万
常务副书记　廖中建

区农委（2019.02以前）
主　任　王　庆（2019.02以前）

区人大办公室
主　任　陈国林（2019.03以前）
邓文太（2019.03以后）

财经委
主　任　魏　勇（2019.03以前）
龚晓蓉（女）（2019.03以后）

人事代表工委
主　任　肖　丹（2019.03以后）

农业农村委
主　任　胡运辉（2019.03以前）
邓兴伟（2019.03以后）

教科文卫委
主　任　王晓民（2019.03以前）
李　婷（女）（2019.03以后）

监察和法制委（2019.02以后）
主　任　谢德琼（女）（2019.03以后）

城建环资委
主　任　刘正西

研究室
主　任　白　剑（2019.04以后）

区政府办
主　任　姚永强

区政协机关
秘书长　邓世全（2019.03以前）
胡宗文（2019.03以后）

办公室
主　任　陈　瑛（女）

文化文史和学习委
主　任　岳中进（2019.03以前）
严显勇（2019.03以后）

科教卫体委
主　任　秦顺英（女）

提案委
主　任　谢　刚

经济委
主　任　张桂林

农业委
主　任　阮绍明（2019.03以前）
蒋明国（2019.03以后）

委员工作委
主　任　董建明（2019.03以前）
董清华（女）（2019.03以后）

社会法制委
主　任　李良华（2019.03以前）
邱　欣（2019.04以后）

区信访和群众工作局（2019.02以前）
局　长　夏全松

区委、区政府目督办（2019.02以前）
主　任　肖　丹

区委目标绩效办（2019.02以后）
主　任　王子勇（2019.02以后）

区发改局
局　长　刘家军

区工信局
局　长　张　金（2019.02以前）
　　　　吴鸿飞（2019.03以后）

区教体局
局　长　蒋世界

区科技局
局　长　常代兵

区公安分局
局　长　李彦君
政　委　王才全（2019.02以前）
　　　　樊远平（2019.03以后）

区民政局
局　长　邓文太（2019.02以前）
　　　　刘新生（2019.03以后）

区司法局
局　长　李　昶

区财政局
局　长　赵　林

区人社局
局　长　陈自信

区自然资源局（2019.02以后）
局　长　肖　天（2019.05以后）

区住建局
局　长　任　伟

区交通运输局
局　长　魏　威

区农业局（2019.02以前）
局　长　吴先强

区农业农村局（2019.02以后）
局　长　吴先强（2019.03以后）

区商务局
党组书记　金国强
局　长　　张　静（女）

区卫计局（2019.02以前）
局　长　樊远兵

区卫健局（2019.02以后）
局　长　樊远兵（2019.03以后）

区退役军人事务局（2019.02以后）
局　长　池祥富（2019.03以后）

区安监局（2019.02以前）
局　长　唐永川

区应急管理局（2019.02以后）
局　长　唐永川（2019.03以后）

区食药工商质监局（2019.02以前）
局　长　倪永贵

区市场监管局（2019.02以后）
局　长　倪永贵（2019.03以后）

区审计局
局　长　王　荣

区统计局
局　长　严　蓉（女）（2019.03以前）
　　　　杨先斌（2019.03以后）

区信访局（2019.02以后）
局　长　袁　飞（2019.03以后）

区政府招商局（2019.02以前）
局　长　任俊洁

区经合局（2019.02以后）
局　长　任俊洁（2019.03以后）

区医疗保障局（2019.02以后）
局　长　严　蓉（女）（2019.03以后）

区政务服务中心（2019.02以前）
主　任　周　贵

区行政审批局（2019.02以后）
局　长　周　贵（2019.03以后）

区城管分局（2019.02以前）
局　长　孟　林

区综合行政执法局（2019.02以后）
局　长　孟　林（2019.03以后）

区文广新旅局（2019.02以前）
局　长　严显勇

区文广旅局（2019.02以后）
局　长　王　庆（2019.03以后）

区机关事务管理局（2019.02以前）
局　长　于术强

区委党校
校　长　　　唐兴万（兼）
常务副校长　敬兴国（2019.02以前）
　　　　　　龙　梅（2019.02以后）

区档案馆
馆　长　刘　建

区公务服务中心（2019.02以后）
副主任　陈　丹（女）（2019.02以后）

区委党史研究室
主　任　易成利（女）

区新闻宣传中心（2019.02以前）
主　任　杨竹梅（女）

区融媒体中心（2019.02以后）
主　任　杨竹梅（女）（2019.02以后）

区供销联社
主　任　张礼兴（2019.02以前）
　　　　于术强（2019.04以后）

区机关后勤保障服务中心（2019.02以后）
副主任　王冬砚（女）（2019.02以后）

区农民工服务中心（2019.02以后）
主　任　夏全松（2019.04以后）

区水利建设发展中心（2019.02以后）
主　任　张礼兴（2019.04以后）

区移民和扶贫开发中心（2019.02以后）
主　任　张　梁（2019.04以后）

区大数据服务中心（2019.02以后）
主　任　唐　凯（2019.03以后）

区方志办（2019.02以前）
主　任　张　洁（女）

区总工会
主　席　陈　政
常务副主席　唐　春

团区委
书　记　向　玉（女）

区妇联
主　席　邓　艳（女）

区科协
主　席　甘其林

区残联
理事长　蒋明国（2019.03以前）
　　　　郜雪岚（女）（2019.04以后）

区红十字会
会　长　李万庆
常务副会长　刘　青（女）

区工商联（商会）
党组书记、副主席（副会长）
　　龙　梅（女）（2019.05以前）
　　刘子江（2019.05以后）

经济试验区
书　记　王定富
主　任　唐　勇（2019.12以前）

富乐街道
书　记　董　勇
主　任　鲜　明（2019.12以前）

涪江街道
书　记　潘自勇（2019.05以前）
　　　　龙　梅（女）（2019.05-2019.12）
　　　　袁宗聪（2019.12以后）
主　任　刘子江（2019.05以前）
　　　　王　波（2019.06以后）

游仙镇（2019.12以前）
书　记　胡晓明
镇　长　陈　洁（2019.03以前）
　　　　邱　浩（2019.04以后）

游仙街道（2019.12以后）
书　记　钱　钧（2019.12以后）

石马镇
书　记　贾　东
镇　长　骆　涛（2019.12以前）

东林镇（2019.12撤销）
书　记　蒋　睿
镇　长　魏爱军

小枧沟镇（2019.12撤销）
书　记　刘新生（2019.02以前）
　　　　何　广（2019.02-2019.12）
镇　长　何　广（2019.03以前）
　　　　王庆培（2019.04-2019.12）

小枧镇（2019.12以后）
书　记　张　金（2019.12以后）

新桥镇
书　记　吴　强（2019.12以前）
　　　　吴鸿飞（2019.12以后）
镇　长　刘　娟（女）（2019.12以前）

街子镇（2019.12撤销）
书　记　邓兴伟（2019.02以前）
　　　　张　金（2019.02以后）
镇　长　董光明

云凤镇（2019.12撤销）
书　记　杨先斌（2019.02以前）
　　　　陈　洁（2019.03以后）
镇　长　魏　甦

建华乡（2019.12撤销）
书　记　龙浩宇
乡　长　王子强

忠兴镇
书　记　吴鸿飞（2019.02以前）
　　　　王　科（2019.12）
　　　　蒋　睿（2019.12以后）
镇　长　王　波（2019.03以前）

凤凰乡（2019.12撤销）
书　记　袁宗聪
乡　长　龚士杰

太平镇（2019.12撤销）
书　记　刘明宇（2019.02以前）
　　　　邓文杰（2019.03以后）
镇　长　李　峥

柏林镇（2019.12撤销）
书　记　董　勤（女）
镇　长　何昇林

朝真乡（2019.12撤销）
书　记　赖庆松
乡　长　邹　良（2019.03以前）
　　　　商俊成（2019.04以后）

仙鹤镇（2019.12以后）
书　记　任俊洁（2019.12以后）

魏城镇
书　记　张　剑
镇　长　唐　军（2019.12以前）

石板镇（2019.12撤销）
书　记　钱　钧
镇　长　邱　浩（2019.03以前）
　　　　邹　良（2019.04以后）

信义镇（2019.12以后）
书　记　钱　钧（2019.12以后）

观太镇（2019.12撤销）
书　记　卢　云
镇　长　吕春燕（女）

徐家镇（2019.12撤销）
书　记　陈胡立
镇　长　王成红

东宣镇（2019.12撤销）
书　记　王　科（2019.02以前）
　　　　梁红梅（女）（2019.03以后）
镇　长　梁红梅（女）（2019.03以前）
　　　　文　超（2019.04以后）

刘家镇（2019.12撤销）
书　记　唐容云
镇　长　庞劲松

盐泉镇（2019.12以后）
书　记　吴　强（2019.12以后）

梓棉镇（2019.12撤销）
书　记　殷成品
镇　长　唐　杰

白蝉镇（2019.12撤销）
书　记　陈　静（女）
镇　长　杨　林（2019.05以前）

玉河镇（2019.12撤销）
书　记　陈　勇
镇　长　顾晓东

表32　　2019年游仙区获市级以上（含市级）表扬奖励情况表

序号	获奖单位	授奖单位	获奖名称	获奖文号	时间
1	游仙区	全国普法办	“七五”普法中期先进集体	普法办〔2019〕9号	2019.11.06
2	游仙区	中共四川省委办公厅 四川省人民政府办公厅	全省去冬今春农民工服务保障工作先进单位	川委厅〔2019〕24号	2019.3.24
3	游仙区	省政府办公厅	四川省农产品质量安全示范县	川办函〔2019〕3号	2019.2.1
4	游仙区	四川省残疾人联合会	2018年度深化“量服”成绩突出县（市、区）	川残函〔2019〕37号	2019.03.11
5	游仙区	四川省烟草发展工作领导小组	2019年度川烟培育和现代烟草农业发展成效突出县（市、区）	川烟领〔2019〕1号	2019.11.28
6	游仙区	国家统计局四川调查总队 四川省统计局	2019年产粮大县粮食监测调查工作先进县（市、区）	川调函〔2019〕78号	2019.12.30
7	游仙区	四川农村年鉴编辑委员会	《四川农村年鉴（2018）》组稿工作先进单位	川农鉴发〔2019〕5号	2019.08.25
8	游仙区	四川省水产局	养殖水域规划编制发布工作成效突出单位		2019.01.09
9	游仙区	中共绵阳市委 绵阳市人民政府	表扬2018年度全市“三农”工作先进单位（深化农村改革先进单位）	绵委〔2019〕87号	2019.03.13
10	游仙区	中共绵阳市委 绵阳市人民政府	第六届科博会先进集体	绵委〔2019〕169号	2019.07.29
	游仙区	中共绵阳市委	全面深化改革工作先进单位	绵委〔2019〕228号	2019.09.20
12	游仙区	中共绵阳市委 绵阳市人民政府	2018年县域经济发展先进县（市、区）	绵委〔2019〕176号	2019.08.08
13	游仙区	中共绵阳市委 绵阳市人民政府	绵阳市建设中国科技城和西部现代化强市先进集体	绵委〔2019〕304号	2019.12.27
14	游仙区	绵阳市人民政府	表扬全市防汛减灾工作先进集体	绵府函〔2019〕31号	2019.01.28
15	游仙区	绵阳市人民政府	2018年度交通运输工作先进单位（交通建设攻坚大会战投资工作先进单位）	绵府函〔2019〕36号	2019.02.26
16	游仙区	绵阳市人民政府	2018年度交通运输工作先进单位（运输管理工作）	绵府函〔2019〕36号	2019.02.26
17	游仙区	绵阳市人民政府	2018年度交通运输工作先进单位（安全工作）	绵府函〔2019〕36号	2019.02.26
18	游仙区	绵阳市人民政府	2018年度安全生产目标考核优秀单位	绵府函〔2019〕48号	2019.03.14
19	游仙区	绵阳市人民政府	表扬2018年全市全社会固定资产投资和项目管理工作先进单位（全社会固定资产投资工作先进单位）	绵府函〔2019〕50号	2019.03.15
20	游仙区	绵阳市人民政府	表扬2018年全市全社会固定资产投资和项目管理工作先进单位（项目管理工作先进单位）	绵府函〔2019〕50号	2019.03.15
21	游仙区	绵阳市人民政府	表扬2018年度审计监督工作先进单位		2019.04.29
22	游仙区	绵阳市人民政府	2018年度建设服务型政府和政务服务等工作先进单位名单（建设服务型政府先进单位 优秀单位）		2019.05.10

续表 32

序号	获奖单位	授奖单位	获奖名称	获奖文号	时间
23	游仙区	绵阳市人民政府	2018 年度建设服务型政府和政务服务等工作先进单位名单（政务服务工作先进单位 优良单位）		2019.05.10
24	游仙区	绵阳市人民政府	表扬2018 年度统计工作优秀单位和先进单位（先进单位）		2019.05.27
25	游仙区	绵阳市人民政府	表扬 2018 年度全市工业和信息化工作先进集体和优秀企业（工业和信息化发展先进集体 一等奖）	绵府函〔2019〕109号	2019.07.15
26	游仙区	中共绵阳市委办公室	完成2018年度全市维护社会稳定工作目标先进单位	绵委办〔2019〕24号	2019.02.28
27	游仙区	绵阳市人民政府办公室	完成2019年度全市社会治安综合治理工作目标先进单位	绵委办〔2019〕24号	2019.02.28
28	游仙区	中共绵阳市委办公室	完成2020年度全市反邪教工作目标先进单位	绵委办〔2019〕24号	2019.02.28
29	游仙区	绵阳市人民政府办公室	2018年度信访工作先进集体	绵委办〔2019〕23号	2019.02.26
30	游仙区	中共绵阳市委办公室 绵阳市人民政府办公室	全市“防风险、保安全、迎大庆”行动先进集体	绵委办〔2019〕136号	2019.12.02
31	游仙区	中共绵阳市委办公室	表扬《中办通讯》《秘书工作》订阅学用工作先进单位和通联工作先进个人的通报	绵委办字〔2019〕47号	2019.10.24
32	游仙区	绵阳市人民政府办公室	表扬 2018 年度保障性安居工程、城市基础设施建设和建筑业发展工作先进单位（保障性安居工程工作先进单位）		2019.04.28
33	游仙区	绵阳市人民政府办公室	表扬 2018 年度保障性安居工程、城市基础设施建设和建筑业发展工作先进单位（城市基础设施建设工作先进单位）科技城集中发展区基础设施建设攻坚行动		2019.04.28
34	游仙区	绵阳市人民政府办公室	表扬 2018 年度保障性安居工程、城市基础设施建设和建筑业发展工作先进单位（城市基础设施建设工作先进单位）城建攻坚行动		2019.04.28
35	游仙区	绵阳市人民政府办公室	表扬 2018 年度保障性安居工程、城市基础设施建设和建筑业发展工作先进单位（建筑业发展工作先进单位）		2019.04.28
36	游仙区	绵阳市人民政府办公室	关于 2018 年度保护发展森林资源目标考核结果的通报		2019.07.01
37	游仙区	绵阳市人民政府办公室	表扬第三次全国农业普查先进集体	绵府办函〔2019〕49号	2019.07.15

续表 32

序 号	获奖单位	授奖单位	获奖名称	获奖文号	时 间
38	游仙区	绵阳市人民政府防治艾滋病工作委员会	关于表扬2018年度艾滋病防治先进单位的通报	绵防艾委〔2019〕1号	2019.04.04
39	游仙区	绵阳市食品安全委员会	表扬2018年度食品安全工作先进单位	绵食安委〔2019〕1号	2019.01.17
40	游仙区	绵阳市城乡居民住宅地震巨灾保险工作领导小组办公室	表彰2018年全市城乡居民住宅地震巨灾保险工作先进单位（优秀单位）	绵巨灾险领办〔2019〕1号	2019.03.14
41	游仙区	绵阳市血吸虫病防治工作领导小组	表扬2018年度血吸虫病防治工作先进单位（通过血吸虫病传播阻断达标验收的县市区）	绵血防发〔2019〕1号	2019.04.04
42	游仙区	绵阳市深化医药卫生体制改革领导小组	2018年全市医改工作先进单位（2018年全市家庭医生签约服务工作先进单位）	绵医改组〔2019〕1号	2019.04.16
43	游仙区	绵阳市爱国卫生运动委员会	2018年度爱国卫生工作先进单位	绵爱卫会发〔2019〕2号	2019.04.03

表 33　2019年游仙区获市级以上（含市级）表彰先进个人情况一览表

序 号	获奖者	工作单位	获奖名称	授奖单位
1	张　鲲	区教体局	全国先进教育工作者	教育部
2	倪永贵	区市场监管局	记一等功公务员	省委　省人民政府
3	洪绍斌	区教体局	2018年度脱贫攻坚工作先进个人	省委　省人民政府
4	涂兰文	忠兴镇	2018年防汛抗旱减灾、地质灾害防治先进个人	省委　省人民政府
5	张　剑	魏城镇	四川省优秀党务工作者	省委
6	李蔼玲	区残疾人联合会	四川省残疾人就业工作先进个人	省人民政府
7	姚永强	区人民政府	2016—2018年四川省政府系统办公室工作先进集体和先进个人	省政府办公厅　省人社厅
8	唐　伟	区市场监管局	“春雷行动2019”暨整治“保健市场”乱象百日行动先进个人	省市场监督管理局 省药品监督管理局
9	王　辽	区市场监管局	2018年全省打击物流寄递涉烟违法犯罪先进行动先进个人	省烟草专卖局 省公安厅 省市场监督管理局 省邮政管理局
10	张 鲲	区教体局	四川省中小学名校长	省委教育工委　省教育厅
11	王碧友	区教体局	四川省教书育人名师	省委教育工委　省教育厅
12	陈兴贵	区教体局	四川省教书育人名师	省委教育工委　省教育厅
13	张　金	区工信局	四川省经济和先进化系统先进个人	省经信厅

续表33

序号	获奖者	工作单位	获奖名称	授奖单位
14	钟加兵	区农业农村局	2018年四川农村年鉴编撰组稿工作先进个人	省年鉴委
15	刘绍彪	区农业农村局	2018年四川农村年鉴编撰组稿工作先进个人	省年鉴委
16	何守君	区委	第七届中国（绵阳）科技城国际科技博览会先进个人	市委　市人民政府
17	林　檬	区人民政府	大规模绿化绵州工作先进集体和先进个人	市人民政府
18	张　欣	区人民政府	第七届中国（绵阳）科技城国际科技博览会先进个人	中共绵阳市委 绵阳市人民政府
19	廖　娜	区商务局	绵阳市2018年度建设全国文明城市先进个人	市委　市人民政府
20	常代兵	区科技局	第六届中国（绵阳）科技城国际科技博览会先进个人	市委　市人民政府
21	文再宁	富乐街道办事处	绵阳市2018年度建设全国文明城市先进个人	市委　市人民政府
22	李泽正	区审计局	第七届中国（绵阳）科技城国际博览会先进个人	市委　市人民政府
23	刘后宝		建设中国科技城和西部现代化强市先进个人	市委　市人民政府
24	王　建	区市场监管局	绵阳市2018年度建设全国文明城市先进个人	市委　市人民政府
25	吴雪峰	区市场监管局	绵阳市2018年度建设全国文明城市先进个人	市委　市人民政府
26	袁　飞	区信访局	“防风险、保安全、迎大庆”行动先进个人	市委
27	何　燕	仙人路社区居委会	2018年度网格化服务管理工作和“优秀专职网格员”	市委政法委员会
28	姜建平	富乐街道综治办	绵阳市2019年度优秀专职网格员	市委政法委员会
29	陈　玲	沈家坝北街社区	绵阳市2019年度优秀专职网格员	市委政法委员会
30	刘红梅	沈家坝东街社区	绵阳市2019年度优秀专职网格员	市委政法委员会
31	王德金	区商务局	绵阳市第三次全国农业普查先进个人	市人民政府办公室
32	涂兰文	忠兴镇	第三次全国农业普查先进个人	市人民政府办公室
33	王德金	区商务局	2018年度服务业工作先进个人	市商务局
34	李　东	区商务局	2018年度服务业工作先进个人	市商务局
35	龚成勇	区商务局	2018年度服务业固定资产投资及项目建设工作先进个人（服务业项目投资工作先进个人）	市商务局
36	杨述光	仙人路社区巡逻队	老有所为先进个人	市人社局
37	谢　飞	区科技局	2018年度防灾减灾单项工作先进个人	市防灾减灾局
38	杨玉梅	区市场监管局	2018年质量工作先进个人	市质量技术监督局

续表33

序号	获奖者	工作单位	获奖名称	授奖单位
39	谭　敏	区行政审批局	优秀党员	中国致公党绵阳市工作委员会
40	唐　春	区总工会	2018年绵阳市工会经费征收工作先进个人	市总工会
41	唐可星	区总工会	绵阳市女职工工作先进工作者	市总工会
42	唐　春	区总工会	绵阳市共建精神文明先进个人	市精神文明委
43	刘　青	区红十字会	2019年度先进个人	市红十字会
44	黄　娟	区残疾人联合会	绵阳市基层优秀残疾人工作者	市人民政府残疾人工作委员会
45	唐　春	区总工会	绵阳市共建精神文明示范项目先进个人	市精神文明建设委员会
46	徐　晓	区委宣传部	绵阳市“扫黄打非”工作先进个人	市扫黄打非领导小组
47	寇元惠	仙人路社区居委会	绵阳市共建精神文明先进个人	市精神文明委
48	王南平	沈家坝东街社区	绵阳市调查队先进个人	市调查队